P9-DTG-034

Saggi Universale Economica Feltrinelli

HANNAH ARENDT

La banalità del male

Eichmann a Gerusalemme

Traduzione di Piero Bernardini

Feltrinelli

Titolo dell'opera originale
EICHMANN IN JERUSALEM
© Hannah Arendt, 1963 1964
Copyright reserved © Lotte Kohler, 1991, 1992
Published by arrangement with Viking Penguin,
a division of Penguin Putnam Dnc.

Traduzione dall'americano di
PIERO BERNARDINI

© Giangiacomo Feltrinelli Editore Milano
Prima edizione in "FISB" ottobre 1964
Prima edizione in "Saggi" settembre 1992
Prima edizione in "Campi del Sapere" maggio 1999
Prima edizione nell'"Universale Economica" – SAGGI
marzo 2001
Undicesima edizione maggio 2006

ISBN 88-07-81640-7

www.feltrinelli.it
Libri in uscita, interviste, reading,
commenti e percorsi di lettura.
Aggiornamenti quotidiani

O Germania —
udendo i discorsi che risuonano dalla tua casa si ride.
Ma chiunque ti vede dà di piglio al coltello.

Bertolt Brecht

Nota alla presente edizione

Nel 1961, a Gerusalemme, seguii il processo Eichmann come corrispondente del *The New Yorker*, e fu sulle colonne di quel giornale che questo resoconto (scritto nell'estate e nell'autunno del 1962 e terminato nel novembre del medesimo anno, mentre ero ospite del *Center for Advanced Studies* della Wesleyan University) uscí per la prima volta, nel febbraio e nel marzo 1963. Esso fu poi ripubblicato, come libro, nel maggio 1963, in forma un po' piú ampia. La presente è un'edizione riveduta e ulteriormente accresciuta.

Le correzioni riguardano una decina di errori tecnici, che però non pregiudicavano in nulla il discorso del testo originario. Certi particolari del periodo di cui si occupa il mio libro non sono stati ancora chiariti definitivamente, e per quanto riguarda certe questioni probabilmente non avremo mai dati del tutto attendibili e dovremo accontentarci di congetture. Cosí, una congettura è il totale degli ebrei massacrati nel quadro della "soluzione finale": da quattro milioni e mezzo a sei milioni — una cifra che non ha mai potuto essere controllata; e lo stesso vale per le cifre relative ai singoli paesi. Dopo la prima edizione del mio libro, nuovo materiale è venuto in luce, riguardante soprattutto l'Olanda; ma il quadro complessivo resta inalterato.

Anche le aggiunte sono per lo piú di carattere tecnico: chiariscono alcuni punti, presentano fatti nuovi, e in qualche caso sono citazioni da fonti nuove. Queste fonti nuove sono state inserite nella Bibliografia e sono discusse nell'Appendice, che è anch'essa un'aggiunta e in cui parlo delle polemiche suscitate dalla mia opera. L'unica aggiunta veramente sostanziale, a prescindere dalla suddetta Appendice, sono alcune pagine sulla congiura anti-hitleriana del 20 luglio 1944, a cui prima avevo accennato solo di sfuggita. Ma anche questo non modifica in nulla il carattere originario del libro.

Hannah Arendt

Giugno 1964

9

Capitolo primo

La Corte

"*Beth Hamishpath*" — la Corte! Queste parole che l'usciere grida a voce spiegata ci fanno balzare in piedi giacché annunziano l'ingresso dei tre giudici: a capo scoperto, in toga nera, essi entrano infatti da una porta laterale per prendere posto in cima al palco eretto nell'aula. Ai due capi del lungo tavolo, che presto si coprirà di innumerevoli volumi e di oltre millecinquecento documenti, stanno gli stenografi. Subito sotto i giudici c'è il banco degli interpreti, la cui opera è necessaria per i dialoghi diretti tra l'imputato (o il suo difensore) e la Corte; per il resto, sia la difesa sia la maggior parte degli stranieri seguono il dibattimento, che si svolge in lingua ebraica, ascoltando con la cuffia la traduzione simultanea, che è ottima in francese, passabile in inglese, e veramente pessima e spesso incomprensibile in tedesco. (Data la scrupolosa correttezza con cui il processo è stato organizzato dal punto di vista tecnico, è un po' strano che il nuovo Stato d'Israele, malgrado la sua alta percentuale di cittadini di origine tedesca, non sia riuscito a trovare una persona capace di tradurre bene in tedesco, unica lingua che l'imputato e il suo avvocato capiscono; poiché in Israele l'avversione per gli ebrei tedeschi non è più cosí forte come una volta, il piccolo mistero si può spiegare soltanto con la ben più antica e tuttora potente "vitamina P," come gli israeliani chiamano quella sorta di protezionismo a cui ci si ispira nel selezionare i funzionari dell'apparato governativo e della burocrazia.) E sotto gli interpreti, una di fronte all'altro (sicché il pubblico vede gli interessati di profilo) notiamo la gabbia di vetro dell'imputato e il recinto dei testimoni. Infine, al gradino più basso, con le spalle rivolte all'uditorio, il Pubblico ministero con i suoi quattro assistenti, e l'avvocato difensore, che sarà fiancheggiato da un assistente soltanto durante le prime settimane.

Per tutto il processo non ci sarà mai nulla di teatrale nel comportamento dei giudici. Entrano con passo disinvolto, ascoltano con serietà e attenzione, e i tratti del loro volto s'irrigidiscono per un senso naturale di pena al racconto di tante sofferenze; la loro impazienza, quando l'accusa cerca di prolungare all'infinito le udienze, è spontanea e dà un senso di sollievo; il loro atteggiamento verso la difesa è forse fin troppo corretto: si direbbe che non dimentichino mai che il dottor Servatius combatte "questa disperata battaglia quasi da solo e in un ambiente ostile"; i loro modi verso l'imputato sono sempre irreprensibili. Si vede subito che sono tre uomini buoni e onesti, sicché non fa meraviglia che nessuno di essi ceda a quella che pur dovrebbe essere la loro massima tentazione, in un ambiente simile: cioè, per quanto nati ed educati tutti e tre in Germania, attendere di volta in volta, prima di parlare, che le dichiarazioni dell'imputato e del suo difensore siano tradotte in ebraico. Moshe Landau, il presidente, non riesce quasi mai a frenarsi e ad aspettare che l'interprete abbia terminato, anzi spesso lo interrompe, correggendo e migliorando la traduzione, visibilmente lieto di potersi distrarre un po' e di poter dimenticare per un istante la gravosità del suo compito. Qualche mese più tardi, durante l'interrogatorio di Eichmann, egli non esiterà ad usare la sua lingua materna, il tedesco, inducendo i colleghi a fare altrettanto: una prova — se di una prova ci fosse ancora bisogno — della sua notevole indipendenza di spirito, che gli permette di non curarsi dell'opinione pubblica israeliana.

Fin dall'inizio non c'è dubbio che è il giudice Landau a dare il tono; ed è lui che fa di tutto perché l'irruente teatralità del Pubblico ministero non trasformi questo processo in una semplice messinscena. Se non sempre vi riesce, è soltanto perché il dibattimento si svolge su una specie di ribalta, davanti a un uditorio, e il grido magnifico dell'usciere, al principio di ogni udienza, fa quasi l'effetto di un sipario che si alzi. Chiunque sia stato a progettare quest'aula della modernissima *Beth Ha'am,* la Casa del Popolo (circondata ora da alti reticolati, sorvegliata dal tetto alle cantine da poliziotti armati fino ai denti, con una fila di baracche di legno nel cortile antistante, dove tutti coloro che entrano sono perquisiti da mani esperte), sicuramente aveva in mente un teatro, con tanto di orchestra e di loggione, di scena e proscenio e porte laterali per l'ingresso degli attori. Questa aula è certo una sede indovinata per il processo spettacolare che David Ben Gurion, Primo ministro d'Istraele, già prevedeva quando decise di far rapire Eichmann in Argentina e di farlo portare a Gerusalemme perché il Tribunale distrettuale lo giudicasse per la parte avuta nella "soluzione del problema ebraico." E Ben Gurion, giustamente chiamato "l'architetto dello Stato," resta il regista invisibile del processo. Non assiste a nessuna seduta; nell'aula del tribunale parla per bocca del Procuratore generale, Gideon Hausner, il quale, rappresentando il governo, fa proprio del suo meglio per obbedirgli. E se per fortuna gli sforzi del sig. Hausner spesso non raggiungono il risultato voluto, la ragione è che il processo è presieduto da una persona che serve la giustizia con lo stesso zelo con cui egli serve lo Stato d'Israele. La giustizia vuole che l'imputato sia processato, difeso e giudicato, e che tutte le altre questioni, anche se piú importanti ("come è potuto accadere?," "perché è accaduto?," "perché gli ebrei?," "perché i tedeschi?," "quale è stato il ruolo delle altre nazioni?," "fino a che punto gli Alleati sono da considerarsi corresponsabili?," "come hanno potuto i capi ebraici contribuire allo sterminio degli ebrei?," "perché gli ebrei andavano a morte come agnelli al macello?"), siano lasciate da parte. La giustizia vuole che ci si occupi soltanto di Adolf Eichmann, figlio di Karl Adolf Eichmann, l'uomo rinchiuso nella gabbia di vetro costruita appositamente per proteggerlo: un uomo di mezza età, di statura media, magro, con un'incipiente calvizie, dentatura irregolare e occhi miopi, il quale per tutta la durata del processo se ne starà con lo scarno collo incurvato sul banco (neppure una volta si volgerà a guardare il pubblico) e disperatamente cercherà (riuscendovi quasi sempre) di non perdere l'autocontrollo, malgrado il tic nervoso che gli muove le labbra e che certo lo affligge da molto tempo. Qui si devono giudicare le sue azioni, non le sofferenze degli ebrei, non il popolo tedesco o l'umanità, e neppure l'antisemitismo e il razzismo.

E la giustizia, anche se forse è un'"astrazione" per le persone della mentalità di Ben Gurion, si rivela molto piú austera del potente Primo ministro. La regia di quest'ultimo, come il sig. Hausner non esita a dimostrare col suo comportamento, è un po' facilona: permette che il Pubblico ministero conceda conferenze-stampa e interviste alla televisione durante il processo (il programma americano organizzato dalla Glickman Corporation è costantemente interrotto dalla *réclame* di prodotti — gli affari innanzitutto, come sempre) e si abbandoni anche a "sfoghi spontanei" nell'edificio stesso del tribunale (è qui che Hausner confida ai giornalisti di essere stufo d'interrogare Eichmann, il quale risponde sempre con menzogne); permette che l'occhio si soffermi spesso sul pubblico e che si metta in mostra una vanità eccessiva, la quale avrà il suo trionfo alla Casa Bianca, quando il Presidente degli Stati Uniti si congratulerà per il "lavoro ben fatto." La giustizia non permette nulla di tutto questo: richiede isolamento, vuole piú dolore che collera, prescrive che ci si astenga il piú possibile dal mettersi in vista. Quando, poco dopo il processo, il giudice Landau visiterà l'America, attorno al suo viaggio non si farà tanta pubblicità, tranne che nei circoli ebraici per i quali quel viaggio verrà compiuto.

Ed ora, per quanto schivi e compresi del loro dovere, i giudici erano lí, seduti alla loro cattedra, di fronte al pubblico come in un teatro. Il pubblico doveva rappresentare il mondo intero, ed effettivamente nelle prime settimane fu costituito in prevalenza da corrispondenti di quotidiani e riviste, accorsi a frotte a Gerusalemme dai quattro angoli della terra. Dovevano assistere a uno spettacolo non meno sensazionale del processo di Norimberga; solo che questa volta il tema centrale sarebbe stato "la tragedia del popolo ebraico nel suo complesso." Se infatti ad Eichmann "contesteremo anche crimini contro non ebrei," ciò avverrà non tanto perché li ha commessi, quanto "perché non facciamo distinzioni etniche." Frase davvero singolare, in bocca a un Pubblico ministero, e questa frase, pronunziata nel discorso di apertura, si rivelò essenziale per capire tutta l'impostazione data dall'accusa al processo: ché il processo doveva basarsi su quello che gli ebrei avevano sofferto, non su quello che Eichmann aveva fatto. Distinguere tra le due cose, secondo Hausner, non aveva senso, perché "ci fu solo un uomo che si occupò quasi esclusivamente degli ebrei, che aveva il compito di distruggerli, che nell'edificio dell'iniquo regime non aveva altra funzione: e quest'uomo fu Adolf Eichmann." Non era dunque logico esporre dinanzi alla Corte tutti i fatti, tutte le tragiche vicende degli ebrei (anche se naturalmente nessuno le aveva mai messe in dubbio) e poi isolare gli elementi che in un modo o nell'altro dimostravano l'esistenza di una connessione tra l'operato di Eichmann e ciò che era accaduto? Sempre secondo Hausner, il processo di Norimberga, dove gli imputati erano stati "giudicati per crimini contro cittadini di varie nazionalità," aveva trascurato la tragedia del popolo ebraico per la semplice ragione che Eichmann non sedeva al banco degli imputati.

Hausner riteneva veramente che a Norimberga ci si sarebbe occupati di più del destino degli ebrei se Eichmann fosse stato presente? È difficile crederlo. Come quasi tutti in Israele, così anche Hausner pensava che soltanto un tribunale ebraico potesse render giustizia agli ebrei, e che toccasse agli ebrei giudicare i loro nemici. Di qui il fatto che in Israele nessuno voleva sentir parlare di un tribunale internazionale, perché questo avrebbe giudicato Eichmann non per "crimini contro il popolo ebraico," ma per "crimini contro l'umanità commessi sul corpo del popolo erbaico." Di qui la strana vanteria: "Noi non facciamo distinzioni etniche," vanteria che ci apparirà meno singolare se si pensa che in Israele la legge rabbinica regola la vita privata dei cittadini, col risultato che un ebreo non può sposare un non ebreo; i matrimoni contratti all'estero sono riconosciuti, ma i figli nati dai matrimoni misti sono, per legge, bastardi (i figli nati da genitori ebrei fuori del vincolo matrimoniale vengono legittimati), e se uno ha per caso una madre non ebrea, non può sposarsi e non ha diritto al funerale. Questa assurda situazione si è acutizzata da quando, nel 1953, buona parte della giurisdizione, in materia di diritto familiare, è stata trasferita ai tribunali laici. Oggi le donne possono ereditare, e in generale godono gli stessi diritti degli uomini. Perciò non si può pensare che sia il rispetto per la fede o la potenza della minoranza fanatica a impedire al governo d'Israele di sostituire la giurisdizione laica alla legge rabbinica anche in materia di matrimonio e divorzio. Il fatto è che i cittadini israeliani, religiosi e non religiosi, sembrano tutti d'accordo nel ritenere buona cosa la proibizione dei matrimoni misti, ed è soprattutto per questo (come alcuni funzionari israeliani non hanno esitato ad ammettere fuori dell'aula del tribunale) che sono anche d'accordo nel non desiderare una costituzione scritta che sancisca (la cosa sarebbe piuttosto imbarazzante) questa norma. ("L'argomento addotto contro il matrimonio civile è che esso scinderebbe la Casa d'Israele e inoltre staccherebbe gli ebrei d'Israele dagli ebrei della diaspora," come ha detto di recente Philip Gillon in *Jewish Frontier*). Comunque sia, fu certamente un po' sconcertante l'ingenuità con cui il Pubblico ministero denunziò le infami leggi di Norimberga del 1935, che avevano proibito i matrimoni misti e i rapporti sessuali tra ebrei e tedeschi. I corrispondenti meglio informati notarono la contraddizione, tuttavia non ne parlarono nei loro articoli, pensando che non fosse quello il momento di dire agli ebrei che cosa c'era di difettoso nelle leggi e nelle istituzioni del loro paese.

Se il pubblico al processo doveva essere il mondo e se il dramma doveva essere un vasto panorama delle sofferenze ebraiche, le aspettative e le intenzioni andarono deluse. I giornalisti dopo circa due settimane disertarono l'aula, e da quel momento la fisionomia del pubblico mutò radicalmente. Si ritenne che questo fosse ora formato essenzialmente da israeliani, e precisamente da persone che erano troppo giovani per aver vissuto quegli avvenimenti o che, come nel caso degli ebrei orientali, non ne avevano mai sentito parlare. Si pensò quindi che il processo dovesse mostrare a questa gente che cosa significava vivere tra non ebrei, convincere che soltanto in Israele un ebreo può condurre una vita sicura e decorosa. (Ai corrispondenti questi criteri furono illustrati in un opuscoletto sul sistema giuridico d'Israele, che fu consegnato alla stampa; l'autrice, Doris Lankin, citava una sentenza della Corte Suprema che aveva imposto a due padri, i quali avevano "rapito i loro figli portandoli in Israele," di restituirli alle madri, che pur vivendo all'estero avevano per legge diritto alla custodia: e questo — aggiungeva l'autrice, non meno fiera di cosí rigorosa legalità di quanto Hausner non fosse deciso ad agire contro il criminale anche se le vittime non erano ebree — "anche se rinviare i figli alla custodia e alla cura materna significa costringerli ad affrontare nella diaspora una lotta impari contro gli elementi ostili.") Senonché il pubblico non era affatto costituito da giovani, e neppure da ebrei insediati in Israele. Era invece formato soprattutto da "scampati," persone spesso di mezza età o vecchie, emigrate come me dall'Europa, che sapevano perfettamente tutto quello che c'era da sapere, non erano nella disposizione d'animo di ascoltare delle lezioni e comunque non avevano certo bisogno di questo processo per farsi delle idee. Man mano che i testimoni si susseguivano e che orrore si aggiungeva ad orrore, queste persone se ne stavano sedute ad ascoltare discorsi che difficilmente avrebbero sopportato in privato. E quanto piú veniva illustrata "la sventura del popolo ebraico in questa generazione," quanto piú grandiosa si faceva la retorica di Hausner, tanto piú pallida diveniva la figura nella gabbia di vetro, quasi un fantasma, e per richiamarla in vita non bastava mostrarla a dito e gridare: "Ecco il mostro responsabile di tutto."

Fu proprio l'aspetto drammatico del processo a crollare sotto il peso delle orripilanti atrocità. Un processo assomiglia a un dramma in quanto che dal principio alla fine si occupa del protagonista, non della vittima. Molto piú di un processo ordinario, un processo spettacolare ha bisogno che si delimiti bene che cosa è stato commesso e come è stato commesso. Al centro di un processo ci può essere soltanto colui che ha compiuto una determinata azione (il quale sotto questo rispetto è per cosí dire l'"eroe") e se egli deve soffrire, deve soffrire per ciò che ha fatto materialmente, non per le sofferenze che ha provocato agli altri. Nessuno lo sapeva meglio del giudice che fungeva da presidente, ai cui occhi il processo cominciò a degenerare in un semplice spettacolo, a divenire "una barca senza timone in balía delle onde." Eppure, se i suoi sforzi in contrario spesso fallirono, il fallimento — cosa singolare — fu in parte dovuto alla difesa, la quale di rado o mai si alzò a contestare la validità di certe testimonianze, anche se irrilevanti e insignificanti. Il "dottor" Servatius (invariabilmente chi si rivolgeva a lui anteponeva al nome questo titolo) fu un po' piú ardito soltanto quando si arrivò alla presentazione dei documenti, e il piú efficace dei suoi rari interventi fu quando l'accusa volle attribuire valore di prova ai diari di Hans Frank, già governatore generale della Polonia, impiccato a Norimberga come criminale di guerra. "Vorrei fare una sola domanda," disse il dottor Servatius. "Il nome di Adolf Eichmann, il nome dell'imputato, figura forse in questi ventinove [in realtà ventotto] volumi?..." "Il nome di Adolf Eichmann non è menzionato in nessuno di questi ventinove volumi..." "Grazie, non ho altre domande da fare."

Cosí il processo non divenne mai un dramma; tuttavia lo spettacolo che Ben Gurion aveva in mente ci fu, o meglio il complesso di "lezioni" che egli pensava di dover impartire agli ebrei e ai gentili, agli israeliani e agli arabi e insomma a tutto il mondo. Queste lezioni erano diverse a seconda dei destinatari. Ben Gurion ne aveva abbozzato le grandi linee già prima che iniziasse il processo, in vari articoli miranti a spiegare perché Israele aveva rapito l'imputato. C'era la lezione per il mondo non ebraico: "Noi vogliamo far sapere alle nazioni di tutto il mondo come milioni di persone, solo perché erano ebree, e milioni di bambini, solo perché erano ebrei, sono stati assassinati dai nazisti." Ovvero, per usare le parole del *Davar,* l'organo del partito Mapai, il partito di Ben Gurion: "L'opinione pubblica mondiale deve sapere che la Germania nazista non è stata la sola responsabile dello sterminio di sei milioni di ebrei." Perciò, sempre secondo le parole di Ben Gurion: "Noi vogliamo che le nazioni di tutto il mondo sappiano... e si vergognino." Gli ebrei della diaspora dovevano invece ricordare come l'ebraismo, "con i suoi quattromila anni di storia, con le sue creazioni spirituali, i suoi programmi etici e le sue aspirazioni messianiche," avesse sempre dovuto fronteggiare "un mondo ostile"; come gli ebrei avessero tralignato finché erano andati a morte come pecore; e infine, come soltanto la fondazione di uno Stato ebraico avesse loro permesso di rispondere a chi li attaccava: lo si era visto nella guerra d'indipendenza, nell'avventura di Suez e lo si vedeva ancora nei quotidiani incidenti lungo le infelici frontiere d'Israele. Ma se agli ebrei della diaspora si doveva mostrare la differenza tra l'eroismo del nuovo Stato d'Israele e l'antica remissività ebraica, c'era anche una lezione per gli israeliani: la generazione "cresciuta dopo l'olocausto" correva il pericolo di allentare i legami col mondo ebraico e di conseguenza con la propria storia: "È necessario che i nostri giovani ricordino ciò che è accaduto al popolo ebraico. Noi vogliamo che essi conoscano gli eventi più tragici della nostra storia." Infine, uno dei motivi per cui Eichmann doveva essere processato era che ciò avrebbe aiutato a "scovare altri nazisti," a svelare per esempio "la connessione tra i nazisti e certi governanti arabi."

Se Eichmann fosse stato tradotto dinanzi al Tribunale distrettuale di Gerusalemme soltanto per queste ragioni, il processo sarebbe stato un fallimento da quasi tutti i punti di vista. Sotto certi aspetti quelle lezioni erano infatti superflue, e sotto altri fuorviavano nel vero senso della parola. L'antisemitismo, grazie a Hitler, è stato screditato, forse non per sempre, ma certamente almeno per l'epoca attuale, e questo non perché gli ebrei sono divenuti tutt'a un tratto piú popolari, ma perché, per dirla con Ben Gurion, la gente ha "capito che ai nostri giorni la camera a gas e la fabbrica di sapone sono le cose a cui può condurre l'antisemitismo." Altrettanto superflua era la lezione per gli ebrei della diaspora, i quali non avevano certo bisogno dell'immane catastrofe in cui un terzo di loro era perito per convincersi dell'ostilità del mondo. Essi avevano sempre pensato che l'antisemitismo fosse per natura eterno e onnipresente, e questa convinzione non solo era stata il piú potente fattore ideologico del movimento sionista fin dai tempi dell'affare Dreyfus, ma spiegava anche la strana disposizione della comunità ebraica tedesca a negoziare con le autorità naziste nel primo periodo del regime. (Naturalmente c'era un abisso tra questi negoziati e quello che fu poi il collaborazionismo degli *Judenräte:* non c'era ancora il problema morale, si trattava soltanto di una decisione politica di un "realismo" naturalmente discutibile: l'aiuto "concreto" — si sosteneva — era meglio della denunzia "astratta." Era insomma una *Realpolitik* senza sfumature machiavelliche, e i suoi pericoli vennero in luce solo piú tardi, dopo lo scoppio della guerra, quando i quotidiani contatti con la burocrazia nazista resero molto piú facile ai funzionari ebraici il gran "salto": invece che aiutare gli ebrei a fuggire, aiutare i nazisti a deportarli.) Era stata questa convinzione a rovinarli, rendendoli incapaci di distinguere gli amici dai nemici, e gli ebrei tedeschi non erano i soli a credere che tutti i gentili fossero uguali e a sottovalutare perciò i loro avversari. Se il Primo ministro Ben Gurion, capo dello Stato ebraico a tutti gli effetti pratici, contava di rafforzare questo tipo di "coscienza ebraica," allora la sua intenzione era veramente infelice, poiché oggi uno dei presupposti fondamentali della sopravvivenza dello Stato d'Israele, che per definizione ha fatto degli ebrei un popolo tra i popoli, una nazione tra le nazioni, è proprio l'abbandono di quella mentalità, la soppressione di quell'antica distinzione tra ebrei e gentili che, purtroppo, affonda le sue radici nella religione.

Il contrasto tra l'eroismo del nuovo Israele e la rassegnata sottomissione con cui gli ebrei andavano a morte (arrivando puntuali ai centri di smistamento, recandosi con i propri piedi ai luoghi d'esecuzione, scavandosi la fossa con le proprie mani, spogliandosi da sé e ammucchiando in bell'ordine le vesti, distendendosi uno accanto all'altro per essere uccisi) sembrava un buon argomento, e il Pubblico Ministero, cercando di sfruttarlo al massimo, si preoccupò di chiedere a tutti i testimoni: "Perché non protestavate? Perché salivate sui treni? Perché, essendo in quindicimila contro poche centinaia di guardie, non vi ribellaste passando all'attacco?" Ma la triste verità è che quell'argomento serviva a ben poco, perché nessun gruppo etnico, nessun popolo si sarebbe comportato diversamente. Parecchi anni fa, ancora sotto l'impressione diretta di quegli avvenimenti, David Rousset, già ospite del campo di Buchenwald, tratteggiò una situazione che, come noi sappiamo, era la stessa in tutti i campi di concentramento: "Il trionfo delle SS esige che la vittima torturata si lasci condurre dove si vuole senza protestare, che rinunzi a lottare e si abbandoni fino a perdere completamente la coscienza della propria personalità. E c'è una ragione. Non è senza motivo, non è per puro sadismo che gli uomini delle SS desiderano il suo annientamento spirituale: essi sanno che distruggere la vittima prima che salga al patibolo... è il sistema di gran lunga migliore per tenere un popolo intero in schiavitú, assoggettato. Nulla è piú terribile di questi esseri umani che vanno come automi incontro alla morte" *(Les jours de notre mort*, 1947). La Corte non ricevette risposta a quelle crudeli e goffe domande, eppure sarebbe bastato ricordare per un istante la tragica sorte di quegli ebrei olandesi che nel 1941, nel quartiere ebraico di Amsterdam, osarono attaccare un reparto della polizia di sicurezza tedesca. Quattrocentotrenta ebrei furono arrestati per rappresaglia e torturati a morte, dapprima a Buchenwald e poi nel campo austriaco di Mauthausen. Per mesi e mesi morirono di mille morti, e ognuno di essi avrebbe invidiato i suoi fratelli di Auschwitz e anche di Riga e di Minsk. Esistono molte cose di gran lunga peggiori della morte, e le SS sapevano bene di essere costantemente presenti alla mente e all'immaginazione delle loro vittime. Sotto questo rispetto, forse ancor piú che sotto altri, il deliberato tentativo compiuto al processo di presentare le cose soltanto dal lato ebraico distorse la verità, anche la verità ebraica. La gloria della sollevazione di Varsavia e l'eroismo dei pochi altri ebrei che combatterono sono riposti proprio nel rifiuto di accettare la morte relativamente facile offerta dai nazisti, dinanzi al plotone di esecuzione o nella camera a gas. E i testimoni che a Gerusalemme parlarono della resistenza e della ribellione, del "piccolo posto" che essi avevano avuto "nella storia dell'olocausto," confermarono ancora una volta che soltanto i giovanissimi erano stati capaci di prendere la drammatica decisione: "Non dobbiamo lasciarci ammazzare come pecore."

Tra le varie aspettative di Ben Gurion, una non andò del tutto delusa: il processo è divenuto effettivamente un importante strumento per scovare altri criminali, tuttavia non nei paesi arabi, che hanno apertamente concesso asilo a centinaia di nazisti. I rapporti tra il Gran Mufti e i tedeschi durante la guerra non erano un segreto; il Gran Mufti aveva sperato che essi lo aiutassero a varare una qualche "soluzione finale" in Medio Oriente. Così, i giornali di Damasco e di Beirut, del Cairo e della Giordania, non nascosero la loro simpatia per Eichmann o il loro rammarico per il fatto che egli non aveva potuto "finire il lavoro"; e il giorno in cui si aprì il processo, radio Cairo, dando notizia dell'avvenimento, inserì nel suo commento addirittura una nota leggermente antitedesca, lamentando che in tutta la seconda guerra mondiale nessun aereo tedesco avesse sorvolato un villaggio o una città ebraica sganciando una bomba. Che i nazionalisti arabi nutrissero simpatia per il nazismo era ed è cosa notoria, le ragioni sono ovvie, e non c'era bisogno né di Ben Gurion né del processo per "scovare" criminali nazisti, giacché questi non si nascondevano. Il processo rivelò soltanto che tutte le dicerie riguardo a presunti rapporti tra Eichmann e Haj Amin el Husseini, l'ex-Mufti di Gerusalemme, erano infondate. (Eichmann gli era stato presentato durante un ricevimento ufficiale assieme a tutti gli altri capi della zona.) Il Mufti era stato in stretto contatto col ministero degli esteri del Reich e con Himmler, ma questa non era una novità.

Se l'idea di Ben Gurion di scoprire la "connessione tra i nazisti e certi governanti arabi" non aveva molto senso, il fatto che egli non menzionasse in quel contesto l'odierna Germania occidentale è sorprendente. Naturalmente era rassicurante sentirlo dire che Israele "non considera Adenauer responsabile delle azioni di Hitler" e che "per noi un bravo tedesco, anche se appartiene alla stessa nazione che vent'anni fa uccise milioni di ebrei, è una persona degna" (nessun accenno, invece, ad arabi degni). La Repubblica federale tedesca, per quanto non abbia ancora riconosciuto lo Stato d'Israele — probabilmente per paura che i paesi arabi possano riconoscere la Germania di Ulbricht — ha pagato negli ultimi anni a Israele settecentotrentasette milioni di dollari, a titolo di risarcimento, ma questi pagamenti presto termineranno, e gli israeliani stanno ora cercando di ottenere dalla Germania occidentale un prestito a lunga scadenza. È per questo che le relazioni tra i due paesi (come pure i rapporti personali tra Ben Gurion e Adenauer) erano molto buone, e se sulla scia del processo alcuni deputati del Knesset, il parlamento israeliano, sono poi riusciti a imporre qualche limitazione al programma di scambi culturali con la Germania occidentale, la cosa non era certamente né prevista né auspicata da Ben Gurion. E, cosa ancor piú interessante, egli non aveva previsto (o almeno non si era curato di accennarvi) che la cattura di Eichmann avrebbe costretto la Germania a compiere il primo serio tentativo di tradurre in giudizio almeno i tedeschi direttamente implicati nei crimini. L'Agenzia centrale per l'investigazione dei crimini nazisti, tardivamente fondata nella Germania occidentale (1958) e diretta da Erwin Schüle, aveva urtato fino a quel momento in ogni sorta di ostacoli, in parte perché i testimoni tedeschi non volevano collaborare, in parte perché i tribunali tedeschi non volevano agire in base al materiale inviato loro dall'Agenzia. Non che il processo Eichmann portasse alla luce prove nuove e importanti per scoprire i colpevoli, ma bastò la notizia della sensazionale cattura di Eichmann e dell'imminente processo per spingere i tribunali tedeschi ad avvalersi finalmente delle scoperte di Schüle e a vincere l'innata riluttanza ad agire contro "gli assassini che sono tra noi," almeno col vecchio sistema di porre una taglia sul capo dei piú famosi criminali ancora latitanti.

I risultati sono stati stupefacenti. Sette mesi dopo l'arrivo di Eichmann a Gerusalemme (e quattro prima dell'apertura del processo), Richard Baer, successore di Rudolf ')ss come comandante di Auschwitz, venne finalmente arrestato. In rapida successione, furono assicurati alla giustizia anche quasi tutti i membri del cosiddetto Eichmann Commando: Franz Novak, che viveva ora in Australia, dove faceva il tipografo; il Dott. Otto Hunsche, che faceva l'avvocato nella Germania occidentale; Hermann Krumey, che era diventato un droghiere; Gustav Richter, già "consigliere ebraico" in Romania, e il Dott. Günther Zöpf, che aveva rivestito la stessa carica ad Amsterdam. Benché le prove della loro colpevolezza fossero state già da anni pubblicate in Germania, in libri e articoli di giornale, nessuno di essi aveva ritenuto necessario vivere sotto falso nome. E da allora, per la prima volta dalla fine della guerra, i giornali tedeschi si sono riempiti di corrispondenze sui processi ai criminali nazisti, tutti rei di omicidio in massa (a partire dal maggio 1960, mese della cattura di Eichmann, soltanto gli omicidi di primo grado possono essere perseguiti, mentre tutti gli altri crimini sono caduti in prescrizione, essendo passati venti anni). È vero che l'antica riluttanza dei tribunali locali ad agire contro questi delitti non è scomparsa del tutto, e si è tradotta in condanne tanto miti da essere ridicole: e cosí il Dott. Otto Bradfisch, che fece parte degli *Einsatzgruppen,* cioè delle unità mobili delle SS addette allo sterminio nei paesi dell'Europa orientale, è stato condannato a dieci anni di lavori forzati per avere ucciso quindicimila ebrei; il dott. Otto Hunsche, esperto legale di Eichmann e personalmente responsabile della deportazione di circa milleduecento ebrei ungheresi, dei quali almeno seicento furono uccisi, è stato condannato a cinque anni; e Joseph Lechthaler, che "liquidò" gli ebrei di Slutsk e di Smoleviči in Russia, a tre anni e sei mesi. Comunque sia, tra i nuovi arrestati ci sono stati personaggi che furono molto potenti sotto il nazismo, e per la maggior parte già epurati. Uno è il generale delle SS Karl Wolff, che fu capo dello stato maggiore personale di Himmler e che, secondo un documento presentato nel 1946 a Norimberga, aveva salutato "con gioia particolare" la notizia che "ormai da due settimane un treno trasporta ogni giorno cinquemila membri del popolo eletto" da Varsavia a Treblinka, un centro di sterminio dell'Europa orientale. Un altro è Wilhelm Koppe, che dopo aver diretto le camere a gas di Čelmno succedette a Friedrich-Wilhelm Krüger in Polonia: era stato appunto uno dei piú famigerati capi supremi delle SS, il cui compito era quello di rendere *judenrein* la Polonia, e nella Germania del dopoguerra dirigeva una fabbrica di cioccolata. Non che di tanto in tanto non siano state inflitte condanne severe, ma la cosa è quanto mai inquietante quando si tratta di criminali come Erich von dem Bach-Zelewski, già generale del Corpo dei comandanti superiori delle SS e della polizia. Costui fu già processato nel 1961 per aver partecipato alla soppressione di Röhm del 1934, e condannato a tre anni e mezzo di carcere; poi, nel 1962, dinanzi a un tribunale di Norimberga fu di nuovo processato per avere ucciso nel 1933 sei comunisti tedeschi, e condannato all'ergastolo. Ma nessuna delle due sentenze pronunziate contro di lui accenna al fatto che egli fu uno dei capi della lotta antipartigiana sul fronte orientale e che partecipò al massacro degli ebrei di Minsk e di Mogilev, nella Bielorussia. Forse i tribunali tedeschi, col pretesto che i crimini di guerra non sono crimini, fanno "distinzioni etniche"? Oppure si deve pensare che una condanna cosí severa, cosí insolita almeno nella Ger-· mania del dopoguerra, è stata inflitta perché Bach-Zelewski fu uno dei pochissimi che dopo le uccisioni in massa subirono un collasso nervoso, cercò di salvare gli ebrei dagli *Einsatzgruppen* e a Norimberga si presentò come testimone dell'accusa? Bach-Zelewski fu anche l'unico di questa categoria di criminali ad autoaccusarsi pubblicamente di omicidio in massa, nel 1952, senza tuttavia essere mai processato per questo.

C'è poca speranza che le cose cambino ora, per quanto l'amministrazione Adenauer sia stata costretta a epurare oltre centoquaranta magistrati e molti funzionari di polizia con un passato piú che compromettente, e a congedare quel Wolfgang Immerwahr Fränkel, alto magistrato della Corte Suprema federale, che malgrado il suo secondo nome [significa *sempre vero*] non era mai molto sincero quando qualcuno lo interrogava sui suoi trascorsi nazisti. Si è calcolato che degli undicimilacinquecento giudici della Repubblica federale tedesca ben cinquemila abbiano lavorato nei tribunali hitleriani. Nel novembre del 1962, poco dopo l'epurazione della magistratura e quando ormai da sei mesi il nome di Eichmann era scomparso dai giornali, il tanto atteso processo contro Martin Fellenz ha avuto luogo, a Flensburg, in un'aula quasi vuota. L'ex-membro delle SS nonché capo della polizia, divenuto illustre esponente del Partito liberal-democratico nella Germania di Adenauer, era stato arrestato nel giugno del 1960, poche settimane dopo la cattura di Eichmann, sotto l'accusa di essere parzialmente responsabile dell'uccisione di quarantamila ebrei in Polonia. Dopo aver ascoltato per piú di un mese e mezzo dettagliate testimonianze, il Pubblico ministero ha chiesto il massimo della pena, cioè la condanna all'ergastolo. La Corte ha invece condannato Fellenz a quattro anni, di cui due e mezzo già scontati nell'attesa del processo. Comunque si vogliano giudicare questi fatti, non c'è dubbio che il processo Eichmann ha avuto le ripercussioni piú importanti in Germania. L'atteggiamento dei tedeschi verso il loro passato, che per oltre quindici anni è stato un rebus per tutti gli esperti di cose tedesche, è venuto in luce con una chiarezza che non poteva esser maggiore: i tedeschi non si preoccupano molto di prendere posizione in un senso o nell'altro, e non trovano gran che da ridire sulla presenza di tanti criminali nel loro paese, dato che nessuno di essi probabilmente commetterebbe un delitto di propria spontanea volontà; ma se l'opinione pubblica mondiale, o meglio quello che i tedeschi, con termine che abbraccia tutti i paesi stranieri del mondo, chiamano *das Ausland,* si ostina a chiedere che quella gente sia punita, non hanno nulla in contrario, almeno fino a un certo punto.

Il Cancelliere Adenauer aveva previsto che si sarebbe creata una situazione alquanto imbarazzante, e aveva manifestato la sua apprensione perché il processo avrebbe "rievocato tutti gli orrori" e scatenato una nuova ondata di antipatia per la Germania: il che effettivamente è avvenuto. Durante i dieci mesi che occorsero a Israele per preparare il processo, la Germania si dette quindi da fare per neutralizzarne le prevedibili conseguenze, ricercando e processando con uno zelo senza precedenti i criminali nazisti che vivevano ancora nel paese. Tuttavia, né le autorità tedesche né un'importante settore dell'opinione pubblica tedesca chiesero mai l'estradizione di Eichmann, che pure sarebbe stato il passo piú ovvio, dato che nessuno stato sovrano rinunzia volentieri al diritto di processare i propri cittadini. (La posizione ufficiale del governo Adenauer, che ciò non era possibile perché tra Israele e Germania non esisteva un trattato di estradizione, era insostenibile: significava soltanto che Israele non poteva essere costretto a estradare Eichmann. Fritz Bauer, Procuratore generale dell'Assia, se ne rese conto e invitò il governo federale di Bonn a chiedere l'estradizione: senonché in questo campo le sue idee erano quelle di un ebreo tedesco, non erano condivise dall'opinione pubblica, e cosí il suo invito non solo fu respinto da Bonn, ma passò addirittura quasi inosservato e non fu appoggiato da nessuno. Un altro argomento contro l'estradizione, sostenuto dagli osservatori inviati a Gerusalemme dal governo della Germania occidentale, era che la Germania, avendo abolito la pena capitale, non poteva infliggere ad Eichmann la condanna che meritava. Ma se si considera la mitezza con cui i tribunali tedeschi hanno sempre trattato i nazisti rei di sterminio, è difficile pensare che questa obiezione fosse sollevata in buona fede. L'unica cosa certa è che se Eichmann fosse stato processato in Germania ci sarebbe stato il rischio, gravissimo dal punto di vista politico, che venisse assolto per mancanza di *mens rea,* cioè d'intenzione di delinquere, come ha osservato J.J. Jansen sul *Rheinischer Merkur* dell'11 agosto 1961.)

La questione ha anche un altro aspetto, più delicato e più importante sul piano politico. Una cosa è scovare dai loro nascondigli i criminali e gli assassini, e un'altra è trovarli fiorenti e onorati nel regno della vita pubblica: constatare cioè che le amministrazioni federali e statali e in genere gli uffici pubblici pullulano di persone che erano in auge sotto il regime hitleriano. Certo, se il governo Adenauer fosse stato troppo sensibile e restio a servirsi di funzionari compromessi col nazismo, la Germania occidentale non avrebbe mai avuto un'amministrazione: la verità è infatti esattamente l'opposto della tesi sostenuta da Adenauer, secondo cui soltanto "una percentuale relativamente piccola" di tedeschi era stata nazista mentre "la grande maggioranza" era stata "felice di aiutare, non appena poteva, i suoi concittadini ebrei." (Un giornale tedesco, la *Frankfurter Rundschau,* si è per lo meno posta l'ovvia domanda perché mai tante persone che certamente conoscevano il passato di Wolfgang Immerwahr Fränkel avevano sempre taciuto, ed è arrivato poi all'altrettanto ovvia risposta: "Perché si sentivano colpevoli anche loro.") Il processo Eichmann, come Ben Gurion l'aveva concepito, insistendo sulle questioni generali a danno delle sottigliezze giuridiche, avrebbe logicamente richiesto che si mettesse a nudo la partecipazione di tutte le istituzioni e autorità tedesche alla "soluzione finale" — cioè la complicità di tutti i funzionari dei ministeri, delle forze armate regolari e dei loro stati maggiori, della magistratura e del mondo degli affari. Tuttavia lo stesso Hausner, pur giungendo al punto di produrre testimoni su testimoni che esponevano cose crudeli e vere, sì, ma che poco o nulla avevano a che fare con le azioni dell'imputato, evitò scrupolosamente di toccare una materia così esplosiva, cioè l'estesissima rete di complicità che eccedeva di molto le file del partito nazista. (Prima del processo circolava la voce che Eichmann avesse fatto il nome di "varie centinaia di illustri personalità della Repubblica federale," denunziandole come suoi complici; ma era voce destituita di fondamento. E nel discorso di apertura Hausner parlò di "complici" di Eichmann che non erano "né gangster né persone della malavita," promettendo: "Li rincontreremo — medici e avvocati, studiosi, banchieri ed economisti — in quei concilii che decisero di sterminare gli ebrei." Ma la promessa non fu mantenuta, né avrebbe potuto esserlo almeno in quella forma, perché non era mai esistito un "concilio" che decidesse qualcosa, e gli "accademici" non avevano mai deciso di sterminare gli ebrei, ma si erano soltanto riuniti per studiare il modo di eseguire un ordine di Hitler.) Tuttavia, un caso fu sottoposto all'attenzione della corte: quello del dott. Hans Globke, uno dei piú stretti consiglieri di Adenauer. Piú di venticinque anni fa costui era stato coautore di un infame commento alle leggi di Norimberga e qualche tempo dopo era stato l'ideatore del brillante progetto di costringere tutti gli ebrei a prendere un secondo nome: "Israele" oppure "Sara." Senonché il nome di Hans Globke, e solo il nome, fu tirato in ballo dal difensore di Eichmann, e forse soltanto nella speranza di indurre cosí il governo Adenauer a chiedere l'estradizione. È certo comunque che l'ex-consigliere del ministero degli interni del Reich, poi segretario di Stato nella cancelleria di Adenauer, meritava assai piú dell'ex-Mufti di Gerusalemme di figurare nella storia della tragedia ebraica.

E in effetti era la storia che, almeno per quel che riguardava l'accusa, era al centro del processo. "In questo storico processo, al banco degli imputati non siede un individuo, e neppure il solo regime nazista, bensí l'antisemitismo nel corso di tutta la storia." Questa era la direttiva impartita da Ben Gurion, e Hausner vi si attenne fedelmente cominciando il suo discorso di apertura (che si protrasse per tre udienze) dal faraone e dalla decisione di Haman di "distruggerli, colpirli e farli sparire." Il Pubblico ministero passò quindi a citare Ezechiele: "E quando io [il Signore] passai da te e ti vidi macchiato del tuo sangue, ti dissi: Nel tuo sangue vivi," spiegando che queste parole erano "l'imperativo di fronte a cui questa nazione si è trovata fin dal giorno in cui si è affacciata alla storia." Era cattiva storiografia e retorica a buon mercato; e quel che è peggio, queste osservazioni erano in contrasto con l'idea stessa di processare Eichmann, poiché potevano far pensare che forse Eichmann era soltanto l'innocente esecutore di un fato misterioso, o che magari l'antisemitismo era necessario per spianare quella "strada coperta di sangue" che il popolo ebraico doveva percorrere per compiere il suo destino. Qualche giorno dopo, quando il professor Salo W. Baron, della Columbia University, ebbe testimoniato sulla storia piú recente degli ebrei dell'Europa orientale, il dott. Servatius non poté piú resistere alla tentazione e pose le logiche domande: "Perché tutta questa sventura si è abbattuta sul popolo ebraico?", "Non vi sembra che alla base del destino di questo popolo ci siano motivi irrazionali, che vanno al di là della comprensione umana?" E ancora: "Non c'è forse qualcosa, che potremmo chiamare 'lo spirito della storia,' che 'spinge avanti la storia... senza che gli uomini possano influirvi?" Il sig. Hausner non è in fondo d'accordo con 'la scuola della legge storica' (un'allusione a Hegel) e non ha forse dimostrato che 'ciò che i capi vogliono e fanno non sempre conduce ai risultati che essi si prefiggono?' Qui l'intenzione era di distruggere il popolo ebraico, ma l'obiettivo non è stato raggiunto e adesso è nato uno Stato nuovo e fiorente." A questo punto l'argomentazione della difesa si era pericolosamente avvicinata alla nuovissima tesi antisemitica che poche settimane prima, all'Assemblea nazionale egiziana, era stata esposta con tutta serietà dal viceministro degli esteri Hussain Zulficar Sabri: Hitler non aveva colpa dello sterminio degli ebrei; era stato una vittima dei sionisti, i quali lo avevano "spinto a commettere crimini che alla fine avrebbero loro permesso di raggiungere lo scopo — la creazione dello Stato d'Israele." Unica differenza, il dott. Servatius, seguendo la filosofia della storia professata dall'accusa, aveva collocato la Storia con la *s* maiuscola al posto solitamente riservato agli anziani di Sion.

Malgrado le intenzioni di Ben Gurion e gli sforzi del Pubblico ministero, al banco degli imputati c'era sempre un individuo, una persona in carne ed ossa; e se Ben Gurion non si "curava" della sentenza che sarebbe stata pronunziata contro Eichmann, è innegabile che emettere una sentenza era l'unico compito del tribunale di Gerusalemme.

Capitolo secondo

L'imputato

Otto Adolf Eichmann, figlio di Karl Adolf e di Maria Scheffer-ling, catturato in un sobborgo di Buenos Aires la sera dell'11 maggio 1960, trasportato in Israele nove giorni dopo, in aereo, e tradotto dinanzi al Tribunale distrettuale di Gerusalemme l'11 aprile 1961, doveva rispondere di quindici imputazioni, avendo commesso, "in concorso con altri," crimini contro il popolo ebraico, crimini contro l'umanità e crimini di guerra sotto il regime nazista, in particolare durante la seconda guerra mondiale. La legge contro i nazisti e i collaboratori dei nazisti, in base alla quale fu giudicato, risale al 1950 e prevede che "una persona che abbia commesso uno di questi... crimini... è passibile della pena di morte." Richiesto su ciascun punto se si considerasse colpevole, Eichmann rispose: "Non colpevole nel senso dell'atto d'accusa."

In quale senso allora si riteneva colpevole? Nel corso dell'interminabile interrogatorio, che secondo le parole dello stesso imputato fu "il piú lungo" che mai ci fosse stato, né la difesa né l'accusa e nemmeno i giudici si presero la briga di rivolgergli quell'ovvia domanda. Robert Servatius, avvocato di Colonia, scelto da Eichmann come suo patrono e pagato dal governo israeliano (secondo il precedente stabilito al processo di Norimberga, dove tutti gli avvocati della difesa furono pagati dal tribunale istituito dai vincitori), dichiarò in un'intervista concessa alla stampa: "Eichmann si sente colpevole dinanzi a Dio, non dinanzi alla legge"; ma questa spiegazione non fu mai confermata dall'interessato. Sicuramente la difesa avrebbe preferito dichiararlo non colpevole perché in base al sistema giuridico del periodo nazista egli non aveva fatto niente di male; perché le cose di cui era accusato non erano crimini ma "azioni di Stato," azioni che nessuno stato straniero aveva il diritto di giudicare (*par in parem imperium non habet*); e perché egli aveva il dovere di obbedire e — parole testuali di Servatius — aveva compiuto atti "per i quali si viene decorati se si vince e si va alla forca se si perde." (Già Goebbels aveva dichiarato nel 1943: "Passeremo alla storia come i più grandi statisti di tutti i tempi, o come i più grandi criminali.") Fuori d'Israele (e precisamente a una riunione dell'Accademia Cattolica di Baviera, dedicata a quello che il *Rheinischer Merkur* definí il "delicato problema della possibilità di giudicare le colpe storiche e politiche con procedimenti penali") Servatius andò oltre e affermò che "l'unico problema penale legittimo," nel caso Eichmann, sarebbe stato "processare gli israeliani che l'hanno catturato, cosa che finora non è stata fatta": un'affermazione, sia detto per inciso, che mal si conciliava con altre sue dichiarazioni, in quanto che in Israele egli ripeté più volte — e la stampa dette alla cosa grande risalto — che la condotta del processo era "una grande conquista spirituale" e poteva reggere degnamente il confronto con quella del processo di Norimberga.

L'atteggiamento di Eichmann era diverso. Innanzitutto, a suo avviso l'accusa di omicidio era infondata: "Con la liquidazione degli ebrei io non ho mai avuto a che fare; io non ho mai ucciso né un ebreo né un non ebreo, insomma non ho mai ucciso un essere umano; né ho mai dato l'ordine di uccidere un ebreo o un non ebreo: proprio, non l'ho mai fatto." E più tardi, precisando meglio questa affermazione, disse: "È andata cosí... non l'ho mai dovuto fare" — lasciando intendere chiaramente che avrebbe ucciso anche suo padre, se qualcuno glielo avesse ordinato. Per questo non si stancò mai di ripetere ciò che già aveva dichiarato nei cosiddetti documenti Sassen, ossia nell'intervista che nel 1955, in Argentina, aveva concesso al giornalista olandese Sassen (un ex-membro delle SS che come lui si era sottratto alla giustizia riparando all'estero) e che dopo la sua cattura venne parzialmente pubblicata da *Life* in America e da *Der Stern* in Germania: e cioè che poteva essere accusato soltanto di avere "aiutato e favorito" lo sterminio degli ebrei, sterminio che effettivamente, riconobbe a Gerusalemme, era stato "uno dei più grandi crimini della storia dell'umanità." La difesa non si curò della teoria personale di Eichmann, ma l'accusa dedicò molto tempo a cercare di dimostrare che Eichmann, almeno in un caso, aveva ucciso di propria mano (un ragazzo ebreo in Ungheria), e ancor piú tempo dedicò, questa volta con piú successo, ad analizzare un appunto che Franz Rademacher, esperto di questioni ebraiche al ministero degli Esteri del Reich, aveva scarabocchiato durante una conversazione telefonica con Eichmann su un documento che riguardava la Jugoslavia: "Eichmann propone la fucilazione." Questo risultò l'unico "ordine di uccidere," ammesso che tale fosse da considerararsi, per cui esistesse almeno un'ombra di prova.

Ma questa prova era piú discutibile di quanto non apparisse al processo, dove i giudici accettarono la versione dell'accusa mentre Eichmann negò categoricamente — un diniego che non ebbe alcun effetto perché egli, come spiegò il suo patrono, aveva dimenticato "il piccolo incidente" (si trattava soltanto di ottomila persone!). L'"incidente" si era verificato nell'autunno del 1941, sei mesi dopo che i tedeschi avevano occupato la parte serba della Jugoslavia. Fin dall'inizio la Wehrmacht aveva dovuto fare i conti con la resistenza partigiana, ed erano state le autorità militari a decidere di risolvere due problemi in una volta fucilando cento ebrei e zingari per ogni soldato tedesco ucciso. Certo, né gli ebrei né gli zingari erano partigiani, ma, come disse il responsabile civile del governo militare, un certo consigliere di Stato Harald Turner, "gli ebrei li avevano nei campi, e dopo tutto anche loro sono nazionalisti serbi e devono sparire" (citato da Raul Hilberg in *The Destruction of the European Jews,* 1961). I campi erano stati creati dal generale Franz Böhme, governatore militare della regione, e ospitavano soltanto persone di sesso maschile. Né il generale Böhme né il consigliere di stato Turner attesero l'approvazione di Eichmann per iniziare il massacro di migliaia di ebrei e di zingari. Le noie cominciarono quando Böhme, senza consultare le competenti autorità della polizia e delle SS, decise di *deportare* tutti i suoi ebrei, probabilmente per dimostrare che per rendere la Serbia *judenrein* non c'era bisogno di truppe speciali agli ordini di un altro capo. Eichmann, trattandosi di deportazione, fu informato, ma negò il suo consenso perché il provvedimento avrebbe interferito con altri progetti; e non fu Eichmann, bensí Martin Luther, del ministero degli esteri, a ricordare al generale Böhme che "in altri territori [cioè in Russia] altri comandanti militari si sono occupati di un numero di gran lunga maggiore di ebrei senza avvertire nessuno." Comunque sia, se veramente "propose la fucilazione," Eichmann ai militari disse soltanto di seguitare a fare quanto già facevano da un pezzo, e che la questione degli "ostaggi" era esclusivamente di loro competenza: la cosa riguardava l'esercito, trattandosi soltanto di cittadini di sesso maschile. L'attuazione della "soluzione finale" in Serbia cominciò circa sei mesi piú tardi: allora donne e bambini furono prelevati e uccisi in furgoni attrezzati come camere a gas. Durante l'interrogatorio, Eichmann, come al solito, scelse la spiegazione piú complicata e meno verosimile: disse che Rademacher, per imporre il suo progetto al ministero degli esteri, aveva bisogno dell'appoggio dell'Ufficio centrale della sicurezza del Reich (RSHA), e perciò aveva fabbricato un documento falso. (La spiegazione che Rademacher aveva dato quando era stato processato nel 1952 da un tribunale della Germania occidentale, era molto piú plausibile: "L'esercito, in quanto responsabile dell'ordine in Serbia, doveva fucilare gli ebrei ribelli"; e tuttavia anche questa era una menzogna, poiché noi sappiamo, da fonti tedesche, che gli ebrei non erano "ribelli.") Se era difficile interpretare come un ordine una frase pronunziata durante una conversazione telefonica, ancor piú difficile era credere che Eichmann potesse impartire ordini ai generali della Wehrmacht.

Forse egli si sarebbe riconosciuto colpevole se fosse stato accusato di concorso in omicidio? Può darsi di sí, ma sicuramente avrebbe sollevato importanti obiezioni. Le sue azioni erano criminose soltanto guardando retrospettivamente, e lui era sempre stato un cittadino ligio alla legge, poiché gli ordini di Hitler — quegli ordini che certo egli aveva fatto del suo meglio per eseguire — possedevano "forza di legge." (A questo proposito, la difesa avrebbe potuto citare uno dei piú noti esperti di diritto costituzionale del Terzo Reich, Theodor Maunz, attualmente ministro della pubblica istruzione in Baviera, che nel 1943 affermò in *Gestalt und Recht der Polizei:* "Il comando del Führer... è il centro assoluto dell'attuale ordinamento giuridico.") Chi dunque gli veniva ora a dire che avrebbe dovuto comportarsi diversamente, ignorava o aveva dimenticato come stavano le cose a quell'epoca. Lui non era di quelli che sostenevano di essere stati "contrari" quando invece erano sempre stati zelantissimi nell'obbedire; ma i tempi cambiano, e lui, al pari del professor Maunz, era ora "approdato a idee diverse." Ciò che aveva fatto, lo aveva fatto e non lo negava; anzi proponeva: "Impiccatemi pubblicamente come monito per tutti gli antisemiti di questa terra." Ma questo non significava che si pentisse di qualcosa: "Il pentimento è roba da bambini." (*sic!*)

Malgrado le pressioni esercitate su di lui dal difensore, Eichmann non recedette mai da questa posizione. Quando si venne a parlare del baratto proposto da Himmler nel 1944, un milione di ebrei contro diecimila camion, e della parte che egli aveva avuto in questo piano, gli chiesero: "Signor testimone, discutendo con i Suoi superiori Lei espresse un qualche sentimento di pietà per gli ebrei e disse che bisognava cercare di aiutarli?" Ed egli rispose: "Io sono sotto giuramento e devo dire la verità. Non fu per pietà che lanciai quella transazione" — il che suonava molto bene, senonché non era stato lui a "lanciarla." Ma poi aggiunse, e in questo fu del tutto sincero: "Le mie ragioni le ho già spiegate stamani." Queste ragioni erano le seguenti: Himmler aveva mandato un suo uomo di fiducia a Budapest perché si occupasse dell'emigrazione degli ebrei (che tra l'altro era divenuta un grosso affare, poiché gli ebrei potevano ottenere il permesso di partire soltanto se sborsavano somme enormi). Orbene, la cosa che indignava Eichmann era che della faccenda dell'emigrazione si occupasse "un uomo che non apparteneva alle forze di polizia": "Io dovevo collaborare alla deportazione mentre le questioni dell'emigrazione, in cui mi consideravo un esperto, erano assegnate a un uomo che era nuovo nella nostra unità... Ero stufo... Decisi di fare qualcosa per prendere nelle mie mani i problemi dell'emigrazione."

Per tutto il processo Eichmann cercò di spiegare, quasi sempre senza successo, quest'altro punto grazie al quale non si sentiva "colpevole nel senso dell'atto d'accusa." Secondo l'atto d'accusa egli aveva agito non solo di proposito, ma anche per bassi motivi e ben sapendo che le sue azioni erano criminose. Ma quanto ai bassi motivi, Eichmann era convintissimo di non essere un *innerer Schweinehund*, cioè di non essere nel fondo dell'anima un individuo sordido e indegno; e quanto alla consapevolezza, disse che sicuramente non si sarebbe sentito la coscienza a posto se non avesse fatto ciò che gli veniva ordinato — trasportare milioni di uomini, donne e bambini verso la morte — con grande zelo e cronometrica precisione. Queste affermazioni lasciavano certo sbigottiti. Ma una mezza dozzina di psichiatri lo aveva dichiarato "normale," e uno di questi, si dice, aveva esclamato addirittura: "Piú normale di quello che sono io dopo che l'ho visitato," mentre un altro aveva trovato che tutta la sua psicologia, tutto il suo atteggiamento verso la moglie e i figli, verso la madre, il padre, i fratelli, le sorelle e gli amici era "non solo normale, ma ideale"; e infine anche il cappellano che lo visitò regolarmente in carcere dopo che la Corte Suprema ebbe finito di discutere l'appello, assicurò a tutti che Eichmann aveva "idee quanto mai positive." Dietro la commedia degli esperti della psiche c'era il fatto che egli non era evidentemente affetto da infermità mentale. (Le recenti rivelazioni di Hausner, che sulle colonne del *Saturday Evening Post* ha parlato di cose che non aveva potuto "esporre al processo," contraddicono però questa tesi. Hausner ci dice ora che secondo gli psichiatri Eichmann era "un uomo ossessionato da una pericolosa e insanabile mania omicida," "un individuo perverso e sadico": nel qual caso avrebbe dovuto essere ricoverato in un manicomio.) Peggio ancora, non si poteva neppure dire che fosse animato da un folle odio per gli ebrei, da un fanatico antisemitismo, o che un indottrinamento di qualsiasi tipo avesse provocato in lui una deformazione mentale. "Personalmente" egli non aveva mai avuto nulla contro gli ebrei; anzi, aveva sempre avuto molte "ragioni private" per non odiarli. Certo, tra i suoi piú intimi amici c'erano stati fanatici antisemiti, per esempio quel László Endre, sottosegretario di Stato addetto agli affari politici (problema ebraico) in Ungheria, che fu impiccato a Budapest nel 1946; ma secondo lui questo equivaleva piú o meno a dire: "Alcuni dei miei migliori amici sono antisemiti."

Ahimé, nessuno gli credette. Il Pubblico ministero non gli credette perché la cosa non lo riguardava; il difensore non gli dette peso perché evidentemente non si curava dei problemi di coscienza; e i giudici non gli prestarono fede perché erano troppo buoni e forse anche troppo compresi dei principî basilari della loro professione per ammettere che una persona comune, "normale," non svanita né indottrinata né cinica, potesse essere a tal punto incapace di distinguere il bene dal male. Da alcune occasionali menzogne preferirono concludere che egli era fondamentalmente un "bugiardo" — e cosí trascurarono il piú importante problema morale e anche giuridico di tutto il caso. Essi partivano dal presupposto che l'imputato, come tutte le persone "normali," avesse agito ben sapendo di commettere dei crimini; e in effetti Eichmann era normale nel senso che "non era una eccezione tra i tedeschi della Germania nazista," ma sotto il Terzo Reich soltanto le "eccezioni" potevano comportarsi in maniera "normale." Questa semplice verità pose i giudici di fronte a un dilemma insolubile, e a cui tuttavia non ci si poteva sottrarre.

Eichmann era nato il 19 marzo 1906 a Solingen, una città della Renania famosa per i coltelli, le forbici e gli strumenti chirurgici che vi si fabbricano. Cinquantaquattro anni piú tardi, indulgendo alla sua vecchia passione di scrivere memorie, cosí descrisse quel memorabile evento: "Oggi, quindici anni e un giorno dopo l'8 maggio 1945, comincio a riandare con la mente a quel 19 marzo dell'anno 1906 in cui, alle ore 5 di mattina, vidi la luce di questa terra, in forma di essere umano." (Il manoscritto di questa autobiografia è ancora gelosamente custodito dalle autorità israeliane: Harry Mulisch l'ha potuto studiare "per appena mezz'ora," e il settimanale degli ebrei tedeschi *Der Aufbau* è riuscito a pubblicarne solo qualche brano.) Secondo le sue credenze religiose, rimaste immutate dal tempo del nazismo (a Gerusalemme dichiarò di essere un *Gottgläubiger,* "credente in Dio" — il termine nazista per indicare chi ha rotto col cristianesimo — e rifiutò di giurare sulla Bibbia), questo avvenimento andava ascritto a un "Essere razionale superiore" *(Höherer Sinnesträger),* un'entità piú o meno identica a quel "movimento dell'universo" a cui la vita umana, priva in sé di un "significato superiore," è soggetta. (La terminologia è quanto mai interessante, poiché chiamare Dio uno *Höherer Sinnesträger* equivaleva a dargli un posto nella gerarchia militare: i nazisti avevano infatti cambiato il vecchio termine *Befehlsempfänger,* "colui che riceve ordini," in *Befehlsträger,* "colui che porta gli ordini," cioé il depositario di ordini che ne sostiene il peso ed ha la responsabilità di eseguirli; e ancora: Eichmann, come tutti coloro che lavoravano alla "soluzione finale," era ufficialmente un *Geheimnisträger,* cioé "depositario di segreti," un titolo fatto apposta per lusingare la vanità.) Ma Eichmann, che non s'interessava molto di metafisica, non si preoccupò di precisare meglio i segreti rapporti tra l'Essere razionale superiore e il depositario di ordini, e passò a considerare invece l'altra possibile causa della sua esistenza, i suoi genitori: "Difficilmente si sarebbero rallegrati tanto per l'arrivo del loro primogenito, se avessero potuto vedere come nell'ora della mia nascita la Norna della sfortuna, a dispetto della Norna della fortuna, già filava fili di dolore e di pena nella mia vita. Ma un benigno, impenetrabile velo impedí ai miei genitori di vedere il futuro."

La sfortuna aveva cominciato presto a perseguitarlo: già quando andava a scuola. Il padre di Eichmann, dapprima ragioniere della Azienda elettrico-tranviaria di Solingen e dopo il 1913 funzionario della medesima società a Linz, in Austria, aveva cinque figli, quattro maschi e una femmina. A quanto pare, soltanto Adolf, il maggiore, non riuscí a terminare le scuole superiori, e neppure a diplomarsi alla scuola di avviamento in cui fu allora mandato. Per tutta la sua vita Eichmann nascose alla gente queste sue vecchie "sfortune," riparandosi dietro i piú onorevoli rovesci finanziari del padre. Ma, in Israele, nei primi colloqui col capitano Avner Less — il giudice istruttore che lo interrogò per piú d'un mese registrando settantasei nastri magnetici, dai quali furono poi ricavate tremilacinquecentosessantaquattro pagine dattiloscritte — si mostrò sovreccitato, entusiasta per questa occasione veramente unica di poter "buttar fuori" tutto ciò che sapeva e di potere al tempo stesso apparire l'imputato piú disposto a collaborare con la giustizia che mai ci fosse stato. È vero che tanto entusiasmo si smorzò assai presto, quando gli furono contestati fatti concreti, documentati in maniera inequivocabile; tuttavia all'inizio egli manifestò un'enorme fiducia e sicurezza — naturalmente sprecata col capitano Less, il quale ha detto poi a Harry Mulisch: "Io sono stato il confessore del signor Eichmann — e la miglior prova è che per la prima volta in vita sua confessò i suoi primi disastri, benché certo si rendesse conto che cosí smentiva molti dati importanti che figuravano in tutti i suoi documenti di funzionario nazista."

Orbene, questi disastri erano quanto mai banali: siccome egli non era mai stato uno scolaro "molto volonteroso" — né molto dotato, possiamo aggiungere —, il padre lo aveva ritirato prima dalla scuola superiore e poi dalla scuola d'avviamento. Era falso dunque che esercitasse la professione d'ingegnere, attribuitagli in tutti i documenti ufficiali e altrettanto falsa era quell'altra notizia secondo cui era nato in Palestina e parlava correntemente l'ebraico e l'yiddish — altra pura e semplice frottola che egli aveva sempre amato raccontare sia ai suoi camerati sia alle sue vittime. Nello stesso spirito aveva anche sempre affermato di essere stato licenziato dalla compagnia petrolifera Vacuum, in Austria (dove faceva il rappresentante), perché iscritto al partito nazionalsocialista. Al capitano Less fornì, a questo proposito, una versione meno drammatica anche se forse non ancora veritiera: era stato licenziato perché era sopravvenuto un periodo di crisi e disoccupazione e i primi a perdere il posto erano gli impiegati scapoli. (La spiegazione, che a prima vista sembra plausibile, non è molto soddisfacente perché egli perse il posto nella primavera del 1933, quando già da due anni era fidanzato con Veronika — Vera — Liebl, che più tardi divenne sua moglie. Perché non la sposò prima, quando aveva ancora un buon lavoro? Si ammogliò soltanto nel marzo del 1935, forse perché nelle SS, come nella compagnia petrolifera Vacuum, gli scapoli non erano mai sicuri di conservare il posto e non potevano ottenere promozioni.) Una cosa è chiara: la iattanza era sempre stata uno dei suoi principali difetti.

Mentre Adolf frequentava le scuole con tanto poco profitto, il padre lasciò l'Azienda elettrico-tranviaria e si mise a lavorare in proprio. Rilevò una piccola società mineraria e vi assunse il figlio facendogli fare il semplice minatore, ma solo per il tempo necessario a trovargli un impiego nell'ufficio-vendite della Oberösterreichische Elektrobau Gesellschaft. Qui Eichmann rimase per oltre due anni. Già quasi ventiduenne, non aveva prospettive di carriera e l'unica cosa che aveva imparato era, forse, come si vende. Fu a questo punto che per la prima volta egli riuscì a "sfondare." Naturalmente anche qui abbiamo due differenti versioni. In un *curriculum* autografo che nel 1939 presentò alle SS per avere una promozione, leggiamo: "Dal 1925 al 1927 ho lavorato nell'ufficio-vendite della Elektrobau Gesellschaft austriaca. Ho lasciato questo posto di mia spontanea volontà quando la società petrolifera Vacuum mi ha offerto la rappresentanza per l'Austria settentrionale." La parola-chiave è "offerto," poiché in Israele egli raccontò al capitano Less che nessuno gli aveva mai offerto nulla. Sua madre era morta quando lui aveva dieci anni, e suo padre si era risposato. Un cugino della sua matrigna — da lui chiamato "zio" — era presidente dell'Automobile Club austriaco e aveva sposato la figlia di un industriale cecoslovacco, ebreo. Orbene, questo "zio" si era avvalso dei rapporti di amicizia che lo legavano al direttore generale della Vacuum austriaca, un certo signor Weiss, anche

La banalità del male

egli ebreo, per procurare allo sfortunato parente un'occupazione come commesso viaggiatore. Eichmann gliene serbò riconoscenza, e gli ebrei che c'erano nella sua famiglia furono appunto una delle "ragioni private" per cui non aveva bisogno di nutrire sentimenti antisemiti. Ancora nel 1943 o 1944, quando la "soluzione finale" era in pieno sviluppo, non aveva dimenticato: "La figlia nata da questo matrimonio, mezza ebrea secondo le leggi di Norimberga,... venne a trovarmi per ottenere da me il permesso di emigrare in Svizzera; e anche quel mio zio venne a trovarmi per chiedermi d'intervenire in favore di alcune coppie di viennesi ebrei. Accenno a questi fatti soltanto per mostrare come personalmente non odiassi gli ebrei, giacché tutta l'educazione che avevo ricevuto da mia madre e da mio padre era rigorosamente cristiana; mia madre, che aveva parenti ebrei, aveva idee diverse da quelle che dominavano negli ambienti delle SS."

Insisté molto su questo punto: non aveva mai nutrito sentimenti di avversione per le sue vittime e, cosa più importante, non ne aveva mai fatto un segreto. "Lo spiegai al dott. Löwenherz [capo della comunità ebraica di Vienna], e lo spiegai al dott. Kastner [vicepresidente dell'organizzazione sionista di Budapest]; credo d'averlo detto a tutti, tutti i miei uomini lo sapevano, ogni tanto me lo sentivano ripetere. Anche alle elementari avevo un compagno con cui trascorrevo il tempo libero e che veniva a casa nostra; apparteneva a una famiglia di Linz, il cui cognome era Sebba. L'ultima volta che ci vedemmo facemmo insieme una passeggiata per le vie di Linz, io portavo già all'occhiello il distintivo del partito nazionalsocialista e lui non trovò nulla da ridire." Se Eichmann fosse stato un po' più preciso o l'istruttoria meno discreta (il giudice istruttore fu molto cauto, probabilmente perché Eichmann continuasse a collaborare), la sua "mancanza di pregiudizi" sarebbe apparsa sotto una luce ancora diversa. Pare che a Vienna, dove il suo sistema di "emigrazione forzata" ebbe tanto successo, egli avesse un'amante ebrea, una "vecchia fiamma" di Linz. La *Rassenschande,* il rapporto sessuale con persone di razza ebraica, era forse il peggior tipo di colpa di cui un membro delle SS si potesse macchiare, e benché durante la guerra uno dei divertimenti preferiti dei soldati al fronte consistesse nel violentare ragazze ebree, era rarissimo che un ufficiale superiore delle SS avesse legami amorosi con una donna ebrea. Così le dure e ripetute tirate di Eichmann contro Julius Streicher, il folle e volgare direttore di *Der Stürmer*, e contro il suo pornografico antisemitismo, avevano forse alla base motivi personali ed erano dettate da qualcosa di piú che dal semplice disprezzo che un SS "illuminato" doveva mostrare per le triviali passioni di funzionari inferiori.

I cinque anni e mezzo presso la compagnia petrolifera Vacuum dovettero essere tra i piú felici della vita di Eichmann. Benché fosse un periodo di grave crisi economica, lui poteva condurre una vita piuttosto agiata, seguitando a vivere — tranne quando era in viaggio — con i genitori. La data in cui questo idillio finí, la Pentecoste del 1933, fu una delle poche che non dimenticò mai. Per la verità la sua situazione aveva cominciato a farsi precaria già da qualche tempo, e infatti alla fine del 1932, con suo gran rammarico, era stato improvvisamente trasferito da Linz a Salisburgo. "Persi completamente il gusto di lavorare; non mi piaceva piú vendere, fare telefonate." Ma quella non fu davvero la sola volta che la *Arbeitsfreude* lo abbandonò. La peggiore di queste esperienze fu quando gli comunicarono che il Führer aveva dato ordine di procedere allo "sterminio fisico degli ebrei," in cui egli avrebbe avuto un ruolo tanto importante. Anche quest'ordine gli giunse inaspettato: personalmente non aveva "mai pensato... a una soluzione cosí violenta," e descrisse la propria reazione usando le stesse parole: "Ora persi tutto, tutto il gusto di lavorare, tutta l'iniziativa, tutto l'interesse; mi sgonfiai, se cosí si può dire." Analogo "sgonfiamento" doveva essersi verificato a Salisburgo, e dal suo racconto risulta chiaramente che non rimase troppo sorpreso quando fu licenziato, per quanto sia piuttosto improbabile che ne fosse "felicissimo."

Comunque sia, il 1932 segnò una svolta nella sua vita. Fu nell'aprile di quell'anno che egli si iscrisse al partito nazionalsocialista ed entrò nelle SS, su invito di Ernst Kaltenbrunner, un giovane avvocato di Linz che in seguito divenne capo del *Reichssicherheitshauptamt* (RSHA); e fu appunto in uno dei sei principali dipartimenti dell'RSHA (la IV Sezione, diretta da Heinrich Müller) che Eichmann alla fine fu nominato direttore dell'ufficio B-4. Al processo, Eichmann fece l'impressione di essere un tipico membro della bassa borghesia, impressione confortata da ogni frase che scrisse o pronunziò. Eppure era un'impressione inesatta: egli era piuttosto il figlio *declassato* di una solida famiglia borghese, e lo prova il fatto che mentre suo padre e il padre di Ernst (anch'egli avvocato a Linz) erano buoni amici, i rapporti tra i due figli erano piuttosto freddi: Ernst Kaltenbrunner trattava Eichmann con aria di sufficienza, come un individuo socialmente inferiore. Già prima di entrare nel partito e nelle SS Eichmann aveva dimostrato di avere la mentalità del gregario, e l'8 maggio 1945, data ufficiale della sconfitta della Germania, fu per lui un tragico giorno soprattutto perché da quel momento non avrebbe piú potuto esser membro di questo o di quell'organismo. "Sentivo che la vita mi sarebbe stata difficile, senza un capo; non avrei piú ricevuto direttive da nessuno, non mi sarebbero piú stati trasmessi ordini e comandi, non avrei piú potuto consultare regolamenti — in breve, mi aspettavo una vita che non avevo mai provato." Quando era ancora un ragazzo, i genitori, che non s'interessavano di politica, lo avevano iscritto alla Associazione dei giovani cristiani, da cui poi era passato al Movimento giovanile tedesco, i *Wandervogeln.* Durante gli sfortunati quattro anni di scuola superiore aveva aderito allo *Jungfrontkämpferverband,* la sezione giovanile di un'organizzazione di veterani di guerra, violentemente filotedesca e antirepubblicana, tollerata dal governo austriaco. Quando Kaltenbrunner gli propose di entrare nelle SS, Eichmann era sul punto di divenire membro di una società completamente diversa, la Loggia massonica Schlaraffia, "un'associazione di industriali, medici, attori, funzionari civili, ecc., che si riunivano per coltivare una gaia spensieratezza... Ogni membro doveva di tanto in tanto tenere una conferenza piena di umorismo, di raffinato umorismo." Ma Kaltenbrunner gli spiegò che era meglio abbandonare l'idea di far parte di quella frivola congrega, dato che un nazista non poteva essere massone (parola di cui a quel tempo Eichmann non conosceva ancora il significato). Scegliere tra le SS e la Schlaraffia (termine che deriva da *Schlaraffenland,* il "paese della cuccagna"), non era davvero facile, senonché la stessa Schlaraffia lo tolse dall'imbarazzo escludendolo d'autorità dal suo seno: questo perché egli aveva commesso un peccato che ancora nella prigione d'Israele lo faceva arrossire di vergogna: "Contrariamente ai principî a cui ero stato educato da ragazzo, avevo osato invitare i miei compagni a bere un bicchiere di vino."

Cosí, misera foglia ghermita dal turbine della storia, Eichmann fu portato via dalla Schlaraffia, dal paese incantato dove le tavole sono imbandite di polli che volano in bocca da sé — o, per essere piú esatti, da quella compagnia di rispettabili filistei, insigniti di onorificenze, con carriere sicure e dotati di "raffinato umorismo," il cui peggior vizio era probabilmente un'irresistibile passione per i divertimenti — per finire nelle colonne in marcia sotto le bandiere di quel Terzo Reich che doveva esistere per mille anni ma che in realtà durò esattamente dodici anni e tre mesi. Certo, Eichmann non s'iscrisse al partito per convinzione, né acquistò mai una fede ideologica: ogni volta che gli si chiedevano le ragioni della sua adesione, ripeteva sempre gli stessi luoghi comuni sull'iniquità del trattato di Versaglia e sulla disoccupazione. Fu piuttosto — come egli stesso ebbe a dire al processo — "inghiottito dal partito senza accorgersene e senza avere avuto il tempo di decidere; fu una cosa cosí rapida e improvvisa!" Non ebbe il tempo, e nemmeno il desiderio, d'informarsi bene; non conosceva il programma del partito, non aveva mai letto *Mein Kampf.* Kaltenbrunner gli disse: "Perché non entri nelle SS?", e lui rispose: "Già, perché no?" Andò cosí.

Naturalmente, non era tutto qui. Al presidente della Corte, durante l'interrogatorio, Eichmann non disse che a quell'epoca era un giovane ambizioso, stufo del suo lavoro di rappresentante prima ancora che la compagnia petrolifera Vacuum si stufasse di lui. Da una vita monotona e insignificante era piombato di colpo nella "storia," cioè, secondo la sua concezione, in un "movimento" che non si arrestava mai e in cui una persona come lui — un fallito sia agli occhi del suo ceto e della sua famiglia che agli occhi propri — poteva ricominciare da zero e far carriera. E anche se non sempre gli piaceva quello che doveva fare (per esempio mandare gente a morte su carri-bestiame invece che costringerla a emigrare), anche se assai presto intuí che la Germania avrebbe perso la guerra e tutto sarebbe finito male, anche se i piani a cui piú teneva andarono in fumo (trasportare tutti gli ebrei d'Europa nel Madagascar, creare un territorio ebraico nella zona di Nisko in Polonia, costruire fortificazioni attorno al suo ufficio di Berlino per respingere i carri armati russi), e anche se con suo grandissimo "dispiacere e dolore" non riuscí mai a salire nella gerarchia oltre il grado di *SS-Obersturmbannführer* (equivalente a quello di tenente colonnello) — insomma anche se la sua vita (eccezion fatta per l'anno trascorso a Vienna) fu una vita piena di frustrazioni, egli non dimenticava mai quale sarebbe stata l'alternativa. Non soltanto in Argentina, dove era costretto a vivere l'infelice vita del latitante, ma anche nell'aula del tribunale di Gerusalemme, dove in pratica era già perduto, se qualcuno' gli avesse detto di scegliere avrebbe sempre preferito essere impiccato come *Obersturmbannführer a. D.* (a riposo), anziché condurre una normale e tranquilla esistenza come rappresentante della compagnia petrolifera Vacuum.

Gli inizi della nuova carriera non furono molto promettenti. Nella primavera del 1933, mentre era ancora disoccupato, il partito nazista e tutti i suoi affiliati furono messi fuorilegge in Austria, quando Hitler prese il potere. Ma anche senza questa nuova calamità, nessuno poteva pensare di far carriera nel partito nazista austriaco: anche coloro che si erano arruolati nelle SS seguitavano a svolgere il loro lavoro normale; perfino Kaltenbrunner continuava a lavorare nello studio legale di suo padre. Eichmann decise perciò di andare in Germania, cosa piú che naturale dato che la sua famiglia non aveva mai rinunziato alla cittadinanza tedesca. (Questo fatto, al processo, ebbe la sua importanza: il Dott. Servatius invitò infatti il governo della Germania occidentale a chiedere l'estradizione e in via subordinata a pagare le spese della difesa, ma Bonn rifiutò sostenendo — cosa contraria alla verità — che l'imputato non era cittadino tedesco.) A Passau, sul confine tedesco, egli tornò improvvisamente a sentirsi commesso viaggiatore, e quando andò a presentarsi al capo distrettuale, gli chiese ansiosamente se per caso "non avesse delle conoscenze nella Vacuum bavarese." Orbene, questo fu uno dei non rari "ricorsi" della sua vita; ogni volta che gli fu rinfacciata la sua mentalità nazista, sia in Argentina che nel carcere di Gerusalemme, si giustificò dicendo: "È sempre la vecchia storia." Ma a Passau guarí presto: gli spiegarono che faceva meglio ad arruolarsi e a seguire un corso di addestramento militare ("Giusto, pensai tra me, perché non diventare un soldato?"), e fu mandato in due campi bavaresi delle SS, prima a Lechfeld e poco dopo a Dachau (dove però non ebbe nulla a che fare col campo di concentramento). Qui veniva addestrata la "legione austriaca in esilio," e cosí egli divenne in un certo senso austriaco, malgrado il passaporto tedesco. Rimase in quei campi dall'agosto del 1933 al settembre del 1934, fu promosso *Scharführer* (caporale) ed ebbe molto tempo per riflettere sull'opportunità di abbracciare la carriera militare. Come egli stesso raccontò, ci fu una sola cosa in cui si distinse in quei quattordici mesi, e cioè le esercitazioni punitive alle quali si dedicava con grande ostinazione, quasi con collera, nello spirito di: "Se le mie mani gelano, ben gli sta a mio padre, che non mi compra i guanti." Ma a parte questi piaceri piuttosto discutibili, a cui dovette la sua prima promozione, fu un periodo terribile: "La noia del servizio militare era una cosa insopportabile, ogni giorno la stessa cosa, sempre la stessa." Cosí, mentre cercava una via d'uscita, seppe che al Servizio di Sicurezza (*Sicherheitsdienst,* ovvero SD) del *Reichsführer* delle SS c'erano dei posti liberi, e subito fece domanda.

Capitolo terzo

Un esperto di questioni ebraiche

Nel 1934, quando Eichmann fece domanda e fu assunto, il *Sicherheitsdienst* era un organismo relativamente recente. Era stato fondato due anni prima da Heinrich Himmler e adesso era diretto da Reinhardt Heydrich, un ex-funzionario dello spionaggio della marina, destinato a divenire, come dice Gerald Reitlinger, "il vero ingegnere della soluzione finale" (*The Final Solution,* 1961). All'inizio, l'SD aveva il compito di sorvegliare i membri del partito e di permettere cosí che le SS controllassero l'apparato regolare del medesimo; poi, col tempo, divenne un centro d'investigazioni al servizio della Gestapo. Fu cosí che a poco a poco si preparò la fusione delle SS e della polizia, fusione che tuttavia avvenne soltanto nel settembre del 1939, benché già dal 1936 Himmler rivestisse la duplice carica di Capo della polizia tedesca e di *Reichsführer* delle SS. Eichmann, naturalmente, non poteva prevedere questi sviluppi, ma a quanto pare, quando entrò nell'SD, non sapeva nulla neppure della natura di quest'organismo. La cosa non è impossibile, perché l'attività dell'SD era sempre stata segretissima. Per lui si trattò di un completo fraintendimento e, in primo luogo, di una "gran delusione": "Pensavo infatti che l'SD fosse quello di cui avevo letto sulla *Münchener Illustrierte Zeitung:* quando gli alti funzionari del partito si spostavano, erano accompagnati da guardie del corpo, da uomini che stavano in piedi sul predellino... Insomma avevo scambiato il Servizio di sicurezza del *Reichsführer* delle SS per il Servizio di sicurezza del Reich... e nessuno mi avvertí. Non immaginavo neppure lontanamente le cose che poi mi furono rivelate." Al processo la questione ebbe un certo peso, poiché si doveva stabilire se egli aveva scelto volontariamente quel posto o se invece vi era stato trascinato. Il fraintendimento di cui Eichmann parlò non è del tutto inverosimile, poiché in origine le SS *(Schutzstaffeln)* erano state unità speciali addette alla protezione dei capi del partito.

La sua delusione, tuttavia, fu dovuta soprattutto al fatto che ora doveva ricominciare da capo, da zero; unica consolazione, non era stato il solo a prendere quell'abbaglio. Fu assegnato all'ufficio informazioni, dove sua prima mansione fu registrare tutti i dati riguardanti la massoneria (che nella confusionaria ideologia del nazismo era un miscuglio di ebraismo, cattolicesimo e comunismo) in vista della creazione di un museo massone. Cosí ebbe modo di farsi una cultura in materia e d'imparare che cosa significava quello strano vocabolo che Kaltenbrunner aveva pronunziato quando avevano parlato della Schlaraffia. (E qui ricorderemo che la creazione di musei che documentavano sui loro nemici era una mania dei nazisti: durante la guerra, vari organismi si disputarono l'onore di creare musei e biblioteche antiebraiche, e dobbiamo a questa singolare fissazione se tanti tesori della civiltà ebraica europea si sono salvati.) Purtroppo anche questo lavoro era noiosissimo, sicché fu per lui un gran sollievo quando, dopo quattro o cinque mesi, fu assegnato al nuovissimo ufficio che si occupava degli ebrei. Fu qui che iniziò la carriera destinata a concludersi nel tribunale di Gerusalemme.

Correva l'anno 1935 quando la Germania, violando il trattato di Versaglia, introdusse la coscrizione generale e annunziò pubblicamente di avere intenzione di riarmarsi e di costruirsi un'aviazione e una flotta. Sempre in quell'anno, la Germania, che nel 1933 aveva lasciato la Società delle Nazioni, preparò, tumultuosamente e scopertamente, l'occupazione della zona smilitarizzata della Renania. Era il tempo dei discorsi pacifisti di Hitler: "La Germania ha bisogno di pace e desidera la pace," "Noi riconosciamo che la Polonia è la patria di un popolo grande e dotato di coscienza nazionale," "La Germania non vuole e non intende interferire negli affari interni dell'Austria, né annettersi l'Austria né concludere un *Anschluss*"; e soprattutto era ·l'anno in cui il regime nazista riscosse generali e purtroppo sinceri consensi sia all'interno che all'estero, mentre dappertutto Hitler era ammirato come un grande statista. Per ciò che riguarda la situazione interna, fu un periodo di transizione. Grazie al colossale programma di riarmo, la disoccupazione fu liquidata, ogni tentativo di resistenza della classe operaia fu stroncato sul nascere, e il regime, che combatteva principalmente gli "antifascisti" (comunisti, socialisti, intellettuali di sinistra ed ebrei che occupavano posti-chiave), ancora non perseguitava accanitamente gli ebrei in quanto ebrei.

È vero che uno dei primi passi compiuti dal governo nazista già nel 1933 era stato l'esclusione degli ebrei dai "servizi pubblici" (che in Germania comprendevano l'insegnamento nelle scuole di ogni ordine e grado, dalla scuola elementare all'Università, e quasi tutti i rami dell'industria del "divertimento," inclusa la radio, il teatro, l'opera e i concerti) e in generale la loro rimozione dai pubblici uffici. Ma le attività private non furono toccate fino al 1938, e l'esercizio dell'avvocatura e della professione medica fu proibito solo gradualmente, benché gli studenti ebrei fossero esclusi da quasi tutte le università e non potessero piú laurearsi da nessuna parte. In quegli anni l'emigrazione degli ebrei procedette in maniera piú o meno normale e non venne indebitamente forzata, e le restrizioni valutarie che rendevano loro difficile, ma non impossibile, trasferire all'estero i capitali che possedevano, erano le stesse anche per i non ebrei: risalivano al tempo della repubblica di Weimar. Ci furono varie *Einzelaktionen*, azioni individuali per costringere gli ebrei a vendere i loro beni a prezzi spesso ridicoli, ma di solito questi episodi si verificavano in piccole città ed erano riconducibili all'iniziativa di alcuni intraprendenti elementi dei Reparti d'assalto, i cosiddetti SA, che per lo piú (eccezion fatta per gli ufficiali) erano reclutati tra i ceti piú bassi. È innegabile che la polizia non fece mai nulla per impedire questi "eccessi," ma le autorità naziste non ne erano molto entusiaste, poiché si risolvevano in un danno economico per tutta la nazione. Gli ebrei che emigravano, se non fuggivano per ragioni politiche, erano giovani che capivano di non avere un futuro in Germania, ma poiché presto si accorgevano che per loro anche all'estero non era facile vivere, in questo periodo finivano a volte col tornare in patria. Eichmann, alla domanda in che modo avesse potuto conciliare i suoi sentimenti personali verso gli ebrei con l'esplicito e violento antisemitismo del partito, rispose col proverbio: "Chi mangia la minestra bollente si scotta" — un proverbio che all'epoca era anche sulle labbra di molti ebrei. Questi vivevano in un mondo illusorio tanto che, per qualche anno, perfino Streicher parlò di "soluzione legale" del problema ebraico: perché si risvegliassero ci vollero i *pogrom* del novembre 1938, la cosiddetta *Kristallnacht* ovvero "Notte dei cristalli," quando le vetrine di settemilacinquecento negozi furono infrante, tutte le sinagoghe furono date alle fiamme e ventimila uomini della comunità furono rinchiusi in campo di concentramento.

Un fatto che spesso viene trascurato è che le famigerate leggi di Norimberga dell'autunno 1935 avevano avuto conseguenze piuttosto strane. Al processo, la deposizione di tre testimoni, alti funzionari dell'organizzazione sionista che avevano lasciato la Germania poco prima che scoppiasse la guerra, permise di intravedere assai bene come stavano le cose durante i primi cinque anni del regime nazista. Le leggi di Norimberga avevano privato gli ebrei dei loro diritti politici, ma non di quelli civili; gli ebrei non erano più cittadini tedeschi (*Reichsbürger*), ma restavano membri dello stato germanico (*Staatsangehörige*). Anche se emigravano, non divenivano automaticamente apolidi. I rapporti sessuali tra ebrei e tedeschi, e i matrimoni misti, erano proibiti, e nessuna famiglia ebrea poteva avere come domestica una donna che avesse meno di quarantacinque anni. Ma di queste norme, soltanto l'ultima aveva una qualche importanza pratica: le altre non facevano che legalizzare una situazione già esistente di fatto. Perciò le leggi di Norimberga furono sentite come un provvedimento che stabilizzava la posizione degli ebrei nel Reich. Gli ebrei erano già cittadini di seconda classe, per usare un'espressione mite, dal 30 gennaio 1933; il loro quasi completo isolamento dal resto della popolazione era stato raggiunto nel giro di qualche settimana o di qualche mese — col terrore, ma anche con la connivenza di coloro che li circondavano. "Tra gentili ed ebrei c'era un muro," disse il dott. Benno Cohn, di Berlino, nella sua testimonianza, "durante tutti i miei viaggi per la Germania non ricordo di aver mai parlato con un ariano." E ora gli ebrei pensavano di avere ricevuto un codice proprio, e di non essere più considerati fuorilegge; se avessero continuato a comportarsi nel modo che era stato loro imposto, avrebbero potuto vivere indisturbati. Per usare le parle della *Reichsvertretung* ebraica (l'associazione nazionale di tutte le comunità e organizzazioni ebraiche esistenti in Germania, fondata nel settembre 1933 per iniziativa della comunità di Berlino, senza alcuna pressione da parte dei nazisti), scopo delle leggi di Norimberga era "creare un piano" su cui fossero possibili "tollerabili rapporti tra tedeschi ed ebrei"; al che un membro della comunità berlinese, un sionista radicale, aveva aggiunto: "La vita è possibile sotto qualsiasi legge, e comunque non si può vivere nella completa ignoranza di ciò che è lecito e di ciò che non lo è; si può essere cittadini utili e rispettati anche se si è membri di una minoranza in seno a un grande popolo" (Hans Lamm, *Über die Entwicklung des deutschen Judentums,* 1951). E gli ebrei, da quando Hitler con la purga di Röhm aveva infranto nel 1934 il potere delle SA (i Reparti d'assalto che erano stati i quasi unici responsabili della prima ondata di *pogrom* e di atrocità), beatamente ignari del crescente potere delle SS (le unità in camicia bruna che di solito si astenevano da quelli che Eichmann chiamava con disprezzo i "metodi delle SA"), in generale credevano che trovare un *modus vivendi* fosse possibile; anzi, si offrirono persino di collaborare alla "soluzione del problema ebraico." Quando insomma Eichmann iniziò il suo apprendistato nel settore degli affari ebraici — settore in cui quattro anni più tardi fu riconosciuto "esperto" — e quando stabilí i suoi primi contatti con i funzionari ebrei, tanto i sionisti quanto gli assimilazionisti parlavano di una "grande rinascita" ebraica, di un "grande movimento costruttivo dell'ebraismo tedesco" e in campo ideologico seguitavano a polemizzare tra loro sull'auspicabilità o meno dell'emigrazione, come se le loro decisioni potessero contare qualcosa.

Il racconto che Eichmann fece in istruttoria di come fu introdotto nel nuovo ufficio, anche se naturalmente distorto (ma non del tutto falso), rievocò questo mondo illusorio e fallace. La prima cosa che accadde fu che il suo nuovo capo, un certo von Mildenstein, il quale a differenza di Eichmann era veramente un ingegnere e di lí a poco passò all'*Organisation Todt* di Albert Speer, dove si occupò della costruzione di strade, gli fece leggere il libro di Theodor Herzl, *Lo Stato ebraico.* Dopo la lettura di questo famoso classico sionista, Eichmann aderí prontamente e per sempre alle idee sioniste. Pare che fosse il primo libro serio che avesse mai letto, e ne rimase profondamente colpito. Da quel momento, come ripeté più e più volte, non pensò ad altro che a cercare una "soluzione politica" (che significava l'espulsione ed era l'opposto della "soluzione fisica," cioé lo sterminio) e a "porre sotto i piedi degli ebrei un po' di terraferma." (E qui può essere interessante notare che ancora nel 1939 egli protestò, sembra, contro i profanatori della tomba di Herzl, a Vienna, e c'era chi sosteneva d'averlo visto in abiti civili alla commemorazione di Herzl in occasione del trentacinquesimo anniversario della morte. Fatto strano, a Gerusalemme egli non parlò mai di queste cose, sebbene si vantasse continuamente di essere stato in buoni rapporti con i funzionari ebraici.) A tale scopo cominciò a diffondere il suo vangelo tra i camerati delle SS, pronunziando discorsi e scrivendo opuscoli. Imparò l'ebraico, ma appena un'infarinatura, quel tanto che gli bastava per poter leggiucchiare un giornale yiddish: impresa non difficile, giacché l'yiddish non è che un antico dialetto germanico scritto in caratteri ebraici, e può essere capito da qualunque tedesco che conosca qualche decina di parole ebraiche. Lesse anche un altro libro, la *Storia del sionismo* di Adolf Böhm (che al processo confuse continuamente con *Lo Stato ebraico* di Herzl), e questo fu effettivamente uno sforzo notevole per un uomo che non aveva mai amato la lettura e che, con delusione del padre, non aveva mai approfittato della biblioteca di famiglia. Senza scostarsi dalle idee di Böhm, studiò cosí il sistema organizzativo del movimento sionista, con tutti i suoi partiti, gruppi giovanili e programmi. Non che ora fosse divenuto un'"autorità" in materia; tuttavia i suoi superiori ritennero di poterlo nominare funzionario addetto allo spionaggio in campo sionista. Degno di nota è che la sua preparazione, in fatto di problemi ebraici, riguardava quasi esclusivamente il sionismo.

I suoi primi contatti personali con funzionari ebrei, tutti sionisti di vecchia data, furono pienamente soddisfacenti. Eichmann spiegò che la ragione per cui la "questione ebraica" lo affascinava tanto era il proprio "idealismo." Anche quegli ebrei, a differenza degli assimilazionisti, da lui sempre disprezzati, e degli ortodossi, che lo annoiavano, erano "idealisti." Essere "idealisti," secondo Eichmann, non voleva dire soltanto credere in un'"idea" oppure non rendersi rei di peculato, benché questi fossero requisiti indispensabili; voleva dire soprattutto *vivere* per le proprie idee (e quindi non essere affaristi) ed essere pronti a sacrificare per quelle idee tutto e, principalmente, tutti. Quando in istruttoria dichiarò che avrebbe mandato a morte suo padre se cosí gli fosse stato ordinato, non intese soltanto mostrare fino a che punto era soggetto agli ordini e pronto a obbedire; volle anche mostrare fino a che punto era sempre stato "idealista." Naturalmente, anche l'idealista perfetto aveva i suoi sentimenti e la sua sensibilità personale, ma doveva evitare nel modo piú assoluto che questi, se erano in conflitto con l'"idea," interferissero con le azioni. Il piú grande idealista che Eichmann avesse mai conosciuto tra gli ebrei era il dott. Rudolf Kastner; fu con Kastner che egli negoziò al tempo delle deportazioni dall'Ungheria, concludendo un accordo in base al quale lui, Eichmann, avrebbe permesso la partenza "illegale" di qualche migliaio di ebrei per la Palestina (i treni erano sorvegliati da poliziotti tedeschi) in cambio di "quiete e ordine" nei campi da cui centinaia di migliaia di altri ebrei venivano avviati ad Auschwitz. Le poche migliaia di persone che si salvarono grazie a quell'accordo, illustri esponenti ebraici e membri delle organizzazioni giovanili sioniste, erano, per dirla con Eichmann, "il miglior materiale biologico." Secondo Eichmann, il dott. Kastner aveva dunque sacrificato i suoi compagni alla sua "idea," e aveva fatto bene. Il giudice Benjamin Halevi, uno dei tre che processavano Eichmann, aveva processato in Israele anche Kastner, per collaborazionismo; secondo Halevi, Kastner aveva "venduto l'anima al diavolo." Ora che il diavolo in persona sedeva al banco degli imputati, si scopriva che era invece un "idealista" e si doveva credere che idealista fosse stato anche colui che gli aveva venduto l'anima.

Molto prima che accadessero tutte queste cose, Eichmann ebbe occasione di mettere finalmente in pratica ciò che aveva imparato durante il suo apprendistato. Dopo l'*Anschluss,* cioè dopo che l'Austria fu incorporata nel Reich del marzo del 1938, fu mandato a Vienna per organizzare un tipo di emigrazione che era ancora totalmente sconosciuto in Germania. Qui infatti, fino all'autunno di quell'anno, continuò la finzione secondo cui gli ebrei, se lo desideravano, potevano ottenere il permesso di lasciare il paese, senza esservi "costretti." Una delle ragioni per cui gli ebrei tedeschi prendevano per buona questa finzione, era il programma del partito nazista, che era stato stilato nel 1920 e che condivise con la costituzione di Weimar il curioso destino di non essere mai abrogato; i suoi venticinque punti erano stati addirittura dichiarati "inalterabili" da Hitler. Se si pensa a quello che avvenne in seguito, le norme antisemite in esso contenute erano davvero innocue: gli ebrei non potevano essere cittadini come gli altri, non potevano occupare posti nei servizi civili, erano esclusi dalla stampa, e se avevano acquistato la cittadinanza tedesca dopo il 2 agosto 1914 (data dello scoppio della prima guerra mondiale) dovevano essere "snaturalizzati," cioé erano soggetti all'espulsione. (Fatto caratteristico, la "snaturalizzazione" fu attuata immediatamente, ma l'espulsione in massa di circa quindicimila ebrei, che da un giorno all'altro furono scacciati oltre il confine polacco, a Zbaszyn, dove subito furono internati in campi, avvenne soltanto cinque anni dopo, quando nessuno se l'aspettava piú.) Il programma del partito non fu mai preso sul serio dai funzionari nazisti; questi si vantavano di appartenere a un movimento, distinto dal partito, che non poteva restare vincolato a un programma. Anche prima che i nazisti afferrassero il potere, quei venticinque punti erano stati una semplice concessione al sistema del partito e a quegli eventuali elettori di vecchio stampo che potevano pretendere di sapere che cosa si proponeva il partito a cui intendevano aderire. Eichmann, come abbiamo visto, non aveva di queste deplorevoli abitudini, e quando al tribunale di Gerusalemme affermò di non aver mai conosciuto il programma di Hitler, molto probabilmente disse la verità: "Il programma del partito non importava; si sapeva già a che cosa si aderiva." Gli ebrei, invece, avevano anche loro una mentalità antiquata, cosí antiquata che conoscevano a memoria i venticinque punti e vi credevano; e se il programma del partito non era attuato secondo le regole, tendevano ad attribuire questo fatto agli "eccessi rivoluzionari," temporanei, di membri o gruppi indisciplinati.

Ma quello che accadde a Vienna nel marzo del 1938 fu una cosa completamente nuova. Ufficialmente Eichmann doveva occuparsi dell'"emigrazione forzata," e questa espressione andava presa alla lettera: tutti gli ebrei, senza riguardo per i loro desideri o per la loro cittadinanza, dovevano essere fatti emigrare per forza — un atto che nel linguaggio comune si chiama espulsione. In seguito, ogni volta che Eichmann ripensò a quei dodici anni che erano stati la sua vera vita, l'anno trascorso a Vienna a capo del Centro per l'emigrazione degli ebrei austriaci si riaffacciò sempre alla sua memoria come il piú felice e il piú fortunato. Poco prima era stato promosso al rango di ufficiale: era divenuto *Untersturmführer,* cioé tenente, ed era stato elogiato per la sua "vasta conoscenza dei metodi organizzativi e dell'ideologia degli avversari, gli ebrei." La missione assegnatagli a Vienna fu il suo primo lavoro importante, quello da cui dipendenva tutta la sua carriera, che fino a quel momento era stata piuttosto lenta. Doveva essere smanioso di far bene, e in effetti raggiunse risultati spettacolari: in otto mesi quarantacinquemila ebrei lasciarono l'Austria, mentre nello stesso periodo soltanto diciannovemila lasciarono la Germania; in meno di diciotto mesi l'Austria fu "ripulita" da circa centocinquantamila persone (press'a poco il sessanta per cento della popolazione ebraica) che abbandonarono tutte "legalmente" il paese; anche dopo lo scoppio della guerra, altri sessantamila ebrei circa se ne poterono andare. Come vi riuscí? L'idea basilare naturalmente non era sua; quasi certamente era di Heydrich, il quale lo aveva mandato a Vienna. (Eichmann si tenne nel vago, sulla questione della "paternità," e tuttavia lasciò capire che l'iniziativa era sua; dal canto loro, le autorità israeliane, attaccate — come si legge nel Bollettino dello *Yad Vashem* — all'assurda "tesi della totale responsabilità di Adolf Eichmann" e all'ancor piú assurda "supposizione che dietro a tutto c'era una sola mente [quella di Eichmann]" agevolarono notevolmente il suo sforzo di farsi bello delle penne degli altri, cosa per cui egli aveva già di suo una spiccata tendenza.) L'idea, già illustrata da Heydrich in un colloquio con Göring la mattina seguente alla *Kristallnacht,* era semplice e anche ingegnosa: "Attraverso la comunità ebraica estorcevamo una certa somma di denaro agli ebrei ricchi che volevano emigrare. Grazie a questa somma, e a una somma supplementare in valuta straniera, gli ebrei poveri potevano partire. Il problema non era far partire gli ebrei ricchi, ma sbarazzarsi della plebaglia ebraica." Ora, questo "problema" non fu risolto da Eichmann. A processo finito si è appreso infatti dall'Istituto statale olandese per la Documentazione di guerra che l'idea dei "fondi per l'emigrazione" era un'idea di Erich Rajakowitsch, un "brillante avvocato" di cui Eichmann, secondo la sua stessa deposizione, si serví "per trattare questioni giuridiche negli uffici centrali per l'emigrazione degli ebrei di Vienna, Praga e Berlino." Qualche tempo dopo, nell'aprile del 1941, questo Rajakowitsch fu mandato da Heydrich in Olanda per creare laggiú "un ufficio centrale che servissse da modello per la soluzione della questione ebraica in tutti i paesi europei occupati."

Tuttavia c'erano sempre parecchi problemi che potevano essere risolti soltanto nel corso dell'operazione, e qui effettivamente Eichmann, per la prima volta in vita sua, si accorse di avere doti speciali. C'erano due cose che egli poteva far meglio di altri: organizzare e negoziare. Appena arrivato intavolò trattative con i rappresentanti della comunità ebraica, dopo averli fatti liberare dalle prigioni e dai campi di concentramento, giacché lo "zelo rivoluzionario" in Austria, superando di gran lunga gli "eccessi" verificatisi in Germania, era sfociato nell'imprigionamento di quasi tutte le maggiori personalità ebraiche. Dopo questa esperienza, i funzionari ebraici non avevano bisogno di Eichmann per convincersi dell'opportunità di emigrare. Anzi, gli esposero le enormi difficoltà che incontravano. A parte il problema finanziario, già "risolto," l'ostacolo principale era costituito dalla gran massa di documenti che ogni emigrante doveva procurarsi per lasciare il paese. Poiché ciascun documento era valido soltanto per un breve periodo di tempo, di regola accadeva che quando l'ultimo era pronto il primo era già scaduto da un pezzo. Una volta capito come funzionavano o meglio come non funzionavano le cose, Eichmann "rifletté" e partorí "l'idea che a mio avviso doveva render giustizia a entrambe le parti." Progettò una specie di "catena di montaggio": "all'inizio c'è il primo documento, poi vengono gli altri documenti, e al termine si dovrebbe avere il passaporto, come prodotto finale." Per far questo bisognava che tutte le istanze interessate — il ministero delle finanze, il fisco, la polizia, la comunità ebraica, ecc. — fossero ospitate tutte sotto lo stesso tetto e costrette a lavorare sul posto, in presenza del richiedente: il quale non avrebbe piú dovuto correre da un ufficio all'altro e probabilmente non avrebbe piú dovuto sottostare a svariate angherie, evitando anche di dover pagare mance per sollecitare la sua pratica. Quando tutto fu pronto e la "catena di montaggio" cominciò a funzionare speditamente, Eichmann "invitò" i funzionari ebraici di Berlino a ispezionarla. Quelli rimasero di sasso: "È come una fabbrica automatica, come un mulino collegato a una panetteria. A un capo s'infila un ebreo che possiede ancora qualcosa, una fabbrica, un negozio, un conto in banca, e questo percorre l'edificio da uno sportello all'altro, da un ufficio all'altro, e sbuca all'altro capo senza un soldo, senza piú nessun diritto, solamente con un passaporto in cui si dice: 'Devi lasciare il paese entro quindici giorni, altrimenti finirai in un campo di concentramento.'"

Questa, nelle sue grandi linee, era la vera procedura; ma c'era ancora qualcos'altro. Gli ebrei non potevano essere lasciati completamente "senza un soldo," per la semplice ragione che in tal caso nessun paese straniero, a quell'epoca, li avrebbe accettati. Avevano quindi bisogno di un *Vorzeigegeld,* di una somma da mostrare per ottenere i visti d'ingresso e superare i controlli dei paesi dove immigravano. A tale scopo dovevano avere della valuta straniera, ma il Reich non intendeva sprecare la sua valuta straniera a questo modo. Né si poteva contare sui capitali che gli ebrei possedevano all'estero, poiché era difficile metterli sopra le mani, dato che da vari anni erano congelati. Perciò Eichmann mandò in vari paesi emissari ebrei perché chiedessero fondi alle grandi organizzazioni ebraiche, e questi fondi furono poi venduti dalla comunità ebraica a coloro che dovevano emigrare, con notevole profitto: un dollaro, per esempio, era venduto per 10 o 20 marchi mentre il suo valore sul mercato era di appena 4,20 marchi. Fu soprattutto per questa via che la comunità si procurò non solo il denaro necessario per gli ebrei poveri e per quelli che non avevano capitali all'estero, ma anche i fondi che le occorrevano per le proprie attività, in fase di grande espansione. Naturalmente, prima di arrivare a tanto, Eichmann incontrò forte resistenza da parte delle autorità finanziarie tedesche, poiché il ministero delle finanze e il Tesoro si rendevano ben conto che queste transazioni si risolvevano in una svalutazione del marco.

La millanteria era il peggior difetto di Eichmann: il difetto che lo rovinò. Era una pura e semplice rodomontata la frase che disse ai suoi uomini negli ultimi giorni di guerra: "Salterò nella tomba ridendo, poiché il fatto di avere sulla coscienza la morte di cinque milioni di ebrei [ossia di "nemici del Reich," come amava dire] mi dà una soddisfazione enorme." In realtà, non saltò nella tomba, e se qualcosa aveva sulla coscienza, non era l'assassinio, ma il fatto di avere un giorno schiaffeggiato il dott. Josef Löwenherz, capo della comunità ebraica di Vienna, che poi era divenuto uno degli ebrei da lui più apprezzati. (In quell'occasione si era scusato in presenza del suo stato maggiore, ma il ricordo dell'incidente continuava ad amareggiarlo.) Vantarsi di avere ucciso cinque milioni di ebrei, quasi il totale degli ebrei soppressi grazie agli sforzi combinati di tutti gli organismi e di tutte le autorità naziste, era naturalmente ridicolo, e lui lo sapeva benissimo; tuttavia seguitò a ripeterlo fino alla nausea a tutti coloro che lo volevano ascoltare, anche dodici anni dopo, in Argentina, e questo perché "lo esaltava il pensiero di uscire dalla scena in quel modo." (Un testimone della difesa, l'ex-consigliere di ambasciata Horst Grell, che lo aveva conosciuto in Ungheria, dichiarò che a suo avviso si trattava di una vanteria: il che era ovvio per chiunque lo aveva sentito fare quell'affermazione.) E fu una semplice vanteria quando sostenne di avere "inventato" il sistema dei ghetti o di aver "partorito" l'idea di trasportare tutti gli ebrei d'Europa nel Madagascar. Il ghetto di Theresienstadt, di cui egli si attribuiva la "paternità," fu creato quando già da vari anni il sistema dei ghetti era stato introdotto nei territori occupati dell'Europa orientale, e l'istituzione di un ghetto speciale per certe categorie privilegiate era, al pari del sistema dei ghetti, un'"idea" di Heydrich. Il progetto del Madagascar era "nato," a quanto pare, negli uffici del ministero degli esteri del Reich, e il contributo personale di Eichmann era in buona parte frutto della mente del suo diletto dottor Löwenherz, da lui incaricato di mettere sulla carta "alcune idee basilari" sul modo di deportare dopo la guerra circa quattro milioni di ebrei — probabilmente in Palestina, dato che il piano del Madagascar era segretissimo. Al processo, quando gli fu messo dinanzi il rapporto di Löwenherz, Eichmann non negò che Löwenherz ne era l'autore, e fu quello uno dei pochi momenti in cui apparve veramente imbarazzato. Ciò che finí col condurre alla sua cattura fu la mania di dir cose grosse — era "stufo di essere un anonimo pellegrino" — e questa mania doveva essersi rafforzata in lui col passare del tempo, non solo perché non aveva nulla da fare che gli piacesse, ma anche perché nel periodo postbellico la sua figura era divenuta inaspettatamente "famosa."

Ma la millanteria è un vizio comune, mentre un tratto piú personale, nonché piú importante, del carattere di Eichmann era la sua quasi totale incapacità di vedere le cose dal punto di vista degli altri. Ciò risulta con tutta chiarezza dal racconto che fece del periodo viennese. A questo proposito dichiarò che lui, i suoi uomini e gli ebrei "si appoggiavano" a vicenda, e che i funzionari ebrei, quando incontravano qualche difficoltà, correvano da lui per "sfogarsi," per riferirgli tutte le loro preoccupazioni e per chiedergli aiuto. Gli ebrei "desideravano" emigrare, e lui, Eichmann, era lí ad aiutarli, dato che le autorità naziste, dal canto loro, avevano espresso il desiderio di vedere il loro Reich *judenrein,* "ripulito dagli ebrei." I due desideri coincidevano, dunque, e lui poteva "render giustizia a entrambe le parti." Al processo egli non recedette mai da questa posizione, pur ammettendo che, ora che "i tempi erano tanto cambiati," gli ebrei non dovevano ricordare con molto piacere quel "reciproco appoggio," e affermando che personalmente non voleva "ferire i loro sentimenti."

Il testo tedesco dell'interrogatorio, registrato su nastro, a cui fu sottoposto durante l'istruttoria e che si protrasse dal 29 maggio 1960 al 17 gennaio 1961 (ogni pagina fu riveduta e approvata da Eichmann), è una vera miniera per lo psicologo — purché questi sappia capire che l'orrido può essere non solo ridicolo ma addirittura comico. Alcuni dettagli non possono essere resi convenientemente in altra lingua, perché sono strettamente legati alla disperata lotta di Eichmann con la lingua tedesca — lotta da cui usciva sempre sconfitto. Comica è l'espressione *geflügelte Worte,* "parole alate" (un colloquialismo tedesco per indicare frasi famose di classici) da lui usata qua e là nel senso di "modi di dire" *(Redensarten)* o di "slogan" *(Schlagworte).* E comico fu il termine *kontra geben* che usò al processo durante l'interrogatorio sui documenti Sassen (interrogatorio condotto in lingua tedesca dal presidente), per dire che si era opposto ai tentativi di Sassen di fargli raccontare la sua storia; il giudice Landau, che evidentemente non conosceva i misteri dei giochi di carte, non capí, e Eichmann non seppe in che altro modo esprimersi: vagamente consapevole di un difetto che già doveva averlo tormentato quando andava a scuola — difetto che sfociava in una forma mite di afasia —, si scusò dicendo: "Il linguaggio burocratico *(Amtsprache)* è la mia unica lingua." Il fatto si è però che il gergo burocratico era la sua lingua perché egli era veramente incapace di pronunziare frasi che non fossero *clichés.* (Erano forse questi *clichés* che gli psichiatri trovavano cosí "normali" e "ideali"? Sono queste le "idee positive" che un religioso spera di riscontrare nelle anime che cura? La migliore occasione per mostrare il lato positivo della sua mentalità Eichmann la ebbe quando a Gerusalemme il giovane poliziotto incaricato di salvaguardare il suo benessere mentale e psicologico gli dette da leggere *Lolita,* come svago; dopo due giorni Eichmann gli restituí il libro

dicendo con aria indignata: "Ma è un libro proprio sgradevole!".)
Certo, i giudici non ebbero torto quando alla fine dissero all'imputato che tutto ciò che aveva detto erano "chiacchiere vuote": ma essi
pensavano che quella vacuità fosse finta e che egli cercasse di nascon-
dere altre cose, odiose, sí, ma non vuote. L'ipotesi sembra confutata
dalla sorprendente coerenza e precisione con cui l'imputato, malgrado
la sua piuttosto cattiva memoria, ripeté parola per parola le stesse frasi
fatte e gli stessi *clichés* di sua invenzione (quando riusciva a costruire
un periodo proprio, lo ripeteva fino a farlo divenire un *clichés*) ogni
volta che qualcuno accennava a un incidente o a un evento che lo
riguardava direttamente. Sia che scrivesse le sue memorie in Argentina, sia che le scrivesse a Gerusalemme, sia che parlasse al giudice
istruttore, sia che parlasse alla Corte, disse sempre le stesse cose, ado-
perando sempre gli stessi termini. Quanto piú lo si ascoltava, tanto
piú era evidente che la sua incapacità di esprimersi era strettamente
legata a un'incapacità di *pensare,* cioé di pensare dal punto di vista
di qualcun altro. Comunicare con lui era impossibile, non perché
mentiva, ma perché le parole e la presenza degli altri, e quindi la
realtà in quanto tale, non lo toccavano.

Cosí, quando per otto mesi si trovò di fronte al fatto reale di
essere interrogato da un giudice istruttore ebraico, Eichmann non
ebbe la minima esitazione a raccontargli per esteso come mai non
era riuscito a salire piú in alto nella gerarchia delle SS. Non era stata
colpa sua. Lui aveva fatto il possibile, aveva anche chiesto di essere
assegnato al servizio militare attivo — "Al fronte, dicevo a me stesso, il grado di *Standartenführer* [colonnello] verrà piú presto." Invece in tribunale sostenne di aver chiesto di essere trasferito perché
voleva sottrarsi ai suoi compiti criminosi. Non insistette molto su
questo tasto, però, e, cosa strana, nessuno gli ricordò che al capitano
Less aveva anche detto d'aver sperato di essere messo negli *Einsatzgruppen,* i reparti mobili addetti allo sterminio in oriente, perché,
quando essi furono creati, nel marzo del 1941, il suo ufficio era "morto": nel senso che non c'era piú emigrazione e le deportazioni non
erano ancora cominciate. C'era poi la sua massima ambizione: essere
promosso capo della polizia in qualche città tedesca; ma anche qui,
niente da fare. Se queste pagine del verbale dell'interrogatorio sono
comiche, è perché egli diceva tutte queste cose col tono di chi è sicuro

di trovare "normale e umana" comprensione per una vicenda infelice. "Qualsiasi cosa preparassi e progettassi andava a finir male: tanto i miei affari personali quanto i miei sforzi, durati anni interi, per dare un po' di terra agli ebrei. Non so, era come se su tutto ci fosse il malocchio. Se desideravo una cosa e cercavo di realizzarla, in un modo o nell'altro il destino me lo impediva. Non avevo che delusioni, sempre." Quando il capitano Less gli chiese il suo parere sulla deposizione per lui compromettente e forse falsa di un ex colonnello delle SS, esclamò, balbettando improvvisamente per la collera: "Sono veramente stupito che quest'uomo abbia mai potuto essere uno *Standartenführer* delle SS, sono proprio stupito. È una cosa assolutamente, assolutamente inconcepibile. Non so che dire." Queste cose non le disse mai con aria di sfida, quasi volesse ancora difendere le bandiere sotto cui aveva vissuto. Bastavano le parole "SS" o "carriera" o "Himmler" (che chiamava sempre, per quanto non lo ammirasse affatto, col suo lungo titolo ufficiale: *Reichsführer* delle SS e Capo della polizia tedesca), perché dentro di lui si mettesse in moto un meccanismo che non poteva piú essere modificato. Neppure la presenza del capitano Less, un ebreo di origine tedesca, il quale non pensava certo che i membri delle SS facessero carriera con l'esercizio di alte virtú morali, valse a fermare, sia pure per un momento, questo meccanismo.

Di tanto in tanto la commedia sfociava nell'orrido, in storie — probabilmente abbastanza vere — il cui macabro umorismo superava ampiamente la fantasia di un surrealista. Tale fu la storia che Eichmann raccontò in istruttoria a proposito dell'infelice consigliere commerciale Storfer, di Vienna, rappresentante della comunità ebraica. Eichmann aveva ricevuto da Rudolf Höss, comandante di Auschwitz, un telegramma in cui lo si informava che Storfer era stato internato e aveva chiesto di vederlo con urgenza. "Dissi tra me: In fondo quest'uomo si è sempre comportato bene e merita che io gli dedichi un po' del mio tempo... Andrò di persona a vedere che cosa vuole. E cosí vado da Ebner [capo della Gestapo a Vienna], ed Ebner dice (ricordo solo vagamente): 'Se non fosse stato cosí scemo! Si è nascosto e ha cercato di scappare,' o qualcosa del genere. E la polizia lo aveva arrestato e mandato nel campo di concentramento, e secondo gli ordini del *Reichsführer* [Himmler] nessuno poteva uscire, una volta entrato. Non si poteva far nulla: né io né il dott. Ebner né alcun altro poteva far nulla. Io andai ad Auschwitz e chiesi a Höss di vedere Storfer. 'Già, già [disse Höss], è in una delle brigate di lavoro.' Con Storfer, dopo, andò bene, fu una cosa normale e umana, avemmo un incontro normale, umano. Lui mi raccontò tutti i suoi guai. Io dissi: 'Sí, mio vecchio caro Storfer, è proprio una scalogna!' E gli dissi anche: 'Vede, purtroppo non La posso aiutare perché secondo gli ordini del *Reichsführer* nessuno può uscire. Io non posso farLa uscire; il dott. Ebner neppure. Ho sentito dire che Lei ha fatto uno sbaglio, che si è nascosto o voleva scappare, eppure non c'era bisogno che Lei facesse una cosa simile' [in quanto funzionario ebraico, Storfer non poteva essere deportato]. Non ricordo che cosa mi rispondesse. E poi gli chiesi come stava, e lui mi disse che voleva sapere se poteva essere esonerato dal lavoro, era un lavoro duro. E allora io dissi a Höss: 'Lavoro — Storfer non vuole lavorare.' Ma Höss disse: 'Tutti lavorano qui,' e allora io dissi: 'Se è cosí, dissi, farò un discorsino perché Storfer debba tenere in ordine i viottoli con la scopa (c'erano pochi viottoli, lí) e perché abbia il diritto di sedersi con la scopa su una panca.' Dissi [a Storfer]: 'È contento, signor Storfer? Le va?' Lui era tutto soddisfatto, ci stringemmo la mano, e poi gli fu data una scopa e si sedette sulla panca. Fu una gran gioia per me potere almeno rivedere l'uomo con cui avevo lavorato per tanti anni, e poterci parlare." Sei settimane dopo questo incontro normale e umano Storfer era morto — non nelle camere a gas, a quanto pare, ma fucilato.

È questo un esempio di malafede, un ingannare se stesso, congiunto a un'enorme stupidità? O è semplicemente l'eterna storia del criminale che non si pente (nelle sue memorie Dostojevskij ricorda che in Siberia, tra tanti assassini, ladri e violenti non ne trovò mai uno solo disposto ad ammettere di avere agito male), del criminale che non può vedere la realtà perché il suo crimine è divenuto una parte di essa? Eppure il caso di Eichmann è diverso da quello del criminale comune. Questo può sentirsi ben protetto, al riparo dalla realtà di un mondo retto, soltanto finché non esce dagli stretti confini della sua banda. Ma ad Eichmann bastava ricordare il passato per sentirsi sicuro di non star mentendo e di non ingannare se stesso, e questo perché lui e il mondo in cui aveva vissuto erano stati, un tempo, in perfetta armonia. E quella società tedesca di ottanta milioni di persone si era protetta dalla realtà e dai fatti esattamente con gli stessi mezzi e con gli stessi trucchi, con le stesse menzogne e con la stessa stupidità che ora si erano radicate nella mentalità di Eichmann. Queste menzogne cambiavano ogni anno, e spesso erano in contraddizione tra loro; inoltre, non erano necessariamente uguali per tutti i vari rami della gerarchia del partito o della popolazione. Ma l'abitudine d'ingannare se stessi era divenuta cosí comune, quasi un presupposto morale per sopravvivere, che ancora oggi, a vent'anni dal crollo del regime nazista, oggi che ormai il contenuto specifico di quelle menzogne è stato dimenticato, ogni tanto si è portati a credere che il mendacio sia divenuto parte integrante del carattere tedesco. Durante la guerra la menzogna piú efficace per incitare e unire tutta la nazione tedesca fu lo slogan della "lotta fatale" (*der Schicksalskampf des deutschen Volkes*). Coniato che fosse da Hitler o da Goebbels, quello slogan serviva a convincere la gente che, innanzitutto, la guerra non era guerra; in secondo luogo, che la guerra era venuta dal destino e non dalla Germania; e in terzo luogo che per i tedeschi era una questione di vita o di morte: o annientare i nemici o essere annientati.

La stupefacente disposizione di Eichmann, sia in Argentina che a Gerusalemme, ad ammettere i propri crimini, era dovuta non tanto alla capacità tipica del criminale d'ingannare se stesso, quanto alla atmosfera di sistematica menzogna che era stata l'atmosfera generale, e generalmente accettata, del Terzo Reich. "Naturalmente" egli aveva contribuito allo sterminio degli ebrei; naturalmente, se lui non li avesse trasportati "essi non sarebbero finiti nelle mani del carnefice." "Che cosa c'è da 'ammettere'?" diceva. Ora, aggiunse, gli sarebbe piaciuto "rappacificarsi con i nemici di un tempo" — un'idea, questa, già espressa da Himmler durante l'ultimo anno di guerra, e dal leader del "Fronte del Lavoro" Robert Ley, che prima di uccidersi a Norimberga aveva proposto un "comitato di riconciliazione" costituito da nazisti responsabili dei massacri e da ebrei sopravvissuti; ma una idea condivisa anche, cosa incredibile, da molti tedeschi comuni, che alla fine della guerra furono uditi pronunziare frasi quasi identiche. Questo slogan insolente non era piú imposto dall'alto; quei tedeschi se l'erano fabbricato da sé, ed era uno slogan vuoto e astruso come quelli su cui tutta la nazione aveva vissuto per dodici anni. Ed è facile supporre che, nel momento in cui esprimevano quel concetto, essi si "esaltassero" al pensiero della loro grandezza d'animo.

La mente di Eichmann era piena fino a traboccare di concetti di questo tipo. La sua memoria si rivelò pessima per ciò che riguarda gli avvenimenti concreti. Il giudice Landau, sempre cosí paziente, vedendo che non ricordava nulla della cosiddetta conferenza di Wannsee, dove i capi nazisti avevano discusso i vari metodi di sterminio, non poté trattenersi dal chiedergli con tono irritato: "Ma quali sono le cose che Lei riesce a ricordare?" Eichmann ricordava assai bene le svolte della propria carriera, e tuttavia si constatava che non necessariamente queste svolte coincidevano con quelle della storia dello sterminio degli ebrei o della storia in generale. Per esempio, egli aveva sempre difficoltà a ricordare la data esatta dello scoppio della guerra, o quella dell'invasione della Russia. E invece non aveva dimenticato una sola delle frasi che, da lui pronunziate in questo o in quel momento della sua vita, avevano avuto su lui stesso un "effetto esaltante." E cosí, ogni volta che durante l'interrogatorio i giudici cercarono di appellarsi alla sua coscienza, urtarono immancabilmente in questa "esaltazione," e rimasero sconcertati e offesi quando si accorsero che l'imputato aveva formule esaltanti per ciascun periodo della sua vita e per ciascuna delle sue passate attività. Nella mente di Eichmnan non c'era contraddizione tra la frase "Salterò nella tomba ridendo," pronunziata quando la guerra volgeva al termine, e la frase "Sarò lieto se m'impiccherete in pubblico, come monito per tutti gli antisemiti di questa terra": quest'ultima, in circostanze tanto diverse, assolveva alla stessa funzione della precedente: lo esaltava.

Questo comportamento di Eichmann creò notevole imbarazzo al processo: non tanto per lui, quanto per coloro che lo dovevano processare, difendere, giudicare, e per i giornalisti. Eppure era essenziale che qualcuno lo prendesse sul serio; ma la cosa era tutt'altro che facile, a meno che per risolvere il rebus costituito dal contrasto tra la mostruosità delle azioni e il carattere istrionesco dell'uomo che le aveva commesse non si fosse ricorsi alla via piú semplice: considerarlo un astuto mentitore, cosa che, ovviamente, egli non era. A questo proposito lui era tutt'altro che modesto: "Una delle poche doti che il destino mi ha concesso, è la capacità di essere veritiero, per quel che dipende da me." Di questa dote si era vantato ancor prima che il Pubblico ministero volesse attribuirgli crimini che non aveva commesso. Negli appunti confusi e disorganizzati che aveva stilato in Argentina preparando l'intervista con Sassen, quando era ancora "nel pieno possesso" della sua "libertà fisica e psicologica," Eichmann aveva rivolto uno strabiliante ammonimento agli storici futuri, invitandoli ad essere "abbastanza oggettivi da non deviare dal sentiero della verità qui registrata": strabiliante, perché ogni riga di quegli scarabocchi rivelava un'estrema ignoranza di tutto ciò che dal punto di vista tecnico e burocratico non era direttamente connesso al suo lavoro, nonché una memoria eccezionalmente difettosa.

Malgrado gli sforzi del Pubblico ministero, chiunque poteva vedere che quest'uomo non era un "mostro," ma era difficile non sospettare che fosse un buffone. Siccome però questo sospetto sarebbe stato fatale a tutta l'impresa, e inoltre contrastava troppo con le sofferenze che lui e i suoi pari avevano inflitto a milioni di persone, le sue peggiori buffonate passarono quasi inosservate e quasi nessuno ne riferí. Che cosa si doveva pensare di un uomo che prima dichiarava solennemente di avere imparato almeno una cosa, nella sua vita sbagliata, e cioè che non si deve mai prestar giuramento ("Oggi nessuno, nessun giudice mi persuaderà mai a fare una dichiarazione giurata, a testimoniare qualcosa sotto giuramento. Mi rifiuto, e mi rifiuto per ragioni morali. L'esperienza mi ha insegnato che se uno resta fedele al giuramento, un giorno ne deve pagare le conseguenze, e perciò io ho deciso una volta per tutte che nessun giudice al mondo e nessun'altra autorità riuscirà mai a farmi giurare, a farmi fare una testimonianza giurata. Non voglio, e nessuno mi potrà costringere"), e, poi, quando gli si diceva che se voleva deporre in propria difesa poteva farlo "sotto giuramento o senza giuramento," dichiarava senza esitazione che preferiva giurare? Che cosa si doveva pensare di un uomo che dopo aver detto e ripetuto al giudice istruttore e alla Corte che la peggior cosa che avrebbe potuto fare sarebbe stata cercar di sottrarsi alle proprie responsabilità, cercar di salvarsi la pelle e implorare pietà, e poi, su consiglio del difensore, scrisse di proprio pugno un'istanza di grazia?

Per ciò che lo riguardava personalmente, si trattava di stati d'animo mutevoli, e finché egli riusciva a ritrovare nella sua memoria una frase fatta o a inventare sul momento una formula esaltante, era soddisfatto e non si rendeva neppur conto che esistesse una cosa che si chiama "incoerenza." Come vedremo, questa capacità spaventosa di consolarsi con frasi vuote non lo abbandonò nemmeno nell'ora della morte.

Capitolo quarto

La prima soluzione: espulsione

Se questo fosse stato un processo normale, con i normali scontri tra accusa e difesa per appurare i fatti e render giustizia a entrambe le parti, oggi potremmo esaminare la versione della difesa per vedere se per caso non ci fosse qualcosa di piú, nel grottesco racconto fatto da Eichmann della sua attività a Vienna, e se per caso le sue distorsioni della realtà non andassero attribuite a qualcosa di piú che alla menzogna. I fatti per cui Eichmann doveva essere impiccato erano già stati accertati "al di là di ogni ragionevole dubbio" molto prima che il processo iniziasse, ed erano generalmente noti a tutti gli studiosi del periodo nazista. Gli elementi nuovi che l'accusa cercò di produrre furono, è vero, accolti in parte nella sentenza, ma non sarebbero mai apparsi accertati "al di là di ogni ragionevole dubbio" se la difesa avesse gettato sul piatto il peso di prove sue. Perciò un resoconto del caso Eichmann, che forse è bene distinguere dal processo Eichmann, non potrà mai essere completo se non si dedica un po' di attenzione a certi fatti che sono abbastanza noti, ma che il dott. Servatius preferí ignorare.

Ciò vale soprattutto per le idee confuse che Eichmann aveva sulla "questione ebraica" in generale. Durante l'interrogatorio, al processo, egli disse al presidente che a Vienna aveva "considerato gli ebrei come avversari per i quali bisognava trovare una soluzione reciprocamente accettabile, reciprocamente leale... Questa soluzione, secondo me, doveva consistere nel porre un po' di terra sotto i loro piedi, in modo che avessero una sede loro, un territorio loro. E io lavorai con entusiasmo in questa direzione. Con gioia collaborai a raggiungere una soluzione di questo tipo, perché essa riscuoteva anche l'approvazione di alcune correnti ebraiche e a mio giudizio era la piú opportuna." Era questa la vera ragione per cui ebrei e nazisti "si appoggiavano," per cui il lavoro si basava sulla "reciprocità." Era nell'interesse degli ebrei — anche se forse non tutti gli ebrei lo capivano — abbandonare il paese: "bisognava aiutarli, bisognava aiutare questi funzionari ad agire, e fu questo che io feci." Se i funzionari ebrei erano "idealisti," cioè sionisti, egli li rispettava, li trattava "come pari," ascoltava tutte le loro "richieste e lamentele," faceva il possibile per mantenere le "promesse." "La gente, oggi, tende a dimenticarlo." Chi se non lui, Eichmann, aveva salvato centinaia di migliaia di ebrei? Chi se non lui, col suo zelo e con le sue doti organizzative aveva permesso loro di fuggire in tempo? Certo, a quell'epoca egli non poteva prevedere che un giorno sarebbe venuta la "soluzione finale," tuttavia li aveva salvati e questo era un "fatto." In un'intervista concessa ad alcuni giornalisti in America, mentre il processo era ancora in corso, il figlio di Eichmann espose gli stessi concetti; evidentemente si trattava di una sorta di leggenda familiare.

Da un certo punto di vista si può anche capire come mai l'avvocato difensore non fece nulla per confortare questa versione. Eichmann, come già aveva fatto nell'intervista con Sassen, ammetteva di "non avere accettato quell'incarico con l'apatia di un bue che viene condotto alla stalla," e sosteneva di essere molto diverso dai suoi colleghi, "i quali non avevano mai letto, studiato a fondo, assorbito, assorbito con interesse un libro fondamentale [per esempio *Lo Stato ebraico* di Herzl]" e perciò non avevano mai avuto "un rapporto interno con il loro lavoro." I suoi colleghi erano sempre stati degli "sguatteri" per i quali tutto era deciso "da paragrafi, ordini, e non s'interessavano d'altro," e insomma erano sempre stati delle semplici "rotelle," proprio come era stato anche lui, secondo la difesa. Se ciò significava soltanto obbedire ciecamente agli ordini del Führer, allora tutti erano stati delle "rotelle": anche Himmler, secondo il suo massaggiatore, Felix Kersten, non aveva salutato con molto entusiasmo la soluzione finale, e Eichmann assicurò al giudice istruttore che il suo capo, Heinrich Müller, non si sarebbe mai sognato di proporre una cosa cosí "cruda" come lo "sterminio fisico." Naturalmente, agli occhi di Eichmann la teoria delle rotelle era fuori posto. Egli non era stato certo un uomo cosí importante come il Pubblico ministero cercava di presentarlo: in fondo, non era Hitler, e neppure poteva reggere il confronto, per quanto concerne la questione ebraica, con Müller o Heydrich o Himmler, di cui non aveva le idee megalomani; ma nemmeno era stato cosí piccolo come la difesa voleva farlo apparire.

Le sue distorsioni della realtà erano orribili perché riguardavano cose orribili, ma in linea di principio non erano molto diverse da quelle che si sono avute nella Germania post-hitleriana. Per esempio, Franz Josef Strauss, ex-ministro della Difesa, in una recente campagna elettorale ha rivolto al suo avversario Willy Brandt, oggi sindaco di Berlino Ovest e al tempo di Hitler rifugiato in Norvegia, una domanda a cui è stata data grande pubblicità e che a quanto pare ha fatto molto effetto: "Che cosa faceva Lei in quei dodici anni fuori della Germania? Noi sappiamo che cosa facevamo qui in Germania." Il ministro di Bonn ha rivolto questa domanda impunemente; nessuno ha battuto ciglio e tanto meno si è preoccupato di ricordargli che è fin troppo noto che cosa facevano i tedeschi in Germania durante quegli anni. La stessa "innocenza" si può riscontrare nella frase — anche questa recente — di un rispettato e rispettabile critico letterario tedesco, che probabilmente non fu mai iscritto al partito nazista: recensendo un saggio sulla letteratura del Terzo Reich, questi ha detto che l'autore dell'opera è "uno di quegli intellettuali che quando esplose la barbarie ci abbandonarono senza eccezione." L'autore in questione, naturalmente, è un ebreo: un ebreo che fu espulso dalla Germania e che fu anche lui "abbandonato" dai gentili, persone come Heinz Beckmann del *Rheinischer Merkur*. E qui non sarà inutile notare che la parola "barbarie," oggi usata spesso dai tedeschi quando parlano del periodo hitleriano, è anch'essa una distorsione della realtà: fa quasi pensare che gli intellettuali ebrei e non ebrei fossero fuggiti da un paese che non era piú abbastanza "raffinato" per i loro gusti.

Eichmann, benché molto meno raffinato di certi statisti e critici letterari, avrebbe potuto citare vari fatti indiscutibili a sostegno delle sue tesi, se avesse avuto una memoria un po' meno labile o se il suo difensore lo avesse aiutato. È indiscutibile infatti che "nelle prime fasi della loro politica ebraica i nazionalsocialisti ritennero opportuno adottare un atteggiamento filosionista" (Hans Lamm), e fu durante quelle prime fasi che Eichmann si fece una cultura sugli ebrei. Egli non era affatto il solo a prendere sul serio quel "filosionismo"; gli stessi ebrei tedeschi pensavano che sarebbe bastato annullare l'"assimilazione" con un nuovo processo di "dissimilazione" e aderirono in massa al movimento sionista. Non abbiamo statistiche attendibili in proposito, tuttavia è stato calcolato che la tiratura del settimanale sionista *Die Jüdische Rundschau* salí nei primi mesi del regime hitleriano da circa cinquemila-settemila copie a quasi quarantamila, ed è risaputo che nel 1935-36 le organizzazioni sioniste addette alla raccolta di fondi, per quanto la popolazione fosse grandemente ridotta di numero e impoverita, incassarono somme tre volte maggiori che nel 1931-32. Ciò non significa necessariamente che gli ebrei desiderassero emigrare in Palestina; era piú che altro una questione d'onore: "Portatela con orgoglio, la Stella gialla!" Questo slogan, il piú popolare di quegli anni, coniato dal capo redattore della *Jüdische Rundschau,* Robert Weltsch, esprimeva bene lo stato d'animo di quell'epoca. Formulato come risposta al Giorno del boicottaggio (1° aprile 1933), cioè piú di sei anni prima che i nazisti costringessero realmente gli ebrei a portare per distintivo una stella gialla a sei punte in campo bianco, esso era polemicamente rivolto contro gli "assimilazionisti" e contro tutti coloro che si rifiutavano di accettare il nuovo "corso rivoluzionario," *die ewig Gestrigen,* cioè "gli eterni arretrati." Al processo lo slogan fu ricordato con commozione da testimoni di origine tedesca. Essi però dimenticarono di dire che lo stesso Robert Weltsch, illustre giornalista, aveva dichiarato dopo la guerra che non l'avrebbe mai lanciato se avesse potuto prevederne gli sviluppi.

Ma a prescindere dagli slogan e dalle polemiche ideologiche, era un dato di fatto che in quegli anni soltanto i sionisti avevano qualche possibilità di trattare con le autorità tedesche: e questo per la semplice ragione che nello statuto dell'Associazione centrale dei cittadini tedeschi di fede ebraica, a cui allora aderiva il 95% degli ebrei organizzati in Germania, si affermava che compito primo dell'associazione era "combattere l'antisemitismo"; cosí, per definizione quell'organismo era "ostile allo Stato," e sicuramente sarebbe stato perseguitato (cosa che non fu) se si fosse azzardato a fare quello che si supponeva fosse nelle sue intenzioni. Nei primi anni, l'ascesa di Hitler al potere fu interpretata dai sionisti soprattutto come "la sconfitta definitiva dell'assimilazionismo": e perciò essi potevano almeno per il momento cercar di collaborare con le autorità naziste. I sionisti credevano anche che la "dissimulazione," combinata all'emigrazione in Palestina degli ebrei piú giovani e possibilmente dei capitalisti ebrei, potesse costituire una "soluzione reciprocamente leale." L'idea era condivisa da molti funzionari tedeschi, e pare che questo modo di vedere persistesse sino alla fine. In una lettera di un superstite di Theresienstadt, un ebreo tedesco, si legge che nella *Reichsvereinigung* d'ispirazione nazista tutte le cariche principali erano occupate da sionisti (mentre nella *Reichsvertretung* c'erano anche non sionisti) e questo perché secondo i tedeschi i sionisti erano "ebrei bravi," in quanto che anche loro pensavano in "termini nazionali." Certo, nessun capo nazista si espresse mai pubblicamente in quel senso; dall'inizio alla fine la propaganda nazista fu fieramente, inequivocabilmente, spietatamente antisemita, e in ultimo si dovette constatare che le cose che davvero contavano erano proprio quelle che persone ancora inesperte dei misteri dei regimi totalitari chiamavano "semplice propaganda." In quei primi anni esisteva un accordo — considerato del tutto soddisfacente da entrambe le parti — tra le autorità naziste e l'Agenzia ebraica per la Palestina: uno *Ha'avarah* ossia "accordo per il trasferimento," in base al quale chi emigrava in Palestina poteva trasferire laggiú il suo denaro in forma di beni tedeschi, beni che venivano convertiti in sterline all'arrivo. Ben presto questo divenne l'unico modo in cui un ebreo poteva portare con sé il suo denaro: l'alternativa era l'accensione di un conto bloccato che poteva essere liquidato all'estero soltanto con una perdita variante dal cinquanta al novantacinque per cento. Il risultato fu che negli anni '30, mentre gli ebrei d'America si davano un gran daffare per organizzare il boicottaggio al commercio tedesco, la Palestina, unico paese al mondo, era letteralmente inondata da ogni sorta di prodotti "made in Germany."

Piú importanti, per Eichmann, erano però gli emissari palestinesi che avvicinavano la Gestapo e le SS di propria iniziativa, senza prendere ordini né dai sionisti tedeschi né dall'Agenzia ebraica per la Palestina. Costoro cercavano di agevolare l'immigrazione illegale degli ebrei nella Palestina, che era ancora sotto controllo britannico; e sia la Gestapo che le SS si mostrarono quanto mai servizievoli. A Vienna negoziarono con Eichmann, e riferirono che Eichmann era un individuo "corretto," "non il tipo che grida," e che addirittura aveva messo a loro disposizione fattorie e aveva agevolato l'istituzione di campi dove gli ebrei che intendevano emigrare potessero essere avviati a una professione. (Una volta, secondo i loro rapporti, egli espulse un gruppo di suore da un convento per trasformare questo in una "fattoria d'avviamento" per giovani ebrei, e un'altra volta concesse un treno speciale a un gruppo di emigranti diretti verso fattorie sioniste in Jugoslavia, facendoli accompagnare da funzionari nazisti perché passassero sani e salvi il confine.) Secondo quanto raccontano Jon e David Kimche (*The Secret Roads: The "Illegal" Migration of a People, 1938-1948,* Londra 1954), con "la piena e generosa collaborazione di tutti i principali protagonisti" questi emissari parlavano un linguaggio non del tutto diverso da quello di Eichmann. Erano inviati in Europa dalle fattorie collettive palestinesi e non s'interessavano di operazioni di salvataggio: "Non era questo il loro lavoro." Volevano selezionare "materiale adatto," e i loro principali nemici, prima dello sterminio, non erano coloro che rendevano impossibile la vita agli ebrei nei paesi d'origine, Germania o Austria, ma coloro che impedivano l'accesso alla nuova patria: in pratica, gli inglesi e non i tedeschi. Essi erano veramente in grado di trattare con le autorità naziste su un piede di parità, dato che fungevano da ambasciatori; e probabilmente furono tra i primi ebrei a parlare apertamente di interessi comuni, e certo furono i primi a ottenere il permesso di "scegliere giovani pionieri" tra le persone internate nei campi di concentramento. Naturalmente non si rendevano conto delle sinistre conseguenze che un giorno avrebbe avuto questa attività; tuttavia pensavano anche che, se si trattava di selezionare ebrei da far sopravvivere, gli ebrei dovevano fare da sé questa selezione. Fu a causa di questo fondamentale errore di valutazione che alla fine gli ebrei non selezionati — la stragrande maggioranza — si trovarono inevitabilmente di fronte a due nemici: da un lato le autorità naziste, dall'altro le autorità ebraiche. Quanto alla fase viennese, l'assurda affermazione fatta da Eichmann di aver salvato centinaia di migliaia di vite, affermazione che al processo fu accolta con risa dal pubblico, è stranamente confortata dal meditato giudizio degli storici ebrei, i Kimche: "Così cominciò uno dei più paradossali episodi di tutto il periodo nazista: l'uomo che sarebbe passato alla storia come uno dei principali assassini del popolo ebraico si mise con impegno a salvare gli ebrei d'Europa."

Il guaio di Eichmann fu che egli non ricordò nessuno dei fatti che potevano confermare, sia pur vagamente, la sua incredibile versione, mentre il suo dotto difensore probabilmente neppure sapeva che c'era qualcosa da ricordare. (Il dott. Servatius avrebbe potuto citare come testimoni per la difesa gli ex-agenti dell'*Alijah Beth,* come si chiamava l'organizzazione per l'immigrazione clandestina in Palestina: sicuramente essi si rammentavano ancora di Eichmann e vivevano in Israele.) La memoria di Eichmann funzionò soltanto per cose che avevano direttamente a che fare con la sua carriera. Cosí, egli si ricordò che un giorno, a Berlino, era venuto a trovarlo un funzionario palestinese, il quale gli aveva parlato della vita nelle fattorie collettive e col quale era andato due volte a pranzar fuori; ma se ne ricordò soltanto perché al termine della visita il funzionario lo aveva invitato ufficialmente ad andare in Palestina, dove gli ebrei gli avrebbero mostrato il paese. Lui era rimasto incantato; nessun altro nazista aveva mai potuto recarsi in "un paese straniero cosí lontano," e lui invece ottenne l'autorizzazione a fare quel viaggio. I giudici, al processo, conclusero che era stato inviato "in missione spionistica," il che senza dubbio è vero, ma non contraddice il racconto fatto da Eichmann. (Poi la cosa finí in nulla; assieme a un giornalista della sua sezione, certo Herbert Hagen, Eichmann fece appena in tempo ad arrivare a Haifa e a fare un'escursione sul monte Carmelo, che le autorità inglesi lo deportarono in Egitto assieme al suo compagno, negandogli il permesso di entrare in Palestina; secondo Eichmann, un uomo dell'Haganah, cioè dell'organizzazione militare ebraica che divenne poi il nucleo dell'esercito israeliano, venne a trovarli al Cairo, e, sul colloquio avuto con costui, lui e Hagen dovettero scrivere per ordine dei loro superiori un "rapporto completamente negativo," a scopo di propaganda, rapporto che fu subito pubblicato.)

A prescindere da questi piccoli trionfi, Eichmann rammentava solamente stati d'animo e relative frasi fatte. Il viaggio in Egitto era avvenuto nel 1937, prima che egli iniziasse la sua attività a Vienna, e di Vienna non ricordava altro che l'atmosfera generale e il senso di "esaltazione" che aveva provato. Di fronte al virtuosismo con cui (come ben si vide in istruttoria) egli usava rievocare stati d'animo sconcertanti, incompatibili con certe cose e certi periodi, si è tentati di credere che fosse sincero quando parlò del periodo viennese come di un periodo idillico; e data la totale incoerenza delle sue idee e dei suoi sentimenti, ben poco conta il fatto che l'anno trascorso a Vienna (dalla primavera del 1938 al marzo del 1939) capitò in un'epoca in cui il regime hitleriano aveva ormai abbandonato il suo atteggiamento filosionista. Era nella natura del partito nazista continuare a muoversi, a divenire di mese in mese sempre più estremista, ma una delle fondamentali caratteristiche dei suoi membri era che psicologicamente essi tendevano sempre a restare indietro, avevano gran difficoltà a tenere il passo o, per dirla con Hitler, non sapevano "scavalcare la propria ombra."

Ma più dannosa di qualsiasi fatto oggettivo fu per Eichmann la difettosa memoria. Di alcuni ebrei conosciuti a Vienna si ricordava perfettamente, per esempio del dott. Löwenherz e del consigliere commerciale Storfer, ma questi non erano gli emissari palestinesi che avrebbero potuto confortare la sua versione. Josef Löwenherz, che dopo la guerra scrisse un interessantissimo memoriale sui suoi negoziati con Eichmann (uno dei pochi documenti nuovi presentati al processo: Eichmann ne prese parziale visione e si dichiarò in generale d'accordo col contenuto), era stato uno dei primi funzionari ebrei a organizzare e trasformare un'intera comunità ebraica in un'istituzione al servizio delle autorità naziste; ed era anche stato uno dei pochissimi funzionari di questo tipo ad essere ricompensato per i suoi servigi: aveva ottenuto il permesso di restare a Vienna sino alla fine della guerra, e poi era emigrato in Inghilterra e quindi negli Stati Uniti, morendo nel 1960, poco dopo la cattura di Eichmann. Il destino di Storfer, come abbiamo veduto, era stato ben più tragico, anche se certo non per colpa di Eichmann. Storfer aveva rimpiazzato gli emissari palestinesi, i quali erano divenuti troppo indipendenti, e Eichmann lo aveva incaricato di organizzare il trasporto clandestino di ebrei in Palestina, senza l'aiuto dei sionisti. Storfer non era un sionista, e prima dell'arrivo dei nazisti in Austria non si era mai interessato di cose ebraiche. Tuttavia, con l'aiuto di Eichmann era poi riuscito a far partire dall'Europa tremilacinquecento ebrei, nel 1940, quando già mezzo continente era occupato dai nazisti, e a quanto pare aveva fatto del suo meglio per migliorare i rapporti con i palestinesi. (Era probabilmente a questo che Eichmann pensava quando, raccontando di Storfer ad Auschwitz, pronunziò l'enigmatica frase: "Storfer non tradí mai l'ebraismo, neppure con una sola parola, non Storfer.") Un terzo ebreo, infine, che Eichmann non mancò mai di ricordare ogni volta che parlò della propria attività nel periodo prebellico, era il dott. Paul Eppstein, che a Berlino si era occupato di emigrazione durante gli ultimi anni della *Reichsvereinigung,* un'organizzazione ebraica controllata dai nazisti, da non confondere con la veramente ebraica *Reichsvertretung,* che fu disciolta nel luglio del 1939. Il dott. Eppstein era stato nominato da Eichmann *Judenältester* ("decano degli ebrei") di Theresienstadt, e qui era stato poi fucilato nel 1944.

Insomma gli unici ebrei che Eichmann ricordava erano quelli che erano stati completamente in suo potere. Aveva dimenticato non soltanto gli emissari palestinesi, ma anche le persone che aveva conosciuto a Berlino quando ancora lavorava per il servizio di spionaggio e ancora non aveva poteri esecutivi. Non menzionò mai, per esempio, il dott. Franz Meyer, già membro dell'esecutivo dell'organizzazione sionista in Germania. Questi, al processo, testimoniò per l'accusa sui contatti avuti con l'imputato dal 1936 al 1939, e fino a un certo punto confermò il racconto di Eichmann: a Berlino i funzionari ebrei potevano "avanzare lagnanze e richieste," c'era insomma una specie di collaborazione. A volte, disse Meyer, "noi andavamo a chiedere qualcosa, ma a volte erano loro che chiedevano qualcosa a noi"; a quel tempo Eichmann "ci ascoltava e sinceramente cercava di capire la situazione"; e si comportava con correttezza: "usava chiamarmi 'Signore' e mi offriva una sedia." Ma poi, nel febbraio del 1939, tutto era cambiato di colpo. Eichmann aveva convocato a Vienna i capi ebraici tedeschi per spiegar loro il suo nuovo metodo di "emigrazione forzata." Li aveva ricevuti seduto a un tavolo in una gran sala del Palazzo Rothschild, e gli ebrei lo avevano riconosciuto, naturalmente, ma l'avevano trovato completamente trasformato: "Dissi ai miei amici che non ero certo che fosse proprio lui. Tanto terribile era il cambiamento... Qui trovai un uomo che si comportava come il signore della vita e della morte. Ci ricevette con fare insolente e rude. Non permise che ci avvicinassimo al suo tavolo. Dovemmo restare in piedi." L'accusa e i giudici ritennero che la personalità di Eichmann avesse subíto un profondo e permanente mutamento dopo la promozione a un posto di tanta responsabilità; eppure anche qui il processo mostrò che egli aveva dei "ritorni," e che le cose non erano cosí semplici: un testimone, per esempio, parlando di un colloquio avuto con Eichmann a Theresienstadt nel marzo del 1945, disse d'avere avuto modo di constatare in quell'occasione come egli s'interessasse molto del sionismo; la conversazione era stata "piacevolissima," il comportamento di Eichmann era stato "gentile e rispettoso," e il testimone, che era a quel tempo membro di un'organizzazione giovanile sionista, aveva ottenuto un certificato per poter entrare in Palestina. (Strano a dirsi, l'avvocato difensore nella sua arringa non accennò mai a questa deposizione.)

Qualunque cosa si debba pensare della "trasformazione" di Eichmann a Vienna, non c'è dubbio che quella nomina segnò il vero inizio della sua carriera. Tra il 1937 e il 1941 egli ebbe quattro promozioni; nel giro di quattordici mesi salí da *Untersturmführer* a *Hauptsturmführer* (cioè da sottotenente a capitano), e di lí a un anno e mezzo divenne *Obersturmbannführer,* ossia tenente colonnello. Ciò accadde nell'ottobre del 1941, poco dopo che gli era stata assegnata, nel quadro della "soluzione finale," quella mansione che l'avrebbe portato dinanzi al Tribunale distrettuale di Gerusalemme. Ma qui, con suo gran dolore, "si arenò": si accorse che nella sezione in cui lavorava non poteva piú salire di grado. Se ne accorse tuttavia solo all'ultimo momento, e per quattro anni, non sospettando ancora nulla, rimase lui stesso stupito della rapidità della sua ascesa. A Vienna aveva dato prova di decisione, e ora veniva riconosciuto non solo un "esperto in questioni ebraiche," cioè negli intrighi delle organizzazioni ebraiche e dei partiti sionisti, ma anche una "autorità" in fatto di emigrazioni e di evacuazione, il "maestro" che sapeva come va smistata la gente. Il suo momento di maggior gloria fu poco dopo la *Kristallnacht,* nel novembre del 1938, quando gli ebrei vennero presi dalla frenesia di fuggire. Göring, probabilmente dietro suggerimento di Heydrich, decise d'istituire a Berlino un Centro nazionale per l'emigrazione degli ebrei, ed emanò un ordine in cui l'ufficio viennese di Eichmann fu esplicitamente menzionato come modello da seguire. Capo dell'ufficio berlinese non sarebbe stato però Eichmann, bensí il suo futuro superiore, Heinrich Müller, altra scoperta di Heydrich. Müller, che era un funzionario della polizia bavarese e che non era nemmeno iscritto al partito, e anzi fino al 1933 aveva avversato il nazismo, era stato infatti chiamato proprio da Heydrich a Berlino, presso la Gestapo, essendo notoriamente un esperto del sistema poliziesco della Russia sovietica. Anche per lui, benché la carica iniziale fosse piuttosto modesta, fu quello il principio di una luminosa carriera. (A differenza di Eichmann, Müller era poco incline a mettersi in mostra; noto invece per la sua "sibillina condotta," riuscí dopo la guerra a far perdere completamente le sue tracce: nessuno sa dove sia finito, ma secondo alcune voci sarebbe oggi al servizio dell'Albania, dopo aver lavorato per la Germania Est.)

Nel marzo del 1939 Hitler invase la Cecoslovacchia e fece della Boemia e della Moravia un protettorato tedesco. Eichmann fu immediatamente incaricato di creare a Praga un altro centro per l'emigrazione degli ebrei. "Sulle prime non fui troppo contento di lasciare Vienna, perché quando si impianta un ufficio come quello e si vede che tutto funziona a perfezione, dispiace lasciarlo." E in effetti Praga fu un po' deludente, sebbene il sistema fosse lo stesso che a Vienna: "I funzionari delle organizzazioni ebraiche cecoslovacche andarono a Vienna e il personale viennese si trasferí a Praga, cosicché io non ebbi alcun bisogno d'intervenire. A Praga non si fece che ricalcare il sistema di Vienna, e cosí tutto il meccanismo si avviò automaticamente." Però il centro di Praga era molto piú piccolo, e "mi dispiace dire che non c'erano persone del calibro e dell'energia di un dott. Löwenherz." Tuttavia questi motivi per cosí dire soggettivi di scontentezza erano poca cosa in confronto ad altri, esclusivamente oggettivi. Centinaia di migliaia di ebrei avevano abbandonato le loro case nel giro di pochi anni, e altri milioni attendevano il loro turno, poiché i governi della Polonia e della Romania, in dichiarazioni ufficiali, non lasciavano dubbio alcuno che anch'essi intendevano sbarazzarsi dei loro ebrei. Quei governi dicevano di non capire perché mai il mondo s'indignasse tanto se essi seguivano le orme di una "nazione grande e civile." (L'esistenza di questa enorme massa di profughi potenziali venne in luce alla Conferenza di Evian, convocata nell'estate del 1938 per risolvere con un'azione internazionale il problema degli ebrei tedeschi; la conferenza fu un gran fiasco, il che nocque grandemente agli interessati.) Poiché i canali dell'emigrazione marittima si stavano ora ingorgando, e poiché gli sfoghi in Europa erano già esauriti, anche nel migliore dei casi (se cioè la guerra non avesse compromesso i suoi piani) Eichmann difficilmente avrebbe potuto ripetere a Praga il "miracolo" viennese.

Eichmann lo sapeva molto bene; non per nulla era ormai un esperto in materia di emigrazione. Logico quindi che non fosse molto entusiasta quando nell'ottobre del 1939, un mese dopo lo scoppio della guerra, fu richiamato a Berlino per succedere a Müller come capo del Centro nazionale per l'emigrazione degli ebrei. Un anno prima, questa sarebbe stata una vera promozione; ma ora il momento buono era passato. Nessuna persona di buon senso poteva piú pensare di risolvere la questione ebraica con l'emigrazione forzata; a prescindere dalla difficoltà di trasferire gente da un paese all'altro in tempo di guerra, il Reich, con l'occupazione dei territori polacchi, si era venuto a trovare con quasi due milioni e mezzo di ebrei in piú. È vero che il governo hitleriano era sempre disposto a lasciar partire i suoi ebrei (l'ordine che arrestò definitivamente l'emigrazione ebraica venne solo due anni piú tardi, nell'autunno del 1941); ed è vero che, ammesso che già fosse stata decisa una qualche "soluzione finale," nessuno aveva ancora impartito ordini in questo senso, sebbene nelle regioni orientali gli ebrei già fossero concentrati in ghetti e già venissero liquidati dagli *Einsatzgruppen*. Ma l'emigrazione, per quanto accuratamente organizzata a Berlino secondo il principio della "catena di montaggio," si sarebbe estinta ugualmente, da sé. Come disse Eichmann, questo processo di estinzione era "come l'estrazione indolore di un dente...: da parte ebraica era ormai veramente difficile trovare dove emigrare, e da parte nostra tutto era fermo, non c'era piú gente che andasse e venisse. Noi ce ne stavamo lí, seduti in un grande e imponente edificio, ma attorno a noi c'era un vuoto inerte." Sicuramente, se per risolvere il problema ebraico — sua specialità — i nazisti avessero seguitato a contare sull'emigrazione, ben presto egli sarebbe rimasto disoccupato.

Capitolo quinto

La seconda soluzione: concentramento

Fu soltanto quando scoppiò la guerra (1° settembre 1939) che il regime nazista divenne scopertamente totalitario e criminale. Uno dei passi piú importanti in questa direzione, sul piano organizzativo, fu un decreto, firmato da Himmler, che fuse il Servizio di sicurezza delle SS, che era un organo del partito e a cui Eichmann apparteneva fin dal 1934, con la polizia di sicurezza dello Stato, cioè con la polizia regolare, che comprendeva anche la polizia segreta dello Stato o Gestapo. Da questa fusione nacque l'Ufficio centrale per la Sicurezza del Reich (RSHA), il cui primo capo fu Reinhardt Heydrich; dopo la morte di Heydrich, avvenuta nel 1942, il posto fu occupato dal dott. Ernst Kaltenbrunner, vecchio amico di Eichmann, che l'aveva conosciuto a Linz. Tutti gli ufficiali di polizia, non solo quelli della Gestapo, ma anche quelli della polizia criminale e della polizia dell'ordine, ricevettero nuovi titoli — i titoli in uso tra le SS — corrispondenti ai gradi che avevano a quella data, fossero o non fossero iscritti al partito: e ciò significa che da un giorno all'altro uno dei piú importanti settori dei vecchi servizi civili fu inquadrato nell'organizzazione nazista piú estremista. Nessuno, a quanto ci consta, protestò o si dimise. (Sebbene Himmler, capo e fondatore delle SS, rivestisse dal 1936 anche la carica di capo della polizia tedesca, fino a quel momento i due apparati erano rimasti distinti.) L'RSHA, inoltre, era soltanto uno dei dodici uffici centrali delle SS: i piú importanti erano l'Ufficio centrale dell'ordine pubblico, diretto dal generale Kurt Daluege, che si occupava di rastrellare gli ebrei, e l'Ufficio centrale dell'amministrazione e dell'economia (*Wirtschafts-Verwaltungshauptamt,* o WVHA), diretto da Oswald Pohl, che si occupava dei campi di concentramento e piú tardi s'interessò degli aspetti "economici" dello sterminio.

Questa "concretezza" o "oggettività" *(Sachlichkeit)* — parlare dei campi di concentramento in termini di "amministrazione" e dei campi di sterminio in termini di "economia" — era tipica della mentalità delle SS, ed era una cosa di cui Eichmann, al processo, si mostrò ancora quanto mai fiero. Grazie ad essa, le SS si distinguevano da certi tipi "emotivi" come Streicher, "poveri idioti" che non avevano una visione realistica, e anche da certi "pezzi grossi teutonico-germanici" del partito, che "si comportavano da caproni." Eichmann ammirava Heydrich, che detestava simili stupidità, e aveva in antipatia Himmler che, sebbene capo di tutti gli uffici centrali delle SS, "se ne era lasciato per lungo tempo influenzare." Al processo, tuttavia, non fu l'*Obersturmbannführer a. D.* a riportare la palma dell'"oggettività"; fu invece il dott. Servatius, avvocato di Colonia esperto in questioni fiscali e commerciali, il quale, benché non avesse mai aderito al partito nazista, tenne alla Corte una lezione su ciò che significa non essere "emotivi": lezione che, chi la udí, difficilmente dimenticherà. L'episodio — uno dei pochi avvenimenti memorabili di tutto il processo — si verificò durante la breve arringa finale del difensore, dopo la quale la Corte si ritirò per quattro mesi per stilare la sentenza. Servatius disse che l'imputato non era responsabile delle "collezioni di scheletri, sterilizzazioni, uccisioni mediante gas e *analoghe questioni mediche.*" Il giudice Halevi lo interruppe: "Dottor Servatius, suppongo che Lei sia incorso in un *lapsus linguae* quando ha detto che l'uccisione mediante gas era una questione medica"; al che Servatius rispose: "Era proprio una questione medica, perché era preparata da medici; *si trattava di uccidere, e anche uccidere è una questione medica.*" E come se non bastasse, quasi per essere sicuro che i giudici di Gerusalemme non dimenticassero in che modo i tedeschi (quelli comuni, non gli ex-membri delle SS o gli ex-membri del partito nazista) ancor oggi intendono certi atti che in altri paesi sono chiamati omicidio, ripeté la frase nei suoi "Commenti alla sentenza di prima istanza," stilati in vista della revisione del processo dinanzi alla Corte Suprema; ripeté anche che non Eichmann, ma uno dei suoi uomini, Rolf Günther, "si occupava sempre di questioni mediche." (Il dott. Servatius s'intende molto di "questioni mediche" del Terzo Reich: a Norimberga difese infatti Karl Brandt, medico personale di Hitler, plenipotenziario per l'igiene e la sanità e capo del programma di eutanasia.)

Ciascuno degli uffici centrali delle SS era diviso, al tempo della guerra, in sezioni e sottosezioni, e cosí anche l'RSHA finí col comprendere sette sezioni principali. La IV Sezione era quella della Gestapo ed era capeggiata da Heinrich Müller, il quale in base alla nuova terminologia era ora *Gruppenführer* (maggior generale). Suo compito era combattere "gli avversari dello Stato," e questi erano divisi in due categorie di cui si occupavano due distinte sottosezioni: gli "oppositori" accusati di comunismo, sabotaggio, liberalismo e omicidio erano di competenza della sottosezione IV-A; la sottosezione IV-B si occupava invece delle "sette," cioè cattolici, protestanti, massoni (per questi il posto rimase vacante) ed ebrei. Ciascuna sottosezione aveva a sua volta tanti uffici quante erano queste sottocategorie, le quali erano indicate con numeri arabi, e cosí Eichmann fu alla fine assegnato (nel 1941) all'ufficio IV-B-4 dell'RSHA. Poiché il suo diretto superiore, il capo della sottosezione IV-B, era una nullità, il suo vero padrone era sempre Müller. E il superiore di Müller era Heydrich (piú tardi Kaltenbrunner), che a sua volta dipendeva da Himmler, e quest'ultimo riceveva i suoi ordini direttamente da Hitler.

Oltre ai dodici uffici centrali, Himmler dirigeva un apparato che era del tutto diverso ma che ebbe anch'esso un ruolo importantissimo nell'attuazione della "soluzione finale." Si tratta della rete dei comandanti superiori delle SS e della polizia. Questi ufficiali comandavano organizzazioni regionali, ma non erano legati all'RSHA, bensí rispondevano del loro operato direttamente a Himmler, e nella scala gerarchica erano sempre superiori ad Eichmann e ai suoi uomini. Dal canto loro, gli *Einsatzgruppen* dipendevano da Heydrich e dall'RSHA — il che però non significava necessariamente che Eichmann avesse a che fare con loro. Ma anche i comandanti degli *Einsatzgruppen* erano sempre, gerarchicamente, piú in alto di Eichmann. Dal punto di vista tecnico e organizzativo la posizione di Eichmann non era dunque di primissimo piano; se si rivelò cosí importante fu solo perché durante la guerra la lotta antiebraica acquistò di mese in mese, di settimana in settimana, di giorno in giorno un peso sempre maggiore, finché negli anni della disfatta (dal 1943 in poi) assunse proporzioni fantastiche. Quando ciò accadde, ufficialmente il IV-B-4 era ancora il solo a occuparsi esclusivamente degli "oppositori, gli ebrei," ma in realtà aveva perduto il monopolio perché ormai tutti gli uffici e tutti gli apparati, lo Stato e il partito, l'esercito e le SS, erano impegnati a "risolvere" il problema. Anche se limitiamo la nostra attenzione al meccanismo poliziesco trascurando tutti gli altri uffici, il quadro è terribilmente complesso, e questo perché agli *Einsatzgruppen* e al corpo dei comandanti superiori delle SS e della polizia dobbiamo aggiungere i comandanti e gli ispettori della polizia di sicurezza e del Servizio di sicurezza. Ognuno di questi gruppi costituiva una catena gerarchica diversa, e anche se tutte queste catene gerarchiche facevano capo a Himmler, ognuna era pari alle altre e chi apparteneva a un gruppo non doveva obbedienza ai funzionari, anche se superiori, di un altro gruppo. È impresa ardua — bisogna riconoscerlo — raccappezzarsi in questo labirinto d'istituzioni parallele, e perciò l'accusa si trovò in seria difficoltà ogni volta che dovette avventurarvisi per attribuire ad Eichmann qualche responsabilità precisa. (Se il processo avesse avuto luogo oggi, la cosa sarebbe stata molto piú facile, poiché Raul Hilberg nel suo libro *The Destruction of the European Jews* è riuscito finalmente a darci una descrizione chiara di quello spaventoso meccanismo.)

Non bisogna poi dimenticare che tutti questi potentisssimi organismi si facevano una concorrenza spietata — il che non tornava davvero a vantaggio delle loro vittime, giacché tutti avevano la stessa ambizione: uccidere piú ebrei possibile. Questo spirito competitivo, che naturalmente garantiva ad ogni organismo la fedeltà piú assoluta da parte dei suoi membri, è sopravvissuto alla guerra; solo che oggi funziona per cosí dire all'inverso: ognuno cerca di "scagionare" il piú possibile quello che fu il proprio organismo, a spese di tutti gli altri. È questa la spiegazione che Eichmann dette quando fu invitato ad esprimere il suo giudizio sulle memorie di Rudolf Höss, comandante di Auschwitz, memorie che lo accusavano di cose che egli sostenne di non aver mai fatto né potuto fare. Eichmann non ebbe difficoltà a riconoscere che Höss non aveva nessun motivo di attribuirgli colpe che non aveva commesso, dato che i rapporti tra loro erano sempre stati ottimi; ma sostenne (invano) che Höss voleva scagionare il proprio ufficio, il WVHA, e riversare tutte le colpe sull'RSHA. Qualcosa del genere era avvenuto a Norimberga, dove i vari imputati avevano offerto uno spettacolo indegno accusandosi l'un l'altro — e guardandosi bene dall'accusare Hitler! Nessuno però l'aveva fatto per salvare semplicemente la propria pelle; essi rappresentavano organizzazioni del tutto diverse, che sempre erano state divise da una profonda rivalità. Per esempio, il dott. Hans Globke, a cui già abbiamo accennato, si era presentato come testimone dell'accusa e aveva cercato di discolpare il ministero degli Interni, a danno del ministero degli Esteri. Dal canto suo, Eichmann cercò sempre di giustificare Müller, Heydrich e anche Kaltenbrunner, benché questi non l'avesse mai trattato molto bene. Non c'è dubbio che uno dei principali errori, oggettivamente parlando, commessi dall'accusa al processo di Gerusalemme, fu quello di basarsi troppo su dichiarazioni giurate o non giurate di ex-gerarchi nazisti, morti o vivi; l'accusa non vide, e forse non poteva vedere, quanto poco sicure fossero queste fonti per appurare i fatti. Perfino la sentenza, nel valutare le testimonianze a sfavore rese da altri criminali nazisti, tenne conto del fatto che — come si era espresso uno dei testi della difesa — "al tempo dei processi contro i criminali di guerra c'era la tendenza a riversare il piú possibile le colpe su coloro che erano assenti o che si credevano morti."

Eichmann, quando entrò in servizio presso la IV Sezione dell'RSHA, si trovò ancora una volta di fronte a uno spiacevole dilemma: da un lato l'"emigrazione forzata" era sempre la formula ufficiale per risolvere la questione ebraica, ma dall'altro l'emigrazione non era piú possibile. Per la prima e forse ultima volta nella sua vita tra le SS, fu costretto dalle circostanze a prendere l'iniziativa, a cercar di "partorire un'idea." Secondo la versione che dette al giudice istruttore, tre furono le soluzioni che gli balenarono alla mente, ma tutte e tre — ammise — si risolsero in nulla, poiché ogni cosa che egli pensava di fare invariabilmente andava a monte. Il colpo finale fu quando dovette "abbandonare" la sua fortezza privata a Berlino, prima ancora di poter opporre un minimo di resistenza ai carri armati russi. Sempre delusioni, dunque; una sfortuna peggiore della sua non si poteva immaginare. E l'eterna causa dei suoi guai, a suo avviso, era che lui e i suoi uomini non erano mai liberi di agire, poiché tutti gli altri uffici dello Stato e del partito volevano partecipare alla "soluzione," col risultato che dappertutto erano spuntati eserciti di "esperti ebraici" che si ostacolavano a vicenda cercando di primeggiare in un campo di cui non s'intendevano. Per questa gente Eichmann nutriva il piú profondo disprezzo, in parte perché si trattava di "ultimi arrivati," in parte perché costoro cercavano di arricchirsi — e spesso vi riuscivano —, e in parte perché ignoranti, non avevano mai letto nessun "libro basilare."

Le tre idee gli erano state ispirate appunto dai "libri basilari"; senonché si scoprí poi che due di esse non erano affatto sue, e quanto alla terza — bene, "non so piú se fu Stahlecker o se fui io a partorire l'idea: comunque, l'idea nacque." Quest'ultima era, cronologicamente, la prima: era il "progetto Nisko," e il suo fallimento fu per Eichmann la prova piú lampante degli infausti effetti delle indebite interferenze (il colpevole in questo caso fu Hans Frank, governatore generale della Polonia). Per comprenderee il piano bisogna ricordare che, dopo la conquista della Polonia e prima dell'attacco all'Unione Sovietica, i tedeschi e i russi si divisero i territori polacchi: la parte tedesca era costituita dalle regioni occidentali, che furono incorporate nel Reich, e dalla cosiddetta area orientale, che comprendeva Varsavia e che era nota col nome di Governatorato generale. In un primo tempo l'area orientale fu trattata come zona d'occupazione. Dato che a quell'epoca la questione ebraica era ancora affrontata col metodo dell'emigrazione forzata, e lo scopo era di rendere *judenrein* la Germania, era naturale che gli ebrei dei territori annessi, assieme ai rimanenti ebrei delle altre parti del Reich, venissero spediti nel Governatorato generale, che, qualunque cosa fosse, non era considerato parte del Reich. Nel dicembre del 1939 le evacuazioni verso questa zona erano già iniziate; circa un milione di ebrei (seicentomila dell'area incorporata e quattrocentomila del Reich) vi cominciarono ad affluire.

Se la versione fornita da Eichmann risponde a verità — e non c'è ragione di metterla in dubbio —, lui o piú probabilmente il *Brigadeführer* (generale di brigata) Franz Stahlecker, suo superiore a Praga e a Vienna, doveva aver previsto questi sviluppi già da vari mesi. Questo Stahlecker, che Eichmann si preoccupava sempre di chiamare "dottore," era un uomo molto fine, educato, ragionevole e "immune da odio e sciovinismo di qualsiasi tipo," tanto che a Vienna usava stringere la mano ai funzionari ebrei. Un anno e mezzo piú tardi, nella primavera del 1941, questo gentiluomo fu nominato comandante dell'*Einsatzgruppe A*, e in poco piú di dodici mesi (lui stesso cadde in azione nel 1942) riuscí a uccidere, passandoli per le armi, duecentocinquantamila ebrei — cosa di cui si vantò in un rapporto spedito a Himmler in persona, benché gli *Einsatzgruppen,* che erano unità di polizia, dipendessero dal capo della polizia di sicurezza e dell'SD, cioè da Reinhardt Heydrich. Ma queste cose avvennero piú avanti, e per il momento, nel settembre del 1939, mentre la Wehrmacht era ancora impegnata a invadere i territori polacchi, Eichmann e il dott. Stahlecker cominciarono a studiare "privatamente" il modo di accrescere il piú possibile nelle regioni orientali l'influenza del servizio di sicurezza. A tale scopo avevano bisogno di "una zona piú vasta possibile, in Polonia, da staccare e costituire in stato ebraico autonomo, in forma di protettorato... Questa poteva essere la vera soluzione." E di propria iniziativa, senza ricevere ordini da nessuno, essi partirono per un giro esplorativo. Andarono nel distretto di Radom, sul fiume San, non lungi dal confine russo, e qui videro "un gran territorio, villaggi, mercati, piccole città," e si dissero: "ecco ciò che ci serve; perché non fare uno scambio e trasferire altrove i polacchi, visto che dappertutto la gente viene spostata?" Cosí si sarebbe risolta la questione ebraica, ponendo un po' di terraferma sotto i piedi degli ebrei — almeno per qualche tempo.

Sulle prime tutto andò per il meglio. Andarono da Heydrich, e Heydrich si disse d'accordo e li invitò a continuare. Il fatto è che — benché Eichmann a Gerusalemme l'avesse completamente dimenticato — il loro progetto, in quella fase, era in perfetta armonia con i piani generali di Heydrich. Il 21 settembre 1939 questi aveva convocato una conferenza dei "capi dipartimentali" dell'RSHA e degli *Einsatzgruppen* (che già operavano in Polonia) per stabilire le linee generali d'azione per l'immediato futuro: concentrare tutti gli ebrei nei ghetti, creare consigli di anziani ebrei e deportare tutti gli ebrei nella zona del Governatorato generale. A questa conferenza, che istituí il "Centro ebraico per l'emigrazione," anche Eichmann aveva partecipato, come al processo risultò dai verbali scoperti negli Archivi nazionali di Washington dall'Ufficio 06 della polizia israeliana. Ciò significa che l'iniziativa, di Eichmann o di Stahlecker che fosse, si riduceva a un piano concreto per mettere in pratica le direttive di Heydrich. E cosí migliaia di persone, soprattutto dall'Austria, furono ora deportate caoticamente in questo luogo dimenticato da Dio, luogo che, come spiegò agli ebrei Erich Rajakowitsch, un ufficiale delle SS che piú tardi curò le deportazioni dall'Olanda, era stato scelto dal Führer perché divenisse la loro nuova patria: "Non ci sono abitazioni, non ci sono case. Se costruirete, avrete un tetto sopra le vostre teste. Non c'è acqua, i pozzi tutt'intorno sono infetti, c'è colera, dissenteria e tifo. Se scaverete e troverete acqua, avrete acqua." Come si vede, "tutto sembrava meraviglioso"; senonché le SS espulsero da questo paradiso alcuni ebrei, cacciandoli al di là del confine russo, e altri ebbero il buon senso di fuggire da sé. Ma a questo punto — lamentò Eichmann — "cominciò l'ostruzionismo di Hans Frank." Essi si erano dimenticati d'informarlo sebbene quello fosse territorio "suo." "Frank si lagnò a Berlino, ed ebbe inizio una gran prova di forza. Frank voleva risolvere da sé la questione dei suoi ebrei. Non voleva ricevere altri ebrei nel suo Governatorato generale. Quelli che arrivavano dovevano sparire immediatamente." E sparirono, in effetti; alcuni furono addirittura rimpatriati, cosa che non era mai successa prima di allora e che mai piú si sarebbe ripetuta, e quelli che tornarono a Vienna furono schedati dalla polizia come persone "tornate dall'avviamento professionale" — curiosa espressione che ricordava la fase filosionista.

Il fatto che Eichmann fosse tanto ansioso di trovare un territorio per i "suoi" ebrei si spiega soprattutto col suo desiderio di far carriera. Il progetto Nisko "nacque" infatti nel periodo della sua rapida ascesa, ed è piú che probabile che egli sperasse di divenire un giorno il governatore generale (come Hans Frank in Polonia) o il "protettore" (come Heydrich in Cecoslovacchia) di uno "Stato ebraico." Il completo fallimento dell'impresa dovette però fargli capire quanto inutili e inopportune fossero le iniziative "personali." E poiché lui e Stahlecker avevano agito nel quadro delle direttive di Heydrich e col suo esplicito consenso, anche il rimpatrio degli ebrei — una cosa mai vista, che rappresentava indiscutibilmente una sconfitta per la polizia e per le SS — dovette insegnargli che il suo ufficio, per quanto sempre piú potente, non era onnipotente, e che ciascun ministero e ciascuna istituzione del partito era decisa a difendere con i denti i suoi poteri.

Il secondo tentativo compiuto da Eichmann per "mettere un po' di terraferma sotto i piedi degli ebrei" fu il progetto del Madagascar. Il piano di evacuare quattro milioni di ebrei dall'Europa e di trasportarli nella grande isola francese al largo della costa sud-orientale dell'Africa (592.353 kmq di terra povera, con una popolazione indigena che era allora di 4.370.000 abitanti) era stato elaborato dal ministero degli esteri del Reich e poi trasmesso all'RSHA perché, secondo le parole del dott. Martin Luther, che si occupava degli affari ebraici alla Wilhelmstrasse, soltanto la polizia "possedeva l'esperienza e i mezzi tecnici per effettuare un'evacuazione in massa di ebrei e per garantire la sorveglianza degli evacuati." Questo "Stato ebraico" doveva avere come governatore un funzionario della polizia e doveva restare sotto la giurisdizione di Himmler. La storia del piano è assai curiosa. Eichmann, confondendo il Madagascar con l'Uganda, sostenne sempre che il suo progetto era stato un tempo il "sogno" del "fautore dell'idea dello Stato ebraico, l'ebreo Theodor Herzl." Orbene, è vero che esso era già stato vagheggiato da qualcuno, ma questo qualcuno era stato, prima, il governo polacco, che nel 1937 aveva preso in considerazione l'idea e si era dato un gran daffare, ma poi era giunto alla conclusione che era assolutamente impossibile trasportare quasi tre milioni di ebrei e farli arrivare vivi; e qualche tempo dopo era stato il ministro degli esteri francese Georges Bonnet, a pensare, piú modestamente, di trasportare in quella colonia francese soltanto gli ebrei stranieri residenti in Francia, che erano circa duecentomila; a questo proposito Bonnet si era perfino consultato col ministro degli esteri tedesco, Joachim von Ribbentrop, nel 1938.

Comunque sia, nell'estate del 1940, quando l'attività migratoria era in stasi completa, Eichmann fu incaricato di preparare un piano dettagliato per l'evacuazione di quattro milioni di ebrei e il loro trasporto nel Madagascar; e a quanto sembra per circa un anno, fino a quando non iniziò l'invasione della Russia, egli non pensò quasi ad altro. (Quattro milioni era una cifra un po' troppo bassa, per ripulire l'Europa dagli ebrei; evidentemente si escludevano i tre milioni di ebrei polacchi il cui massacro, come tutti sapevano, era già cominciato fin dai primi giorni di guerra.) Tuttavia è assai improbabile che, a parte Eichmann e alcuni luminari minori, qualcun altro prendesse la cosa molto sul serio, e questo perché a prescindere dal fatto che il territorio era notoriamente inadatto e dopo tutto era un possedimento francese, il trasporto di una massa cosí enorme di persone avrebbe dovuto avvenire mentre infuriava una guerra e mentre, per giunta, la marina britannica controllava le rotte dell'Atlantico. La verità è che il piano del Madagascar doveva servire a mascherare i preparativi per lo sterminio fisico di tutti gli ebrei dell'Europa occidentale (per lo sterminio degli ebrei polacchi non c'era bisogno di mascheramenti!) e il suo gran pregio — visto che gli antisemiti, per quanto numerosi e addestrati e zelanti, restavano sempre un passo indietro al Führer — era che inculcava in tutti l'idea basilare che soltanto l'evacuazione completa dell'Europa poteva risolvere il problema: in altre parole, che nessuna legge speciale, nessuna "dissimilazione," nessun ghetto poteva bastare. Quando, un anno più tardi, il progetto del Madagascar fu dichiarato "superato," tutti erano psicologicamente o meglio razionalmente preparati al passo successivo: dato che non esisteva un territorio in cui "evacuare" gli ebrei, l'unica "soluzione" era lo sterminio.

Non che Eichmann, il rivelatore della verità per le future generazioni, sospettasse mai l'esistenza di progetti tanto sinistri! Ciò che fece fallire l'impresa del Madagascar fu, secondo lui, la mancanza di tempo, il fatto che molto tempo fu perduto a causa delle continue interferenze da parte di altri uffici. A Gerusalemme, tanto il giudice istruttore quanto la Corte cercarono di smontare il suo compiacimento; gli misero dinanzi due documenti riguardanti la riunione del 21 settembre 1939, a cui sopra abbiamo accennato: in uno di questi, una lettera di Heydrich spedita per telescrivente e contenente alcune direttive per gli *Einsatzgruppen,* si distingueva per la prima volta tra "un obiettivo finale che richiede un lungo periodo di tempo," obiettivo da considerare "segretissimo," e "le fasi per raggiungere questo obiettivo finale." Ancora non si usava l'espressione "soluzione finale," e il documento non specificava che cosa per "obiettivo finale" fosse da intendersi. Eichmann avrebbe quindi potuto dire che l'"obiettivo finale" era appunto il suo progetto del Madagascar, il quale stava facendo il suo giro di tutti gli uffici tedeschi, e che l'evacuazione in massa, il concentramento di tutti gli ebrei, era una "fase" preliminare indispensabile. E invece, dopo aver letto il documento, disse senza esitazione che secondo lui "obiettivo finale" poteva significare soltanto "sterminio fisico," e concluse che "quest'idea basilare era già radicata nelle menti dei capi supremi." Può darsi; ma in tal caso egli avrebbe dovuto riconoscere che il progetto del Madagascar era soltanto una finta. Orbene, questo non lo ammise; non cambiò mai la sua versione della vicenda del Madagascar, e forse non poteva cambiarla. Era come se quella vicenda fosse incisa su un nastro diverso della sua memoria, e non c'era ragionamento, argomento, dato o idea che potesse intaccare questa registrazione.

Per quel che ricordava, tra lo scoppio della guerra (la quale, secondo la "profezia" fatta da Hitler nel suo discorso al Reichstag del 30 gennaio 1939, avrebbe portato "l'annientamento della razza ebraica in Europa") e l'invasione della Russia, c'era stata una stasi nella lotta contro gli ebrei dell'Europa centro-occidentale. Certo, anche in quel periodo sia nel Reich che nei territori occupati i vari uffici fecero del loro meglio per eliminare "gli avversari, gli ebrei," ma una politica coerente e unitaria non c'era: ogni ufficio aveva per cosí dire una "soluzione" propria e poteva applicarla o imporla contro le soluzioni degli altri. La soluzione di Eichmann era uno Stato poliziesco, e per questo occorreva un vasto territorio. Tutti i suoi sforzi "fallirono a causa dell'incomprensione dei cervelli interessati," a causa di "rivalità," litigi, polemiche, dato che ognuno "aspirava alla supremazia." E dopo fu troppo tardi: la guerra contro la Russia fu "un colpo improvviso, un fulmine a ciel sereno" che chiuse "la fase della ricerca di una soluzione equa per entrambe le parti" e segnò cosí la fine dei suoi sogni. Segnò anche, com'egli riconobbe nelle memorie che scrisse in Argentina, "la fine di una fase in cui esistevano leggi, ordini, decreti che regolavano il trattamento dei singoli ebrei." Ma secondo lui fu anche qualcosa di piú: la fine della sua carriera. L'affermazione suona assurda, se si pensa alla "fama" di cui ora godeva; tuttavia non si può negare che da un certo punto di vista avesse ragione. E infatti il suo ufficio, che al tempo dell'emigrazione forzata o nel "sogno" di uno Stato ebraico retto dai nazisti era sempre stato l'istanza piú alta in materia di ebraismo, "passò in secondo piano, poiché ora ogni iniziativa fu demandata a unità diverse e i negoziati furono condotti da un altro ufficio centrale, agli ordini dell'ex-*Reichsführer* delle SS e Capo della polizia tedesca." Queste "unità diverse" erano reparti scelti di sterminatori, che in oriente operavano nelle retrovie della Wehrmacht e il cui compito era quello di massacrare la popolazione civile indigena e soprattutto gli ebrei; e l'altro ufficio centrale era il

WVHA, diretto da Oswald Pohl, a cui Eichmann doveva rivolgersi per conoscere la destinazione ultima di ogni carico di ebrei. Questa destinazione veniva stabilita in base alla "capacità di assorbimento" dei vari impianti di sterminio e anche in base alla richiesta di manodopera forzata da parte di numerose industrie che, per ragioni di profitto, avevano eretto loro stabilimenti nelle vicinanze di alcuni campi della morte. A parte alcune industrie non molto importanti delle SS, anche complessi famosi come la I.G. Farben, le fabbriche Krupp e le fabbriche Siemens-Schuckert avevano costruito loro impianti ad Auschwitz e nei pressi di Lublino. La collaborazione tra le SS e gli industriali era ottima: dalla deposizione di Höss, comandante di Auschwitz, sappiamo per esempio che i rapporti con i rappresentanti della I.G. Farben erano quanto mai cordiali. (Quanto alle condizioni di lavoro, l'idea era ovviamente quella di uccidere con la fatica; secondo Hilberg, almeno venticinquemila dei circa trentacinquemila ebrei che lavoravano per uno stabilimento della I.G. Farben morirono.) Per ciò che concerne Eichmann, era un fatto che ormai l'evacuazione e la deportazione non erano piú la fase ultima della "soluzione." Il suo dipartimento era divenuto un semplice strumento. Logico quindi che egli rimanesse molto "amareggiato e deluso" quando il progetto del Madagascar fu abbandonato. L'unica cosa che poteva consolarlo era la promozione a *Obersturmbannführer,* che venne nell'ottobre del 1941.

L'ultima volta che Eichmann ricordava di aver fatto qualcosa di propria iniziativa, era stato nel settembre del 1941, tre mesi dopo l'aggressione alla Russia. Poco prima, Heydrich, che era ancora capo della polizia di sicurezza e del servizio di sicurezza, era divenuto "protettore" della Boemia e della Moravia. Per celebrare l'avvenimento aveva tenuto una conferenza-stampa in cui aveva promesso che in otto settimane il protettorato sarebbe stato ripulito dagli ebrei. Dopo la conferenza, Heydrich discusse con coloro che dovevano tradurre in pratica il suo desiderio, e cioè con Franz Stahlecker, che era allora comandante della polizia di sicurezza a Praga, e con il sottosegretario di stato Karl Hermann Frank, un ex-leader dei Sudeti che, dopo la morte di Heydrich, gli succedette nella carica di *Reichsprotektor.* Questo Frank, secondo Eichmann, era un tipo losco, un odiatore degli ebrei "del tipo di Streicher"; "non capiva nulla di soluzioni politiche" e "per spirito autocratico e, mi sia permesso dirlo, inebriato dal potere, non sapeva far altro che dare ordini." A parte questo, la discussione fu piacevole. Per la prima volta Heydrich rivelò "un lato piú umano" e ammise, con encomiabile franchezza, di "aver lasciato correre troppo la lingua". — cosa che però non costituiva "una grande sorpresa per coloro che conoscevano Heydrich," il quale era "ambizioso e impulsivo" e "spesso si lasciava sfuggire dalla chiostra dei denti parole che non avrebbe voluto." Cosí lo stesso Heydrich disse: "È un bel pasticcio; e ora come facciamo?" E allora Eichmann: "C'è una sola possibilità, se Lei non può ritirare il suo annunzio: trovare uno spazio abbastanza grande per trasferirvi gli ebrei del protettorato, che ora vivono dispersi." (Una patria ebraica, insomma, un luogo di raccolta per gli ebrei della diaspora.) Poi, purtroppo, Frank — l'odiatore degli ebrei del tipo di Streicher — fece una proposta concreta: che quello spazio fosse Theresienstadt. Heydrich, forse anche lui inebriato dal potere, ordinò l'immediata evacuazione della popolazione cecoslovacca da questa città, per far posto agli ebrei.

Eichmann fu mandato là in ispezione. Gran delusione: la fortezza boema sulle rive dell'Eger era troppo piccola; al massimo avrebbe potuto divenire un campo di smistamento per una parte dei novantamila ebrei della Boemia e della Moravia (e in effetti da Theresienstadt passarono circa cinquantamila ebrei cecoslovacchi avviati ad Auschwitz, mentre altri ventimila circa raggiunsero quella destinazione direttamente). Da fonti un po' migliori della difettosa memoria di Eichmann noi sappiamo che fin dall'inizio, nelle intenzioni di Heydrich, Theresienstadt doveva divenire un ghetto speciale per alcune categorie privilegiate di ebrei, principalmente ebrei tedeschi: funzionari, personaggi illustri, veterani superdecorati, invalidi, ebrei che avevano contratto un matrimonio misto, ebrei tedeschi al di sopra dei sessantacinque anni di età — di qui il nome scherzoso di *Altersghetto,* cioè "ghetto dei vecchi." Ma la città si dimostrò troppo piccola anche per queste categorie, e dopo circa un anno, nel 1943, cominciò un processo di "assottigliamento" ovvero "sfoltimento" *(Auflockerung):* ogni superaffollamento fu regolarmente eliminato... mediante il trasporto ad Auschwitz. Ma una cosa Eichmann non sbagliò a ricordare: Theresienstadt fu davvero il solo campo di concentramento che non cadde sotto il controllo del WVHA, ma rimase di sua competenza sino alla fine. I comandanti erano uomini del suo stato maggiore, sempre inferiori a lui per grado; fu il solo campo in cui egli poté esercitare almeno un po' di quel potere che l'accusa gli attribuí al processo di Gerusalemme.

La memoria di Eichmann, che scavalcava gli anni con grande disinvoltura (per raccontare al giudice istruttore la storia di Theresienstadt egli saltò due anni di avvenimenti), non seguiva certamente l'ordine cronologico, ma non era nemmeno stravagante e confusionaria. Era come un magazzino pieno di storie d'interesse umano del peggior tipo. Quando egli ripensava a Praga, ecco che alla sua mente si riaffacciava la volta che era stato ammesso alla presenza del grande Heydrich, il quale aveva rivelato "un lato piú umano." Durante l'istruttoria, qualche giorno piú tardi, egli accennò a un viaggio a Bratislava, in Slovacchia: si trovava lí proprio quando Heydrich fu assassinato. Ma l'unica cosa che ricordò fu di essere stato ospite di Sano Mach, ministro degli interni del governo-fantoccio slovacco. (In quel governo, cattolico e fortemente antisemita, Mach seguiva da presso le orme naziste: si rifiutava di risparmiare gli ebrei che si battezzavano e fu uno dei maggiori responsabili della deportazione degli ebrei slovacchi.) Se ne ricordò perchè era un onore eccezionale, per lui, essere trattato da pari a pari da un ministro. Mach, a suo giudizio, era un individuo simpatico, alla mano, e l'aveva invitato a giocare a bocce. Davvero a Bratislava, mentre la guerra infuriava, Eichmann non aveva altro da fare che giocare a bocce col ministro degli interni? No, non aveva proprio altro da fare, e ricordava benissimo come avevano giocato e brindato poco prima che arrivasse la notizia dell'attentato a Heydrich. Il giudice istruttore israeliano, quattro mesi e cinquantadue nastri piú tardi, tornò su questo punto, ma Eichmann gli ripeté la stessa storia, quasi con le stesse identiche parole, aggiungendo che quella giornata era stata "indimenticabile" perché il suo "superiore era stato assassinato." Questa volta, però, il capitano Less gli mise sotto gli occhi un documento in cui si diceva che egli era stato mandato a Bratislava per discutere dell'"azione di evacuazione in corso contro gli ebrei della Slovacchia." Eichmann non ebbe esitazioni: "È vero, è vero," esclamò, "era un ordine di Berlino, non mi mandarono là per giocare a bocce." Aveva mentito due volte, con gran coerenza? Probabilmente no. Evacuare e deportare gli ebrei era ormai un lavoro comune, per lui, e le cose che si erano impresse nella sua mente erano il gioco delle bocce, il fatto di essere stato ospite di un ministro, la notizia dell'attentato a Heydrich. Ed è significativo che egli non riuscí assolutamente a ricordare in quale anno cadde quel giorno, il memorabile giorno in cui "il carnefice" fu soppresso dai patrioti cecoslovacchi.

Se la memoria lo avesse servito meglio, Eichmann non avrebbe mai parlato di Theresienstadt. Tutte quelle cose infatti avvennero quando ormai era passato il tempo delle "soluzioni politiche" e già era iniziata l'epoca della "soluzione fisica." Avvennero quando, come egli spontaneamente ammise in un altro contesto, già aveva saputo dell'ordine del Führer di procedere alla "soluzione finale." Ripulire dagli ebrei una nazione intera, alla data in cui Heydrich promise di farlo per la Boemia e la Moravia, non poteva significare altro che deportare la gente in luoghi da cui facilmente potesse essere avviata ai centri di sterminio. Che poi Theresienstadt avesse anche un altro scopo, quello d'ingannare il mondo esterno (fu l'unico ghetto o campo in cui furono ammessi rappresentanti della Croce Rossa Internazionale), questa è un'altra questione, una cosa che quasi certamente Eichmann a quel tempo ignorava e che, comunque, non era di sua competenza.

Capitolo sesto

La soluzione finale: sterminio

Il 22 giugno 1941 Hitler attaccò l'Unione Sovietica, e all'incirca un paio di mesi dopo Eichmann fu convocato da Heydrich a Berlino. Il 31 luglio Heydrich aveva ricevuto dal *Reichsmarschall* Hermann Göring, comandante in capo dell'aviazione, Primo ministro di Prussia, plenipotenziario del piano quadriennale nonché sostituto di Hitler nella gerarchia statale (distinta dalla gerarchia del partito), una lettera in cui lo si invitava a preparare "la soluzione complessiva *(Gesamtlösung)* della questione ebraica nelle zone d'influenza della Germania" e ad approntare "una proposta generale... per il raggiungimento dell'auspicata soluzione finale *(Endlösung)* del problema ebraico." Heydrich, come spiegò egli stesso al Comando Supremo dell'esercito in una lettera del 6 novembre 1941, già da vari anni aveva "il compito di preparare la soluzione finale," (cfr. Reitlinger) e già si occupava, da quando era iniziata la campagna di Russia, dello sterminio degli ebrei ad opera degli *Einsatzgruppen*.

Nel colloquio che ebbe con Eichmann, Heydrich cominciò con "un discorsetto sull'emigrazione" (la quale praticamente era già cessata, anche se l'ordine che la proibì ufficialmente, salvo casi speciali da sottoporre al giudizio di Himmler in persona, fu emanato soltanto qualche mese piú tardi), e poi disse: *"Il Führer ha ordinato lo sterminio fisico degli ebrei."* Dopo di ciò, "in pieno contrasto con le sue abitudini, rimase a lungo silenzioso, come se cercasse di valutare l'effetto prodotto da quella frase. Lí per lí io non afferrai bene il significato di quello che aveva detto, data la cura con cui aveva scelto le parole, ma poi capii e non dissi nulla perché non c'era nulla da dire. Infatti io non mi sarei mai immaginato una cosa simile, una soluzione cosí violenta. Ora persi tutto, tutto il gusto di lavorare, tutta l'iniziativa, tutto l'interesse; per cosí dire, mi sgonfiai. E poi mi disse: 'Eichmann, vada a Lublino da Globocnik [uno dei capi delle SS del Governatorato generale]; il *Reichsführer* [Himmler] gli ha già dato gli ordini necessari, e Lei guardi un po' che cosa ha fatto nel frattempo. Credo che per liquidare gli ebrei si serva delle trincee anticarro dei russi.' Me lo ricordo ancora; finché vivrò non dimenticherò mai quelle frasi che pronunziò quando già l'intervista volgeva al termine." Ma alla fine Heydrich gli disse anche un'altra cosa, e cioè che tutta la faccenda era stata "posta sotto l'autorità del WVHA" (non dunque dell'RSHA), e che il nome convenzionale di tutta l'operazione sarebbe stato "soluzione finale." Eichmann, che in Argentina se ne ricordava ancora, a Gerusalemme si dimenticò di questo fatto, con suo gran danno, perché la cosa era importante per stabilire i limiti della sua autorità e quindi della sua responsabilità.

Eichmann non fu davvero il primo ad essere informato della decisione di Hitler. Come abbiamo veduto, Heydrich lavorava in questa direzione già da vari anni, e Himmler dichiarò di aver saputo di questa "soluzione" (e di aver protestato) subito dopo la sconfitta della Francia, nell'estate del 1940. Nel marzo del 1941, circa sei mesi prima di questo colloquio tra Heydrich ed Eichmann, "nelle alte sfere del partito non era piú un segreto che gli ebrei dovevano essere sterminati," come affermò a Norimberga Viktor Brack, della Cancelleria del Führer. Ma Eichmann non aveva mai appartenuto alle alte sfere del partito, come invano cercò di spiegare a Gerusalemme; e nessuno gli aveva mai detto piú di quello che era strettamente indispensabile perché egli potesse svolgere il suo lavoro specifico. È vero che, nei gradini piú bassi della gerarchia, fu uno dei primi ad essere messo al corrente di questo "affare segretissimo," e segretissimi gli sviluppi rimasero anche dopo che la notizia del ricorso alla soluzione finale ebbe fatto il giro di tutto il partito, di tutti i ministeri statali, di tutte le industrie interessate al lavoro forzato e per lo meno di tutto il corpo degli ufficiali delle forze armate; ma la segretezza rispondeva a uno scopo pratico. Coloro che venivano esplicitamente informati dell'ordine del Führer non erano piú semplici *Gefehlsträger,* ma venivano promossi *Geheimsträger* e prestavano un giuramento speciale: giuramento che però era già stato prestato dai membri del servizio di sicurezza, a cui Eichmann apparteneva fin dal 1934.

Inoltre, tutta la corrispondenza relativa alla questione doveva rispettare rigorosamente un determinato "gergo," e se si eccettuano i rapporti degli *Einsatzgruppen* è raro trovare documenti in cui figurino parole crude come "sterminio," "liquidazione," "uccisione." Invece di dire uccisione si dovevano usare termini come "soluzione finale," "evacuazione" *(Aussiedlung)* e "trattamento speciale" *(Sonderbehandlung);* invece di dire deportazione bisognava usare parole come "trasferimento" o "lavoro in oriente" *(Arbeitseinsatz im Osten),* oppure, se si parlava di persone dirette a Theresienstadt (il cosiddetto "ghetto dei vecchi," per categorie privilegiate di ebrei), si doveva dire "cambiamento di residenza," in modo da dare l'impressione che si trattasse di provvedimenti temporanei.

In certi casi speciali questo gergo subí qualche leggera modifica, e cosí, per esempio, un alto funzionario del ministero degli esteri propose un giorno che in tutta la corrispondenza col Vaticano lo sterminio degli ebrei venisse chiamato "soluzione radicale": formula sottile, perché a giudizio dei nazisti il governo-fantoccio della Slovacchia, che era un governo cattolico e presso il quale il Vaticano aveva fatto dei passi, non era stato "abbastanza radicale" nella sua legislazione antisemitica, avendo commesso il "gravissimo errore" di fare eccezioni per gli ebrei che si battezzavano. Soltanto tra di loro i "depositari di segreti" potevano parlare liberamente, senza ricorrere al linguaggio convenzionale, ma è molto improbabile che lo facessero nel normale adempimento delle loro criminose mansioni, cioè in presenza di stenografi o di semplici impiegati. Qualunque sia la ragione per cui quel gergo venne inventato, esso fu di enorme utilità per mantenere l'ordine e l'equilibrio negli innumerevoli servizi la cui collaborazione era essenziale. Del resto, il termine stesso usato dai nazisti per dire "gergo" *(Sprachregelung,* ossia "regole di linguaggio") era in fondo un termine in codice; significava quello che nel linguaggio comune si chiamerebbe "menzogna." Quando un "depositario di segreti" era mandato a incontrarsi con qualche persona del mondo esterno, come quando Eichmann fu incaricato di far visitare il ghetto di Theresienstadt a rappresentanti della Croce Rossa Internazionale venuti dalla Svizzera, riceveva, oltre agli ordini e alle istruzioni, anche un'opportuna *Sprachregelung:* nel caso di Eichmann, questa consisté nel dire ai rappresentanti della Croce Rossa, i quali volevano visitare anche il campo di Bergen-Belsen, che la cosa non era possibile perché là imperversava un'epidemia di tifo. Questo sistema aveva un effetto molto importante: i nazisti implicati nella "soluzione finale" si rendevano ben conto di quello che facevano, ma la loro attività, ai loro occhi, non coincideva con l'idea tradizionale del "delitto." Ed Eichmann, suggestionabile com'era dalle parole d'ordine e dalle frasi fatte, e insieme incapace di parlare il linguaggio comune, era naturalmente da questo punto di vista l'individuo ideale.

Il sistema, tuttavia, come Eichmann ebbe presto a constatare, non era un usbergo perfetto contro la realtà. Egli andò a Lublino a trovare il *Brigadeführer* Odilo Globocnik, già *Gauleiter* di Vienna, e usò l'espressione "soluzione finale" a mo' di parola d'ordine, per confermare la propria identità. (Naturalmente non vi andò, come invece sostenne l'accusa, "per recargli di persona l'ordine segreto di procedere allo sterminio degli ebrei"; Globocnik lo conosceva certo di già. Anche a proposito di Rudolf Höss, comandante di Auschwitz, l'accusa sostenne qualcosa di analogo, dimostrando quanto si fosse smarrita nel labirinto della burocrazia del Terzo Reich: l'ordine del Führer sarebbe stato recato a Höss da Eichmann. La difesa, una volta tanto, rilevò che quest'affermazione non era "confortata da prove," e del resto lo stesso Höss, quando era stato processato, aveva spiegato di aver ricevuto i suoi ordini direttamente da Himmler, nel giugno del 1941, aggiungendo che Himmler gli aveva anche detto che Eichmann avrebbe discusso con lui alcuni "dettagli." Tali dettagli, stando alle memorie di Höss, riguardavano l'impiego del gas — una cosa che Eichmann negò recisamente; e può darsi che Eichmann avesse ragione, poiché tutte le fonti contraddicono il racconto di Höss e rivelano che gli ordini, scritti o orali, relativi allo sterminio nei campi, venivano sempre dal WVHA ed erano impartiti o dal capo di questo organismo, l'*Obergruppenführer* Oswald Pohl, o dal superiore diretto di Höss, il *Brigadeführer* Richard Glücks. Sulla poca attendibilità della testimonianza di Höss si veda anche R. Pendorf, *Mörder und Ermordete,* 1961. E con l'impiego del gas Eichmann non ebbe mai nulla a che vedere; i "dettagli" che a intervalli regolari di tempo egli andava a discutere con Höss riguardavano la capacità distruttiva del campo — cioè quanti convogli alla settimana il campo poteva assorbire — e anche, forse, progetti di espansione.) Globocnik, quando Eichmann giunse a Lublino, lo accolse con gran cortesia e deferenza. Lo accompagnò in un bosco dove c'era una strada alla cui destra sorgeva una casa qualunque, dove vivevano degli operai. Un capitano della "polizia dell'ordine" (forse il commissario Christian Wirth in persona, che in Germania si era occupato della liquidazione, mediante gas, delle "persone incurabili," sotto gli auspici della Cancelleria del Führer) uscí loro incontro per salutarli e li condusse a un gruppo di piccole baracche di legno, e qui, "con voce volgare, maleducata e dura" cominciò a spiegare "come avesse disposto tutto perbene, perché si sarebbe messo in funzione il motore di un sottomarino russo e il gas sarebbe entrato nell'edificio asfissiando gli ebrei. Anche per me era una cosa mostruosa. Io non sono cosí forte da sopportare una cosa del genere senza reagire... Se oggi qualcuno mi mostrasse una ferita aperta, probabilmente non potrei guardare. Sono fatto cosí, tanto che molte volte mi è stato detto che non potrei fare il medico. Ricordo ancora come mi raffigurai la scena e poi mi prese una debolezza fisica, come dopo una grande agitazione. Queste cose succedono a tutti, e io rimasi con una specie di tremito interiore."

Eppure poteva considerarsi fortunato, poiché aveva visto solamente i preparativi di quelle che sarebbero state le camere al monossido di carbonio di Treblinka, uno dei sei campi della morte delle regioni orientali, dove sarebbero perite varie centinaia di migliaia di persone. Poco tempo dopo, nell'autunno dello stesso anno, il suo superiore Müller lo mandò a ispezionare un centro di sterminio in quelle regioni occidentali della Polonia che erano state incorporate nel Reich formando il cosiddetto Warthegau. Il campo si trovava a Kulm (in polacco Chelmno), e qui, nel 1944, furono poi uccisi oltre trecentomila ebrei provenienti da ogni parte d'Europa, precedentemente concentrati nel ghetto di Lódz. Qui si lavorava già a pieno ritmo, ma il metodo era diverso: invece di camere si usavano camion a gas. Ecco che cosa vide Eichmann: gli ebrei erano raggruppati in una grande stanza; ricevettero l'ordine di spogliarsi; poi arrivò un camion che si fermò proprio dinanzi all'ingresso della stanza e gli ebrei nudi vi furono fatti entrare. Gli sportelli si rinchiusero e il camion partí. "Non so dire [quanti fossero], cercavo di non guardare. Non potevo;

non potevo; ne avevo abbastanza. Le grida e... Ero troppo sconvolto e cosí via, come dissi piú tardi a Müller quando gli riferii; lui non trasse molto profitto dal mio rapporto. Poi seguii il camion, e allora vidi la cosa piú orribile che avessi mai visto in vita mia. Il camion si fermò davanti a una fossa, gli sportelli si aprirono e i corpi furono gettati giú; sembravano ancora vivi, tanto le membra erano ancora flessibili. Furono scaraventati nella fossa, e mi sembra ancora di vedere un civile che estraeva i denti con le tenaglie. Poi me ne andai — saltai in macchina e non aprii piú bocca. Da allora, spesso mi succedeva di rimanere per ore accanto al mio autista senza scambiare una parola con lui. Era troppo. Ero finito. Ricordo solo che un medico in pantaloni bianchi mi disse di guardare da un buco del camion mentre erano ancora lí dentro. Mi rifiutai di farlo. Non potevo. Avrei voluto sparire."

Ma di lí a poco vide qualcosa di ancor piú spaventoso. Fu quando Müller lo mandò a Minsk, in Bielorussia, dicendogli: "A Minsk uccidono ebrei passandoli per le armi. Voglio che Lei mi faccia un rapporto su come procedono." E cosí Eichmann andò, e in un primo momento parve che avesse avuto fortuna, perché quando giunse "la faccenda era quasi finita," cosa che lo consolò molto. "C'erano soltanto alcuni giovani tiratori che miravano alle teste dei morti, in una gran fossa." Però vide, "e questo fu troppo per me," una donna con le braccia legate dietro alla schiena, "e allora mi prese una debolezza alle ginocchia e me ne andai." Sulla via del ritorno, gli venne in mente di fermarsi a Lwów. Sembrava una buona idea, perché Lwów (o Lemberg) era stata a suo tempo una città austriaca, e quando vi giunse vide "la prima scena piacevole dopo tanti orrori": cioè "la stazione ferroviaria costruita in onore del sessantesimo anno di regno di Francesco Giuseppe" — un'epoca che egli aveva sempre "adorato" perché ne aveva sempre sentito parlare tanto bene dai suoi genitori e perché aveva anche sentito raccontare che a quel tempo i parenti della sua matrigna (quelli di origine ebraica) avevano goduto di una buona posizione sociale e si erano arricchiti. La vista della stazione ferroviaria fugò tutti i pensieri foschi, ed egli la ricordò in tutti i minimi particolari — per esempio, l'anno scolpito sulla facciata. Ma poi, proprio nella cara Lwów, commise un grosso errore. Andò a trovare il comandante delle SS della città e gli disse: "È proprio orribile quello che si sta facendo qui attorno; i giovani si trasformano in sadici. Come si può fare una cosa simile? Infierire su donne e bambini? È assurdo. Il nostro popolo diverrà pazzo o malato di mente, il nostro popolo." Il guaio era che a Lwów si stavano facendo esattamente le stesse cose che si facevano a Minsk, e il suo ospite fu lieto di potergli far vedere qualcosa, per quanto lui cercasse con buone maniere di sottrarsi. E così vide un'altra cosa "orribile": "C'era una fossa che ormai era già colma. E, dalla terra, sprizzava uno zampillo di sangue, come una fontana. Una cosa del genere non l'avevo mai vista prima. Ero stufo della mia missione, e tornai a Berlino e riferii al *Gruppenführer* Müller."

Senonché, non era ancora finita. Sebbene Eichmann gli spiegasse di non essere "abbastanza forte" da tollerare quelle visioni, di non essere mai stato un soldato, di non essere mai stato al fronte, di non aver mai visto un'azione, di non poter dormire e di avere degli incubi, circa nove mesi più tardi Müller lo rimandò nella zona di Lublino, dove nel frattempo lo zelantissimo Globocnik aveva ultimato i suoi preparativi. E questa volta Eichmann vide una delle cose più orribili che avesse mai visto in vita sua. Il posto dove un tempo sorgevano le baracche era irriconoscibile. Guidato come la volta precedente dall'uomo dalla voce volgare, arrivò a una stazione ferroviaria su cui era scritto "Treblinka," in tutto identica a una comune stazione della Germania: stessa architettura, stesse scritte, stessi campanelli, stessi impianti: un'imitazione perfetta. "Mi tenni più indietro che potei, non mi avvicinai per vedere tutto. Tuttavia vidi come una colonna di ebrei nudi, messi in fila in una grande stanza per essere gasati. Qui vennero uccisi, come mi dissero, con una roba chiamata acido cianidrico."

Il fatto è che Eichmann non vide molto. È vero, egli visitò più volte Auschwitz, il più grande e il più famoso dei campi della morte, ma Auschwitz, che si trovava nell'Alta Slesia e che si estendeva per una superficie di quasi trenta chilometri quadrati, non era soltanto un campo di sterminio: era una gigantesca industria e contava fino a centomila ospiti, dove tutti i tipi di prigionieri erano rappresentati, anche i non ebrei e i forzati non destinati alla morte per gas. Era facile evitar di vedere gli impianti di sterminio, e Höss, col quale egli era in ottimi rapporti di amicizia, gli risparmiò di assistere a scene crudeli. Eichmann non assisté mai a fucilazioni in massa, non seguí mai il processo dell'asfissia né la selezione degli idonei al lavoro (in media il 25% di ogni convoglio) che ad Auschwitz precedeva l'uccisione. Vide appena quel tanto che gli bastava per sapere con esattezza come funzionava quel meccanismo di distruzione, per sapere che c'erano due diversi metodi di esecuzione, la fucilazione e l'asfissia; che la prima era effettuata dagli *Einsatzgruppen* e la seconda era praticata nei campi o in camere o in camion a gas; e che nei campi vigeva tutta una complicata procedura per ingannare le vittime fino all'ultimo momento.

I nastri magnetici da cui abbiamo tratto tutte queste notizie furono registrati nel corso dell'istruttoria, e in tribunale vennero riascoltati durante la decima delle centoventuno udienze del processo. Nessuna delle cose dette dalla curiosa voce che giungeva dal magnetofono — una voce due volte impersonale, perché il corpo che l'aveva emessa era presente ma sembrava esso stesso spersonalizzato dalle spesse pareti della gabbia di vetro in cui era rinchiuso — fu contestata dall'imputato o dal suo difensore. Il dott. Servatius non obiettò nulla; si limitò a dire che "piú tardi, quando la difesa si alzerà a parlare," anche lui avrebbe sottoposto al giudizio della Corte alcune prove già fornite dall'imputato alla polizia; cosa che poi non fece mai. La difesa, vien da pensare, poteva anche alzarsi subito, poiché la conclusione di questo "storico processo" era già prevedibile, la colpevolezza già dimostrata. I fatti, ossia le cose che Eichmann aveva commesso (anche se l'accusa avrebbe voluto attribuirgliene di piú) erano fuori discussione, erano stati accertati molto prima che il processo iniziasse ed erano stati ammessi e ribaditi piú e piú volte dall'interessato. C'erano elementi piú che sufficienti — come egli stesso rilevò ogni tanto — per impiccarlo. ("Non basta ancora?" disse quando il giudice istruttore cercò di attribuirgli poteri che non aveva mai posseduto.) Ma siccome Eichmann si era occupato del trasporto delle vittime e non dell'uccisione, giuridicamente o almeno formalmente restava la questione se a quel tempo egli sapeva che cosa faceva, e inoltre se era in grado di giudicare l'enormità delle sue azioni. In altre parole, bisognava appurare fino a che punto, per quanto sano di mente dal punto di vista medico, era responsabile giuridicamente.

A queste due questioni si dette ora una risposta affermativa: egli aveva visto le località di arrivo dei convogli e ne era rimasto turbato. Un'ultima questione, la piú inquietante di tutte, fu sollevata piú e piú volte dai giudici, in particolare dal presidente: l'uccisione degli ebrei aveva mai provocato in lui crisi di coscienza? Ma questa era una questione morale, e, dal punto di vista giuridico, non poteva essere considerata "rilevante."

Ma se i fatti erano già stati accertati, c'erano sempre due problemi giuridici. Primo: poteva Eichmann essere sollevato dalla responsabilità penale — come previsto dalla sezione 10 della legge in base alla quale era processato — per avere agito "al fine di salvarsi dal pericolo immediato di morte?" Secondo: poteva egli invocare qualcuna delle circostanze attenuanti elencate nella sèzione 11 della medesima legge? aveva egli fatto "del suo meglio per ridurre la gravità delle conseguenze del torto" o "per sventare conseguenze piú gravi di quelle concretamente verificatesi?" È chiaro che le sezioni 10 e 11 della Legge contro i nazisti e i collaboratori dei nazisti, legge emanata nel 1950, erano state stilate con la mente rivolta agli ebrei "collaborazionisti." Dappertutto, nell'operazione di sterminio, i tedeschi si erano serviti di *Sonderkommandos* ebraici, cioè di "unità speciali" che avevano commesso atti criminosi "al fine di salvarsi dal pericolo immediato di morte," e i Consigli degli anziani ebraici avevano collaborato perché speravano di "sventare conseguenze piú gravi di quelle . concretamente verificatesi." A questi due problemi Eichmann provvide da sé a fornire una risposta, con la propria deposizione, e fu una risposta chiaramente negativa. È vero che una volta egli disse che l'unica alternativa sarebbe stata per lui il suicidio; ma questa era una menzogna, poiché noi sappiamo che elementi delle squadre di sterminio lasciavano quel lavoro con stupefacente facilità, senza gravi conseguenze per la propria persona. Nei documenti presentati a Norimberga "non si trovava un solo caso di SS condannate a morte per essersi rifiutate di partecipare a un'esecuzione" (Herbert Jäger, *Betrachtungen zum Eichmann-Prozess,* in *Kriminologie und Strafrechtsreform,* 1962), e al processo di Norimberga un testimone della difesa, Bach-Zelewski, dichiarò: "Chiedendo il trasferimento era possibile sottrarsi a una missione; certo, in alcuni casi bisognava aspettarsi qualche provvedimento disciplinare, ma non si rischiava affatto la vita."

Eichmann tuttavia non insisté su questo punto, non voleva che le sue parole fossero prese alla lettera. Sapeva benissimo che non si era mai trovato nella classica "posizione difficile" del soldato che può essere "condannato alla fucilazione da una Corte marziale se disobbedisce a un ordine, e condannato all'impiccagione da un giudice e da una giuria se obbedisce" (come diceva Dicey nella sua famosa *Law of the Constitution*), se non altro perché, in quanto membro delle SS, non poteva essere tradotto dinanzi a una Corte marziale, ma soltanto dinanzi a un tribunale della Polizia e delle SS. Nell'ultima dichiarazione che fece al processo, egli ammise che se avesse voluto avrebbe potuto trovare un pretesto e ritirarsi, come avevano fatto altri. Ma un passo del genere gli era sempre parso "inammissibile," e neppure ora gli sembra "ammirevole"; avrebbe significato soltanto il passaggio a un altro lavoro ben remunerato. L'idea della disobbedienza aperta, nata dopo la guerra, era a suo avviso una favola: "In quelle circostanze, comportarsi in quel modo era impossibile. Nessuno lo fece." Era una cosa "impensabile." Se l'avessero nominato comandante di un campo di sterminio, come il suo caro amico Höss, si sarebbe suicidato, essendo incapace di uccidere. (Per inciso, Höss da giovane aveva commesso un omicidio: aveva assassinato Walter Kadow, l'uomo che aveva consegnato Leo Schlatager — un terrorista della Renania di cui i nazisti fecero poi un eroe nazionale — alle autorità d'occupazione francesi, e un tribunale tedesco lo aveva condannato a cinque anni di carcere.) Senonché, difficilmente qualcuno gli avrebbe mai offerto un lavoro di quel tipo, perché coloro che emanavano gli ordini "conoscevano perfettamente i limiti massimi a cui una persona può essere spinta." No, lui non si era mai trovato "in pericolo immediato di morte," e poiché aveva sempre "fatto il suo dovere" e obbedito a tutti gli ordini che gli venivano dati — cosa di cui era ancora orgoglioso —, aveva fatto del suo meglio per aggravare, non per ridurre "le conseguenze del torto." L'unica attenuante che invocò era che aveva cercato di "evitare il piú possibile inutili brutalità" nell'eseguire il suo lavoro; ma questa era un'attenuante che contava ben poco, anche perché, ammesso che egli dicesse la verità, "evitare inutili brutalità" era una delle istruzioni che gli erano state date dai suoi superiori.

Perciò, dopo che la Corte ebbe ascoltato la voce del magnetofono, la condanna a morte era una conclusione scontata, anche giuridicamente. Restava una sola possibilità: che la pena fosse mitigata in considerazione del fatto che egli aveva agito per ordine superiore: una circostanza, anche questa, prevista dalla sezione 11 della legge israeliana. Ma era una possibilità quanto mai remota, data l'enormità del crimine. (È importante ricordare che l'avvocato difensore sostenne la tesi non dell'ordine superiore, ma dell' "azione di Stato," chiedendo l'assoluzione per questa ragione. Ma questa strategia il dott. Servatius già l'aveva adottata senza successo a Norimberga, quando aveva difeso Fritz Suckel, plenipotenziario per l'assegnazione al lavoro presso l'ufficio del piano quadriennale di Göring, responsabile dello sterminio di decine di migliaia di operai ebrei in Polonia, meritatamente impiccato nel 1946. Le "azioni di Stato," che la giurisprudenza tedesca chiama con espressione piú eloquente *gerichtsfreie* [non perseguibili] ovvero *justizlose Hoheitsakte* [atti di alto valore sociale, non punibili], si fondano su "un esercizio del potere sovrano," come dice E.C.S. Wade nel *British Year Book for International Law*, 1934, e restano quindi completamente al di fuori del campo giuridico, mentre tutti gli ordini e comandi, almeno in teoria, sono sempre sotto il controllo giudiziario. Se quelle che Eichmann aveva commesso erano "azioni di Stato," allora nessuno dei suoi superiori, e meno di tutti Hitler, poteva essere giudicato da un tribunale. La "teoria delle azioni di Stato" si accordava cosí bene con le concezioni generali del dottor Servatius, che non c'è da stupirsi se questi ritenne di doverla nuovamente invocare; ciò che stupisce è invece che egli non ripiegasse sull'argomento dell'"ordine superiore," come attenuante, dopo che la giuria ebbe espresso il suo verdetto e prima che venisse pronunziata la sentenza definitiva.) A questo punto, si era forse autorizzati a rallegrarsi che questo non fosse un processo normale, ove le dichiarazioni che non avevano a che vedere col procedimento penale dovevano essere respinte come non pertinenti e irrilevanti. E questo perché le cose, ovviamente, non erano cosí semplici come i legislatori avevano immaginato, ed era di grande interesse politico, anche se di poco rilievo giuridico, sapere quanto tempo occorre a una persona media per superare l'innata ripugnanza per il crimine e sapere che cosa esattamente le accade una volta che abbia raggiunto quel punto. A questa questione il caso di Adolf Eichmann fornì una risposta che non avrebbe potuto essere piú chiara e precisa.

Nel settembre del 1941, poco dopo le sue prime visite ai centri di sterminio in oriente, Eichmann organizzò le prime deportazioni in massa dalla Germania e dal Protettorato, conformemente a un "desiderio" di Hitler, il quale aveva detto a Himmler di ripulire al piú presto il Reich dagli ebrei. Il primo convoglio comprese ventimila ebrei della Renania e cinquemila zingari, e in questa occasione avvenne una cosa strana. Eichmann, che non aveva mai deciso nulla da sé, che si era sempre preoccupato di essere "coperto" da ordini superiori, che aveva sempre perfino evitato di dare suggerimenti (come confermato dalla libera testimonianza di quasi tutti coloro che avevano collaborato con lui), e che sempre aveva voluto avere "istruzioni" prima di agire, ora, "per la prima e ultima volta," prese una iniziativa che era in contrasto con gli ordini: invece di mandare quella gente in territorio russo, a Riga o a Minsk, dove gli *Einsatzgruppen* avrebbero immediatamente provveduto a fucilarla, la inviò al ghetto di Lódz, dove sapeva che ancora non si erano fatti preparativi per lo sterminio — sia pure soltanto perché il responsabile di quel ghetto, un certo *Regierungspräsident* Übelhör, aveva trovato il modo di ricavare lauti guadagni dai "suoi" ebrei. (Lódz, in effetti, fu il primo ghetto ad essere creato ma anche l'ultimo ad essere liquidato; i suoi ospiti che non soccombettero alle malattie o all'inedia sopravvissero fino all'estate del 1944.) Questa decisione procurò ad Eichmann fastidi notevoli, perché il ghetto era sovraffollato e Übelhör non voleva saperne di ricevere nuovi ospiti, non sapendo dove sistemarli. E cosí Übelhör si lagnò con Himmler dicendo che Eichmann aveva ingannato lui e i suoi uomini con "trucchi da mercante di cavalli imparati dagli zingari." Himmler però, al pari di Heydrich, proteggeva Eichmann, e l'incidente fu presto perdonato e dimenticato.

Dimenticato, prima di tutto, dallo stesso Eichmann, il quale non ne parlò né in istruttoria né nelle sue varie memorie. Quando fu chiamato a deporre al processo e il suo legale, interrogandolo, gli mostrò i documenti, dichiarò che aveva dovuto fare una "scelta": "Qui, per la prima e ultima volta, dovetti scegliere. Da una parte c'era Lódz... Se ci saranno difficoltà a Lódz, questa gente sarà mandata ancora piú ad est. E siccome io avevo visto i preparativi, ero deciso a fare di tutto per mandare quella gente a Lódz, con tutti i mezzi a mia disposizione." L'avvocato difensore cercò di concludere da questo episodio che Eichmann, ogni volta che aveva potuto, aveva salvato degli ebrei: il che era ovviamente falso. Il Pubblico ministero, dal canto suo, quando piú tardi tornò sull'episodio nel controinterrogatorio, ne dedusse invece che era proprio Eichmann a stabilire la destinazione finale di tutti i convogli, e che perciò era lui che decideva se un particolare convoglio doveva o non doveva essere sterminato. Anche questo era inesatto. Tuttavia non rispondeva a verità neppure la spiegazione di Eichmann, e cioè che egli non avrebbe disobbedito a un ordine, ma avrebbe soltanto approfittato della possibilità di "scegliere." Lui sapeva benissimo che a Lódz c'erano poi state delle difficoltà, e che in pratica la sua decisione aveva significato: destinazione finale, Minsk o Riga. Comunque sia, in un modo o nell'altro, in questo unico caso, aveva cercato di salvare degli ebrei. Senonché tre settimane piú tardi c'era stata a Praga una riunione, convocata da Heydrich, e qui Eichmann aveva affermato che "i campi usati per la detenzione di comunisti" — cioè comunisti russi, una categoria che gli *Einsatzgruppen* dovevano liquidare sul posto — potevano "includere anche ebrei," e che egli già aveva "raggiunto un accordo" in questo senso con i comandanti locali. In quella riunione si discusse anche un po' delle difficoltà che c'erano a Lódz, e alla fine si decise d'inviare cinquantamila ebrei del Reich (che ora comprendeva anche l'Austria, la Boemia e la Moravia) ai centri di Riga e di Minsk, dove operavano gli *Einsatzgruppen*. Cosí noi possiamo forse rispondere alla questione posta dal giudice Landau — la questione piú inquietante per quasi tutti coloro che seguirono il processo —, se cioè l'imputato avesse una coscienza. La risposta è: sí, egli aveva una coscienza, e questa coscienza funzionò per circa quattro settimane nel senso normale, dopo di che cominciò a funzionare nel senso inverso.

Ma anche durante le poche settimane in cui funzionò normalmente, la sua coscienza si mosse entro limiti alquanto singolari. Non dobbiamo dimenticare che già vari mesi prima che gli venisse comunicato l'ordine del Führer, Eichmann era al corrente della delittuosa attività degli *Einsatzgruppen* in oriente: sapeva che subito dietro le linee del fronte tutti i funzionari russi ("comunisti"), tutti i professionisti polacchi e tutti gli ebrei venivano fucilati in massa. Inoltre, nel luglio di quello stesso anno, poche settimane prima di essere convocato da Heydrich, aveva ricevuto da un uomo delle SS di stanza nel Warthegau un memoriale in cui gli si diceva che nel prossimo inverno gli ebrei non avrebbero piú potuto esser nutriti, e gli si chiedeva se per caso non fosse "piú umano" uccidere con qualche mezzo sbrigativo "gli ebrei incapaci di lavorare": "Questo sarebbe comunque piú opportuno che lasciarli morire di fame." In una lettera di accompagnamento, indirizzata al "Caro camerata Eichmann," l'autore del memoriale ammetteva: "Queste cose suoneranno forse fantastiche, ma sono perfettamente realizzabili." L'ammissione dimostra che il mittente non conosceva ancora il ben piú "fantastico" ordine del Führer, ma dimostra anche come quest'ordine fosse già nell'aria. Eichmann non menzionò mai questa lettera, ed è probabile che essa non l'avesse minimamente turbato. La proposta riguardava infatti soltanto gli ebrei *indigeni,* non quelli del Reich o di qualche altro paese occidentale. Se la sua coscienza si ribellava a qualcosa, non era all'idea dell'omicidio, ma all'idea che si uccidessero ebrei tedeschi. ("Non hoi mai detto che non sapevo che gli *Einsatzgruppen* avevano l'ordine di uccidere, ma non sapevo che ebrei del Reich evacuati verso oriente venissero sottoposti allo stesso trattamento. Questo non lo sapevo.") Era lo stesso modo di ragionare di quel Wilhelm Kube, nazista della prima ora e *Generalkommissar* nella Russia occupata, che era rimasto sconvolto e offeso quando ebrei tedeschi insigniti della Croce di Ferro erano giunti a Minsk per subire il "trattamento speciale." In quell'occasione, Kube, che era un uomo piuttosto energico, aveva usato parole che ci possono dare un'idea di ciò che si agitava nella mente di Eichmann quando questi era in preda a crisi di coscienza: "Io sono certamente un duro e sono pronto a contribuire alla soluzione del problema ebraico, — aveva scritto Kube al suo superiore nel dicembre del 1941 — ma gente che viene dal nostro stesso ambiente culturale è sicuramente un po' diversa dalle bestiali orde indigene." Questo tipo di coscienza, che, ammesso che si ribellasse, si ribellava solamente all'assassinio di persone provenienti "dal nostro stesso ambiente culturale," è sopravvissuto al regime hitleriano: molti tedeschi di oggi si ostinano a credere che soltanto *Ostjuden,* ebrei dell'Europa orientale, venissero massacrati. Ma bisogna anche dire che questo modo di pensare, che distingue tra l'uccisione di persone "primitive" e l'uccisione di persone "civili," non è prerogativa del solo popolo tedesco. Harry Mulisch racconta come a proposito della deposizione del Professor Salo W. Baron sulle conquiste culturali e spirituali degli ebrei si affacciassero a un tratto alla sua mente le seguenti domande: "La morte degli ebrei sarebbe stata meno grave se si fosse trattato di un popolo senza una civiltà, come gli zingari, che furono anch'essi sterminati? Eichmann è processato come sterminatore di esseri umani o forse come distruttore di civiltà?" E quand'egli pose queste domande al Procuratore generale, si vide che: "Lui [Hausner] pensa di sí, e io penso di no." È una questione spinosa; ma come non sia lecito ignorarla o considerarla una cosa superata, lo ha mostrato il recente film *Il Dottor Stranamore (Dr. Strangelove)*. Qui lo strano scienziato che è "arrivato ad amare la bontà" — rappresentato, è vero, come tipico nazista — propone di selezionare in vista dell'imminente catastrofe alcune centinaia di migliaia di persone, per rinchiuderle in rifugi sotterranei in modo che sopravvivano. Ma chi dovranno essere questi fortunati? Coloro che hanno un IQ superiore!

Questo problema, cosí angoscioso a Gerusalemme, non era stato affatto trascurato dal regime nazista. Al contrario, a giudicare dal fatto che perfino coloro che cospirarono contro Hitler nel luglio 1944 non accennarono quasi mai ai massacri in oriente nella loro corrispondenza o nei proclami preparati per il caso che l'attentato a Hitler fosse riuscito, si è portati a pensare che i nazisti vi avessero sempre annesso grande importanza. Qui possiamo sorvolare sulle prime fasi dell'opposizione tedesca a Hitler, quelle cioè in cui l'opposizione era ancora un movimento antifascista ed esclusivamente di sinistra e in linea di principio non dava troppo peso alle questioni morali e tanto meno alla persecuzione degli ebrei: secondo la sinistra, questa persecuzione era un semplice "diversivo," per distogliere l'attenzione dalla lotta di classe che dominava tutta la scena politica. Inoltre, nel periodo in questione, quest'opposizione era quasi del tutto scomparsa — distrutta nei campi di concentramento e nelle celle della Gestapo dallo spaventoso "terrore" scatenato dalle SA, scompaginata dal "pieno impiego" reso possibile dai programmi di riarmo, demoralizzata dalla tattica del partito comunista di entrare nelle file del partito di Hitler per sabotarlo all'interno. Quel poco che restava di questa opposizione quando cominciò la guerra — qualche dirigente sindacale, qualche intellettuale della "sinistra senza patria" che non sapeva e non poteva sapere se ci fosse qualcuno che l'appoggiava — acquistò importanza unicamente grazie alla cospirazione che finalmente condusse al 20 luglio. (Naturalmente sarebbe assurdo voler valutare la consistenza della resistenza tedesca dal numero di coloro che passarono dai campi di concentramento. Prima della guerra gli ospiti di tali campi appartenevano a un gran numero di categorie, e di queste categorie molte non avevano a che vedere con nessun tipo di resistenza: c'erano gli "innocenti," come gli ebrei; gli "asociali," come i criminali e gli omosessuali; e c'erano anche nazisti accusati di questo o di quello; durante la guerra, poi, i campi si popolarono di partigiani provenienti da ogni parte d'Europa.)

La maggior parte dei congiurati di luglio erano in realtà ex-nazisti o uomini che comunque avevano rivestito alte cariche nel Terzo Reich. Ciò che li infiammava non era la questione ebraica, ma il fatto che Hitler stesse perdendo la guerra, e le infinite crisi di coscienza che li tormentavano erano quasi esclusivamente legate al problema dell'alto tradimento e della violazione del giuramento di fedeltà a Hitler. Essi si trovavano inoltre di fronte a un dilemma che era veramente insolubile: al tempo dei successi di Hitler non avevano potuto far nulla perché la gente non avrebbe capito; ora, negli anni della disfatta, temevano che ogni loro azione potesse essere considerata una "pugnalata alle spalle." All'ultimo, la loro piú grande preoccupazione fu come impedire il caos e sventare il pericolo di una guerra civile; e la soluzione, a loro avviso, era che gli Alleati dovevano essere "ragionevoli" e dovevano concedere una "moratoria," in attesa che l'ordine fosse ristabilito e che, naturalmente, l'esercito si rimettesse in piedi... Essi sapevano perfettamente ciò che avveniva in oriente, ma è fuor di dubbio che nessuno di loro avrebbe mai osato pensare che in quelle circostanze l'ideale, per la Germania, era una ribellione aperta e una guerra civile. In Germania la resistenza attiva venne principalmente dalla destra, ma se si considerano i precedenti dei socialdemocratici tedeschi, si ha motivo di dubitare che la situazione sarebbe stata molto diversa quand'anche la sinistra avesse avuto un ruolo piú importante nella congiura. La questione è comunque accademica, poiché negli anni di guerra, come ha giustamente rilevato lo storico tedesco Gerhard Ritter, non ci fu in Germania nessuna "resistenza socialista organizzata."

Il fatto si è che la situazione, quant'era semplice, altrettanto era disperata: la stragrande maggioranza del popolo tedesco credeva in Hitler e continuò a credervi anche dopo l'aggressione alla Russia e la temuta guerra su due fronti, anche dopo l'entrata in guerra degli Stati Uniti e anche dopo Stalingrado, dopo la defezione dell'Italia e dopo gli sbarchi alleati in Francia. Contro questa maggioranza compatta stava un piccolo numero di individui isolati, che si rendevano ben conto della catastrofe politica e morale in cui la nazione stava precipitando. Costoro potevano anche conoscersi e fidarsi l'uno dell'altro, potevano anche essere amici e scambiarsi le idee, ma non avevano nessun progetto e anzi nessuna intenzione di ribellarsi. Alla fine si formò il gruppo in cui maturò la congiura, ma anche questi uomini non riuscirono mai ad accordarsi su nulla, neppure sulla questione della cospirazione. Capo del gruppo era Carl Friedrich Goerdeler, già sindaco di Lipsia. Sotto il regime nazista, costui era stato per tre anni controllore dei prezzi, ma si era dimesso dalla carica piuttosto presto, nel 1936. Egli auspicava una monarchia costituzionale, e Wilhelm Leuschner, un rappresentante della sinistra, socialista e già dirigente sindacale, gli promise l'"appoggio delle masse." Nel circolo di Kreisau, influenzato da Helmuth von Moltke, qualcuno ogni tanto lamentava che la legge fosse ormai "calpestata," ma questo circolo si preoccupava soprattutto della riconciliazione delle due chiese cristiane e della loro "sacra missione nello Stato secolare," combinando queste idee con una spiccata simpatia per il federalismo. (Sulla bancarotta politica di tutto il movimento di resistenza a partire dal 1933, c'è ora uno studio ben documentato e imparziale: una dissertazione di George K. Romoser, di prossima pubblicazione.)

Col protrarsi della guerra e col profilarsi della sconfitta le divergenze d'ordine politico avrebbero dovuto passare in secondo piano; ma anche qui ha probabilmente ragione Gerhard Ritter quando dice: "Senza l'atteggiamento deciso di von Stauffenberg il movimento di resistenza si sarebbe impantanato in una inattività piú o meno disperata." Ciò che univa questi uomini era il fatto che essi vedevano in Hitler un "impostore," un "dilettante" che sacrificava intere armate contro il consiglio degli esperti, un "folle" e un "demone," l'"incarnazione del male," espressioni che per la mentalità tedesca significavano però che egli era qualcosa di piú, ma insieme anche qualcosa di meno che "un pazzo criminale." Senonché, a quella data, come nota Fritz Hesse, chiunque poteva avere simili idee su Hitler, anche chi apparteneva alle SS o era iscritto al partito o occupava cariche governative; ed è per questo che nella cerchia dei cospiratori si potevano trovare anche persone gravemente implicate nei crimini del regime — per esempio il conte Helldorf, a quel tempo commissario di polizia a Berlino, che secondo una lista dei ministri preparata da Goerdeler sarebbe divenuto capo della polizia tedesca qualora il colpo di Stato avesse avuto successo; oppure Arthur Nebe, dell'RSHA, già comandante di un *Einsatzgruppe* in oriente! Nell'estate del 1943, quando il programma di sterminio diretto da Himmler aveva raggiunto l'apice, Goerdeler considerava Himmler e Goebbels come potenziali alleati, "poiché questi due uomini hanno capito che con Hitler sono perduti." (Ed effettivamente Himmler — Goebbels no — divenne un "potenziale alleato" e fu messo al corrente di tutti i piani; agí contro i cospiratori solo dopo il fallimento della congiura.) Traggo queste notizie dalla bozza di una lettera di Goerdeler al feldmaresciallo von Kluge; ma queste strane alleanze non si possono spiegare semplicemente con "considerazioni tattiche" necessarie di fronte ai comandanti dell'esercito, perché al contrario furono proprio von Kluge e Rommel a dare "ordini speciali perché quei due mostri [Himmler e Goering] venissero liquidati" (Ritter) — a prescindere dal fatto che il biografo di Goerdeler, Ritter, sostiene che la suddetta lettera "rappresenta la piú appassionata espressione del suo odio per il regime hitleriano."

Non c'è dubbio che questi uomini che sia pure tardivamente si opposero a Hitler pagarono con la vita e fecero una morte atroce; il coraggio di molti di loro fu ammirevole, ma non fu ispirato da sdegno morale o dal rimorso per le sofferenze inflitte ad altri esseri umani; essi furono mossi quasi esclusivamente dalla certezza che ormai la sconfitta e la rovina della Germania erano inevitabili. Con ciò non si vuol negare che alcuni di loro, come il conte York von Wartenburg, fossero spinti inizialmente all'opposizione politica dalle "ripugnanti violenze del novembre 1938 contro gli ebrei" (Ritter). Ma quello fu il mese in cui le sinagoghe furono date alle fiamme e in cui l'intera popolazione fu in preda a una certa paura: s'incendiavano le case del Signore, e tanto i fedeli quanto i superstiziosi temevano la vendetta divina. Certo, il corpo degli ufficiali superiori rimase turbato quando Hitler emanò il cosiddetto "ordine sui commissari," nel maggio 1941, quando cioè apprese che nella prossima campagna di Russia tutti i funzionari sovietici, e naturalmente tutti gli ebrei, dovevano essere massacrati. In quei circoli si guardò ovviamente con una certa preoccupazione al fatto che, come disse Goerdeler, nei territori occupati e contro gli ebrei si adottassero "tecniche di liquidazione e di persecuzione religiosa... che peseranno per sempre sulla nostra storia." Tuttavia pare che a nessuno venisse mai in mente che quei sistemi non soltanto rendevano "enormemente piú difficile la nostra posizione" (nel negoziare un trattato di pace con gli Alleati), non soltanto erano una "macchia sul buon nome della Germania" e non soltanto minavano il morale dell'esercito, ma erano qualcosa di piú, erano spaventosi anche per altre ragioni. "A che punto hanno ridotto il glorioso esercito delle guerre di liberazione [contro Napoleone nel 1814] e di Guglielmo I [nella guerra franco-prussiana del 1870]" — esclamò Goerdeler quando seppe del rapporto di un uomo delle SS che, con tono distaccato, diceva che non era "molto bello mitragliare fosse ricolme di migliaia di ebrei e poi gettare terra sui corpi che ancora si agitano." E a nessuno passò per la mente che potesse esserci un legame tra quelle atrocità e la richiesta degli Alleati di resa incondizionata, richiesta che i tedeschi si sentivano autorizzati a criticare come "nazionalistica" e "irragionevole" e ispirata da odio cieco. Nel 1943, quando la sconfitta della Germania era ormai quasi certa, e addirittura anche piú tardi, quegli uomini pensavano ancora di avere il diritto di negoziare una "pace giusta" con il nemico, "su un piede di parità," benché sapessero fin troppo bene quanto ingiusta e completamente non provocata fosse la guerra che Hitler aveva scatenato. Ancor piú stupefacenti erano le loro idee su una "pace giusta." Goerdeler affermò piú e piú volte, in numerosi *memorandum*, che occorreva "ristabilire i confini del 1914" (il che significava annessione dell'Alsazia-Lorena) con l'aggiunta dell'Austria e del territorio dei Sudeti, e inoltre ridare alla Germania "una posizione di guida sul continente" e magari restituirle il Tirolo meridionale!

Dai proclami preparati da questo gruppo noi sappiamo anche come s'intendesse presentare la cosa al popolo. C'è per esempio un abbozzo di proclama per l'esercito del generale Ludwig Beck, il quale doveva divenire Capo dello Stato, in cui si parla a lungo dell' "ostinazione," dell' "incompetenza e mancanza di moderazione" del regime hitleriano, dell'"arroganza e vanità" di Hitler. Ma il punto cruciale, "l'atto piú spudorato" del regime, era che esso voleva addossare ai "capi delle forze armate" la "colpa" dell'imminente disfatta e delle calamità che ne sarebbero derivate. E qui Beck aggiungeva che si erano commessi crimini che erano "una macchia per l'onore della nazione tedesca" e che rovinavano "la buona reputazione" che essa si era conquistata nel mondo. E quale sarebbe stato il prossimo passo, una volta eliminato Hitler? L'esercito tedesco avrebbe continuato a combattere "fino a una conclusione onorevole della guerra" — frase con cui, anche qui, s'intendeva l'annessione dell'Alsazia-Lorena, dell'Austria e del territorio dei Sudeti. In effetti, non si può non condividere l'aspro giudizio che di questi uomini dette lo scrittore tedesco Friedrich P. Reck-Malleczewen, il quale fu ucciso in un campo di concentramento alla vigilia del tracollo e non partecipò alla congiura antihitleriana. Nel suo *Diario di un disperato* [*Tagebuch eines Verzweifelten*], un libro purtroppo quasi completamente sconosciuto, dopo aver saputo che l'attentato a Hitler era fallito (cosa che naturalmente lo addolorò), egli scrisse: "Un po' tardi, signori che avete creato questo arcidistruttore della Germania e che siete corsi dietro a lui finché tutto sembrava andar bene; che... senza esitazione avete prestato ogni giuramento richiestovi e vi siete ridotti a spregevoli lacché di questo criminale che è responsabile dell'assassinio di centinaia di migliaia di esseri umani e su cui pesano i lamenti e la maledizione di tutto il mondo. Voi ora l'avete tradito... Ora che il tracollo non può piú essere mascherato essi tradiscono l'edificio crollato per crearsi un alibi politico — gli stessi uomini che hanno tradito tutto ciò che si opponeva alla loro sete di potere."

Non è né provato né verosimile che Eichmann entrasse mai personalmente in contatto con gli uomini del 20 luglio, e del resto sappiamo che in Argentina egli li considerava ancora una massa di infami traditori. Eppure, se Eichmann avesse avuto la possibilità di conoscere le "originali" idee di Goerdeler in merito alla questione ebraica vi avrebbe probabilmente scoperto dei punti accettabili anche per lui. È vero che Goerdeler proponeva di "pagare un risarcimento agli ebrei tedeschi per le perdite e i maltrattamenti loro inflitti" (questo nel

1942, in un'epoca in cui gli ebrei, e non solo quelli tedeschi, non erano propriamente maltrattati e derubati, ma *assassinati* col gas); ma a parte queste questioni tecniche, Goerdeler aveva a mente qualcosa di piú costruttivo, e cioè una "soluzione permanente" che "salvasse" tutti gli ebrei d'Europa dalla loro "indecorosa posizione di 'popolo-ospite' piú o meno indesiderato" (nel gergo di Eichmann questo si chiamava "porre un po' di terraferma sotto i loro piedi"). A questo scopo Goerdeler auspicava "uno Stato indipendente in un paese coloniale" (Canadà o Sud-America), insomma una sorta di progetto del Madagascar, progetto di cui certo aveva sentito parlare. Tuttavia faceva anche qualche concessione; non tutti gli ebrei dovevano essere espulsi. Perfettamente in linea con la mentalità del primo nazismo e con il sistema allora corrente delle categorie privilegiate, era disposto a "non negare la cittadinanza tedesca a quegli ebrei che potessero dimostrare d'aver fatto da militari speciali sacrifici per la Germania, o che appartenessero a famiglie di solide tradizioni tedesche." Orbene, qualunque cosa significasse la "soluzione permanente" di Goerdeler, è sicuro che non era una soluzione "originale" (come invece ha sostenuto ancora nel 1954 il Professor Ritter, sviato dall'ammirazione per il suo eroe), e Goerdeler avrebbe potuto trovare anche per questa parte del suo programma numerosi "alleati potenziali" in seno al partito e perfino tra le SS.

Nella lettera sopra citata Goerdeler si appellava alla "voce della coscienza" del feldmaresciallo von Kluge, ma tutto ciò che sapeva dire era che anche un generale deve capire che "continuare la guerra senza alcuna speranza di vittoria è ovviamente un delitto." E tutto sta a dimostrare che la coscienza in quanto tale era morta, in Germania, al punto che la gente non si ricordava piú di averla e non si rendeva conto che il "nuovo sistema di valori" tedesco non era condiviso dal mondo esterno. Naturalmente, questo non vale per tutti i tedeschi: ché ci furono anche individui che fin dall'inizio si opposero senza esitazione a Hitler e al suo regime. Nessuno sa quanti fossero (forse centomila, forse molti di piú, forse molti di meno) poiché non riuscirono mai a far sentire la loro voce. Potevano trovarsi dappertutto, in tutti gli strati della popolazione, tra la gente semplice come tra la gente colta, in tutti i partiti e forse anche nelle file del partito nazista. Di pochissimi conosciamo il nome, come il sopra menzionato Reck-Malleczewen e il filosofo Karl Jaspers. Alcuni erano uomini profondamente miti, come un artigiano — di cui io ho sentito parlare — che preferí lasciar distruggere la sua attività indipendente e impiegarsi in una fabbrica come semplice operaio pur di non compiere la "piccola formalità" d'iscriversi al partito nazista; altri consideravano il giuramento una cosa seria e preferirono rinunziare per esempio alla carriera accademica anziché giurare fedeltà a Hitler. Piú numerosi erano quegli operai, specialmente berlinesi, e quegli intellettuali socialisti che cercavano di aiutare gli ebrei che conoscevano. E ci furono infine quei due ragazzi, figli di contadini, la cui storia è narrata da Günther Weisenborn in *Der lautlose Aufstand* (1953): arruolati a forza nelle SS alla fine della guerra, essi si rifiutarono di firmare, furono condannati a morte, e il giorno dell'esecuzione scrissero nella loro ultima lettera a casa: "Tutti e due preferiamo morire che avere sulla coscienza cose cosí terribili. Sappiamo che cosa fanno le SS." La posizione di queste persone, che sul piano pratico non poterono mai far nulla, era molto diversa da quella dei cospiratori. Essi avevano conservato intatta la capacità di distinguere il bene dal male, non avevano mai avuto "crisi di coscienza"; certo, potevano anche appartenere al movimento di resistenza, ma non è detto che fossero piú numerose tra i congiurati che tra la gente comune. Non erano né eroi né santi, tacevano. Soltanto in un'occasione la presenza di questi elementi isolati e muti si manifestò in pubblico, in un atto disperato: fu quando due studenti dell'Università di Monaco, gli Scholl, fratello e sorella, influenzati dal loro insegnante Kurt Huber distribuirono i famosi manifestini in cui Hitler era finalmente definito quello che era: un "genocida."

Ma se si esaminano i documenti e i proclami preparati dalla cosiddetta "altra Germania," quella Germania che avrebbe dovuto succedere a Hitler qualora il colpo del 20 luglio fosse riuscito, non si può non restare stupiti al vedere quale abisso profondo separasse anche questi uomini dal resto del mondo. Come spiegare altrimenti le illusioni di Goerdeler o il fatto che negli ultimi mesi di guerra Himmler, proprio lui, ma anche Ribbentrop, sognassero di svolgere un ruolo nuovo e magnifico, di negoziare con gli Alleati in nome di una Germania sconfitta? Se Ribbentrop era certamente un idiota, Himmler, qualunque altra cosa fosse, non lo era.

E nella gerarchia nazista proprio Himmler era il piú dotato per risolvere i problemi di coscienza. Coniava slogan, come quello famoso delle SS (desunto da un discorso pronunziato da Hitler alle SS nel 1931): "Il mio onore è la mia lealtà" — frasi che Eichmann chiamava "parole alate" e i giudici chiamavano "chiacchiere vuote." E lanciava questi slogan, come ricordò Eichmann, "verso la fine dell'anno," probabilmente in concomitanza con la gratifica natalizia. Eichmann ne rammentava soltanto uno, e lo citò piú e piú volte: "Queste sono battaglie che le generazioni future non dovranno piú combattere," dove per "battaglie" erano da intendersi quelle contro le donne, i bambini, i vecchi e altre "bocche inutili." Altre frasi di questo tipo, dette da Himmler ai comandanti degli *Einsatzgruppen* e ai comandanti superiori delle SS e della polizia, erano: "Aver resistito sino alla fine ed essere rimasti puliti, questo è quello che ci ha induriti. È una pagina di gloria che non era mai stata scritta nella nostra storia e che mai piú lo sarà." Oppure: "L'ordine di risolvere la questione ebraica: questo era l'ordine piú spaventoso che un'organizzazione potesse ricevere." O ancora: "Noi ci rendiamo conto che ciò che ci attendiamo da voi è 'sovrumano,' di essere 'sovrumanamente inumani.'" Tutto quello che si può dire è che queste aspettative non andarono deluse. È degno di nota, però, che Himmler non tentasse quasi mai di darne una motivazione ideologica, e le poche volte che lo fece, le sue argomentazioni furono presto dimenticate. Ciò che piú colpiva le menti di quegli uomini che si erano trasformati in assassini, era semplicemente l'idea di essere elementi di un processo grandioso, unico nella storia del mondo ("un compito grande, che si presenta una volta ogni duemila anni") e perciò gravoso. Questo era molto importante, perché essi non erano sadici o assassini per natura; anzi, i nazisti si sforzarono sempre, sistematicamente, di mettere in disparte tutti coloro che provavano un godimento fisico nell'uccidere. Gli uomini degli *Einsatzgruppen* provenivano dalle *Waffen-SS*, un'unità militare che non aveva al suo attivo piú crimini di una qualunque altra unità dell'esercito tedesco, e i loro comandanti erano stati scelti da Heydrich tra l'*élite* delle SS, erano persone istruite. Perciò il problema era quello di soffocare non tanto la voce della loro coscienza, quanto la pietà istintiva, animale, che ogni individuo normale prova di fronte alla sofferenza fisica degli altri. Il trucco usato da Himmler (che a quanto pare era lui stesso vittima di queste reazioni istintive) era molto semplice, e, come si vide, molto efficace: consisteva nel deviare questi istinti, per cosí dire, verso l'io. E cosí, invece di pensare: che cose orribili faccio al mio prossimo!, gli assassini pensavano: che orribili cose devo vedere nell'adempimento dei miei doveri, che compito terribile grava sulle mie spalle!

La memoria di Eichmann, difettosa per quel che riguardava gli ingegnosi slogan di Himmler, può dimostrare che esistevano anche altri e piú efficaci metodi per risolvere il problema della coscienza. Il fattore piú importante, come Hitler aveva calcolato e previsto, era lo stato di guerra in sé e per sé. Eichmann insisté piú volte sul fatto che l'"atteggiamento personale" nei confronti della morte non poteva non cambiare quando "si vedevano morti dappertutto" e quando ciascuno pensava con indifferenza alla propria morte: "Non c'importava morire oggi invece che domani, e talvolta maledivamo la luce del nuovo giorno che ci trovava ancora in vita." Data quest'atmosfera, non poco peso ebbe il fatto che nelle ultime fasi la soluzione finale venisse attuata non piú con le fucilazioni, ossia con la violenza bruta, ma con le camere a gas, che sempre erano state strettamente connesse al programma di eutanasia ordinato da Hitler già nelle prime settimane di guerra e applicato, fino all'invasione della Russia, ai tedeschi malati di mente. Il programma di sterminio iniziato nell'autunno del 1941 seguiva, per cosí dire, due binari completamente diversi. Uno conduceva alle camere a gas, e l'altro nelle mani degli *Einsatzgruppen,* i quali, specialmente in Russia, agivano nelle retrovie dell'esercito col pretesto di dover combattere i partigiani, e facevano strage non di ebrei soltanto. Oltre che dei veri partigiani, essi si occupavano dei funzionari russi, degli zingari, degli elementi asociali, dei malati di mente, e naturalmente degli ebrei. Questi ultimi erano inclusi nel programma in quanto "nemici potenziali," e, purtroppo, ci vollero dei mesi prima che gli ebrei russi se ne rendessero conto; quando se ne accorsero, era troppo tardi e non c'era piú scampo. (La vecchia generazione ricordava la prima guerra mondiale, quando i soldati tedeschi erano stati salutati come liberatori, e né i vecchi né i giovani avevano mai sentito parlare di come venivano trattati gli ebrei in Germania o magari a Varsavia: erano "malissimo informati," come riferí il servizio di spionaggio tedesco dalla Bielorussia [Hilberg]. Cosa ancor piú interessante, di tanto in tanto in queste regioni arrivavano ebrei tedeschi che erano convinti di essere stati mandati lí come "pionieri" del Terzo Reich.) Queste unità mobili addette allo sterminio erano appena quattro, ciascuna delle dimensioni di un battaglione, e contavano in tutto non piú di tremila uomini: avevano quindi bisogno della collaborazione delle forze armate, e in effetti i rapporti con queste erano di regola "eccellenti" e in certi casi addirittura "cordiali" (*herzlich*). I generali si dimostravano di una "bontà stupefacente": non solo consegnavano agli *Einsatzgruppen* i loro ebrei, ma spesso distaccavano soldati regolari perché li aiutassero a massacrare. Secondo i calcoli di Hilberg il totale delle loro vittime ebree ammontò a circa un milione e mezzo, ma questa strage non era il risultato dell'ordine del Führer di sterminare fisicamente tutto il popolo ebraico: era il risultato di un ordine precedente, quello dato da Hitler a Himmler nel marzo del 1941, che diceva di preparare le SS e la polizia ad "assolvere missioni speciali in Russia."

L'idea di sterminare tutti gli ebrei, e non soltanto quelli russi e polacchi, aveva radici molto lontane. Era nata non nell'RSHA o in qualcuno degli altri uffici di Heydrich o di Himmler, ma nella Cancelleria del Führer, cioè nell'ufficio personale di Hitler. Non aveva nulla a che vedere con la guerra e non fu mai giustificata con le necessità militari. Uno dei grandi meriti del libro *The Final Solution* di Gerald Reitlinger è quello di aver dimostrato, in base a documenti che non lasciano dubbi, che il programma di sterminare col gas gli ebrei dell'Europa orientale fu uno "sviluppo" del programma dell'eutanasia di Hitler, ed è deplorevole che il Tribunale di Gerusalemme, sempre cosí preoccupato della "verità storica," non abbia tenuto conto di questo concreto rapporto. Esso avrebbe aiutato a chiarire la tanto dibattuta questione se Eichmann, che apparteneva all'RSHA, fosse o non fosse implicato in *Gasgeschichten*. Probabilmente non lo era, anche se uno dei suoi uomini, Rolf Günther, se ne interessava per proprio conto. Globocnik, per esempio, colui che aveva eretto gli impianti a gas nella zona di Lublino, zona che Eichmann aveva visitato, non si rivolgeva né a Himmler né ad alcun'altra autorità della polizia o delle SS, quando aveva bisogno di nuovo personale; scriveva direttamente a Viktor Brack, della Cancelleria del Führer, il quale inoltrava poi la richiesta a Himmler.

Le prime camere a gas furono costruite nel 1939, in ottemperanza al decreto di Hitler, del 1° settembre di quell'anno, secondo cui alle "persone incurabili" doveva essere "concessa una morte pietosa." (Fu probabilmente questa origine a infondere nel dott. Servatius la sorprendente convinzione che lo sterminio col gas dovesse essere considerato una "questione medica.") L'idea in sé, come abbiamo detto, risaliva a molto tempo prima. Già nel 1935 Hitler aveva spiegato al suo "Capo medico del Reich" Gerhard Wagner che, se fosse venuta la guerra, avrebbe "ripreso e condotto in porto questa faccenda dell'eutanasia, poiché in tempo di guerra è molto piú facile." Il decreto entrò immediatamente in vigore per ciò che riguarda i malati di mente, e cosí tra il dicembre del 1939 e l'agosto del 1941 circa cinquantamila tedeschi furono uccisi con monossido di carbonio in istituti dove le camere della morte erano camuffate in stanze per la doccia — esattamente come lo sarebbero state piú tardi ad Auschwitz. Il programma suscitò enorme scalpore. Era impossibile tener segreta l'uccisione di tanta gente; la popolazione tedesca delle zone in cui sorgevano quegli istituti se ne accorse e ci fu un'ondata di proteste, da parte di persone di ogni ceto che ancora non si erano fatte un'idea "oggettiva" della natura della scienza medica e dei compiti del medico. Nell'Europa orientale lo sterminio col gas — o, per usare il linguaggio dei nazisti, il "modo umanitario" di "concedere una morte pietosa" — iniziò quasi il giorno stesso in cui in Germania fu sospesa l'uccisione dei malati di mente. Gli uomini che avevano lavorato per il programma di eutanasia furono ora inviati a oriente, a costruire gli impianti per distruggere popoli interi — e questi uomini erano scelti o dalla Cancelleria del Führer o dal ministero della sanità del Reich, e solamente ora furono messi, amministrativamente, sotto il controllo di Himmler.

Nessuna delle varie *Sprachregelungen* studiate in seguito per ingannare e camuffare ebbe sulle menti degli esecutori l'effetto potente di quel decreto hitleriano, contemporaneo allo scoppio della guerra, dove la parola "assassinio" era sostituita dalla perifrasi "concedere una morte pietosa." Eichmann, quando il giudice istruttore gli chiese se l'istruzione di evitare "inutili brutalità" non fosse un po' ridicola visto che gli interessati erano comunque destinati a morte certa, non capí la domanda, tanto radicata nella sua mente era l'idea che peccato mortale non fosse uccidere, ma causare inutili sofferenze. E durante il processo ebbe scatti di sdegno sincero per le crudeltà e le atrocità commesse dalle SS e raccontate dai testimoni, anche se la Corte e il pubblico quasi non se ne accorsero perché, fuorviati dal suo sforzo costante di non perdere l'autocontrollo, si erano convinti che egli fosse un uomo incapace di commozione e indifferente. A scuoterlo veramente non fu l'accusa di aver mandato a morire milioni di persone, ma soltanto l'accusa — mossagli da un testimone e non accolta dalla Corte — di avere un giorno picchiato a morte un ragazzo ebreo. Certo, egli aveva mandato gente anche nell'area dove operavano gli *Einsatzgruppen,* i quali non concedevano "una morte pietosa" ma fucilavano, tuttavia doveva poi aver provato un senso di sollievo quando ciò non fu piú necessario data la sempre crescente "capacità di assorbimento" delle camere a gas. Doveva anche aver pensato che il nuovo metodo rappresentava un decisivo miglioramento nell'atteggiamento del governo nazista verso gli ebrei poiché il beneficio dell'eutanasia, a regola, era riservato soltanto ai veri tedeschi. Col passare del tempo, mentre la guerra infuriava e dappertutto era morte e violenza (sul fronte russo, nei deserti africani, in Italia, sulle coste francesi, tra le rovine delle città tedesche), i centri di sterminio di Auschwitz e di Chelmno, di Majdanek e di Belzek, di Treblinka e di Sobibor, dovevano davvero essergli apparsi altrettanti "istituti di carità," come li chiamavano gli esperti di eutanasia. Inoltre, a partire dal gennaio del 1942, sul fronte orientale avevano cominciato a operare "gruppi di eutanasia" che "aiutavano i feriti" tra le nevi e tra i ghiacci, e questa uccisione di soldati feriti, sebbene anch'essa "segretissima," era nota a molti, sicuramente agli esecutori della "soluzione finale."

Qualcuno ha osservato che mentre la liquidazione dei malati di mente in Germania fu sospesa a causa delle proteste della popolazione tedesca e di alcune coraggiose personalità ecclesiastiche, nessuna protesta del genere fu elevata quando si passò ad uccidere col gas gli ebrei, benché alcuni centri di sterminio sorgessero in territorio appartenente al Reich e abitato da popolazione tedesca. Molto probabilmente, però, nel corso della guerra l'atteggiamento nei confronti della "morte indolore mediante gas" — a prescindere dall'effetto della propaganda in favore dell'eutanasia — era cambiato. La cosa è difficile a dimostrarsi; non ci sono documenti che la confortino, data la segretezza di tutta l'operazione, e nessun criminale di guerra ne ha mai parlato: neppure vi hanno accennato i difensori al cosiddetto "processo dei medici" di Norimberga, che pure abbondarono in citazioni tratte da studi internazionali. Forse i criminali di guerra avevano dimenticato il "clima" in cui avevano ucciso, forse non si erano mai preoccupati di sapere che cosa pensasse l'opinione pubblica perché, erroneamente, erano convinti che il loro atteggiamento "oggettivo e scientifico" fosse di gran lunga superiore alle idee della gente comune. Tuttavia, nel naufragio morale di un'intera nazione, i diari di guerra di alcune persone degne di fede, pienamente consapevoli del fatto che il loro sgomento non era piú condiviso dalle masse, hanno salvato il ricordo veramente prezioso di alcuni episodi.

Reck-Malleczewen, già da noi menzionato, racconta di una "gerarca" che nell'estate del 1944 si recò in Baviera per tenere un discorso di propaganda ai contadini. A quanto pare costei non si dilungò molto sulle "armi miracolose" e sulla vittoria, ma affrontò senza ambagi il tema della probabile sconfitta dicendo che nessun buon tedesco doveva preoccuparsi, perché il Führer "nella sua grande bontà aveva predisposto per tutto il popolo tedesco una morte dolce mediante gas, nel caso che la guerra fosse finita male." E lo scrittore commenta: "Oh, no, non sto farneticando, questa cara signora non è un miraggio, io l'ho vista con i miei occhi: una donna dalla pelle giallastra, sulla quarantina, dallo sguardo folle... E cosa successe? Quei contadini bavaresi la tuffarono almeno nel lago vicino per raffreddare il suo entusiasmo per la morte? Macché! Se ne tornarono a casa scuotendo il capo."

L'altro episodio che ora citeremo è ancor piú significativo, poiché riguarda una donna che non solo non era "gerarca," ma probabilmente non era nemmeno iscritta al partito nazista. Accadde a Königsberg, nella Prussia orientale e cioè dalla parte opposta della Germania, nel gennaio del 1945, pochi giorni prima che i russi distruggessero la città, ne occupassero le rovine e si annettessero l'intera provincia. L'episodio è riferito dal conte Hans von Lehnsdorff nel suo *Ostpreussisches Tagebuch* (1961). Egli era rimasto in città, in quanto medico, per curare i feriti che non potevano essere evacuati. Fu chiamato in uno dei grandi centri ove si raccoglievano profughi provenienti dalle campagne già occupate dall'Armata Rossa. Qui fu avvicinato da una donna che da anni aveva una vena varicosa e voleva essere curata ora, dato che finalmente aveva un po' di tempo. "Cerco di spiegarle che sarebbe meglio per lei andar via da Königsberg e rinviare la cura a un momento piú opportuno. Dove vorrebbe andare? le chiedo. Non sa; sa soltanto che tutti quanti saranno portati nel Reich. E poi, a un tratto, aggiunge: 'I russi non ci avranno mai. Il Führer non lo permetterà mai. Piuttosto ci ucciderà col gas.' Mi guardo intorno furtivamente, ma sembra che gli altri non trovino nulla di strano in questa frase." Il racconto, come quasi tutti i racconti veri, andrebbe integrato: con una voce, preferibilmente di donna, che sospirando dicesse: "Peccato che tanto buon gas sia stato sprecato con gli ebrei!"

Capitolo settimo

La conferenza di Wannsee, ovvero Ponzio Pilato

Il nostro discorso sulla coscienza di Eichmann si è basato finora su fatti che egli, personalmente, aveva dimenticato. Stando alla sua versione, il momento cruciale fu non quattro settimane ma quattro mesi piú tardi, nel gennaio del 1942, quando ebbe luogo la conferenza che i nazisti usarono chiamare dei segretari di Stato, ma che oggi è piú nota col nome di Conferenza di Wannsee, dal sobborgo di Berlino in cui fu convocata da Himmler. Come già indica la denominazione ufficiale, la riunione si era resa necessaria perché la "soluzione finale," se doveva essere applicata in tutta l'Europa, richiedeva qualcosa di piú che il tacito consenso dell'apparato statale: richiedeva la collaborazione attiva di tutti i ministeri e di tutti i servizi civili. Quanto ai ministri, questi, nove anni dopo l'ascesa di Hitler al potere, erano tutti nazisti della prima ora; e infatti quelli che nel primo periodo del regime si erano limitati ad "allinearsi" erano stati poco per volta congedati. Tuttavia la maggior parte di essi non erano completamente fidati: per esempio Heydrich o Himmler; e quei pochi che lo erano per aver fatto carriera esclusivamente grazie al nazismo, come Joachim von Ribbentrop, già commerciante di champagne e ora ministro degli esteri, erano delle nullità. Il problema tuttavia era molto piú acuto per quel che riguardava gli alti funzionari dei servizi civili, alle dirette dipendenze dei ministri, poiché questi uomini, che sono l'ossatura di ogni amministrazione governativa, non erano facilmente sostituibili: perciò Hitler in molti casi aveva dovuto chiudere un occhio, esattamente come avrebbe fatto piú tardi Adenauer, a meno che non fossero irrimediabilmente compromessi. È per questo che sovente i sottosegretari e gli esperti dei vari ministeri non erano neppure membri del partito, e si comprende quindi come Heydrich non fosse affatto sicuro di accapparrarsi l'appoggio concreto di queste persone per il programma di sterminio. Come disse Eichmann, Heydrich "si aspettava d'incontrare gravissime difficoltà." E invece, nulla di piú infondato di questo timore.

Scopo della conferenza era coordinare tutti gli sforzi diretti a realizzare la soluzione finale. La discussione verté dapprima su "complicate questioni giuridiche" come il trattamento dei mezzi ebrei e degli ebrei per un quarto: dovevano essere uccisi o soltanto sterilizzati? Seguí una schietta discussione sui "vari modi possibili di risolvere il problema," cioè sui vari metodi di uccisione, e anche qui si riscontrò tra i partecipanti il piú "perfetto accordo"; tutti i presenti salutarono la soluzione finale con "straordinario entusiasmo," soprattutto il dott. Wilhelm Stuckart, sottosegretario agli interni, che pure era noto per essere piuttosto reticente ed esitante di fronte alle misure "radicali" e che, secondo la deposizione fatta dal dott. Hans Globke a Norimberga, era uno strenuo difensore della legalità. Qualche difficoltà, tuttavia, ci fu. Il sottosegretario Josef Bühler, l'uomo piú potente in Polonia dopo il governatore generale, si sgomentò all'idea che si evacuassero ebrei da occidente verso oriente, perché ciò avrebbe significato un aumento del numero degli ebrei in Polonia, e propose quindi che questi trasferimenti fossero rinviati e che "la soluzione finale iniziasse dal Governatorato generale, dove non esistevano problemi di trasporto." I funzionari del ministero degli esteri presentarono un memoriale, preparato con ogni cura, in cui erano espressi "i desideri e le idee" del loro dicastero in merito alla "soluzione totale della questione ebraica in Europa," ma nessuno dette gran peso a quel documento. La cosa piú importante, come giustamente osservò Eichmann, era che i rappresentanti dei vari servizi civili non si limitavano a esprimere pareri, ma avanzavano proposte concrete. La seduta non durò piú di un'ora, un'ora e mezzo, dopo di che ci fu un brindisi e tutti andarono a cena — "una festicciola in famiglia" per favorire i necessari contatti personali. Per Eichmann, che non si era mai trovato in mezzo a tanti "grandi personaggi," fu un avvenimento memorabile; egli era di gran lunga inferiore, sia come grado che come posizione sociale, a tutti i presenti. Aveva spedito gli inviti e aveva preparato alcune statistiche (piene di incredibili errori) per il discorso introduttivo di

Heydrich — bisognava uccidere undici milioni di ebrei, che non era cosa da poco — e fu lui a stilare i verbali. In pratica funse da segretario, ed è per questo che, quando i grandi se ne furono andati, gli fu concesso di sedere accanto al caminetto in compagnia del suo capo Müller e di Heydrich, "e fu la prima volta che vidi Heydrich fumare e bere." Non parlarono di "affari," ma si godettero "un po' di riposo" dopo tanto lavoro, soddisfattissimi e — soprattutto Heydrich — molto su di tono.

Ma anche per un'altra ragione quella giornata fu indimenticabile per Eichmann. Benché egli avesse fatto del suo meglio per contribuire alla soluzione finale, fino ad allora aveva sempre nutrito qualche dubbio su "una soluzione così violenta e cruenta." Ora questi dubbi furono fugati. "Qui, a questa conferenza, avevano parlato i personaggi più illustri, i papi del Terzo Reich." Ora egli vide con i propri occhi e udí con le proprie orecchie che non soltanto Hitler, non soltanto Heydrich o la "sfinge" Müller, non soltanto le SS o il partito, ma i più qualificati esponenti dei buoni vecchi servizi civili si disputavano l'onore di dirigere questa "crudele" operazione. "In quel momento mi sentii una specie di Ponzio Pilato, mi sentii libero da ogni colpa." Chi era lui, Eichmann, per ergersi a giudice? Chi era lui per permettersi di "avere idee proprie"? Orbene: egli non fu né il primo né l'ultimo ad essere rovinato dalla modestia.

Così la sua attività prese un nuovo indirizzo, divenendo ben presto un lavoro spicciolo, di tutti i giorni. Se prima egli era stato un esperto in "emigrazione forzata," ora diventò un esperto in "evacuazione forzata." In un paese dopo l'altro gli ebrei dovettero farsi schedare, furono costretti a portare il distintivo giallo per essere riconoscibili a prima vista, furono rastrellati e deportati e i vari convogli vennero spediti a questo o a quel campo di sterminio dell'Europa orientale, a seconda del "posto" disponibile in quel dato momento. Come un carico di ebrei arrivava a destinazione, gli individui robusti venivano scelti e mandati al lavoro, che spesso consisteva nel far funzionare il meccanismo dello sterminio, e tutti gli altri venivano immediatamente soppressi. Ci furono intoppi, ma di poco conto. Il ministero degli esteri del Reich si teneva in contatto con le autorità dei paesi stranieri occupati o alleati, esercitando pressioni perché deportassero i "loro" ebrei o, in certi casi, perché cercassero di non deportarli verso oriente a casaccio, senza un piano preciso, senza tener presente la capacità di assorbimento dei vari centri. (Cosí raccontò Eichmann, ma la situazione era assai piú complessa.) Gli esperti di diritto approntarono leggi per rendere apolidi le vittime, il che era molto importante per due ragioni: nessun paese poteva indagare sul loro destino, e lo Stato in cui risiedevano poteva confiscare i loro beni. Il ministero delle finanze e la *Reichsbank* presero le opportune misure per incamerare l'enorme bottino proveniente da ogni parte d'Europa, fino agli orologi e ai denti d'oro, era appunto la *Reichsbank* a scegliere gli oggetti da inviare alla Zecca di Stato prussiana. Il ministero dei trasporti, dal canto suo, mise a disposizione il necessario materiale rotabile, di solito vagoni-merci, anche in momenti di grande penuria, curando che l'orario dei treni usati per la deportazione non interferisse con quello degli altri. Eichmann o i suoi uomini comunicavano ai Consigli ebraici degli Anziani quanti ebrei occorrevano per formare un convoglio, e quelli preparavano gli elenchi delle persone da deportare. E gli ebrei si facevano registrare, riempivano innumerevoli moduli, rispondevano a pagine e pagine di questionari riguardanti i loro beni, in modo da agevolarne il sequestro; poi si radunavano nei centri di raccolta e salivano sui treni. I pochi che tentavano di nascondersi o di scappare venivano ricercati da uno speciale corpo di polizia ebraico. A quanto constava ad Eichmann, nessuno protestava, nessuno si rifiutava di collaborare. *"Immerzu fahren hier die Leute zu ihren eigenen Begräbnis"* — "qui la gente parte continuamente, diretta verso la propria tomba," disse un osservatore ebraico a Berlino nel 1943.

La semplice condiscendenza non sarebbe mai bastata né ad appianare le enormi difficoltà di un'operazione che presto interessò tutta l'Europa occupata o alleata dei nazisti, né a tranquillizzare la coscienza degli esecutori, i quali in fondo erano stati educati al comandamento "Non ammazzare" e conoscevano il versetto della Bibbia "Tu hai ucciso e tu hai ereditato," versetto cosí a proposito citato nel verdetto del Tribunale distrettuale di Gerusalemme. Il "ciclone mortale," come lo chiamò Eichmann, che si abbatté sulla Germania dopo l'immenso salasso subíto a Stalingrado — il bombardamento a tappeto delle città tedesche, la scusa fissa addotta da Eichmann e anche da molti tedeschi di oggi per giustificare i massacri di civili —, con le sue scene di terrore diverse ma non meno orribili di quelle di cui si parlò a Gerusalemme, avrebbe potuto contribuire ad attutire o meglio a soffocare i rimorsi, se ancora ci fosse stata un po' di coscienza. Ma questo non era il caso. Il meccanismo dello sterminio era stato progettato e studiato in tutti i particolari molto prima che gli orrori della guerra colpissero anche la Germania, e la sua complicata burocrazia funzionò con la stessa matematica precisione tanto negli anni delle facili vittorie quanto in quelli delle sconfitte. All'inizio, quando la gente poteva ancora avere una coscienza, le defezioni negli alti gradi e soprattutto tra gli ufficiali superiori delle SS furono molto rare; cominciarono ad avere un peso soltanto quando ormai era chiaro che la Germania avrebbe perso la guerra. Ma anche allora non assunsero mai proporzioni tali da pregiudicare il funzionamento del meccanismo; furono atti individuali, dettati non dal rimorso ma dalla corruzione, ispirati non dalla pietà ma dal desiderio di salvare un po' di denaro o di crearsi un alibi per l'oscuro avvenire. L'ordine dato da Himmler nell'autunno del 1944, di sospendere lo sterminio e di smantellare gli impianti dei campi della morte, fu dovuto al fatto che egli era assurdamente ma sinceramente convinto che le potenze alleate avrebbero saputo apprezzare e ricompensare questo gesto. A un Eichmann alquanto incredulo, Himmler disse che grazie a quel provvedimento avrebbe potuto negoziare un *Hubertusburger-Frieden,* cioè una pace analoga a quella di Hubertusburg, che nel 1763 pose fine alla guerra dei Sette anni permettendo a Federico II di Prussia di conservare la Slesia, anche se aveva perduto la guerra.

Eichmann spiegò che se riuscí a tacitare la propria coscienza fu soprattutto per la semplicissima ragione che egli non vedeva nessuno, proprio nessuno che fosse contrario alla soluzione finale. Tuttavia c'era stata un'eccezione che doveva avergli fatto profonda impressione, tanto che ne parlò piú volte. Era accaduto in Ungheria, mentre lui negoziava col Dott. Kastner sull'offerta fatta da Himmler: un milione di ebrei avrebbero potuto essere rilasciati in cambio di diecimila camion. Kastner, evidentemente imbaldanzito dalla nuova piega presa dagli avvenimenti, aveva chiesto ad Eichmann di fermare "i mulini della morte" di Auschwitz, e Eichmann aveva risposto che l'avrebbe fatto molto volentieri *(herzlichn gern),* ma che purtroppo la cosa non era di sua competenza e neppure di competenza dei suoi superiori — il che effettivamente era vero. Naturalmente egli non si aspettava che gli ebrei condividessero il generale entusiasmo per la loro distruzione, ma si aspettava qualcosa di piú che la condiscendenza: si aspettava — e la ebbe in misura eccezionale — la loro collaborazione. Questa era la "pietra angolare" di tutto ciò che faceva, cosí come era stata la pietra angolare della sua attività a Vienna. Senza l'aiuto degli ebrei nel lavoro amministrativo e poliziesco (il rastrellamento finale degli ebrei a Berlino, come abbiamo accennato, fu effettuato esclusivamente da poliziotti ebraici), o ci sarebbe stato il caos completo oppure i tedeschi avrebbero dovuto distogliere troppi uomini dal fronte.

("È fuor di dubbio che senza la collaborazione delle vittime ben difficilmente poche migliaia di persone, che per giunta lavoravano quasi tutte al tavolino, avrebbero potuto liquidare molte centinaia di migliaia di altri esseri umani... Lungo tutto il viaggio verso la morte, gli ebrei polacchi di rado vedevano piú di un pugno di tedeschi." Cosí dice R. Pendorf, e ciò vale ancor piú per quegli ebrei che erano portati a morire in Polonia da altri paesi.)

È per questo che l'insediamento di governi-fantoccio nei territori occupati fu sempre accompagnato dalla creazione di un ufficio centrale ebraico, e, come vedremo piú avanti, dove i nazisti non riuscirono a insediare un governo-fantoccio neppure riuscirono a ottenere la collaborazione degli ebrei. Ma mentre quei governi erano formati di solito da persone appartenenti ai partiti di minoranza, i membri dei Consigli ebraici erano di regola i capi riconosciuti delle varie comunità ebraiche, uomini a cui i nazisti concedevano poteri enormi finché, un giorno, deportarono anche loro, a Theresienstadt o a Bergen-Belsen se si trovavano nell'Europa centro-occidentale, ad Auschwitz se erano i capi di una comunità dell'Europa orientale.

Per un ebreo, il contributo dato dai capi ebraici alla distruzione del proprio popolo, è uno dei capitoli piú foschi di tutta quella fosca vicenda. La cosa è risaputa da tempo, ma ora Raul Hilberg, nella sua fondamentale opera *The Destruction of the European Jews* già da noi citata, ne ha esposto per la prima volta tutti i patetici e sordidi particolari. In fatto di collaborazione, non c'era differenza tra le comunità ebraiche dell'Europa centro-occidentale, fortemente assimilate, e le masse di lingua yiddish dei paesi orientali. Ad Amsterdam come a Varsavia, a Berlino come a Budapest, i funzionari ebrei erano incaricati di compilare le liste delle persone da deportare e dei loro beni, di sottrarre ai deportati il denaro per pagare le spese della deportazione e dello sterminio, di tenere aggiornato l'elenco degli alloggi rimasti vuoti, di fornire forze di polizia per aiutare a catturare gli ebrei e a caricarli sui treni, e infine, ultimo gesto, di consegnare in buon ordine gli inventari dei beni della comunità per la confisca finale. Quei funzionari distribuivano i distintivi con la stella gialla, e in certi casi, come a Varsavia, "la vendita delle fasce da mettere al braccio diveniva un vero e proprio commercio, poiché c'erano fasce comuni di stoffa e fasce di lusso, in plastica lavabile." Nei manifesti che essi affiggevano — ispirati, ma non dettati dai nazisti — avvertiamo ancora quanto fossero fieri di questi nuovi poteri: "Il Consiglio ebraico centrale annunzia che gli è stato concesso il diritto di disporre di tutti i beni spirituali e materiali degli ebrei, e di tutte le persone fisiche ebree," diceva il primo proclama del Consiglio di Budapest. Noi sappiamo che cosa provavano i funzionari ebrei quando divenivano strumenti nelle mani degli assassini: si sentivano come capitani "le cui navi stanno per affondare e che tuttavia riescono a condurle sane e salve in porto gettando a mare gran parte del loro prezioso carico"; si sentivano salvatori che "con cento vittime salvano mille persone, con mille diecimila." Senonché la verità era ancor piú mostruosa. In Ungheria, per esempio, il dott. Kastner salvò esattamente 1684 persone al prezzo di circa 476.000 vittime. Per non lasciare la selezione al "caso," occorrevano "principî sacrosanti" che guidassero "la debole mano umana che scrive sulla carta il nome di una persona sconosciuta e cosí decide della sua vita o della sua morte." Ma con questi "sacrosanti principî" chi si sceglieva di salvare? Coloro "che avevano lavorato per tutta la vita per lo *zibur*," cioè per la comunità, vale a dire i funzionari e gli ebrei "piú illustri," come dice Kastner nel suo rapporto.

Nessuno si prese mai la briga di far giurare ai funzionari ebrei che avrebbero mantenuto il segreto. Essi erano *Geheimsträger* volontari, vuoi per assicurare l'ordine e prevenire ondate di panico, come nel caso del dott. Kastner, vuoi per considerazioni "umanitarie" (per esempio quella che "vivere nell'attesa di essere uccisi col gas sarebbe stato soltanto piú penoso"), come nel caso del dott. Leo Baeck, già caporabbino di Berlino. Al processo di Eichmann, un testimone parlò delle tragiche conseguenze di questo tipo di "umanità" — la gente chiedeva volontariamente di essere deportata da Theresienstadt ad Auschwitz e denunziava come "maniaci" coloro che cercavano di spiegare loro la verità. E noi conosciamo benissimo anche le fisionomie dei capi ebraici del periodo nazista: queste persone andavano da Chaim Rumkowski, anziano degli ebrei di Lódz, detto Chaim I, che emise banconote con la propria firma e francobolli con la propria effige e che circolava in una decrepita carrozza, giú giú fino a quel Leo Baeck, colto, fine, educato, il quale credeva che i poliziotti ebraici fossero "piú gentili e servizievoli" e piú capaci di "tenere l'ordine" (mentre naturalmente erano piú brutali e piú fanatici, dato che per loro era in gioco tutto), e fino a quei pochi che si uccisero, come Adam Czerniakow, presidente del Consiglio ebraico di Varsavia, che non era un rabbino ma un miscredente, che era ingegnere e parlava il polacco ma doveva ricordare il detto rabbinico: "Lasciate che vi uccidano, ma non oltrepassate la linea."

Era naturale che a Gerusalemme l'accusa, sempre preoccupata di non mettere in imbarazzo il governo Adenauer, evitasse con cura ancor maggiore che queste cose venissero in luce. (Tuttavia queste questioni sono trattate apertamente e con sconcertante franchezza nei manuali scolastici israeliani, come si può vedere dall'articolo di Mark M. Krug, *Young Israelis and Jews Abroad — A Study of Selected History Textbooks,* in *Comparative Education Review,* ottobre 1963.) Ma noi ne dobbiamo parlare, poiché esse spiegano certe lacune, altrimenti incomprensibili, nella documentazione di un caso che in generale era fin troppo documentato. I giudici notarono una di queste lacune, e cioè la mancanza, tra i documenti, del libro di H. G. Adler *Theresienstadt 1941-1945* (1955), e il Pubblico ministero dovette ammettere, un po' confuso, che effettivamente quell'opera era "autentica" e si basava su "fonti irrefutabili." La ragione dell'omissione era ovvia. Il libro spiega con dovizia di particolari come le famigerate "liste di trasporto" fossero compilate dal Consiglio ebraico di Theresienstadt conformemente ad alcune istruzioni generali diramate dalle SS riguardo al numero delle persone da spedire, età, sesso, professione e paese d'origine. L'accusa avrebbe visto indebolita la propria posizione, se fosse stata costretta a riconoscere che la designazione degli individui da mandare a morte era stata, salvo poche eccezioni, lavoro dell'amministrazione ebraica. E il sig. Ya'akov Baror, sostituto del Pubblico ministero, parlando dal suo banco, ammise indirettamente questo fatto quando disse: "Io sto cercando di mettere in luce quelle cose che in qualche modo riguardano l'imputato senza pregiudicare il quadro nel suo insieme." Orbene, il quadro sarebbe stato gravemente danneggiato se tra i documenti fosse stato incluso il libro di Adler, poiché questo avrebbe smentito la deposizione resa dalla principale testimone degli avvenimenti di Theresienstadt, la quale sosteneva che era stato Eichmann a effettuare le selezioni. Cosa ancor piú importante, sarebbe stato seriamente pregiudicato anche il quadro generale, imperniato su una netta distinzione tra vittime e persecutori. Certo, produrre prove che nuocciano alle tesi dell'accusa è di regola compito della difesa, ed è difficile capire perché mai il dott. Servatius, che pure rilevò in quella deposizione alcune incoerenze di minor conto, non si avvalse di una documentazione cosí accessibile e nota. Egli avrebbe potuto far presente che Eichmann, appena si fu trasformato da esperto d'emigrazione in esperto d'evacuazione, nominò "anziani" di Theresienstadt gli ebrei con cui fino allora aveva lavorato, e cioè il dott. Paul Eppstein, che si era occupato di emigrazione a Berlino, e il rabbino Benjamin Murmelstein, che aveva fatto altrettanto a Vienna. Per dimostrare in quale atmosfera lavorava Eichmann, ciò sarebbe stato piú utile di tutti gli spiacevoli e spesso veramente urtanti discorsi sui giuramenti, sulla lealtà e sulla virtú dell'obbedienza incondizionata.

La deposizione a cui sopra accennavamo è quella della signora Charlotte Salzberger. Essa permise al pubblico di farsi almeno un'idea un po' piú precisa del misterioso "quadro generale" dell'accusa. Al presidente non piacque né il termine né il quadro vero e proprio; piú volte egli avvertí: "Qui non stiamo tracciando quadri," piú volte disse che c'era un atto d'accusa e che era su quest'atto d'accusa che si basava il processo: la Corte "ha le proprie idee su questo processo, conformemente all'atto d'accusa," e "l'accusa deve adattarsi a ciò che stabilisce la Corte." Ammonimenti ammirevoli, per un procedimento penale; senonché il Procuratore generale non ne tenne alcun conto, e anzi fece di peggio: si rifiutò semplicemente di guidare i suoi testimoni, rivolgendo loro qualche domanda insignificante soltanto quando la Corte s'impazientiva troppo, col risultato che quelli si comportarono come oratori a un comizio dove lui, prima che prendessero la parola, fungeva da presentatore. I testimoni parlavano quasi quanto volevano, e di rado erano invitati a rispondere a un determinato quesito.

Quest'aria non di processo spettacolare, ma di comizio, un comizio dove gli oratori facevano a gara per arringare la folla, si poté notare specialmente quando l'accusa chiamò una lunga teoria di testimoni a deporre sull'insurrezione del ghetto di Varsavia e su analoghi tentativi di ribellione avvenuti a Vilna e a Kovno — fatti che non avevano nulla a che vedere con i crimini dell'imputato. Queste persone avrebbero potuto dare un contributo se avessero parlato dell'attività dei Consigli ebraici, i cui disperati sforzi avevano avuto effetti cosí grandi e disastrosi. Naturalmente, un po' vi accennarono (alcuni testimoni dissero che tra gli "aiutanti" delle SS bisognava includere la polizia del ghetto, "che era anch'essa uno strumento nelle mani degli assassini nazisti," e lo *Judenrat*), ma tutti evitarono d'"insistere" su questo aspetto della storia del loro popolo, accanendosi contro i pochi veri traditori, "individui senza nome, ignoti al pubblico ebraico," come ce n'erano sempre stati. (Nell'aula, intanto, il pubblico era nuovamente cambiato: ora era costituito essenzialmente da *kibbuznik*, membri delle fattorie collettive israeliane a cui appartenevano anche gli oratori.) La deposizione piú limpida e schietta fu quella di Zivia Lubetkin Zuckermann, una donna ormai sulla quarantina, ancor molto bella, aliena da ogni sentimentalismo o indulgenza verso se stessa: espose i fatti con grande coerenza, senza divagazioni. Dal punto di vista giuridico, queste testimonianze erano superflue, e del resto lo stesso Hausner non ne citò nemmeno una nella sua arringa finale. Al massimo dimostravano che c'erano stati stretti contatti tra i partigiani ebrei e quelli polacchi e russi, cosa che, a prescindere dal fatto che contraddiceva altre deposizioni ("Avevamo tutta la popolazione contro di noi"), poteva caso mai servire alla difesa, costituendo una giustificazione dei massacri di civili assai migliore di quella fornita da Eichmann: "Weizmann aveva dichiarato guerra alla Germania nel 1939." Questa tesi di Eichmann era veramente assurda. Al termine dell'ultimo congresso sionista dell'anteguerra, Chaim Weizmann aveva detto soltanto: "La guerra delle democrazie occidentali è la nostra guerra, la loro lotta è la nostra lotta." (Il tragico era proprio, come giustamente rilevò Hausner, che gli ebrei non erano riconosciuti dai nazisti come belligeranti; se lo fossero stati, si sarebbero salvati, in campi per prigio-

nieri di guerra o in campi d'internamento per civili.) Se il dott. Servatius avesse approfittato di questo argomento, l'accusa sarebbe stata
costretta ad ammettere che quei gruppi di resistenza erano stati ben
esigui, incredibilmente deboli ed essenzialmente inoffensivi, e che
inoltre rappresentavano tanto poco la popolazione ebraica, che una volta
questa aveva preso le armi contro di loro.

Ma se l'inconsistenza giuridica di tutte queste testimonianze, che
occuparono moltissimo tempo, era fin troppo chiara, anche l'intento
politico per cui il governo d'Israele le aveva permesse non era difficile a indovinarsi. Hausner (ossia Ben Gurion) voleva evidentemente
dimostrare che quel poco di resistenza che c'era stato era venuto soltanto dai sionisti, quasi che tra tutti gli ebrei i sionisti fossero i soli
a sapere che, se non si poteva salvare la vita, valeva sempre la pena
salvare l'onore, come disse il signor Zuckermann, e che la cosa peggiore che potesse accadere a un essere umano in circostanze come
quelle era restare "innocenti," come spiegò chiaramente la signora
Zuckermann. Comunque sia, questo intento "politico" andò deluso,
perché i testimoni furono sinceri e spiegarono alla Corte che tutte le
organizzazioni e tutti i partiti ebraici avevano avuto un ruolo nella
resistenza, sicché la distinzione vera non era tra sionisti e non sionisti,
ma tra gente organizzata e gente disorganizzata e, soprattutto, tra
giovani e vecchi. Certo, coloro che avevano opposto resistenza erano
stati una minoranza, un'esigua minoranza, ma data la situazione, come
rilevò un teste, "il miracolo era che questa minoranza esistesse."

A prescindere dalle considerazioni d'ordine giuridico, fu una cosa
buona che al banco dei testimoni si presentassero gli ex-combattenti
della resistenza ebraica. Ciò valse a dissipare lo spettro della collaborazione generale. La soluzione finale si era svolta in un'atmosfera soffo-
cante e avvelenata, e vari testimoni dell'accusa avevano confermato,
lealmente e crudamente, il fatto già ben noto che nei campi molti
lavori materiali connessi allo sterminio erano affidati a speciali reparti
ebraici; avevano narrato come questi lavorassero nelle camere a gas e
nei crematori, estraessero i denti d'oro e tagliassero i capelli ai cadaveri, scavassero le fosse e più tardi riesumassero le salme per far sparire
ogni traccia; avevano narrato come tecnici ebrei avessero costruito
camere a gas a Theresienstadt e come qui l'"autonomia" ebraica fosse
arrivata al punto che perfino il boia era un ebreo. Ma queste cose erano

soltanto orribili. Qui non c'era problema morale. La selezione e classificazione di questi lavoratori, nei campi, era fatta dalle SS, le quali avevano una spiccata predilezione per i criminali; e comunque, non poteva che essere la selezione dei peggiori. (Ciò vale soprattutto per la Polonia, dove i nazisti non solo avevano decimato l'intellighenzia ebraica, ma avevano anche ucciso intellettuali e professionisti non ebrei — in netto contrasto, notiamo, con quella che era la loro politica nell'Europa occidentale, dove tendevano a salvare ebrei illustri da poter scambiare con civili internati o prigionieri di guerra tedeschi; in origine, Bergen-Belsen era stato appunto un campo di "ebrei da scambiare.") Il problema morale era riposto nella gran dose di verità inclusa in ciò che Eichmann aveva raccontato sulla collaborazione delle autorità ebraiche, anche quando la soluzione finale era già in corso: "La formazione del Consiglio ebraico [di Theresienstadt] e la distribuzione delle mansioni fu lasciata alla discrezione del Consiglio; soltanto la nomina del presidente, cioè la scelta di chi doveva fungere da presidente, dipendeva, com'era naturale, da noi. Tuttavia questa nomina non era fatta in forma di decisione dittatoriale. I funzionari con cui noi eravamo continuamente in contatto — bene, questi andavano trattati con i guanti. Non gli davamo ordini, per la semplice ragione che sarebbe stato controproducente se ai funzionari principali avessimo detto: Dovete far cosí e cosí. Se uno fa una cosa malvolentieri, tutto il lavoro ne risente... Noi facevamo del nostro meglio per rendere ogni cosa piú o meno digeribile." E non c'è dubbio che cosí agivano i nazisti. Il problema è come riuscissero a farsi obbedire.

Cosí l'omissione piú grave, nel "quadro generale," fu una deposizione che parlasse della collaborazione tra governanti nazisti e autorità ebraiche e che permettesse di porre la domanda: "Perché contribuivate alla distruzione del vostro stesso popolo e in ultima analisi alla vostra stessa rovina?" L'unico membro illustre di uno *Judenrat* chiamato a testimoniare fu Pinchas Freudiger, già barone Philip von Freudiger, di Budapest, e fu durante la sua deposizione che tra il pubblico si verificarono gli unici seri incidenti di tutto il processo; la gente inveí contro di lui in ungherese e in yiddish e la Corte dovette sospendere l'udienza. Freudiger, un distintissimo ebreo ortodosso, rimase turbato: "Ci sono persone, qui, le quali dicono che nessuno consigliò loro di fuggire: ma il cinquanta per cento di quelli che fuggirono furono ripresi e uccisi." Egli dimenticava però che furono uccisi il novantanove per cento di coloro che non fuggirono. "Dove potevano andare?" — aggiunse — "dove potevano fuggire?" Ma lui, personalmente, era fuggito in Romania, perché era ricco e perché Wisliceny l'aveva aiutato. "Che cosa potevamo fare? Che cosa potevamo fare?" A questo punto intervenne il presidente: "Non mi sembra che questa sia una risposta alla domanda" — senonché la domanda era stata rivolta dal pubblico, e non dalla Corte.

L'argomento della collaborazione fu toccato dai giudici due volte. Il giudice Yitzak Raveh, interrogando un testimone sui tentativi di resistenza, riuscí a fargli ammettere che la "polizia del ghetto" era "uno strumento nelle mani degli assassini," e che la politica degli *Judenrat* era una politica di "collaborazionismo"; e il giudice Halevi, interrogando Eichmann, accertò che i nazisti consideravano questa collaborazione come "la pietra angolare" della loro politica ebraica. Ma la domanda che l'accusa rivolgeva regolarmente a tutti i testimoni, "Perché non vi ribellaste?" una domanda che suonava cosí ovvia a coloro che non conoscevano il vero retroscena del processo, serviva in realtà da cortina fumogena. E cosí accadde che tutte le risposte all'assurda domanda del signor Hausner non furono affatto "la verità, tutta la verità, nient'altro che la verità." Certo, il popolo ebraico nel suo complesso era rimasto disorganizzato, non aveva avuto un territorio, un governo, un esercito; non aveva avuto un governo in esilio che lo rappresentasse presso gli Alleati (l'Agenzia ebraica per la Palestina, presieduta da Weizmann, era stata soltanto un miserabile surrogato), né depositi di armi, né una gioventú militarmente addestrata. Ma la verità vera era che sia sul piano locale che su quello internazionale c'erano state comunità ebraiche, partiti ebraici, organizzazioni assistenziali. Ovunque c'erano ebrei, c'erano stati capi ebraici riconosciuti, e questi capi, quasi senza eccezioni, avevano collaborato con i nazisti, in un modo o nell'altro, per una ragione o per l'altra. La verità vera era che se il popolo ebraico fosse stato realmente disorganizzato e senza capi, dappertutto ci sarebbe stato caos e disperazione, ma le vittime non sarebbero state quasi sei milioni. (Secondo i calcoli di Freudiger, circa la metà si sarebbero potute salvare se non avessero seguito le istruzioni dei Consigli ebraici. Naturalmente si tratta di una semplice ipotesi, ma è un'ipotesi che stranamente concorda con le cifre piuttosto attendibili che mi sono state cortesemente fornite per l'Olanda dal dott. L. de Jong, direttore dell'Istituto statale olandese per la documentazione di guerra. In Olanda, dove lo *Joodsche Raad* presto divenne al pari di tutte le autorità olandesi uno "strumento" dei nazisti, 103.000 ebrei furono deportati nei campi di sterminio e circa 5.000 a Theresienstadt: tutti al solito modo, ossia con la collaborazione dei capi ebraici; ne tornarono solo 519. Invece, dei 20.000-25.000 ebrei che sfuggirono ai nazisti e cioè, anche, ai Consigli ebraici e si nascosero, ne sopravvissero 10.000, una cifra pari al 40 o 50%. La maggior parte degli ebrei inviati a Theresienstadt ritornò in Olanda.

Se ci siamo soffermati tanto su questo aspetto della storia dello sterminio, aspetto che il processo di Gerusalemme mancò di presentare al mondo nelle sue vere dimensioni, è perché esso permette di farsi un'idea esatta della vastità del crollo morale provocato dai nazisti nella "rispettabile" società europea — non solo in Germania ma in quasi tutti i paesi, non solo tra i persecutori ma anche tra le vittime. Eichmann, a differenza di tanti suoi colleghi, era sempre stato affascinato dalla "buona società," e la correttezza con cui spesso si era comportato con i funzionari ebrei di lingua tedesca era in gran parte dovuta a una specie di senso d'inferiorità. Egli non era affatto, come lo chiamò un testimone, una *Landsknechtnatur,* un mercenario smanioso di fuggire in regioni dove non vigono i dieci comandamenti e dove ciascuno può sfogare i propri istinti. Se in una cosa egli credette sino alla fine, fu nel successo, il distintivo fondamentale della "buona società" come la intendeva lui. Tipico fu l'ultimo giudizio che espresse sul conto di Hitler — un argomento che assieme al suo camerata Sassen egli aveva deciso di "espungere" dalla sua storia. Hitler, disse, "avrà anche sbagliato su tutta la linea; ma una cosa è certa: fu un uomo capace di farsi strada e salire dal grado di caporale dell'esercito tedesco al rango di Führer di una nazione di quasi ottanta milioni di persone... Il suo successo bastò da solo a dimostrarmi che dovevo sottostargli." E in effetti la sua coscienza si tranquillizzò al vedere lo zelo con cui la "buona società" reagiva dappertutto allo stesso suo modo. Egli non ebbe bisogno di "chiudere gli orecchi," come si espresse il verdetto, "per non ascoltare la voce della coscienza": non perché non avesse una coscienza, ma perché la sua coscienza gli parlava con una "voce rispettabile," la voce della rispettabile società che lo circondava.

E uno dei principali argomenti di Eichmann, al processo, fu appunto che nessuna voce si era levata dall'esterno a svegliare la sua coscienza, e l'accusa fece di tutto per dimostrare che era vero il contrario, che c'erano state voci che egli avrebbe potuto ascoltare, e che comunque lui aveva svolto il suo lavoro con uno zelo che nessuno gli aveva richiesto. Questo era esatto; senonché, per quanto strano possa suonare, quello zelo non era del tutto indipendente dall'ambiguità delle voci che di tanto in tanto cercarono di trattenerlo. Qui accenneremo soltanto alla cosiddetta "emigrazione interna": cioè al fatto che in Germania, dopo la guerra, molti individui che nel Terzo Reich rivestirono cariche anche importanti hanno detto a se stessi e al mondo di essere sempre stati "interiormente contrari" al regime. Qui non si tratta di stabilire se costoro dicano o non dicano la verità. La cosa che conta è che nell'atmosfera gravida di segretezza del regime hitleriano nessun segreto fu mantenuto cosí bene come questa "opposizione interiore." Fino a un certo punto ciò è comprensibile, se si pensa al terrorismo nazista; come ha raccontato a me un "emigrante interno" assai noto, che certamente è convinto di aver agito bene, "esteriormente" questa gente doveva mostrarsi ancor piú nazista dei nazisti comuni, proprio allo scopo di mantenere il segreto. (Tra parentesi, questo può spiegare come mai le poche proteste contro il programma di sterminio venissero non dai comandanti dell'esercito, ma da vecchi membri del partito.) E perciò l'unico modo possibile di continuare a vivere in Germania e di non seguire i nazisti era sparire completamente: il "ritiro da ogni significativa partecipazione alla vita pubblica" fu in effetti l'unico sistema con cui uno poteva limitare la colpevolezza individuale, come ha osservato di recente Otto Kirchheimer nel suo libro *Political Justice* (1961). Ammesso che il termine abbia un senso, l'"emigrante interno" poteva essere soltanto una persona che viveva "quasi al bando tra la propria gente, in mezzo a masse fanatiche," per usare l'espressione che il professor Hermann Jahrreiss adoperò al processo di Norimberga nella sua *Dichiarazione per tutti gli avvocati della difesa*. Questo perché, mancando ogni organizzazione, l'opposizione era "completamente vana." Ma se è vero che ci furono tedeschi che vissero per dodici anni in questo "gelo," è anche vero che non furono di questo stampo i membri della resistenza. In questi ultimi anni, la formula dell'"emigrazione interna" (già in sé l'espressione ha un che di equivoco, potendo significare tanto il ritiro nei recessi della propria anima quanto un comportamento analogo a quello dell'emigrante) è diventata una specie di scherzo. Il dott. Otto Bradfisch, individuo sinistro, già membro di un *Einsatzgruppe*, responsabile dell'uccisione di almeno quindicimila persone, ha dichiarato dinanzi a un tribunale tedesco di essere sempre stato "intimamente contrario" a ciò che faceva, lasciando quasi intendere che la morte di quindicimila esseri umani gli era stata necessaria per crearsi un alibi agli occhi dei "nazisti veri." (La stessa tesi già fu sostenuta, con successo di gran lunga minore, da Artur Greiser, ex-Gauleiter del Warthegau: soltanto la sua "anima ufficiale" aveva eseguito i crimini per cui una Corte polacca lo condannò all'impiccagione nel 1946, mentre la sua "anima personale" era sempre stata contraria.)

Eichmann, anche se forse non incontrò mai un "emigrante interno," sicuramente conosceva bene molti funzionari civili che oggi affermano di essere rimasti al loro posto solamente per svolgere opera di "moderazione" e per non essere sostituiti da "nazisti veri." Già abbiamo accennato al caso famoso del dott. Hans Globke, sottosegretario di Stato e dal 1953 al 1963 capo della "divisione personale" della Cancelleria di Bonn. Poiché egli fu l'unico individuo di questa categoria ad essere menzionato nel corso del processo, varrà forse la pena esaminare un po' da vicino le sue attività "moderatrici." Prima che Hitler prendesse il potere, il dott. Globke aveva lavorato presso il ministero degli esteri prussiano, e qui aveva dimostrato un precoce interesse per la questione ebraica. Era stato lui a formulare la prima istruzione che raccomandava la "prova dell'origine ariana" per le persone che chiedevano di cambiar nome. Questa circolare era stata emanata nel dicembre del 1932, cioè in un periodo in cui l'ascesa di Hitler non era ancora una certezza ma già appariva molto probabile, e notificandosi ai destinatari che non era "destinata alla pubblicazione," anticipava stranamente i "decreti segretissimi" che il regime hitleriano introdusse molto piú tardi. Il dott. Globke, come abbiamo detto, si occupava di nomi, e poiché il suo Commento alle leggi di Norimberga del 1935 fu indubbiamente assai piú duro dell'interpretazione che della *Rassenschande* aveva dato precedentemente il dott. Bernhard Lösener, esperto di affari ebraici presso il ministero degli esteri e nazista della prima ora, lo si potrebbe addirittura accusare di avere reso le cose ancora peggiori di quello che già erano sotto i "nazisti veri." Ma anche ammettendo che egli fosse animato dalle migliori intenzioni del mondo, resterebbe sempre un problema: in quelle circostanze, che cosa avrebbe mai potuto fare per migliorare la situazione? Orbene, dopo lunghe ricerche un giornale tedesco ha dato una risposta a questa imbarazzante domanda: ha scoperto un documento, regolarmente firmato da Globke, che stabiliva che le fidanzate cecoslovacche dei soldati tedeschi, per ottenere la licenza di matrimonio, dovevano presentare una foto in cui fossero ritratte in costume da bagno. E Globke spiegò piú tardi: "Con questa ordinanza confidenziale *mitigai* un po' uno scandalo che durava ormai da tre anni." Fino a quella data, infatti, le ragazze cecoslovacche dovevano farsi ritrarre completamente nude.

A Norimberga il dott. Globke spiegò anche di essere stato fortunato, nel senso che aveva lavorato agli ordini di un altro *moderatore*, il sottosegretario di Stato Wilhelm Stuckart, che come abbiamo visto era stato uno dei piú zelanti delegati alla conferenza di Wannsee. Le attività moderatrici di Stuckart riguardavano i mezzi ebrei, che secondo una sua proposta dovevano essere sterilizzati. (Il Tribunale di Norimberga, in possesso dei verbali della conferenza, sicuramente non gli credette quand'egli disse di non aver mai saputo nulla del programma di sterminio, ma tenendo conto delle sue cattive condizioni di salute lo condannò a un periodo di detenzione, rimettendolo in libertà perché già aveva scontato la pena. Un tribunale tedesco di denazificazione gli inflisse poi una multa di cinquecento marchi dichiarandolo "membro nominale del partito" — *Mitläufer* —, per quanto dovesse ben sapere che egli aveva fatto parte della "vecchia guardia" nazista e presto era entrato, come membro onorario, nelle SS.) È chiaro insomma che la storia dei "moderatori" che ci sarebbero stati negli uffici hitleriani è una delle tante favole inventate nel dopoguerra, ed è anche escluso che simili voci fossero capaci di toccare la coscienza di Eichmann.

La questione di queste voci, a Gerusalemme, divenne seria quando al banco dei testimoni si presentò Heinrich Grüber, un pastore protestante, l'unico teste tedesco dell'accusa, nonché l'unico non ebreo, se si eccettua il giudice statunitense Michael Musmanno. (La difesa non poté produrre testimoni tedeschi, poiché questi rischiavano di essere arrestati e processati in Israele in base alla stessa legge per cui era processato Eichmann.) Il pastore Grüber aveva fatto parte di quel gruppo numericamente esiguo e politicamente irrilevante che si era opposto a Hitler per ragioni di principio, non per considerazioni politiche, e la cui posizione in merito al problema ebraico era stata molto chiara. Egli avrebbe potuto essere uno splendido testimone, dato che Eichmann aveva negoziato piú volte con lui, e quando apparve in aula tutti si aspettarono sensazionali rivelazioni. Purtroppo la sua deposizione fu molto vaga: dopo tanti anni, non ricordava piú quando aveva parlato con Eichmann, né (e questo era piú grave) di che cosa. Gli unici fatti che ricordava bene erano di aver chiesto un giorno che per Pasqua si mandasse del pane azzimo in Ungheria, e di essersi recato in Svizzera durante la guerra per spiegare ai suoi amici cristiani quanto fosse pericolosa la situazione e quanto fosse necessario agevolare l'emigrazione. (I negoziati dovettero aver luogo prima del varo della soluzione finale, che coincise col decreto di Himmler che vietava ogni emigrazione: probabilmente furono anteriori all'inizio della campagna di Russia.) Grüber ebbe il pane azzimo e andò e tornò tranquillamente dalla Svizzera. I guai vennero piú tardi, quando cominciarono le deportazioni. In un primo tempo il pastore Grüber e il suo gruppo di ecclesiastici protestanti intervennero solamente "in favore di invalidi e di decorati della prima guerra mondiale, di vecchi e di vedove di caduti della prima guerra mondiale." Queste categorie corrispondevano a quelle che i nazisti stessi, in origine, avevano esentato dalle persecuzioni. Grüber si sentí dire che ciò che faceva "andava contro la politica del governo," ma per il momento nessuno lo toccò. Poco tempo dopo, tuttavia, egli fece una cosa veramente eccezionale: cercò di raggiungere il campo di concentramento di Gurs, nella Francia meridionale, dove il governo di Vichy aveva internato non solo ebrei fuggiti dalla Germania, ma anche circa settemilacinquecento ebrei del Baden e della Saar-Palatinato che Eichmann aveva fatto confinare in Francia nell'autunno del 1940 e che, secondo le informazioni di cui disponeva Grüber, stavano ancor peggio degli ebrei deportati in Polonia. Il risultato di questo tentativo fu che egli venne arrestato e rinchiuso in campo di concentramento: prima a Sachsenhausen e poi a Dachau. (Sorte analoga toccò al cattolico Bernard Lichtenberg, priore della cattedrale di S. Hedwig di Berlino: questi non solo aveva osato pregare per tutti gli ebrei, battezzati o no — cosa assai piú pericolosa dell'intervenire in favore di "casi speciali" —, ma aveva anche chiesto di poter seguire gli ebrei nel loro viaggio verso oriente; morí mentre era trasportato in un campo di concentramento.)

Ma a parte ciò che disse sull'esistenza di un' "altra Germania," il pastore Grüber non contribuí che assai poco a chiarire i problemi giuridici e ad accrescere l'importanza storica del processo. Egli dette di Eichmann numerose definizioni — "pezzo di ghiaccio," "pezzo di marmo," *"Landsknechtsnatur,"* "ciclista" (nel senso di uno che china la testa di fronte ai superiori, ma che, pedalando, preme sui subordinati), ma non si rivelò affatto un buon psicologo, e si può osservare che l'accusa di "ciclista" era contraddetta dal fatto che Eichmann era stato sempre abbastanza corretto verso i suoi subalterni. Comunque sia, queste erano interpretazioni e conclusioni che qualunque tribunale normale avrebbe evitato di mettere a verbale — mentre a Gerusalemme furono accolte addirittura nella sentenza. Senza di esse, la deposizione di Grüber non avrebbe fatto altro che rafforzare la posizione della difesa, poiché Eichmann non aveva mai dato a Grüber una risposta diretta, gli aveva sempre detto di ritornare, come se avesse dovuto chiedere nuove istruzioni. Cosa ancor piú importante, il dott. Servatius una volta tanto perse l'iniziativa e rivolse al teste una domanda quanto mai pertinente: "Lei cercò d'influenzarlo? Cercò, in quanto ecclesiastico, di appellarsi ai suoi sentimenti? gli fece una predica? gli spiegò che la sua condotta era contraria alla morale?" Naturalmente il coraggioso prelato non aveva fatto nulla di tutto questo, e ora fu molto imbarazzato nel rispondere. Disse che "i fatti sono piú efficaci delle parole" e che le "parole sarebbero state inutili"; pronunziò frasi fatte che non avevano alcun peso, giacché in realtà quelle che lui chiamava "semplici parole" sarebbero state delle "azioni," ed egli avrebbe avuto per lo meno il dovere come sacerdote di controllare se davvero le parole erano "inutili."

Ancor piú pertinente della domanda del dott. Servatius fu ciò che Eichmann disse a proposito di questo episodio nella sua ultima dichiarazione: "Nessuno venne a rimproverarmi per il modo in cui eseguivo il mio dovere; neppure il pastore Grüber sostiene di averlo fatto." E aggiunse: "Venne a chiedermi di alleviare le sofferenze, ma non trovò nulla da ridire sul modo in cui io adempivo i miei doveri."

Grüber, come risulta dalla sua stessa testimonianza, aveva raccomandato non propriamente di "alleviare le sofferenze," ma di esentarne certe ben precise categorie, fissate già dagli stessi nazisti. Orbene, queste categorie erano state accettate fin dall'inizio dagli ebrei tedeschi, senza proteste, e l'accettazione di categorie privilegiate (gli ebrei tedeschi e non gli ebrei polacchi, i veterani di guerra e i decorati e non gli ebrei comuni, le famiglie con antenati nati in Germania e non i cittadini naturalizzati di recente, ecc.) aveva segnato il principio del crollo morale della rispettabile società ebraica. (Visto che oggi si tende a parlare di queste cose come se perdere la dignità nella catastrofe fosse una legge della natura umana, non sarà inopportuno ricordare che in Francia i veterani ebrei, quando il governo offrí loro gli stessi privilegi, risposero: "Noi dichiariamo solennemente che rinunciamo ad ogni beneficio eccezionale che possa derivare dalla nostra condizione di ex-soldati" [*American Jewish Yearbook*, 1945].) Inutile dire che, dal canto loro, i nazisti non presero mai sul serio queste distinzioni: per loro un ebreo era un ebreo; tuttavia le categorie ebbero fino all'ultimo una funzione assai importante, poiché aiutarono a placare certe inquietudini della popolazione tedesca: a questa si diceva infatti che si deportavano soltanto gli ebrei polacchi, soltanto coloro che si erano sottratti al servizio militare, e cosí via. Chi non chiudeva gli occhi capí certo fin dal primo momento che "era prassi comune fare qualche eccezione onde imporre piú agevolmente la regola generale," come dice Louis de Jong in un illuminante articolo sugli ebrei e non ebrei nell'Olanda occupata.

Se l'accettazione delle categorie privilegiate fu cosí disastrosa, fu perché chi chiedeva di essere "eccettuato" implicitamente riconosceva la regola; ma a quanto pare questo fatto non fu mai afferrato da quelle "brave persone" — ebrei e gentili — che si davano da fare per raccomandare ai nazisti i "casi speciali," gli individui che potevano aver diritto a un trattamento preferenziale. Nulla forse quanto il cosiddetto Rapporto Kastner (*Der Kastner-Bericht über Eichmanns Menschenhandel in Ungarn*, 1961) mostra fino a che punto persino le vittime accettassero i criteri della soluzione finale. Anche dopo la guerra Kastner ha continuato a vantarsi di esser riuscito a salvare "ebrei illustri," una categoria fissata ufficialmente dai nazisti nel 1942, come se anche per lui un ebreo famoso avesse piú diritto di restare in vita

La banalità del male

di un ebreo comune; sempre secondo Kastner, addossarsi simili "responsabilità" (cioè aiutare i nazisti a sceverare la gente "famosa" tra l'anonima massa, ché tutto si riduceva a questo) "richiedeva piú coraggio che affrontare la morte." Ma se gli ebrei e i gentili che peroravano in favore dei "casi speciali" non si rendevano conto della loro complicità, coloro che erano impegnati nell'opera di sterminio lo capivano benissimo. Di tanto in tanto aderivano alla richiesta di fare un'eccezione per un "caso speciale," concedevano la grazia e riscuotevano gratitudine, e cosí pensavano per lo meno di aver convinto i loro oppositori della legittimità di ciò che stavano facendo.

Il pastore Grüber e la Corte di Gerusalemme sbagliarono poi completamente nel supporre che le richieste di "esenzione" venissero soltanto dagli oppositori del regime. Al contrario, come Heydrich dichiarò esplicitamente alla conferenza di Wannsee, il ghetto di Theresienstadt per categorie privilegiate fu istituito in seguito a pressioni esercitate da ogni parte. Theresienstadt divenne piú tardi un campo da mostrare ai visitatori stranieri, per ingannare il mondo, ma questa non fu la sua *raison d'être* originale. L'orribile processo di sfoltimento che si verificò a intervalli regolari in questo "paradiso" ("diverso dagli altri campi come il giorno è diverso dalla notte," secondo la giusta osservazione di Eichmann) avvenne perché non c'era mai abbastanza spazio per ospitare tutti i privilegiati, e da un'istruzione diramata da Ernst Kaltenbrunner, capo dell'RSHA, noi sappiamo che una "cura speciale" si metteva nel "non deportare ebrei con legami e importanti aderenze nel mondo esterno." In altre parole, gli ebrei meno "illustri" erano costantemente sacrificati a quelli che non potevano sparire senza provocare fastidiose inchieste. Non necessariamente le "aderenze nel mondo esterno" vivevano fuori della Germania; secondo Himmler, c'erano "ottanta milioni di buoni tedeschi, e ognuno di essi ha il suo bravo ebreo; gli altri sono porci, è chiaro, ma questo ebreo particolare è una persona di prim'ordine" (Hilberg). Lo stesso Hitler, a quanto si dice, conosceva trecentoquaranta "ebrei di prim'ordine" e aveva concesso loro la posizione di tedeschi puri o almeno i privilegi garantiti ai mezzi ebrei. Migliaia di mezzi ebrei erano stati "esentati" e non dovevano sottostare ad alcuna restrizione, il che può spiegare come mai Heydrich e Hans Frank potessero salire cosí in alto nelle SS ed Erhard Milch potesse divenire feldmaresciallo nell'aviazione di

140

Göring: è noto infatti che Heydrich e Milch erano mezzi ebrei. (Dei principali criminali di guerra, soltanto due si pentirono in punto di morte: Heydrich nei nove giorni che gli ci vollero per morire in seguito alle ferite infertegli dai patrioti cecoslovacchi, e Frank prima di essere impiccato a Norimberga; purtroppo si ha ragione di sospettare che si pentissero non di aver commesso crimini spaventosi, ma soltanto di aver tradito la propria gente.) Gli interventi in favore di ebrei "illustri," quando venivano da persone anch'esse "illustri," avevano spesso pieno successo. Cosí Sven Hedin, uno dei piú ardenti ammiratori di Hitler, intervenne in favore di un famoso geografo, il professor Philippsohn, di Bonn, che viveva "in umilianti condizioni" a Theresienstadt; in una lettera a Hitler, Hedin scrisse che il proprio atteggiamento verso la Germania sarebbe "dipeso dalla sorte di Philippsohn." Dopo questa minaccia, a quanto racconta H. G. Adler nel suo libro su Theresienstadt, i nazisti provvidero subito ad alloggiare meglio il signor Philippsohn.

Nella Germania di oggi quest'idea degli ebrei "illustri" è ancora viva. Mentre non si parla piú dei veterani e di altri gruppi privilegiati, si deplorano ancora i maltrattamenti inflitti agli ebrei "famosi." Piú d'uno, soprattutto nei circoli intellettuali, seguita a deplorare pubblicamente che la Germania costringesse Einstein a far fagotto; ma sembra che costoro non si rendano conto che delitto molto piú grave fu uccidere il piccolo Hans Cohn, che abitava all'angolo, anche se non era un genio.

Capitolo ottavo

I doveri di un cittadino ligio alla legge

Eichmann ebbe dunque molte occasioni di sentirsi come Ponzio Pilato, e col passare dei mesi e degli anni non ebbe piú bisogno di pensare. Cosí stavano le cose, questa era la nuova regola, e qualunque cosa facesse, a suo avviso la faceva come cittadino ligio alla legge. Alla polizia e alla Corte disse e ripeté di aver fatto il suo *dovere,* di avere obbedito non soltanto a *ordini,* ma anche alla *legge.* Eichmann aveva la vaga sensazione che questa fosse una distinzione importante, ma né la difesa né i giudici cercarono di sviscerare tale punto. I logori temi degli "ordini superiori" oppure delle "azioni di Stato" furono discussi in lungo e in largo: essi già avevano dominato tutti i dibattiti al processo di Norimberga, per la semplice ragione che davano l'illusione che fatti senza precedenti potessero essere giudicati in base a precedenti e a criteri già noti. Eichmann, con le sue doti mentali piuttosto modeste, era certamente l'ultimo, nell'aula del tribunale, da cui ci si potesse attendere che contestasse queste idee e impostasse in altro modo la propria difesa. Oltre ad aver fatto quello che a suo giudizio era il dovere di un cittadino ligio alla legge, egli aveva anche agito in base a ordini — preoccupandosi sempre di essere "coperto" —, e perciò ora si smarrí completamente e finí con l'insistere alternativamente sui pregi e sui difetti dell'obbedienza cieca, ossia dell'"obbedienza cadaverica," *Kadavergehorsam,* come la chiamava lui.

La prima volta che Eichmann mostrò di rendersi vagamente conto che il suo caso era un po' diverso da quello del soldato che esegue ordini criminosi per natura e per intenti, fu durante l'istruttoria, quando improvvisamente dichiarò con gran foga di aver sempre vissuto secondo i principî dell'etica kantiana, e in particolare conformemente a una definizione kantiana del dovere. L'affermazione era veramente enorme, e anche incomprensibile, poiché l'etica di Kant si fonda soprattutto sulla facoltà di giudizio dell'uomo, facoltà che esclude la cieca obbedienza. Il giudice istruttore non approfondí l'argomento, ma il giudice Raveh, vuoi per curiosità, vuoi perché indignato che Eichmann avesse osato tirare in ballo il nome di Kant a proposito dei suoi misfatti, decise di chiedere chiarimenti all'imputato. E con sorpresa di tutti Eichmann se ne uscí con una definizione piú o meno esatta dell'imperativo categorico: "Quando ho parlato di Kant, intendevo dire che il principio della mia volontà deve essere sempre tale da poter divenire il principio di leggi generali" (il che non vale, per esempio, nel caso del furto o dell'omicidio, poiché il ladro e l'omicida non possono desiderare di vivere sotto un sistema giuridico che dia agli altri il diritto di derubarli o di assassinarli). Rispondendo ad altre domande, Eichmann rivelò di aver letto la *Critica della ragion pratica* di Kant, e quindi procedette a spiegare che quando era stato incaricato di attuare la soluzione finale aveva smesso di vivere secondo i principî kantiani, e che ne aveva avuto coscienza, e che si era consolato pensando che non era piú "padrone delle proprie azioni," che non poteva far nulla per "cambiare le cose." Alla Corte non disse però che in questo periodo "di crimini legalizzati dallo Stato" — cosí ora lo chiamava — non solo aveva abbandonato la formula kantiana in quanto non piú applicabile, ma l'aveva distorta facendola divenire: "agisci come se il principio delle tue azioni fosse quello stesso del legislatore o della legge del tuo paese," ovvero, come suonava la definizione che dell'"imperativo categorico nel Terzo Reich" aveva dato Hans Frank e che lui probabilmente conosceva: "agisci in una maniera che il Führer, se conoscesse le tue azioni, approverebbe" (*Die Technik des Staates*, 1942, pp. 15-16). Certo, Kant non si era mai sognato di dire una cosa simile; al contrario, per lui ogni uomo diveniva un legislatore nel momento stesso in cui cominciava ad agire: usando la "ragion pratica" ciascuno trova i principî che potrebbero e dovrebbero essere i principî della legge. Ma è anche vero che l'inconsapevole distorsione di Eichmann era in armonia con quella che lo stesso Eichmann chiamava la teoria di Kant "ad uso privato della povera gente." In questa versione ad uso privato, tutto ciò che restava dello spirito kantiano era che l'uomo deve fare qualcosa di piú che obbedire alla legge, deve andare al di là della semplice obbedienza e identificare la propria volontà col principio che sta dietro la legge — la fonte da cui la legge è scaturita. Nella filosofia di Kant questa fonte era la ragion pratica; per Eichmann, era la volontà del Führer. Buona parte della spaventosa precisione con cui fu attuata la soluzione finale (una precisione che l'osservatore comune considera tipicamente tedesca o comunque caratteristica del perfetto burocrate) si può appunto ricondurre alla strana idea, effettivamente molto diffusa in Germania, che essere ligi alla legge non significa semplicemente obbedire, ma anche agire come se si fosse il legislatore che ha stilato la legge a cui si obbedisce. Da qui la convinzione che occorra fare anche di piú di ciò che impone il dovere.

Qualunque ruolo abbia avuto Kant nella formazione della mentalità dell'"uomo qualunque" in Germania, non c'è il minimo dubbio che in una cosa Eichmann seguí realmente i precetti kantiani: una legge è una legge e non ci possono essere eccezioni. A Gerusalemme egli ammise di aver fatto un'eccezione in due casi, nel periodo in cui "ottanta milioni di tedeschi" avevano ciascuno "il suo bravo ebreo": aveva aiutato una cugina mezza ebrea e una coppia di ebrei viennesi, cedendo alle raccomandazioni di suo "zio." Questa incoerenza era ancora un ricordo spiacevole, per lui, e cosí durante l'interrogatorio dichiarò, quasi per scusarsi, di aver "confessato le sue colpe" ai suoi superiori. Agli occhi dei giudici questa ostinazione lo condannò piú di tante altre cose meno incomprensibili, ma ai suoi occhi era proprio questa durezza che lo giustificava, cosí come un tempo era valsa a tacitare quel poco di coscienza che ancora poteva avere. Niente eccezioni: questa era la prova che lui aveva sempre agito contro le proprie "inclinazioni," fossero esse ispirate dal sentimento o dall'interesse; questa era la prova che lui aveva sempre fatto il suo "dovere."

E fu facendo il suo "dovere" che alla fine egli entrò in conflitto con i suoi superiori. Nell'ultimo anno di guerra — due anni dopo la conferenza di Wannsee — ebbe l'ultima crisi di coscienza. Approssimandosi la disfatta, si trovò di fronte a uomini che, pur venendo dalle sue stesse file, premevano sempre di piú perché si facessero eccezioni e, infine, perché si sospendesse lo sterminio. Fu allora che egli abbandonò la sua tradizionale cautela e riprese a compiere azioni di propria iniziativa: per esempio, quando i bombardamenti alleati paralizzarono completamente il sistema dei trasporti, organizzò le marce a piedi di ebrei da Budapest in direzione del confine austriaco. Si era ormai nell'autunno del 1944, e lui sapeva che Himmler aveva ordinato lo smantellamento degli impianti di sterminio e che il gioco era finito. Verso quell'epoca ebbe uno dei suoi rarissimi colloqui personali con Himmler. Quest'ultimo gli avrebbe gridato: "Se finora Lei si è occupato di liquidare gli ebrei, d'ora in avanti avrà buona cura degli ebrei, sarà la loro balia: gliel'ordino io! Le ricordo che sono stato io, e non il *Gruppenführer* Müller e tanto meno Lei, a fondare l'RSHA nel 1933. Qui comando solo io!" L'unico testimone che ricordò queste parole fu il poco attendibile Kurt Becher; Eichmann negò che Himmler avesse gridato, ma non negò che un colloquio del genere avesse avuto luogo. Himmler, naturalmente, non poteva essersi espresso in quella forma, poiché doveva saper bene che l'RSHA era stato fondato nel 1939 e non nel 1933, e non propriamente da lui, ma da Heydrich, col suo benestare. Tuttavia, qualcosa di vero nel racconto di Becher ci doveva essere; a quel tempo Himmler ordinava a destra e a sinistra che si trattassero bene gli ebrei (i quali erano il suo "investimento piú sicuro"), e per Eichmann quella dovette essere un'esperienza sconvolgente.

L'ultima crisi di coscienza di Eichmann cominciò nel marzo del 1944, quando fu mandato in missione in Ungheria mentre l'Armata Rossa attraverso i Carpazi avanzava in direzione del confine magiaro. L'Ungheria era entrata in guerra al fianco di Hitler nel 1941, al solo scopo di strappare un po' di territorio ai paesi confinanti, Slovacchia, Romania e Jugoslavia; e il governo ungherese, che era stato violentemente antisemita anche prima, aveva cominciato a deportare tutti gli ebrei apolidi che si trovavano nelle zone incorporate (in quasi tutti i paesi nella lotta contro gli ebrei si cominciò dagli apolidi): questo al di fuori del quadro della soluzione finale, e neppure in armonia con i complicati piani che si stavano allora preparando per "setacciare l'Europa da ovest a est," piani in base ai quali l'Ungheria non era propriamente la prima nazione da "ripulire." Cosí la polizia ungherese aveva scacciato gli ebrei apolidi sospingendoli in territorio russo, e là le autorità d'occupazione tedesche avevano protestato per l'arrivo di questa gente. Gli ungheresi si erano allora ripresi qualche migliaio di uomini idonei al lavoro, facendo fucilare tutti gli altri da truppe magiare guidate da reparti di polizia tedeschi. Ma dopo questo avvenimento l'ammiraglio Horthy, dittatore fascista dell'Ungheria, non era voluto andare oltre, forse grazie all'influenza moderatrice di Mussolini e del fascismo italiano, e negli anni successivi l'Ungheria, come l'Italia, era divenuta per gli ebrei una specie di porto, una nazione dove anche i profughi polacchi e slovacchi potevano, a volte, salvarsi. L'annessione di nuovi territori e l'afflusso di profughi avevano provocato un aumento del numero degli ebrei: da circa cinquecentomila che erano prima della guerra, nel 1944, quando arrivò Eichmann, erano saliti a quasi ottocentomila.

Oggi noi sappiamo che se i trecentomila ebrei che l'Ungheria si trovò ad avere in piú riuscirono a salvarsi, ciò fu dovuto piú che alla bontà dei fascisti ungheresi al fatto che i tedeschi erano restii ad avviare un'azione di sterminio per un numero ancora cosí limitato di persone. Nel 1942, cedendo alle pressioni del ministero degli esteri del Reich (il quale non si stancava mai di ricordare agli alleati della Germania che la pietra di paragone della loro fedeltà era il contributo che davano non alla vittoria, ma alla soluzione del problema ebraico), l'Ungheria si era offerta di consegnare tutti i profughi ebrei. Il ministero degli esteri era ben lieto di accettare, considerandolo un passo nella direzione giusta, ma Eichmann si era opposto: a suo avviso, per ragioni tecniche era preferibile rinviare l'accettazione di questo "gruppo" al giorno in cui l'Ungheria fosse stata "disposta a consegnare anche gli ebrei ungheresi"; sarebbe stato troppo costoso "mettere in moto tutto il meccanismo dell'evacuazione" per questa sola categoria, e non si sarebbe fatto "nessun progresso nella soluzione del problema ebraico in Ungheria." Ma ora, nel 1944, l'Ungheria era "disposta," e questo perché il 19 marzo due divisioni tedesche avevano occupato il paese. Al seguito delle truppe erano arrivati il nuovo plenipotenziario del Reich, *SS-Standartenführer* dott. Edmund Veesenmayer, agente di Himmler in seno al ministero degli esteri, e l'*SS-Obergruppenführer* Otto Winkelmann, il quale era membro del Corpo dei comandanti superiori delle SS e della polizia e quindi era alle dirette dipendenze di Himmler. Il terzo ufficiale delle SS che arrivò in Ungheria fu Eichmann, l'esperto in evacuazione e deportazione, che faceva parte dell'RSHA e dipendeva da Müller e Kaltenbrunner. Hitler, personalmente, non aveva lasciato dubbi su ciò che significava l'arrivo di questi tre signori; in un famoso colloquio che aveva avuto con Horthy prima dell'occupazione del paese, aveva detto che "l'Ungheria non aveva ancora compiuto i passi necessari per sistemare la questione ebraica" e aveva rimproverato al dittatore magiaro di "non aver permesso la liquidazione degli ebrei" (Hilberg).

La missione di Eichmann era chiara. Tutto il suo ufficio fu trasferito a Budapest (dal punto di vista della sua carriera questo era "un regresso") per controllare che si compissero tutti "i passi necessari." Lui non sapeva minimamente come si sarebbero messe le cose; temeva soprattutto che gli ungheresi opponessero resistenza, e in tal caso non avrebbe saputo come rimediare perché non aveva molti uomini a disposizione e non conosceva la situazione locale. Ma questi timori si rivelarono assolutamente infondati. La gendarmeria ungherese fu piú che zelante nel fare tutto ciò che occorreva e il nuovo segretario di Stato addetto agli affari politici (problema ebraico) presso il ministero degli interni magiaro, László Endre, era un uomo "ben versato nella questione ebraica" e divenne suo intimo amico. Tutto andò "come un sogno," secondo l'espressione che Eichmann usò ogni volta che ricordò questo episodio; non ci furono difficoltà di sorta — a meno che naturalmente non si chiamino difficoltà alcune piccole discrepanze tra i suoi ordini e i desideri dei suoi amici: per esempio, forse in considerazione del fatto che l'Armata Rossa stava avanzando da est, lui ordinò che il paese fosse "setacciato da est a ovest," e non viceversa, il che significava che gli ebrei di Budapest sarebbero stati evacuati solo in un secondo tempo, di lí a qualche tempo, di lí a qualche settimana se non qualche mese; e questo addolorò non poco i fascisti ungheresi, i quali avrebbero voluto che la loro capitale fosse la prima ad essere "ripulita." (Quello che Eichmann chiamò un "sogno" fu per gli ebrei un incubo spaventoso: in nessun'altra nazione tanta gente fu deportata e sterminata in cosí breve tempo: in meno di due mesi partirono centoquarantasette treni che portarono via 434.351 persone rinchiuse in vagoni-merci sigillati, cento per vagone, e le camere a gas di Auschwitz pur lavorando a pieno ritmo stentarono a liquidare tutta questa moltitudine.)

Le difficoltà vere vennero da un'altra parte. Non un uomo solo, bensí tre uomini avevano l'ordine di aiutare a "risolvere il problema ebraico," e ognuno di loro apparteneva a un organismo diverso e a una gerarchia diversa. A rigore, Winkelmann era superiore di grado ad Eichmann, ma i comandanti superiori delle SS e della polizia non avevano nulla a che vedere con l'RSHA, a cui invece Eichmann apparteneva. E Veesenmayer, del ministero degli esteri, era indipendente sia dall'uno che dall'altro. Comunque sia, Eichmann si rifiutò di prendere ordini dagli altri due, ed era infastidito dalla loro presenza. Ma ancor piú fastidio gli dette un quarto uomo, a cui Himmler aveva affidato una "missione speciale" nel solo paese europeo che ancora ospitava non soltanto un gran numero di ebrei, ma ebrei che avevano una funzione importante nella vita economica. (Su un totale di centodiecimila aziende commerciali e industriali quarantamila, secondo le statistiche, erano tuttora in mano ad ebrei.) Quest'uomo era l'*Obersturmbannführer*, piú tardi *Standartenführer*, Kurt Becher.

Becher, vecchio nemico di Eichmann e oggi facoltoso commerciante a Brema, fu chiamato a deporre come testimone — cosa assai strana — dalla difesa. Non potendo per ovvie ragioni recarsi a Gerusalemme, fu interrogato nella città dove risiedeva, ma della sua testimonianza non si poté tener conto perché si scoprí che già da tempo conosceva le domande a cui doveva rispondere sotto giuramento. Fu un gran peccato che non si potesse procedere a un confronto diretto tra Eichmann e Becher, e non soltanto per ragioni giuridiche. Un confronto avrebbe messo in luce un altro aspetto del cosiddetto "quadro generale," un aspetto che anche dal punto di vista giuridico era tutt'altro che irrilevante. Becher, stando alla sua versione, era entrato nelle SS perché fin dal 1932 si era sempre "occupato di equitazione." Una trentina d'anni fa questo sport era praticato in Europa soltanto da persone dell'alta borghesia o dell'aristocrazia. Nel 1934 il suo istruttore lo aveva convinto ad arruolarsi in un reggimento di cavalleria delle SS, cosa che in quel momento era l'ideale per chi voleva aderire al "movimento" senza abbassarsi troppo. (Nessuno però ha mai notato che se nella sua deposizione Becher insisté tanto sulla storia dell'equitazione, lo fece forse per un'altra ragione, e cioè perché il Tribunale di Norimberga aveva escluso le *Reiter-SS* dalla lista delle organizzazioni criminali.") E cosí la guerra aveva visto Becher in servizio attivo al fronte, come membro non dell'esercito ma delle *Waffen-SS*, in cui era ufficiale di collegamento. Ma ben presto egli aveva la-

sciato il fronte per divenire il principale funzionario delle SS addetto
all'acquisto di cavalli: un lavoro che gli fruttò quasi tutte le decora-
zioni a quel tempo disponibili.

Becher sostenne di essere stato mandato in Ungheria soltanto per
acquistare ventimila cavalli per le SS; la cosa è piuttosto improbabile,
perché appena arrivato egli intavolò invece una serie di trattative,
coronate poi da pieno successo, con i dirigenti di grosse industrie
ebraiche. I suoi rapporti con Himmler erano ottimi: poteva vedere
il *Reichsführer* delle SS quando voleva. E la sua "missione speciale"
era abbastanza chiara: cercare, lavorando alle spalle del governo ungherese, di strappare agli ebrei il controllo delle principali aziende,
concedendo in cambio ai proprietari il permesso di espatriare, più una
notevole somma in valuta straniera. L'affare più importante che riuscí
a concludere fu quello con le acciaierie Manfred Weiss, una fabbrica
gigantesca che produceva di tutto, dagli aeroplani ai camion, dalle
biciclette agli oggetti cromati, agli aghi, agli spilli. Il risultato fu che
quarantacinque membri della famiglia Weiss emigrarono in Portogallo, mentre il signor Becher divenne il capo della loro azienda.
Eichmann, quando seppe di questa *Schweinerei,* ne rimase sdegnato
e offeso: l'affare minacciava di compromettere i suoi rapporti con gli
ungheresi, i quali naturalmente si aspettavano di divenire loro i padroni dei beni confiscati agli ebrei. E una ragione del suo sdegno era
anche che quelle operazioni erano in contrasto con la normale politica
nazista, che per questo aspetto era — a modo suo — alquanto generosa. E infatti in ogni paese, in cambio dell'aiuto prestato per risolvere
la questione ebraica, i tedeschi non avevano mai chiesto una parte dei
beni degli ebrei, ma si erano sempre limitati a chiedere il rimborso
delle spese per la deportazione e lo sterminio. Queste spese variavano
molto da paese a paese: pare che gli slovacchi dovessero pagare dai
trecento ai cinquecento marchi per ebreo, i croati soltanto trenta, i
francesi settecento e i belgi duecentocinquanta. (A quanto sembra
nessuno pagò mai, tranne i croati.) In Ungheria, in quest'ultima fase
della guerra, i tedeschi chiedevano di essere pagati in natura: viveri
per il Reich, in quantità corrispondenti a quelle che gli ebrei deportati
avrebbero consumato.

L'affare Weiss non fu che l'inizio, e le cose, dal punto di vista di
Eichmann, erano destinate a peggiorare notevolmente. Becher era un

affarista nato, e dove Eichmann vedeva soltanto compiti enormi d'organizzazione e di amministrazione, lui vedeva possibilità quasi illimitate di far soldi. L'unica cosa che ostacolava i suoi piani era la meschinità delle persone come Eichmann, che prendevano il loro lavoro troppo sul serio. Ben presto l'*Obersturmbannführer* Becher si mise a collaborare strettamente alle operazioni di "salvataggio" del dott. Rudolf Kastner. (E fu grazie alla testimonianza di Kastner che Becher, a Norimberga, fu rimesso in libertà. Kastner, dal canto suo, che era un vecchio sionista, dopo la guerra si trasferí in Israele e qui fu un personaggio importante fino al giorno in cui un giornalista non pubblicò la storia della sua collaborazione con le SS — al che Kastner rispose con una querela per diffamazione. La deposizione che fece a Norimberga pregiudicò però grandemente la sua situazione, e quando il suo caso fu esaminato dalla Corte distrettuale di Gerusalemme, il giudice Halevi — quello stesso che poi processò Eichmann — disse che Kastner aveva "venduto l'anima al diavolo." Nel marzo del 1957, poco prima del processo d'appello, Kastner fu assassinato; ma pare che nessuno degli attentatori fosse ungherese. Il processo d'appello ci fu ugualmente, la sentenza di primo grado fu annullata ed egli fu pienamente riabilitato.) Gli affari che Becher concluse con Kastner furono molto piú semplici di quelli con i magnati dell'industria; si trattava di fissare un prezzo per la vita di ogni ebreo da salvare. Le trattative furono molto vivaci, e pare che a un certo punto anche Eichmann partecipasse alle discussioni preliminari. Fatto caratteristico, il prezzo da lui proposto era il piú basso di tutti, appena duecento dollari per ebreo — naturalmente, però, non perché egli voleva salvare piú ebrei, ma perché non era abituato a pensare in grande. Alla fine ci si accordò su una somma di mille dollari, e cosí 1684 ebrei, compresi i parenti di Kastner, lasciarono l'Ungheria diretti al "campo di scambio" di Bergen-Belsen, da dove p raggiunsero la Svizzera. Un affare analogo, col quale Becher e Himmler speravano di strappare venti milioni di franchi svizzeri all'*American Joint Distribution Committee*, tenne occupati tutti quanti sino a quando i russi non liberarono l'Ungheria, ma non andò mai in porto.

Non c'è dubbio che l'attività di Becher aveva la piena approvazione di Himmler ed era in nettissimo contrasto con gli ordini "radicali" che Müller e Kaltenbrunner, dell'RSHA, seguitavano a inoltrare ad Eichmann. A giudizio di Eichmann gli individui come Becher erano corrotti, ma la corruzione non sarebbe mai bastata a provocare in lui una crisi di coscienza, perché ne era circondato ormai da troppi anni. È difficile, anche se non impossibile, che egli non sapesse che già nel 1942 il suo amico e subordinato Dieter Wisliceny, *Hauptsturmführer,* aveva accettato cinquantamila dollari dal Comitato assistenziale ebraico di Bratislava in cambio del rinvio delle deportazioni dalla Slovacchia; ma non poteva non sapere che nell'autunno del 1942 Himmler aveva cercato di vendere permessi di espatrio a ebrei slovacchi per una somma — in valuta straniera — sufficiente a pagare il reclutamento di una nuova divisione di SS. Ora tuttavia, nel 1944, la situazione in Ungheria era diversa, non perché Himmler era implicato nella faccenda, ma perché gli affari erano ormai divenuti la politica ufficiale; non si trattava piú di semplice corruzione.

All'inizio Eichmann cercò di adeguarsi alle regole del nuovo giuoco. Fu quando si trovò implicato nelle strabilianti trattative "sangue in cambio di merci" (un milione di ebrei in cambio di diecimila camion per l'esercito tedesco in rotta), trattative che non era stato certo lui ad avviare. Il modo in cui a Gerusalemme cercò di spiegare il ruolo che aveva avuto in questo affare dimostra chiaramente come doveva aver ragionato: era una necessità militare, grazie alla quale, per giunta, sarebbe tornato ad essere un personaggio importante nel campo dell'emigrazione. La cosa che forse non confessò mai neppure a se stesso era che, aumentando le difficoltà da ogni parte, cresceva per lui di giorno in giorno anche il rischio di rimanere senza lavoro (come difatti avvenne di lí a pochi mesi), a meno che non fosse riuscito a trovare qualcosa a cui aggrapparsi mentre gli altri lottavano tra di loro per il potere. Quando il piano di scambio, com'era prevedibile, fallí, tutti ormai sapevano che Himmler, malgrado i suoi continui tentennamenti dovuti principalmente alla piú che giustificata paura fisica che aveva di Hitler, aveva deciso di sospendere la soluzione finale — senza riguardo per gli affari in corso, senza riguardo per le necessità militari, e restando soltanto con le illusioni che s'era fatto sul suo futuro ruolo di apportatore di pace. Fu allora che sorse un'"ala moderata" delle SS, formata da uomini cosí stupidi da credere che per un criminale sarebbe stato un alibi meraviglioso poter dimostrare di non avere ucciso tanta gente quanta ne avrebbe potuta

uccidere, e da uomini cosí furbi da prevedere che presto o tardi si
sarebbe tornati a una "situazione normale," dove i soldi e le aderenze
avrebbero riacquistato tutta la loro importanza.

Eichmann non si uní a quest' "ala moderata," e del resto, se avesse
cercato di farlo, probabilmente non sarebbe stato accettato. Non solo
si era troppo compromesso ed era troppo conosciuto dati i suoi continui rapporti con funzionari ebraici, ma era anche troppo primitivo
per questi "gentiluomini" delle classi alte, istruiti, contro i quali egli
nutrí sino alla fine un sordo e violento rancore. Eichmann era perfettamente capace di mandare a morte milioni di persone, ma era
incapace di parlare di simili cose in maniera conveniente, se qualcuno non gli dava una *Sprachregelung*. A Gerusalemme, dove appunto non c'era nessuno a dargli istruzioni del genere, parlò liberamente
di "sterminio" di "assassinio," di "crimini legalizzati dallo Stato";
disse pane al pane e vino al vino, a differenza di quel che fece il
suo difensore il quale, piú di una volta, mostrò di sentirsi socialmente
superiore a lui. (L'assistente di Servatius, il dott. Dieter Wechtenbruch — un discepolo di Carl Schmitt che durante le prime settimane
assisté alle udienze, poi fu mandato in Germania a interrogare i testimoni della difesa e quindi si ripresentò a Gerusalemme in agosto, nel-
l'ultima settimana del processo — si lasciava avvicinare volentieri dai
giornalisti e parve scosso non tanto dai crimini di Eichmann, quanto
dalla sua mancanza di tatto e d'istruzione: "Bisogna vedere come
riusciremo a salvare questo pesce piccolo" — disse. E Servatius, ancor
prima del processo, dichiarò che la personalità del suo cliente era
quella di un "comune postino.")

Quando Himmler divenne "moderato," Eichmann ne sabotò gli
ordini piú che potè, almeno nella misura in cui si sentiva "coperto"
dai suoi superiori. "Come osa Eichmann sabotare gli ordini di Himmler?" chiese un giorno Kastner a Wisliceny, nell'autunno del 1944 —
nel caso specifico si riferiva all'ordine di sospendere le marce a piedi.
E la risposta fu: "Si vede che può mostrare qualche telegramma;
dev'esser coperto da Müller e Kaltenbrunner." Può darsi benissimo che
Eichmann avesse qualche vago progetto di liquidare Theresienstadt
prima dell'arrivo dell'Armata Rossa, benché a dircelo sia un testimone
dubbio come Dieter Wisliceny (il quale già da mesi, forse da anni,
aveva cominciato a prepararsi con gran cura un alibi a spese di Eich-

mann, propinandolo poi ai giudici del Tribunale di Norimberga, dove testimoniò per l'accusa; ma, estradato in Cecoslovacchia, fu processato e giustiziato a Praga, dove a nulla gli servirono le aderenze e il denaro che aveva accumulato). Secondo altri testimoni, il progetto era invece di Rolf Günther, uno degli uomini di Eichmann, e anzi Eichmann aveva ordinato per iscritto che il ghetto fosse lasciato intatto. Comunque sia, è fuor di dubbio che ancora nell'aprile del 1945, quando ormai praticamente tutti erano diventati "moderati," Eichmann approfittò della visita a Theresienstadt di Paul Dunand, funzionario della Croce Rossa Svizzera, per far sapere al mondo che lui non approvava la nuova linea di Himmler riguardo agli ebrei.

Che Eichmann avesse sempre fatto del suo meglio per attuare la soluzione finale era perciò fuori discussione. La questione era soltanto se questa fosse davvero una prova di fanatismo, di odio sfrenato per gli ebrei, e se egli avesse mentito alla polizia e spergiurato in tribunale quando aveva affermato di aver sempre obbedito a ordini. I giudici, che sempre si sforzarono di capire l'imputato e sempre lo trattarono con una considerazione e un'umanità che nessuno probabilmente gli aveva mai mostrato, non seppero trovare altra spiegazione che la menzogna. (Il dott. Wechtenbruch disse ai giornalisti che Eichmann aveva "molta fiducia nel giudice Landau" come se Landau potesse cambiare il nero in bianco, e attribuì questa fiducia al fatto che Eichmann aveva sempre bisogno di un'autorità; qualunque ne fosse l'origine, tale fiducia fu evidente per tutto il processo, e spiega bene la "delusione" che Eichmann provò alla lettura della sentenza: egli aveva scambiato l'umanità per mitezza.) Che essi non riuscissero mai a capirlo può essere una conseguenza della loro "bontà," della loro fede ferma e un po' antiquata nei principî morali della loro professione. Ché la triste e spiacevolissima verità era probabilmente che non il fanatismo, ma proprio la coscienza aveva spinto Eichmann ad adottare quell'inflessibile atteggiamento, così come tre anni prima l'aveva spinto per breve tempo a muoversi nella direzione opposta. Eichmann sapeva che gli ordini di Himmler andavano contro l'ordine del Führer, e per sapere questo non aveva bisogno di conoscere i particolari concreti, anche se i particolari l'avrebbero naturalmente incoraggiato: come sottolineò più tardi l'accusa nel dibattimento di fronte alla Corte Suprema, quando Kaltenbrunner riferí a Hitler dei negoziati per lo scambio di ebrei con camion, Himmler "cadde completamente" agli occhi del Führer. Inoltre, appena poche settimane prima che Himmler sospendesse lo sterminio ad Auschwitz, Hitler, evidentemente all'oscuro dei passi del *Reichsführer* delle SS, aveva mandato un ultimatum a Horthy dicendogli che si aspettava che "il governo ungherese prendesse finalmente misure contro gli ebrei di Budapest, senza ulteriori indugi." E cosí Eichmann, quando Himmler ordinò di sospendere anche l'evacuazione degli ebrei ungheresi, minacciò, secondo un telegramma di Veesenmayer, di "chiedere al Führer nuove istruzioni," e nella sentenza questo telegramma fu definito "ancor piú grave di cento testimonianze."

Eichmann perse la battaglia contro l'ala "moderata," capeggiata dal *Reichsführer* delle SS e Capo della polizia tedesca. Il primo sintomo della sua sconfitta fu quando nel gennaio del 1945 l'*Obersturmbannführer* Kurt Becher fu promosso *Standartenführer,* proprio il grado che Eichmann aveva sognato per tutta la guerra. (La sua affermazione che nel suo settore non si poteva salire piú in alto era vera a metà: avrebbe potuto divenire capo della Sezione IV-B, e allora sarebbe stato automaticamente promosso; la verità è probabilmente che agli individui come Eichmann, venuti dal basso, non era consentito avanzare oltre il grado di tenente colonnello, salvo che al fronte.) Quello stesso mese l'Ungheria fu liberata, e Eichmann fu richiamato a Berlino. Qui il suo nemico Becher era stato ora nominato da Himmler commissario speciale del Reich per tutti i campi di concentramento, e lui fu trasferito dall'ufficio "affari ebraici" a un ufficio, quanto mai insignificante, che si occupava della "lotta contro le chiese" — un campo di cui per giunta non s'intendeva affatto. La rapidità del suo declino negli ultimi mesi di guerra è significativa, perché mostra quanto Hitler avesse ragione quando in aprile dichiarò, nel suo bunker di Berlino, che le SS non erano piú fidate.

A Gerusalemme, posto di fronte ai documenti che provavano la sua eccezionale fedeltà a Hitler, Eichmann cercò a piú riprese di spiegare che nel Terzo Reich "le parole del Führer avevano forza di legge" *(Führerworte haben Gesetzeskraft),* il che significava, tra l'altro, che gli ordini di Hitler non avevano bisogno di essere scritti. Cercò di spiegare che era per questo che egli non aveva mai chiesto un ordine scritto di Hitler (e in effetti documenti di questo tipo riguardanti la soluzione finale non sono mai stati trovati e probabilmente non esistettero mai), mentre aveva chiesto di vedere un ordine scritto di Himmler. Certo, questa era una situazione paradossale, e sull'argomento si sono scritti volumi e volumi. In tale sistema "giuridico," ogni ordine contrario nella lettera o nello spirito a una disposizione orale di Hitler era per definizione illegittimo. Perciò la posizione assunta da Eichmann assomigliava spiacevolmente a quella, tante volte citata, del soldato che in un sistema giuridico normale si rifiuta di eseguire ordini che sono contrari all'idea comune della legittimità e che quindi possono da lui essere considerati illegali. La vasta letteratura sull'argomento gioca di solito sull'ambiguità del termine "legge," che in questo contesto significa a volte la legge vigente in un dato paese — cioè il codice esistente, concreto — e a volte la legge che, si suppone, parla con identica voce nel cuore di tutti gli uomini. In pratica, però, gli ordini a cui si può disobbedire devono essere "manifestamente illegali" e l'illegalità deve essere "come una bandiera nera che sventola al di sopra di essi con una scritta che dice: 'Proibito,'" secondo la pittoresca espressione adoperata nella sentenza. E sotto un regime criminale questa "bandiera nera" con la sua "scritta ammonitrice" sventola su quello che è normalmente un ordine legittimo (per esempio, non uccidere degli innocenti solo perché sono ebrei) nella stessa manifesta maniera in cui sventola, sotto un regime normale, al di sopra di un ordine criminale. Ripiegare sull'inequivocabile voce della coscienza, o, secondo la terminologia ancor piú vaga dei giuristi, su un "generale sentimento di umanità" (Oppenheim-Lauterpacht in *International Law,* 1952) significa non soltanto aggirare la questione, ma rifiutarsi deliberatamente di prender nota dei principali fenomeni morali, giuridici e politici del nostro secolo.

Naturalmente, a determinare le azioni di Eichmann non era soltanto la convinzione che Himmler stesse ora impartendo ordini illegali. Ma il fattore personale in gioco non era il fanatismo, bensí la sua sincera, "sfrenata e smisurata ammirazione per Hitler," come disse un teste della difesa, cioè per l'uomo che era riuscito a salire "da caporale a Cancelliere del Reich." Sarebbe vano cercar di stabilire che cosa fosse piú forte in lui, se l'ammirazione per Hitler o l'intenzione di restare un cittadino ligio alla legge anche ora che il Terzo Reich era ridotto a un cumulo di macerie. Entrambi i motivi ebbero la loro importanza ancora negli ultimi giorni di guerra, quand'egli era a Berlino e con sdegno vide che attorno a lui tutti cercavano di procurarsi documenti falsi prima dell'arrivo dei russi o degli americani. Di lí a qualche settimana anche Eichmann cominciò a viaggiare sotto falso nome, ma ormai Hitler era morto e "la legge del paese" non esisteva piú e lui, come precisò al processo, non era piú vincolato dal giuramento. E infatti il giuramento prestato dalle SS differiva da quello dei militari, nel senso che imponeva fedeltà a Hitler, non alla Germania.

Il problema della coscienza di Adolf Eichmann, che è notoriamente complesso ma nient'affatto unico, non può essere paragonato a quello della coscienza dei generali tedeschi, uno dei quali, quando a Norimberga gli chiesero "Com'è possibile che tutti voi rispettabili generali abbiate seguitato a servire un assassino con tanta fedeltà?" rispose che non toccava a un soldato ergersi a giudice del suo comandante supremo: "Questo tocca alla storia, o a Dio in cielo." (Cosí il generale Alfred Jodl, impiccato a Norimberga.) Eichmann, molto meno intelligente e per nulla istruito, capí almeno vagamente che a trasformarli tutti in criminali non era stato un ordine, ma una legge. La differenza tra ordine e "ordine del Führer" era che la validità del secondo non era limitata nel tempo o nello spazio, mentre questo limite è caratteristica precipua del primo. E questa è anche la vera ragione per cui quando il Führer ordinò la soluzione finale esperti giuristi e consiglieri giuridici, non semplici amministratori, stilarono una fiumana di regolamenti e direttive: quell'ordine, a differenza degli ordini comuni, fu considerato una legge. Inutile aggiungere che tutti questi strumenti giuridici, lungi dall'essere semplice frutto della pignoleria o precisione tedesca, servirono ottimamente a dare a tutta la faccenda una parvenza di legalità.

E come nei paesi civili la legge presuppone che la voce della coscienza dica a tutti "Non ammazzare," anche se talvolta l'uomo può avere istinti e tendenze omicide, cosí la legge della Germania hitleriana pretendeva che la voce della coscienza dicesse a tutti: "Ammazza," anche se gli organizzatori dei massacri sapevano benissimo che ciò era contrario agli istinti e alle tendenze normali della maggior parte della popolazione. Il male, nel Terzo Reich, aveva perduto la proprietà che permette ai piú di riconoscerlo per quello che è — la proprietà della tentazione. Molti tedeschi e molti nazisti, probabilmente la stragrande maggioranza, dovettero esser tentati di *non* uccidere, *non* rubare, *non* mandare a morire i loro vicini di casa (ché naturalmente, per quanto non sempre conoscessero gli orridi particolari, essi *sapevano* che gli ebrei erano trasportati verso la morte); e dovettero esser tentati di *non* trarre vantaggi da questi crimini e divenirne complici. Ma Dio sa quanto bene avessero imparato a resistere a queste tentazioni.

Capitolo nono

Deportazioni dal Reich - Germania, Austria e Protettorato

Tra la conferenza di Wannsee del gennaio 1942, quando Eichmann si era sentito come Ponzio Pilato e si era lavato le mani, e
gli ordini di Himmler dell'estate e dell'autunno 1944, quando all'insaputa di Hitler la soluzione finale fu abbandonata come se i massacri
non fossero stati che un deplorevole errore, Eichmnan non fu turbato
da problemi di coscienza. La sua mente era tutta presa dalla mole
sempre crescente di lavoro organizzativo e amministrativo, un lavoro
da svolgere non soltanto mentre infuriava una guerra mondiale, ma
— cosa per lui piú importante — in mezzo agli innumerevoli intrighi
e alle continue lotte per il potere dei vari organismi che si occupavano
di "risolvere la questione ebraica." I suoi piú temibili concorrenti erano
i comandanti superiori delle SS e della polizia, che dipendevano direttamente da Himmler, lo avvicinavano facilmente e sempre erano superiori di grado a lui, Eichmann. C'era poi il ministero degli esteri, che
col nuovo sottosegretario di Stato Martin Luther, un protetto di Ribbentrop, era divenuto molto attivo nel settore ebraico. (Nel 1943, in un
complicato complotto, Luther cercò poi di spodestare Ribbentrop,
fallí e fu rinchiuso in un campo di concentramento; gli succedette il
consigliere d'ambasciata Eberhard von Thadden — testimone per la
difesa al processo di Gerusalemme — sotto il quale Eichmann divenne
relatore per gli affari ebraici.) Questo ministero di tanto in tanto ordinava deportazioni ai suoi rappresentanti all'estero, e questi, per ragioni
di prestigio, agivano di solito tramite i suddetti comandanti superiori.
C'erano i comandanti della Wehrmacht, che nei paesi dell'Europa
orientale preferivano risolvere i problemi "sul posto," cioè con fucilazioni in massa (nei paesi occidentali, invece, i militari furono sempre

riluttanti a collaborare e a distaccare truppe per rastrellare gli ebrei). E infine c'erano i *Gauleiter,* cioè i comandanti distrettuali, ciascuno dei quali smaniava di essere il primo a dichiarare *judenrein* il proprio territorio, e che a volte effettuavano deportazioni per conto loro.

Eichmann doveva coordinare tutti questi "sforzi," mettere un po' d'ordine in quel "caos completo" dove ognuno "comandava" e "faceva quello che piú gli piaceva." Ed effettivamente riuscí, sia pure non quanto avrebbe voluto, a divenire un elemento-chiave di tutto il meccanismo, e questo perché il suo ufficio si occupava dei mezzi di trasporto. Secondo il dott. Rudolf Mildner, capo della **Gestapo nell'Alta** Slesia (la regione dove si trovava Auschwitz), poi capo della polizia di sicurezza in Danimarca e piú tardi testimone per l'accusa a Norimberga, gli ordini di deportazione erano dati da Himmler, per iscritto, a Kaltenbrunner, cioè al capo dell'RSHA; Kaltenbrunner li notificava a Müller, capo della Gestapo ossia della IV Sezione dell'RSHA, e questi a sua volta li trasmetteva, oralmente, al capo del IV-B-4, cioè ad Eichmann. Himmler impartiva anche ordini ai comandanti superiori locali delle SS e della polizia, informandone **Kaltenbrunner.** Sempre Himmler era quello che decideva che cosa si dovesse fare degli ebrei deportati, quanti ne dovessero essere sterminati e quanti risparmiati e assegnati ai lavori forzati: in questi casi gli ordini erano trasmessi al WVHA di Pohl, che li trasmetteva a Richard Glücks, ispettore dei campi di concentramento e di sterminio, che a sua volta li inoltrava ai comandanti dei campi. L'accusa ignorò questi documenti del processo di Norimberga, giacché contraddicevano la sua tesi degli enormi poteri di Eichmann; la difesa accennò alle dichiarazioni giurate di Mildner, ma senza molto costrutto. Personalmente, Eichmann, "dopo aver consultato il Poliakov e il Reitlinger," produsse diciassette tabelle multicolori, ma queste non aiutarono molto a chiarire la complicata macchina burocratica del Terzo Reich, anche se la presentazione generale ("tutto era in uno stato di continua fluidità, una corrente in continuo movimento") era assai plausibile per chi studia le dittature e sa bene come il loro "monolitismo" sia un mito. Egli ricordava ancora, ma vagamente, che i suoi consiglieri in tutti i paesi occupati e semi-indipendenti gli indicavano che cosa "si poteva fare," che lui preparava allora "rapporti che poi venivano o approvati o respinti," e che quindi Müller emanava le direttive; "in pratica ciò significava che una proposta giunta da Parigi o dall'Aja tornava nel giro di quindici giorni a Parigi o all'Aja in forma di direttiva approvata dall'RSHA." Eichmann era la cinghia di trasmissione piú importante di tutta l'operazione, perché toccava sempre a lui e ai suoi uomini fissare quanti ebrei potevano o dovevano essere deportati da una data zona, ed era sempre il suo ufficio che, pur non stabilendo la destinazione ultima, accertava le possibilità esistenti. Ma il difficile lavoro di sincronizzare le partenze e gli arrivi, di farsi concedere il necessario materiale rotabile dalle autorità ferroviarie e dal ministero dei trasporti, di fissare gli orari e d'inviare i treni a centri con sufficiente "capacità di assorbimento," di avere in mano abbastanza ebrei al momento giusto in modo da non "sprecare" convogli, di farsi aiutare nei rastrellamenti dalle autorità dei paesi occupati o alleati, di osservare le norme e le istruzioni riguardanti le varie categorie di ebrei — norme e istruzioni che erano diverse per ogni paese ed erano modificate continuamente —, tutto questo divenne un lavoro quotidiano di cui egli dimenticò i particolari molto prima di essere trasportato a Gerusalemme.

Quello che per Hitler — l'unico, solitario "macchinatore" della soluzione finale (mai macchinazione, se tale essa fu, ebbe bisogno di meno organizzatori e di piú esecutori) — era uno dei principali obiettivi di guerra, a cui si doveva dare la precedenza assoluta senza curarsi della situazione economica o militare, e quello che per Eichmann era un lavoro giornaliero, monotono, con i suoi alti e bassi — per gli ebrei fu letteralmente la fine del mondo. Per secoli gli ebrei, a ragione o a torto, erano stati avvezzi a considerare la loro storia come una lunga sequela di sofferenze, piú o meno proprio come il Pubblico ministero spiegò al processo nel suo discorso d'apertura. Ma dietro questo atteggiamento c'era stata, per lungo tempo, la consolante idea *Am Yisrael chai*, l'idea cioè che il *popolo* d'Israele si sarebbe salvato. Singoli ebrei, intere famiglie ebraiche potevano perire nei *pogrom*, intere comunità potevano essere distrutte, ma il popolo sarebbe sopravvissuto. Gli ebrei non avevano mai visto il genocidio. Ora poi, almeno nell'Europa occidentale, non c'era piú neppure bisogno di quell'antica consolazione. Dai tempi di Roma, cioè dall'inizio della storia europea, gli ebrei si erano inseriti nel bene o nel male, nella miseria o nello splendore, nel consesso delle nazioni europee; ma negli ultimi centocinquant'anni era stato soprattutto nel bene, e i momenti di splendore erano stati tanti che nell'Europa centro-occidentale potevano ben esser considerati la regola. Perciò la fiducia che il loro popolo sarebbe sopravvissuto non era piú molto importante per larghi settori delle comunità ebraiche: esse non sapevano piú immaginare una vita al di fuori del contesto della civiltà europea, cosí come non sapevano raffigurarsi un'Europa *judenrein*.

La fine del mondo, anche se piuttosto monotona nel suo funzionamento, ebbe forme e manifestazioni diverse, piú o meno quante erano le nazioni d'Europa. Ciò non sorprende lo storico che conosce le travagliate vicende di questo continente e il faticoso sviluppo del suo sistema di Stati; ma stupí grandemente i nazisti, i quali erano sinceramente convinti che l'antisemitismo potesse divenire il comun denominatore che avrebbe unificato tutta l'Europa. Fu un errore grave e costoso. Ben presto si vide che, se non proprio in teoria, almeno in pratica esistevano grandi differenze tra gli antisemiti dei vari paesi. E cosa ancor piú fastidiosa, anche se facilmente prevedibile, gli unici ad apprezzare ed esaltare il "tipo" tedesco, radicale, erano proprio quei popoli orientali (gli ucraini, gli estoni, i lettoni, i lituani e in certa misura i rumeni) che i nazisti avevano deciso di considerare orde barbariche "subumane." Molto meno ostili verso gli ebrei erano poi gli scandinavi (Knut Hamsun e Sven Hedin furono eccezioni) che pure, secondo i nazisti, erano fratelli di sangue dei tedeschi.

La fine del mondo cominciò naturalmente nel Reich, che in quel momento comprendeva non solo la Germania, ma anche l'Austria, la Moravia e la Boemia (il Protettorato ceco) e le regioni occidentali polacche. In queste ultime, che costituivano il cosiddetto Warthegau, la deportazione di ebrei — e anche di polacchi non ebrei — era iniziata subito dopo lo scoppio della guerra nel quadro del primo grande progetto di "trasferimento" verso oriente ("una migrazione di popoli organizzata," come lo definí la sentenza del Tribunale distrettuale di Gerusalemme), mentre i polacchi di origine tedesca (*Volksdeutsche*) venivano "riportati nel Reich," verso occidente. Himmler, nella sua veste di commissario del Reich per il rafforzamento della nazionalità tedesca, aveva incaricato Heydrich di provvedere a questa "emigrazione ed evacuazione," e cosí nel gennaio del 1940 era stato creato l'ufficio IV-D-4, il primo occupato da Eichmann nell'RSHA.

Benché questo posto amministrativo non fosse che il trampolino per il suo futuro lavoro nell'ufficio IV-B-4, l'attività di Eichmann fu qui soltanto una spece di apprendistato, una fase di passaggio tra il suo vecchio lavoro di fare emigrare la gente e il futuro compito di deportarla. Le prime deportazioni che effettuò non rientravano nel quadro della soluzione finale; furono anteriori all'ordine ufficiale di Hitler. In confronto a quello che accadde poi, possono essere considerate come "saggi," esperimenti. La prima interessò milletrecento ebrei di Stettino e fu attuata in una sola notte, il 13 febbraio 1940. Fu la prima deportazione di ebrei tedeschi, e Heydrich l'aveva ordinata col pretesto che "per ragioni connesse all'economia di guerra era urgente sgomberare i loro alloggi." Questi ebrei furono trasportati, in condizioni veramente spaventose, nella zona di Lublino, in Polonia. La seconda avvenne nell'autunno dello stesso anno: tutti gli ebrei del Baden e della Saar-Palatinato (circa settemilacinquecento persone tra uomini, donne e bambini) furono trasportati, come già abbiamo accennato, nella Francia di Vichy, cosa che in quel momento era assolutamente irregolare, dato che nulla nell'armistizio franco-tedesco stabiliva che la Francia di Vichy dovesse divenire un "deposito" di ebrei. Eichmann dovette recarsi di persona al confine per convincere il capostazione francese che il treno era un "trasporto militare" tedesco.

Queste due operazioni furono eseguite senza nessuno dei complessi preparativi "giuridici" che in seguito vennero studiati. Ancora non erano state approvate leggi che privassero gli ebrei della loro nazionalità nel momento stesso in cui venivano deportati dal Reich, e invece di riempire tanti moduli per agevolare la confisca dei loro beni, gli ebrei di Stettino dovettero soltanto firmare un atto generale di rinunzia a tutto ciò che possedevano. È chiaro che a questo modo non si voleva sperimentare l'efficienza dell'apparato amministrativo. Si trattò soprattutto, a quanto pare, di saggiare le condizioni politiche generali: vedere cioè se gli ebrei potevano essere costretti ad andare incontro alla loro triste sorte da sé, con i propri piedi, portando piccole valigie nel cuor della notte, senza preavviso; come avrebbero reagito i loro vicini di casa quando al mattino avrebbero scoperto gli alloggi vuoti; e, *last but not least* almeno nel caso degli ebrei del Baden, come avrebbe reagito un governo straniero al vedersi regalare migliaia di "profughi" ebrei. A giudizio dei nazisti la prova fu pienamente soddisfacente. In Germania ci furono alcuni interventi in favore di "casi speciali" (del poeta Alfred Mombert, per esempio, membro del circolo di Stefan George, al quale fu concesso il permesso di partire per la Svizzera), ma in generale la popolazione non avrebbe potuto restare piú indifferente. (Fu probabilmente in questo momento che Heydrich capí l'importanza di sceverare dalla massa anonima gli ebrei illustri, e d'accordo con Hitler decise di creare i campi di Theresienstadt e di Bergen-Belsen.) In Francia le cose andarono ancora meglio: il governo di Vichy rinchiuse tutti i settemilacinquecento ebrei del Baden nel famoso campo di concentramento di Gurs, ai piedi dei Pirenei, campo che in origine era stato creato per i soldati dell'esercito repubblicano spagnolo e che da maggio aveva cominciato ad accogliere i cosiddetti *réfugiés provenant d'Allemagne,* naturalmente quasi tutti ebrei. (Poi, quando la soluzione finale fu applicata anche in Francia, gli ospiti del campo di Gurs furono tutti trasportati ad Auschwitz.) I nazisti, sempre portati a generalizzare, pensarono di aver dimostrato che gli ebrei erano "indesiderati" dappertutto, e che ogni non ebreo era almeno in potenza un antisemita. Chi dunque si sarebbe infastidito se essi avessero affrontato il problema in maniera "radicale"? A Gerusalemme, Eichmann, ancora influenzato da quelle generalizzazioni, sostenne piú e piú volte che nessun paese si era mostrato disposto ad accogliere ebrei, e che questo, soltanto questo aveva provocato la grande catastrofe: senza pensare però che gli Stati europei si sarebbero certamente comportati allo stesso modo di fronte a qualsiasi altra "calata" di persone — anche se non ebrei —, se queste fossero arrivate improvvisamente senza un soldo, senza un passaporto, senza neppure conoscere la lingua del paese! Comunque, con infinito stupore dei funzionari nazisti, nelle nazioni europee nemmeno gli antisemiti piú accaniti avevano intenzione di essere "coerenti," mostrando invece una deplorevole tendenza a rifuggire dalle misure "radicali." Il piú esplicito fu forse un membro dell'ambasciata spagnola di Berlino, il quale, a proposito di circa seicento ebrei di origine spagnola che avevano ottenuto un passaporto spagnolo benché non fossero mai stati in Spagna, e che il governo di Franco avrebbe preferito trasferire sotto la giurisdizione tedesca, disse: "Se almeno si potesse esser certi che non saranno liquidati!" Ma anche gli altri pensavano quasi tutti allo stesso modo.

Dopo questi primi esperimenti ci fu un'ondata di deportazioni, e già abbiamo visto come Eichmann sfruttasse la sua forzata inattività per "sognare" del Madagascar. Ma nel marzo del 1941, mentre fervevano i preparativi per la guerra contro la Russia, Eichmann fu all'improvviso messo a capo di una nuova sottosezione: o meglio, il nome della sua sottosezione, "Emigrazione ed evacuazione," fu cambiato in "Affari ebraici, evacuazione." Da quel momento, benché non fosse stato ancora informato della soluzione finale, egli avrebbe dovuto rendersi conto che non solo l'emigrazione era tramontata per sempre, ma sarebbe stata rimpiazzata dalla deportazione. Senonché Eichmann non era uomo da afferrare il significato di certi indizi, e poiché nessuno gli aveva spiegato nulla, continuò a pensare in termini di emigrazione. Cosí, nell'ottobre del 1940 c'era stata una riunione a cui avevano partecipato anche rappresentanti del ministero degli esteri e dove era stata avanzata la proposta di ritirare la cittadinanza a tutti gli ebrei tedeschi residenti all'estero, e qui Eichmann aveva protestato violentemente perché "un passo simile rischiava d'influenzare altri paesi che, a quella data, erano ancora disposti ad aprire le porte agli immigranti ebrei e a conceder loro il permesso di entrata." Egli non vide mai al di là del ristretto orizzonte delle leggi e dei decreti vigenti in un determinato momento, quali che fossero, e la fiumana di leggi antisemite si abbatté sugli ebrei del Reich soltanto quando l'ordine di Hitler di procedere alla soluzione finale era già stato trasmesso ufficialmente a coloro che ne sarebbero stati gli esecutori. Contemporaneamente era stato deciso che al Reich si desse la precedenza assoluta, che cioè i suoi territori venissero ripuliti dagli ebrei al piú presto, e stupisce che passassero ancora quasi due anni prima che lo si facesse. I provvedimenti preliminari, che subito servirono da modello a tutti gli altri paesi, furono: primo, introduzione del distintivo giallo (1° settembre 1941); secondo, revisione della legge sulla cittadinanza, nel senso che un ebreo non era piú considerato cittadino tedesco se viveva fuori dei confini del Reich (da dove naturalmente doveva essere deportato); terzo, un decreto in base al quale tutti i beni degli ebrei tedeschi che avevano perduto la cittadinanza tedesca dovevano essere confiscati dal Reich (25 novembre 1941.) Questa fase preparatoria culminò in un accordo tra Himmler e Otto Thierack, ministro della giustizia: il secondo lasciò alle SS la giurisdizione su "polacchi, russi,

ebrei e zingari," dato che il ministero della giustizia non poteva dare
che "un piccolo contributo allo sterminio [*sic*] di queste popolazioni."
(Un linguaggio cosí franco, in una lettera dell'ottobre 1942 — spedita
da Thierack a Martin Bormann, capo della cancelleria del partito —,
è veramente notevole.) Per coloro che venivano deportati a Theresienstadt ci vollero disposizioni un po' diverse, perché Theresienstadt
si trovava nel territorio del Reich e perciò i suoi ospiti non divenivano automaticamente apolidi. Nel caso di queste "categorie privilegiate" si ricorse cosí a una vecchia legge del 1933, che autorizzava
il governo a confiscare i beni usati per attività "ostili al popolo e allo
Stato." Questo tipo di confisca era applicato di solito nel caso dei
prigionieri politici internati in campi di concentramento, e benché gli
ebrei non appartenessero a questa categoria (tutti i campi di concentramento situati in Germania e in Austria erano *judenrein*), bastò solo
una nuova disposizione, del marzo 1942, per sancire che tutti gli ebrei
deportati erano "ostili al popolo e allo Stato." I nazisti presero tutte
queste leggi molto sul serio, e sebbene tra loro parlassero di "ghetto
di Theresienstadt" o di "ghetto per vecchi," Theresienstadt ufficialmente fu classificata tra i campi di concentramento, e gli unici a
non saperlo (non si voleva urtare la loro suscettibilità, dato che questa
"residenza" era riservata ai "casi speciali") erano i suoi ospiti. E per
evitare che questi s'insospettissero, l'Associazione ebraica di Berlino
(la *Reichsvereinigung*) fu incaricata di stringere con ciascun deportato
un accordo per l'"acquisto della residenza" a Theresienstadt. Il can-
didato trasferiva tutti i suoi beni all'Associazione ebraica, e in cambio
questa gli garantiva alloggio, vitto, vestiario e assistenza medica a
vita. Quando poi gli ultimi funzionari della *Reichsvereinigung* furono
spediti anche loro a Theresienstadt, il Reich non fece che confiscare
gli enormi capitali racchiusi nelle casse dell'Associazione.

Tutte le deportazioni da occidente a oriente furono organizzate
e coordinate da Eichmann e dai suoi colleghi dell'ufficio IV-B-4 del-
l'RSHA: un fatto, questo, che nessuno mise mai in dubbio al processo.
Ma per caricare gli ebrei sui treni occorreva l'aiuto di comuni reparti
di polizia. In Germania era la "polizia dell'ordine" a sorvegliare e
scortare i treni, e alle stazioni d'arrivo dell'Europa orientale era la
"polizia di sicurezza" (da non confondere col Servizio di sicurezza
di Himmler, o SD) a ricevere i convogli e a consegnare i viaggiatori

alle autorità dei centri di sterminio. Il Tribunale di Gerusalemme si attenne all'elenco delle "organizzazioni criminali" fissato a Norimberga, e ciò significa che al processo non si parlò mai né della "polizia dell'ordine" né della "polizia di sicurezza," benché la loro attiva partecipazione alla soluzione finale fosse ormai ampiamente dimostrata. Ma anche se tutti i vari corpi di polizia fossero stati aggiunti alle quattro organizzazioni riconosciute come "criminali" (i dirigenti del partito nazista, la Gestapo, l'SD e le SS), le distinzioni di Norimberga sarebbero sempre rimaste inadeguate e inesatte. Perché la realtà è che nel Terzo Reich, almeno negli anni di guerra, non ci fu una sola organizzazione o pubblica istituzione che non fosse implicata in azioni e transazioni criminose.

Una volta risolta con la creazione di Theresienstadt la spinosa questione degli interventi in favore di determinate persone, due cose ancora ostacolavano una soluzione veramente "radicale" e "finale." La prima era il problema dei mezzi ebrei, che i "radicali" volevano deportare assieme agli ebrei puri e che i "moderati" volevano invece sterilizzare — perché se si permetteva la loro uccisione si perdeva "la metà tedesca del loro sangue," come disse Stuckart, del ministero degli interni, alla conferenza di Wannsee. (In realtà, per i *Mischlinge* e per gli ebrei che avevano contratto matrimoni misti non si decise mai nulla; essi erano protetti da "una selva di difficoltà," come si espresse Eichmann, difficoltà che andavano dal fatto di avere parenti non ebrei al fatto che i medici nazisti, malgrado le loro promesse, non scoprirono mai un sistema rapido per effettuare sterilizzazioni in massa.) Il secondo ostacolo era la presenza, in Germania, di alcune migliaia di ebrei stranieri, che non potevano essere privati della loro cittadinanza mediante la deportazione. Qualche centinaio di ebrei inglesi e americani furono internati e tenuti come ostaggi da scambiare, ma per gli ebrei cittadini di paesi neutrali o alleati della Germania si escogitarono metodi interessanti, che vale la pena ricordare, tanto piú che al processo ebbero un certo peso. Fu infatti a proposito di questi ebrei che Eichmann fu accusato di aver messo uno zelo eccessivo nel non lasciarsene sfuggire neppure uno. Questo zelo, come dice Reitlinger, lo mostrarono anche "i burocrati del ministero degli esteri," che restavano sempre "profondamente addolorati se qualche ebreo riusciva a sfuggire alla tortura e a una morte lenta," e che Eichmann doveva consultare ogni volta che un caso del genere si verificava. Per Eichmann, la soluzione piú semplice e piú logica sarebbe stata deportare tutti gli ebrei senza tener conto della loro cittadinanza. La conferenza di Wannsee, che aveva avuto luogo nel periodo delle trionfali vittorie hitleriane, aveva pur deciso che la soluzione finale fosse applicata a tutti gli ebrei europei, il cui numero era valutato a undici milioni, e non aveva nemmeno preso in considerazione questioncelle come quelle della cittadinanza o dei diritti dei paesi alleati o neutrali. Ma poiché la Germania, anche nei giorni delle vittorie piú luminose, aveva bisogno dappertutto della buona volontà e della collaborazione delle autorità locali, queste piccole formalità non potevano essere trascurate. Fu cosí che i piú esperti diplomatici furono incaricati di trovare una via per uscire da questa singolare "selva di difficoltà," e il piú ingegnoso metodo che essi escogitarono fu quello di servirsi degli ebrei stranieri residenti in Germania per saggiare l'atmosfera generale dei rispettivi paesi d'origine. Il sistema, benché semplice, era assai sottile: di una sottigliezza che certamente Eichmann, con le sue facoltà mentali e nozioni politiche, non poteva afferrare. (Lo dimostra il fatto che le lettere che il suo ufficio inviava al ministero degli esteri riguardo a questi problemi erano firmate da Kaltenbrunner o da Müller.) Il ministero degli esteri scriveva alle autorità degli altri paesi dicendo che il Reich stava diventando *judenrein* e che perciò era assolutamente indispensabile che gli ebrei stranieri venissero richiamati in patria, se non si voleva che incorressero nei provvedimenti antiebraici. Quest'ultimatum diceva molte piú cose di quel che non sembra. Quegli ebrei stranieri, di regola, o erano cittadini naturalizzati dei paesi in questione, o, peggio, erano veri e propri apolidi che avevano ottenuto il passaporto di un dato paese con mezzi quanto mai dubbi e che, se fossero stati "rimpatriati," sarebbero stati scoperti. Ciò vale soprattutto per i paesi dell'America Latina, i cui consoli all'estero usavano vendere apertamente passaporti agli ebrei; i fortunati detentori di questi documenti avevano tutti i diritti, compreso quello di godere una certa protezione consolare, tranne però il diritto di mettere il piede in "patria." Perciò l'ultimatum del ministero degli esteri mirava a far sí che gli Stati stranieri accettassero che la soluzione finale venisse applicata almeno a quegli ebrei che erano loro cittadini soltanto di nome. E se un governo non si dimostrava disposto a concedere asilo, neppure provvisorio, a qualche centinaio o a qualche migliaio di ebrei, non era forse logico supporre che un giorno avrebbe espulso e sterminato tutta la sua popolazione ebraica senza difficoltà? Forse era logico, ma non ragionevole, come vedremo piú avanti.

Il 30 giugno 1943, molto piú tardi di quanto Hitler aveva sperato, il Reich (Germania, Austria e Protettorato) fu proclamato *judenrein*. Non abbiamo statistiche che ci dicano con precisione quanti ebrei erano stati deportati da quest'area, ma sappiamo che delle duecentosessantacinquemila persone che, secondo fonti tedesche, già erano state deportate o erano candidate alla deportazione nel gennaio del 1942, pochissime sfuggirono: forse qualche centinaio, al massimo qualche migliaio riuscirono a nascondersi e a sopravvivere alla guerra. E quanto fosse facile tranquillizzare la coscienza della popolazione tedesca lo si vede bene dalla spiegazione ufficiale che delle deportazioni dette la cancelleria del partito in una sua circolare dell'autunno 1942: "È nella natura delle cose che questi problemi, sotto certi rispetti difficilissimi, possano essere risolti nell'interesse della sicurezza permanente del nostro popolo soltanto impiegando una *spietata durezza* [*rücksichtslose Härte*]."

Capitolo decimo

Deportazioni dall'Europa occidentale - Francia, Belgio, Olanda, Danimarca, Italia

Nella Germania del dopoguerra, dove la gente è divenuta addirittura geniale nel sottovalutare il suo passato nazista, la "spietata durezza" — una qualità a suo tempo altamente apprezzata dai governanti del Terzo Reich — viene spesso chiamata un *Ungut,* ossia un "non bene," una forma di "cattiveria," quasi che il solo difetto di chi la possedeva fosse una deplorevole incapacità ad agire secondo i principî della carità cristiana. Comunque sia, è certo che i "consiglieri per gli affari ebraici" che l'ufficio di Eichmann distaccava in altri Paesi presso le normali missioni diplomatiche, o presso gli stati maggiori militari, o presso i vari comandi della polizia di sicurezza, erano tutti uomini che possedevano quella virtú in sommo grado. All'inizio, cioè nell'autunno e nell'inverno del 1941, il loro lavoro dovette consistere principalmente nello stabilire i necessari contatti con gli altri funzionari tedeschi (soprattutto con quelli delle ambasciate) nei paesi nominalmente indipendenti, e con i commissari del Reich nei territori occupati. In entrambi i casi ci furono continui conflitti per accaparrarsi la giurisdizione su tutto ciò che riguardava gli ebrei.

Nel giugno del 1942 Eichmann richiamò i consiglieri che lavoravano in Francia, Belgio e Olanda per illustrare loro i piani relativi alle deportazioni da quei paesi. Himmler aveva ordinato che nel "setacciare l'Europa da occidente a oriente" si desse la precedenza assoluta alla Francia, sia per l'importanza di questa nazione, sia perché il governo di Vichy aveva mostrato una "sensibilità" veramente stupefacente approvando di propria iniziativa numerose leggi antiebraiche: anzi, aveva addirittura creato uno speciale dicastero per gli affari ebraici, capeggiato prima da Xavier Vallant e qualche tempo dopo da Darquier de Pellepoix, entrambi noti antisemiti. E visto che tanto zelo era intimamente legato a una xenofobia di colorito sciovinistico ben radicata in tutti gli strati sociali, l'operazione doveva cominciare dagli ebrei stranieri. Più della metà di questi ebrei, nel 1942, erano apolidi — profughi o emigrati russi, tedeschi, austriaci, polacchi, rumeni, ungheresi, cioè di paesi che, o erano sotto il dominio tedesco, o già prima della guerra avevano varato leggi antisemitiche: per cui si decise di deportarne circa centomila (nel 1939, prima dell'afflusso dei profughi del Belgio e dell'Olanda, gli ebrei in Francia erano in tutto duecentosettantamila, di cui almeno centosettantamila stranieri o figli di stranieri; ora erano più di trecentomila). Cinquantamila dovevano essere evacuati dalla zona occupata, e gli altri cinquantamila dalla Francia di Vichy, a tutta velocità. Si trattava di un'azione imponente, che richiedeva non soltanto il consenso del governo di Vichy, ma anche l'aiuto della polizia francese, che doveva fare quello che in Germania aveva fatto la "polizia dell'ordine." In un primo momento non ci furono difficoltà di sorta, giacché, come rilevò Pierre Laval, primo ministro del governo del maresciallo Pétain, "questi ebrei stranieri erano sempre stati un problema, in Francia," e quindi "il governo francese era lieto che il mutato atteggiamento tedesco desse alla Francia l'occasione di sbarazzarsene." Bisogna aggiungere che Laval e Pétain pensavano che questi ebrei venissero "trasferiti" nei paesi orientali; non sapevano ancora che cosa significasse il termine "trasferimento."

Il Tribunale di Gerusalemme si soffermò soprattutto su due episodi, entrambi avvenuti nell'estate del 1942, quando l'operazione era iniziata soltanto da poche settimane. Il primo riguardava un treno che avrebbe dovuto partire da Bordeaux il 15 luglio ma che fu "cancellato" perché a Bordeaux non si riuscirono a trovare più di centocinquanta ebrei apolidi: troppo pochi; il treno, che Eichmann aveva avuto molta difficoltà a procurare, sarebbe rimasto quasi vuoto. Eichmann, si rendesse conto oppure no che le cose non sarebbero andate così lisce come tutti pensavano, si adirò moltissimo, disse ai suoi subalterni che era una "questione di prestigio" (si preoccupava non tanto dei francesi quanto del ministero dei trasporti, che poteva farsi una cattiva idea dell'efficienza del suo apparato) e che se un incidente del genere si fosse ripetuto "avrebbe guardato se forse non fosse il caso di lasciar cadere completamente la Francia, per ciò che concerne l'evacuazione." A Gerusalemme questa minaccia fu presa molto sul serio, come prova della potenza di Eichmann: se voleva, Eichmann poteva "lasciar cadere" la Francia. In realtà questa non era che una delle sue tante smargiassate, prova del suo "attivismo" piú che della sua "importanza," e la minaccia si riduceva essenzialmente al fatto che ai suoi subordinati aveva fatto capire chiaramente che rischiavano di restare senza lavoro. Ma se l'incidente di Bordeaux fu una farsa, il secondo fu veramente orribile. Fu la storia (una delle piú raccapriccianti di cui si parlò a Gerusalemme) di quattromila bambini separati dai loro genitori, già avviati ad Auschwitz. I bambini erano stati lasciati al centro di raccolta francese, il campo di concentramento di Drancy, e il 10 luglio il consigliere per la Francia, lo *Hauptsturmführer* Theodor Dannecker, telefonò ad Eichmann per chiedergli che cosa se ne dovesse fare. Eichmann si prese dieci giorni di tempo per decidere, poi telefonò a Dannecker e gli disse che "appena si fossero mandati altri convogli nel Governatorato generale [in Polonia] sarebbero iniziati i trasporti di bambini." Il dott. Servatius osservò che tutto l'episodio dimostrava come "le persone da colpire non fossero scelte né dall'imputato né da alcun altro membro del suo ufficio." Di una cosa, però, nessuno purtroppo parlò: e cioè che era stato Laval in persona a proporre che le deportazioni fossero estese ai bambini al di sotto dei sedici anni: dal che si desume che il mostruoso episodio non fu neppure il risultato di "ordini superiori," bensí di un accordo tra Francia e Germania, negoziato ad altissimo livello.

Nell'estate e nell'autunno del 1942 ventisettemila ebrei apolidi (diciottomila di Parigi e novemila della Francia di Vichy) furono deportati ad Auschwitz. In tutta la Francia non ne restarono che settantamila. Fu allora che i tedeschi fecero il loro primo sbaglio. Sicuri che i francesi si fossero ormai avvezzati alle deportazioni, chiesero il permesso di includere nell'operazione anche gli ebrei non apolidi — tanto per semplificare i problemi amministrativi. Ma allora ci fu un vero colpo di scena: i francesi si rifiutarono nel modo piú assoluto di consegnare i loro ebrei ai tedeschi, e Himmler (informato non da Eichmann o dai suoi uomini, ma da uno dei comandanti superiori delle SS e della polizia) cedette immediatamente e promise di risparmiarli. Ma ormai era troppo tardi. In Francia si era cominciato a sapere che cosa significava il "trasferimento," e per quanto ai francesi antisemìti (ma anche a quelli non antisemiti) non dispiacesse l'idea che gli ebrei stranieri se ne andassero altrove, nessuno intendeva rendersi complice di un assassinio in massa. Perciò i francesi si rifiutarono di compiere un passo che pure avevano preso in considerazione appena poco tempo prima, e cioè ritirare la cittadinanza agli ebrei naturalizzati dopo il 1927 (o 1933), cosa che avrebbe permesso la deportazione di circa altre cinquantamila persone. Si misero anzi a sabotare con tanto impegno la deportazione di ebrei apolidi e stranieri in generale, che tutti gli ambiziosi piani per l'evacuazione dalla Francia dovettero davvero esser "lasciati cadere." Decine di migliaia di apolidi si nascosero, mentre altre migliaia fuggirono nella zona occupata dagli italiani, la Costa Azzurra, dove erano al sicuro quale che fosse la loro origine o nazionalità. Nell'estate del 1943, quando la Germania fu dichiarata *judenrein,* il numero degli ebrei deportati dalla Francia non raggiungeva nemmeno il venti per cento del totale, e di questi non piú di seimila avevano la cittadinanza francese. Neppure nei campi dove i tedeschi tenevano internati i soldati dello sconfitto esercito francese ci furono selezioni di ebrei da sottoporre al "trattamento speciale." Nell'aprile del 1944, due mesi prima che sbarcassero gli Alleati, in Francia vivevano ancora duecentocinquantamila ebrei, e tutti sopravvissero alla guerra. Il fatto si è che i nazisti non avevano né gli uomini necessari né il coraggio di restare "duri," quando urtavano in un'opposizione decisa. Anzi, come vedremo, perfino i membri della Gestapo e delle SS combinavano le maniere spietate alle maniere miti.

Nella riunione che c'era stata a Berlino nel luglio del 1942, le cifre stabilite per le prime deportazioni dal Belgio e dall'Olanda erano state piuttosto basse, forse perché alte erano quelle fissate per la Francia. Non piú di diecimila ebrei belgi e quindicimila olandesi dovevano essere catturati ed evacuati nell'immediato futuro. Piú tardi, tuttavia, le cifre furono aumentate notevolmente, può darsi per compensare l'insuccesso dell'operazione francese. Il Belgio si trovava in una situazione sotto certi rispetti particolare. Il paese era retto esclusivamente dalle autorità militari tedesche, e la polizia tedesca — come disse un rapporto del governo belga presentato alla Corte di Gerusalemme — "non aveva sugli altri servizi dell'amministrazione [tedesca] l'influenza che aveva altrove." (Il governatore del Belgio, generale Alexander von Falkenhausen, fu più tardi implicato nella congiura contro Hitler del luglio 1944.) Inoltre, i collaborazionisti erano una forza soltanto nelle Fiandre. Il movimento fascista capeggiato da Degrelle, tra i valloni di lingua francese, era poco influente. La polizia belga non collaborava e i ferrovieri belgi, se per caso i tedeschi affidavano loro un treno di gente da deportare, non sigillavano gli sportelli, oppure organizzavano imboscate, in modo che gli ebrei potessero fuggire. Caratteristica era poi la composizione della popolazione ebraica. Prima della guerra gli ebrei erano novantamila, dei quali circa trentamila erano profughi tedeschi e cinquantamila venivano da altri paesi europei. Alla fine del 1940 quasi quarantamila erano già fuggiti dal Belgio, e dei cinquantamila restanti al massimo cinquemila erano cittadini belgi, di origine belga. Tra coloro che erano fuggiti c'erano quasi tutti i principali capi ebraici (che poi per la maggior parte erano stranieri), e così non ci fu in Belgio nessun Consiglio ebraico che desse ordini agli ebrei locali. Data questa generale "incomprensione," non fa meraviglia che solo pochissimi ebrei belgi venissero deportati. Ma gli ebrei naturalizzati da poco o apolidi (di origine ceca, polacca, russa e tedesca, per lo più arrivati soltanto di recente) erano facilmente riconoscibili e avevano gran difficoltà a nascondersi in un paese così piccolo e altamente industrializzato. E così entro la fine del 1942 ne furono deportati ad Auschwitz quindicimila, e nell'autunno del 1944, quando gli Alleati liberarono il paese, ormai venticinquemila erano stati uccisi. Anche in Belgio Eichmann aveva un suo "consigliere," ma pare che questi non fosse un individuo molto attivo. Sicché l'operazione fu alla fine effettuata dall'amministrazione militare, che dovette cedere alle continue pressioni del ministero degli esteri del Reich.

.Come praticamente in tutti i paesi, anche in Olanda le deportazioni cominciarono dagli ebrei apolidi, i quali in questo caso erano quasi tutti profughi tedeschi, già dichiarati ufficialmente "indesiderabili" dal governo olandese d'anteguerra. Su una popolazione ebraica di centoquarantamila persone, gli ebrei stranieri erano in tutto circa trentacinquemila. A differenza del Belgio, l'Olanda era retta da una amministrazione civile, e a differenza della Francia non aveva un governo proprio, dato che i ministri erano fuggiti a Londra assieme alla famiglia reale. La piccola nazione era completamente alla mercé dei tedeschi e delle SS. "Consigliere" di Eichmann in Olanda era un certo Willi Zöpf (recentemente arrestato in Germania, mentre il consigliere per la Francia, il ben piú efficiente signor Dannecker, è ancora uccel di bosco), ma a quanto pare aveva poco da dire di suo e faceva poco di piú che tenere al corrente l'ufficio di Berlino. Le deportazioni e tutte le cose connesse erano curate perciò dall'avvocato Erich Rajakowitsch, già consigliere legale di Eichmann a Vienna e a Praga e ammesso nelle SS dietro sua raccomandazione. Inviato da Heydrich in Olanda nell'aprile del 1941, Rajakowitsch rispondeva del suo operato non all'RSHA, ma direttamente al capo locale del Servizio di sicurezza all'Aja, dott. Wilhelm Harsten, il quale a sua volta dipendeva dall'*Obergruppenführer* Hans Rauter (uno dei comandanti superiori delle SS e della polizia) e dal suo assistente per gli affari ebraici Ferdinand aus der Fünten. (Rauter e Fünten furono poi condannati a morte da un tribunale olandese, ma mentre il primo fu giustiziato, il secondo ebbe commutata la pena nel carcere a vita, a quanto si dice per intervento speciale di Adenauer. Anche Harsten fu processato in Olanda, condannato a dodici anni di carcere e rilasciato nel 1957, divenendo poi funzionario statale in Baviera. Le autorità olandesi pensano oggi di procedere legalmente contro Rajakowitsch, il quale sembra si trovi in Svizzera o in Italia. Tutti questi particolari sono stati rivelati dalla recente pubblicazione di documenti olandesi e dall'inchiesta di E. Jacob, corrispondente olandese del giornale svizzero *Basler Nationalzeitung*.)

A Gerusalemme l'accusa, sia perché voleva ingrandire la figura di Eichmann a tutti i costi, sia perché veramente si smarriva nel labirinto della burocrazia del Terzo Reich, sostenne che tutti questi uomini avevano eseguito ordini di Eichmann; senonché i comandanti superiori delle SS e della polizia ricevevano ordini soltanto da Himmler, e quanto a Rajakowitsch, che a quell'epoca seguitasse a prendere ordini da Eichmann è estremamente improbabile, tanto piú che ora si trovava in Olanda. La sentenza, senza entrare in polemiche, corresse un gran numero di errori (anche se forse non tutti) in cui l'accusa era incorsa, mettendo in rilievo la sorda lotta per il potere che c'era sempre stata tra l'RSHA, i comandanti superiori delle SS e della polizia, e altri uffici — i "continui, eterni, sempiterni negoziati," come diceva Eichmann. Eichmann era molto seccato per la situazione olandese, soprattutto perché era evidentemente Himmler che cercava di metterlo da parte, per non parlare del fatto che lo zelo di quei signori gli sconvolgeva continuamente i piani e gli orari e in generale svalutava l'importanza del "centro di coordinamento" di Berlino. Cosí subito all'inizio furono deportati ventimila ebrei invece di quindicimila, e il consigliere Zöpf, che era di gran lunga inferiore di grado e di importanza a tutti gli altri colleghi presenti, fu quasi costretto nel 1943 ad accelerare le deportazioni. I conflitti in materia di giurisdizione perseguitavano Eichmann di continuo e invano egli cercò di spiegare a qualcuno che "affidare in questa fase il problema ebraico ad altre autorità" era "illogico e in contrasto con l'ordine del *Reichsführer* delle SS." L'ultimo scontro avvenne nel 1944, e questa volta perfino Kaltenbrunner cercò d'intervenire, in nome dell'uniformità. Gli ebrei sefarditi, di origine spagnola, che si trovavano in Olanda, erano stati esclusi dalla deportazione, eppure ebrei di quella medesima origine erano stati mandati ad Auschwitz da Salonicco. Nella sentenza di Gerusalemme si affermò poi che l'RSHA aveva avuto "il sopravvento" in questa disputa: ma era un errore, perché Dio sa per quali ragioni circa trecentosettanta ebrei sefardici rimasero indisturbati ad Amsterdam.

Il motivo per cui Himmler preferiva lavorare in Olanda tramite i comandanti superiori delle SS e della polizia era semplice. Questi uomini conoscevano a perfezione il paese, e l'atteggiamento della popolazione poneva grossi problemi. L'Olanda fu l'unica nazione d'Europa dove gli studenti avessero scioperato quando i professori ebrei furono congedati e dove si fosse scatenata un'ondata di scioperi per protesta contro la prima deportazione di ebrei in campi di concentramento tedeschi — e questa deportazione, a differenza di quelle in campi di sterminio, era semplicemente una misura punitiva, adottata molto prima che la soluzione finale toccasse l'Olanda. (I tedeschi, come osserva de Jong, ebbero una lezione: da quel momento "la persecuzione non fu piú effettuata con i manganelli delle truppe d'assalto... ma con decreti pubblicati in una 'pagina delle ordinanze'... che lo *Joodsche Weekblad* era costretto a pubblicare." Non ci furono più incursioni della polizia per le strade, né scioperi da parte della popolazione.) Tuttavia la diffusa avversione per i provvedimenti antisemiti e la relativa refrattarietà degli olandesi all'antisemitismo furono neutralizzate da due fattori che alla fine si dimostrarono fatali. In primo luogo, in Olanda esisteva un fortissimo movimento nazista, a cui i tedeschi potevano affidare compiti polizieschi come il catturare gli ebrei, lo scovare i loro nascondigli e così via; in secondo luogo gli ebrei olandesi avevano una spiccata tendenza a tenere a distanza i nuovi arrivati, il che era probabilmente una conseguenza dell'atteggiamento per nulla amichevole del governo olandese verso i profughi che giungevano dalla Germania, e forse anche dal fatto che l'antisemitismo in Olanda, esattamente come in Francia, era venato di xenofobia. Questo rese piuttosto facile ai nazisti creare il loro Consiglio ebraico, lo *Joodsche Raad,* il quale per lungo tempo pensò che soltanto ebrei tedeschi e d'altra nazionalità fossero vittime delle deportazioni, e ciò permise anche alle SS di farsi aiutare non solo dai reparti della polizia olandese, ma anche da una forza di polizia ebraica. Il risultato fu una catastrofe che non ebbe l'uguale in nessun altro paese occidentale, paragonabile solo allo sterminio, avvenuto peraltro in condizioni molto diverse, e fin dall'inizio disperate, degli ebrei polacchi. Benché l'atteggiamento del popolo olandese consentisse a molti ebrei d'imboscarsi (da venti a venticinquemila si salvarono, una cifra alta per un paese così piccolo), grandissimo fu il numero degli ebrei nascosti che vennero scovati, almeno la metà, senza dubbio per colpa d'informatori professionisti e occasionali. Entro il luglio del 1944 furono deportati centotredicimila ebrei, per lo più a Sobibor, un campo situato sul fiume Bug nella zona di Lublino, in Polonia, dove non si facevano mai neppure selezioni di individui idonei al lavoro. Tre quarti di tutti gli ebrei che vivevano in Olanda furono uccisi, e di questi, due terzi erano ebrei olandesi di origine. Gli ultimi convogli partirono nell'autunno del 1944, quando già pattuglie alleate erano ai confini dell'Olanda.

Dei diecimila ebrei che sopravvissero grazie al fatto di essersi nascosti, il 75% circa erano stranieri — una percentuale che dimostra quanto lo *Joodsche Raad* fosse poco disposto ad affrontare la situazione.

Alla conferenza di Wannsee, Martin Luther, del ministero degli Esteri, aveva avvertito che grandi difficoltà si sarebbero incontrate nei paesi scandinavi, soprattutto in Norvegia e in Danimarca. (La Svezia non fu mai occupata, e la Finlandia, benché in guerra si fosse schierata al fianco dell'Asse, fu l'unico paese a cui i nazisti quasi mai proposero di risolvere la questione ebraica. Questa sorprendente eccezione per la Finlandia, dove vivevano circa duemila ebrei, era forse dovuta al fatto che Hitler aveva grande stima per i finlandesi e non riteneva opportuno sottoporli a minacce e umilianti ricatti.) Cosí Luther aveva proposto di rinviare per il momento l'evacuazione degli ebrei dalla Scandinavia, e per quel che riguarda la Danimarca la cosa era piú che ovvia, poiché il paese aveva sempre un suo governo indipendente e, benché invaso assieme alla Norvegia nell'aprile del 1940, fu rispettato come Stato neutrale sino all'autunno del 1943. In Danimarca non esisteva un movimento fascista o nazista degno di nota, e di conseguenza non c'erano collaborazionisti. Ma in Norvegia i nazisti erano invece riusciti a trovare entusiastici sostenitori, e Vidkun Quisling, capo del partito norvegese filonazista e antisemita, divenne una figura addirittura proverbiale, tanto che ancor oggi si dice *quisling* per indicare un governante venduto allo straniero. I settemila ebrei della Norvegia erano quasi tutti apolidi, profughi tedeschi; furono catturati e internati con poche azioni-lampo, nell'ottobre e nel novembre del 1942. Quando l'ufficio di Eichmann ordinò che fossero deportati ad Auschwitz, alcuni uomini di Quisling si dimisero dalle cariche che occupavano in seno al governo. La cosa non dovette sorprendere il signor Luther e il ministero degli esteri del Reich; ma un fatto molto piú grave, e sicuramente del tutto inaspettato, fu che la Svezia offrí asilo a tutti i perseguitati e talvolta anche la cittadinanza svedese. La proposta venne fatta al dott. Ernst von Weizsäcker, sottosegretario di Stato agli esteri, il quale si rifiutò di discuterla; ma l'offerta ebbe ugualmente il suo effetto. È sempre relativamente facile uscire illegalmente da un paese, ma è quasi impossibile trovare rifugio in un altro senza il permesso e all'insaputa delle autorità preposte all'immigrazione. Circa novecento persone, un po' piú della metà della piccola comunità ebraica norvegese, furono fatte passare in Svezia alla chetichella.

Ma fu in Danimarca che i tedeschi dovettero constatare quanto giustificate fossero le apprensioni del ministero degli esteri. La storia degli ebrei danesi è una storia *sui generis,* e il comportamento della popolazione e del governo danese non trova riscontro in nessun altro paese d'Europa, occupato o alleato dell'Asse o neutrale e indipendente che fosse. Su questa storia si dovrebbero tenere lezioni obbligatorie in tutte le università ove vi sia una facoltà di scienze politiche, per dare un'idea della potenza enorme della non violenza e della resistenza passiva, anche se l'avversario è violento e dispone di mezzi infinitamente superiori. Certo, anche altri paesi d'Europa difettavano di "comprensione per la questione ebraica," e anzi si può dire che la maggioranza dei paesi europei fossero contrari alle soluzioni "radicali" e "finali." Come la Danimarca, anche la Svezia, l'Italia e la Bulgaria si rivelarono quasi immuni dall'antisemitismo, ma delle tre di queste nazioni che si trovavano sotto il tallone tedesco soltanto la danese osò esprimere apertamente ciò che pensava. L'Italia e la Bulgaria sabotarono gli ordini della Germania e svolsero un complicato doppio gioco, salvando i loro ebrei con un *tour de force* d'ingegnosità, ma non contestarono mai la politica antisemita in quanto tale. Era esattamente l'opposto di quello che fecero i danesi. Quando i tedeschi, con una certa cautela, li invitarono a introdurre il distintivo giallo, essi risposero che il re sarebbe stato il primo a portarlo, e i ministri danesi fecero presente che qualsiasi provvedimento antisemita avrebbe provocato le loro immediate dimissioni. Decisivo fu poi il fatto che i tedeschi non riuscirono nemmeno a imporre che si facesse una distinzione tra gli ebrei di origine danese (che erano circa seimilaquattrocento) e i millequattrocento ebrei di origine tedesca che erano riparati in Danimarca prima della guerra e che ora il governo del Reich aveva dichiarato apolidi. Il rifiuto opposto dai danesi dovette stupire enormemente i tedeschi, poiché ai loro occhi era quanto mai "illogico" che un governo proteggesse gente a cui pure aveva negato categoricamente la cittadinanza e anche il permesso di lavorare. (Dal punto di vista giuridico, prima della guerra la situazione dei profughi in Danimarca non era diversa da quella che c'era in Francia, con la sola differenza che la corruzione dilagante nella vita amministrativa della Terza Repubblica permetteva ad alcuni di farsi naturalizzare, grazie a mance o "aderenze," e a molti di lavorare anche senza un permesso; la Danimarca invece, come la Svizzera, non era un paese *pour se débrouiller.*)

I danesi spiegarono ai capi tedeschi che siccome i profughi, in quanto apolidi, non erano piú cittadini tedeschi, i nazisti non potevano pretendere la loro consegna senza il consenso danese. Fu uno dei pochi casi in cui la condizione di apolide si rivelò un buon pretesto, anche se naturalmente non fu per il fatto in sé di essere apolidi che gli ebrei si salvarono, ma perché il governo danese aveva deciso di difenderli. Cosí i nazisti non poterono compiere nessuno di quei passi preliminari che erano tanto importanti nella burocrazia dello sterminio, e le operazioni furono rinviate all'autunno del 1943.

Quello che accadde allora fu veramente stupefacente; per i tedeschi, in confronto a ciò che avveniva in altri paesi d'Europa, fu un grande scompiglio. Nell'agosto del 1943 (quando ormai l'offensiva tedesca in Russia era fallita, l'*Afrika Korps* si era arreso in Tunisia e gli Alleati erano sbarcati in Italia) il governo svedese annullò l'accordo concluso con la Germania nel 1940, in base al quale le truppe tedesche avevano il diritto di attraversare la Svezia. A questo punto i danesi decisero di accelerare un po' le cose: nei cantieri della Danimarca ci furono sommosse, gli operai si rifiutarono di riparare le navi tedesche e scesero in sciopero. Il comandante militare tedesco proclamò lo stato d'emergenza e impose la legge marziale, e Himmler pensò che fosse il momento buono per affrontare il problema ebraico, la cui "soluzione" si era fatta attendere fin troppo. Ma un fatto che Himmler trascurò fu che (a parte la resistenza danese) i capi tedeschi che ormai da anni vivevano in Danimarca non erano piú quelli di un tempo. Non solo il generale von Hannecken, il comandante militare, si rifiutò di mettere truppe a disposizione del dott. Werner Best, plenipotenziario del Reich; ma anche le unità speciali delle SS (gli *Einsatzkommandos*) che lavoravano in Danimarca trovarono molto spesso da ridire sui "provvedimenti ordinati dagli uffici centrali," come disse Best nella deposizione che rese poi a Norimberga. E lo stesso Best, che veniva dalla Gestapo ed era stato consigliere di Heydrich e aveva scritto un famoso libro sulla polizia e aveva lavorato per il governo militare di Parigi con piena soddisfazione dei suoi superiori, non era piú una persona fidata, anche se non è certo che a Berlino se ne rendessero perfettamente conto. Comunque, fin dall'inizio era chiaro che le cose non sarebbero andate bene, e l'ufficio di Eichmann mandò allora in Danimarca uno dei suoi uomini migliori,

Rolf Günther, che sicuramente nessuno poteva accusare di non avere la necessaria "durezza." Ma Günther non fece nessuna impressione ai suoi colleghi di Copenhagen, e von Hannecken si rifiutò addirittura di emanare un decreto che imponesse a tutti gli ebrei di presentarsi per essere mandati a lavorare.

Best andò a Berlino e ottenne la promessa che tutti gli ebrei danesi sarebbero stati inviati a Theresienstadt, a qualunque categoria appartenessero — una concessione molto importante, dal punto di vista dei nazisti. Come data del loro arresto e della loro immediata deportazione (le navi erano già pronte nei porti) fu fissata la notte del 1° ottobre, e non potendosi fare affidamento né sui danesi né sugli ebrei né sulle truppe tedesche di stanza in Danimarca, arrivarono dalla Germania unità della polizia tedesca, per effettuare una perquisizione casa per casa. Ma all'ultimo momento Best proibì a queste unità di entrare negli alloggi, perché c'era il rischio che la polizia danese intervenisse e, se la popolazione danese si fosse scatenata, era probabile che i tedeschi avessero la peggio. Così poterono essere catturati soltanto quegli ebrei che aprivano volontariamente la porta. I tedeschi trovarono esattamente 477 persone (su più di 7800) in casa e disposte a lasciarli entrare. Pochi giorni prima della data fatale un agente marittimo tedesco, certo Georg F. Duckwitz, probabilmente istruito dallo stesso Best, aveva rivelato tutto il piano al governo danese, che a sua volta si era affrettato a informare i capi della comunità ebraica. E questi, all'opposto dei capi ebraici di altri paesi, avevano comunicato apertamente la notizia ai fedeli, nelle sinagoghe, in occasione delle funzioni religiose del capodanno ebraico. Gli ebrei ebbero appena il tempo di lasciare le loro case e di nascondersi, cosa che fu molto facile perché, come si espresse la sentenza, "tutto il popolo danese, dal re al più umile cittadino," era pronto a ospitarli.

Probabilmente sarebbero dovuti rimanere nascosti per tutta la durata della guerra se la Danimarca non avesse avuto la fortuna di essere vicina alla Svezia. Si ritenne opportuno trasportare tutti gli ebrei in Svezia, e così si fece con l'aiuto della flotta da pesca danese. Le spese di trasporto per i non abbienti (circa cento dollari a persona) furono pagate in gran parte da ricchi cittadini danesi, e questa fu forse la cosa più stupefacente di tutte, perché negli altri paesi gli ebrei pagavano da sé le spese della propria deportazione, gli ebrei ricchi spendevano tesori per comprarsi permessi di uscita (in Olanda, Slovacchia e piú tardi Ungheria), o corrompendo le autorità locali o trattando "legalmente" con le SS, le quali accettavano soltanto valuta pregiata e, per esempio in Olanda, volevano dai cinquemila ai diecimila dollari per persona. Anche dove la popolazione simpatizzava per loro e cercava sinceramente di aiutarli, gli ebrei dovevano pagare se volevano andar via, e quindi le possibilità di fuggire, per i poveri, erano nulle.

Occorse quasi tutto ottobre per traghettare gli ebrei attraverso le cinque-quindici miglia di mare che separano la Danimarca dalla Svevia. Gli svedesi accolsero 5919 profughi, di cui almeno 1000 erano di origine tedesca, 1310 erano mezzi ebrei e 686 erano non ebrei sposati ad ebrei. (Quasi la metà degli ebrei di origine danese rimase invece in Danimarca, e si salvò tenendosi nascosta.) Gli ebrei non danesi si trovarono bene come non mai, giacché tutti ottennero il permesso di lavorare. Le poche centinaia che la polizia tedesca era riuscita ad arrestare furono trasportati a Theresienstadt: erano persone anziane o povere, che o non erano state avvertite in tempo o non avevano capito la gravità della situazione. Nel ghetto godettero di privilegi come nessun altro gruppo, grazie all'incessante campagna che in Danimarca fecero su di loro le autorità e privati cittadini. Ne perirono quarantotto, una percentuale non molto alta, se si pensa alla loro età media. Quando tutto fu finito, Eichmann si sentí in dovere di riconoscere che "per varie ragioni" l'azione contro gli ebrei danesi era stata un "fallimento"; invece quel singolare individuo che era il dott. Best dichiarò: "Obiettivo dell'operazione non era arrestare un gran numero di ebrei, ma ripulire la Danimarca dagli ebrei: ed ora questo obiettivo è stato raggiunto."

L'aspetto politicamente e psicologicamente piú interessante di tutta questa vicenda è forse costituito dal comportamento delle autorità tedesche insediate in Danimarca, dal loro evidente sabotaggio degli ordini che giungevano da Berlino. A quel che si sa, fu questa l'unica volta che i nazisti incontrarono una resistenza *aperta*, e il risultato fu a quanto pare che quelli di loro che vi si trovarono coinvolti cambiarono mentalità. Non vedevano piú lo sterminio di un intero popolo come una cosa ovvia. Avevano urtato in una resistenza basata su saldi principî, e la loro "durezza" si era sciolta come ghiaccio al sole permettendo il riaffiorare, sia pur timido, di un po' di vero coraggio. Del resto, che l'ideale della "durezza," eccezion fatta forse per qualche bruto, fosse soltanto un mito creato apposta per autoingannarsi, un mito che nascondeva uno sfrenato desiderio di irreggimentarsi a qualunque prezzo, lo si vide chiaramente al processo di Norimberga, dove gli imputati si accusarono e si tradirono a vicenda giurando e spergiurando di essere sempre stati "contrari" o sostenendo, come fece piú tardi anche Eichmann, che i loro superiori avevano abusato delle loro migliori qualità. (A Gerusalemme Eichmann accusò "quelli al potere" di avere abusato della sua "obbedienza": "Il suddito di un governo buono è fortunato, il suddito di un governo cattivo è sfortunato: io non ho avuto fortuna.") Ora avevano perduto l'altezzosità d'un tempo, e benché i piú di loro dovessero ben sapere che non sarebbero sfuggiti alla condanna, nessuno ebbe il fegato di difendere l'ideologia nazista. A Norimberga Werner Best dichiarò di aver dovuto fare un difficile doppio gioco e affermò che era merito suo se i governanti danesi erano stati informati dell'imminente catastrofe; i documenti provavano invece che proprio lui aveva proposto a Berlino l'operazione danese: ma egli spiegò che anche questo faceva parte del gioco. Best fu estradato in Danimarca e lí venne condannato a morte; ma si appellò contro la sentenza, e il risultato fu sorprendente: in base a "nuove prove" la pena di morte gli fu commutata in cinque anni di carcere, per cui poco tempo dopo fu rimesso in libertà. Probabilmente riuscí a dimostrare alla Corte danese che veramente aveva fatto del suo meglio.

L'Italia era in Europa l'unica vera alleata della Germania, trattata da pari a pari e rispettata come Stato sovrano indipendente. L'alleanza si fondava probabilmente soprattutto sugli interessi comuni, interessi che legavano due nuove forme di governo, simili anche se non identiche; ed è vero che in origine Mussolini era stato grandemente ammirato negli ambienti nazisti tedeschi. Ma quando scoppiò la guerra e l'Italia, dopo una certa esitazione, si uní all'avventura tedesca, quell'ammirazione era ormai una cosa che apparteneva al passato. I nazisti sapevano bene che il loro movimento aveva piú cose in comune con il comunismo di tipo staliniano che col fascismo italiano, e Mussolini, dal canto suo, non aveva né molta fiducia nella Germania né molta ammirazione per Hitler. Tutto questo, però, rientrava nei segreti delle alte sfere, specialmente in Germania, e le differenze profonde, decisive tra il fascismo e gli altri tipi di dittatura non furono mai capite dal mondo nel suo complesso. Eppure queste differenze mai risaltarono con piú evidenza come nel campo della questione ebraica.

Prima del colpo di Stato di Badoglio dell'estate 1943, e prima che i tedeschi occupassero Roma e l'Italia settentrionale, Eichmann e i suoi uomini non avevano mai potuto lavorare in questo paese. Tuttavia avevano potuto vedere in che modo gli italiani *non* risolvevano nulla nelle zone della Francia, della Grecia e della Jugoslavia da loro occupate: e infatti gli ebrei perseguitati continuavano a rifugiarsi in queste zone, dove potevano esser certi di trovare asilo, almeno temporaneo. A livelli molto piú alti di quello di Eichmann il sabotaggio italiano della soluzione finale aveva assunto proporzioni serie, soprattutto perché Mussolini esercitava una certa influenza su altri governi fascisti — quello di Pétain in Francia, quello di Horthy in Ungheria, quello di Antonescu in Romania, e anche quello di Franco in Spagna. Finché l'Italia seguitava a non massacrare i suoi ebrei, anche gli altri satelliti della Germania potevano cercare di fare altrettanto. E cosí Dome Sztojai, il primo ministro ungherese che i tedeschi avevano imposto a Horthy, ogni volta che si trattava di prendere provvedimenti antiebraici voleva sapere se gli stessi provvedimenti erano stati presi in Italia. Il capo di Eichmann, il *Gruppenführer* Müller, scrisse in proposito una lunga lettera al ministero degli esteri del Reich, illustrando questa situazione, ma il ministero non poté far molto perché sempre urtava nella stessa ambigua resistenza, nelle stesse promesse che poi non venivano mai mantenute. Il sabotaggio era tanto piú irritante, in quanto che era attuato pubblicamente, in maniera quasi beffarda. Le promesse erano fatte da Mussolini in persona o da altissimi gerarchi, e se poi i generali non le mantenevano, Mussolini porgeva le scuse adducendo come spiegazione la loro "diversa formazione intellettuale." Soltanto di rado i nazisti si sentivano opporre un netto rifiuto, come quando il generale Roatta dichiarò che consegnare alle autorità tedesche gli ebrei della zona jugoslava occupata dall'Italia era "incompatibile con l'onore dell'esercito italiano."

Ancora peggio era quando gli italiani sembravano rispettare le promesse. Un esempio lo si ebbe dopo lo sbarco alleato nel Nord-Africa francese, quando tutta la Francia venne occupata dai tedeschi eccezion fatta per la zona italiana, nel sud, dove circa cinquantamila ebrei avevano trovato scampo. Cedendo alle pressioni tedesche, in questa zona fu creato un "Commissariato per gli affari ebraici," la cui unica funzione era quella di registrare tutti gli ebrei presenti nella regione ed espellerli dalla costa mediterranea. Effettivamente, ventiduemila ebrei furono arrestati, ma vennero trasferiti all'interno della zona italiana, col risultato che, come dice Reitlinger, " un migliaio di ebrei delle classi piú povere vivevano ora nei migliori alberghi dell'Isère e della Savoia." Eichmann mandò allora a Nizza e a Marsiglia uno dei suoi uomini piú "duri," Alois Brunner, ma quando questi arrivò, la polizia francese già aveva distrutto tutti gli elenchi di ebrei. Nell'autunno del 1943, quando l'Italia dichiarò guerra alla Germania, l'esercito tedesco poté finalmente entrare in Nizza, e lo stesso Eichmann accorse sulla Costa Azzurra. Qui gli dissero (ed egli vi credette) che diecimila-quindicimila ebrei vivevano nascosti nel principato di Monaco (quel minuscolo principato che conta all'incirca venticinquemila abitanti e che, come osservò il *New York Times Magazine,* "potrebbe entrare comodamente nel Central Park"): questa notizia fece sí che l'RSHA approntasse un piano per catturarli. Sembra una tipica farsa italiana. Gli ebrei, comunque, non c'erano piú: erano fuggiti nell'Italia vera e propria, e quelli che si tenevano nascosti tra le montagne ripararono in Svizzera o in Spagna. Lo stesso accadde quando gli italiani dovettero abbandonare la loro zona in Jugoslavia: gli ebrei partirono con le truppe italiane e si rifugiarono a Fiume.

Un elemento farsesco, del resto, non era mai mancato neppure quando all'inizio l'Italia aveva tentato sul serio di adeguarsi alla sua potente amica e alleata. Verso la fine degli anni '30 Mussolini, cedendo alle pressioni tedesche, aveva varato leggi antiebraiche e aveva stabilito le solite eccezioni (veterani di guerra, ebrei superdecorati e simili), ma aveva aggiunto una nuova categoria e precisamente gli ebrei iscritti al partito fascista, assieme ai loro genitori e nonni, mogli, figli e nipoti. Io non conosco statistiche in proposito, ma il risultato dovette essere che la grande maggioranza degli ebrei italiani furono "esentati." Difficilmente ci sarà stata una famiglia ebraica senza almeno un parente "iscritto al fascio," poiché a quell'epoca già da un quindicennio gli ebrei, al pari degli altri italiani, affluivano a frotte nelle file del partito, dato che altrimenti rischiavano di rimanere senza lavoro. E i pochi ebrei veramente antifascisti (soprattutto comunisti e socialisti) non erano piú in Italia. Anche gli antisemiti piú accaniti non dovevano prendere la cosa molto sul serio, e Roberto Farinacci, capo del movimento antisemita italiano, aveva per esempio un segretario ebreo. Certo, queste cose accadevano anche in Germania; Eichmann dichiarò che c'erano ebrei perfino tra le comuni SS; ma l'origine ebraica di persone come Heydrich, Milch e altri era tenuta rigorosamente segreta, era nota soltanto a un pugno di persone, mentre in Italia tutto si faceva allo scoperto e per cosí dire con candore. La chiave dell'enigma è naturalmente che l'Italia era uno dei pochi paesi d'Europa dove ogni misura antisemita era decisamente impopolare, e questo perché, per dirla con le parole di Ciano, quei provvedimenti "sollevavano problemi che fortunatamente non esistevano."

L'assimilazione, questa parola di cui tanto si abusa, era in Italia una realtà. L'Italia aveva una comunità ebraica che non contava piú di cinquantamila persone e la cui storia risaliva nei secoli ai tempi dell'impero romano. L'antisemitismo non era un'ideologia, qualcosa in cui si potesse credere, come era in tutti i paesi di lingua tedesca, o un mito e un pretesto, come era soprattutto in Francia. Il fascismo italiano, che non poteva essere definito "spietatamente duro," aveva cercato prima della guerra di ripulire il paese dagli ebrei stranieri e apolidi, ma non vi era mai riuscito bene, a causa della scarsa disposizione di gran parte dei funzionari italiani dei gradi inferiori a pensare in maniera "dura." E quando la questione divenne una questione di vita o di morte, gli italiani, col pretesto di salvaguardare la propria sovranità, si rifiutarono di abbandonare questo settore della loro popolazione ebraica; li internarono invece in campi, lasciandoli vivere tranquillamente finché i tedeschi non invasero il paese. Questa condotta non si può spiegare con le sole condizioni oggettive (l'assenza di una "questione ebraica"), poiché naturalmente questi stranieri costituivano in Italia un problema cosí come lo costituivano in tutti gli altri Stati europei, Stati nazionali fondati sull'omogeneità etnica e culturale delle rispettive popolazioni. Quello che in Danimarca fu il risultato di una profonda sensibilità politica, di un'innata comprensione dei doveri e delle responsabilità di una nazione che vuole essere veramente indipendente — "per i danesi... la questione ebraica fu una questione politica, non umanitaria" (Leni Yahil) — in Italia fu il prodotto della generale, spontanea umanità di un popolo di antica civiltà.

L'umanità italiana resisté inoltre alla prova del terrore che si abbatté sulla nazione nell'ultimo anno e mezzo di guerra. Nel dicembre del 1943 il ministero degli esteri tedesco chiese ufficialmente l'aiuto del capo di Eichmann, Müller: "In considerazione del poco zelo mostrato negli ultimi mesi dai funzionari italiani nel mettere in atto i provvedimenti antiebraici raccomandati dal Duce, noi del ministero degli esteri riteniamo urgente e necessario che l'adempimento di tali provvedimenti... sia controllato da funzionari tedeschi." Dopo di che, famigerati sterminatori come Odilo Globocnik furono spediti in Italia; anche il capo dell'amministrazione militare tedesca non fu un uomo dell'esercito, ma l'ex-governatore della Galizia polacca, il *Gruppenführer* Otto Wächter. Ormai non si poteva piú scherzare. L'ufficio di Eichmann diramò alle sue varie branche una circolare in cui si avvertiva che si dovevano subito prendere le "necessarie misure" contro gli "ebrei di nazionalità italiana." La prima azione doveva essere sferrata contro gli ottomila ebrei di Roma, al cui arresto avrebbero provveduto reggimenti di polizia tedesca dato che sulla polizia italiana non si poteva fare affidamento. Gli ebrei furono avvertiti in tempo, spesso da vecchi fascisti, e settemila riuscirono a fuggire. I tedeschi, come sempre facevano quando incontravano resistenza, cedettero e ora accettarono che gli ebrei, anche se non appartenevano a categorie "esentate," venissero non deportati, ma soltanto internati in campi italiani. Per l'Italia, questa soluzione poteva essere considerata sufficientemente "finale." Cosí circa trentacinquemila ebrei furono catturati nell'Italia settentrionale e sistemati in campi di concentramento nei pressi del confine austriaco. Nella primavera del 1944, quando ormai l'Armata Rossa aveva occupato la Romania e gli Alleati stavano per entrare in Roma, i tedeschi violarono la promessa e cominciarono a trasportarli ad Auschwitz: ne portarono via circa settemilacinquecento, di cui poi ne tornarono appena seicento. Tuttavia, gli ebrei che scomparvero non furono nemmeno il dieci per cento di tutti quelli che vivevano allora in Italia.

Capitolo undicesimo

Deportazioni dai Balcani - Jugoslavia, Bulgaria, Grecia, Romania

Chi seguí attentamente le tesi sostenute dall'accusa e lesse poi la sentenza, che ne riorganizzò il confusionario "quadro generale," non poté non sorprendersi del fatto che nessuno menzionasse mai la zona che separava il sistema di Stati dell'Europa centro-occidentale e i territori occupati dai nazisti nell'Europa orientale e sud-orientale. Quella fascia di popolazioni eterogenee che si estende dal Mar Baltico all'Adriatico, un'area che oggi si trova quasi tutta al di là della cortina di ferro, era costituita dai cosiddetti "Stati successori," creati dopo la prima guerra mondiale dalle potenze vincitrici. Un nuovo assetto politico era stato dato a numerosi popoli che per secoli eran vissuti sotto il dominio di grandi imperi — l'impero russo a nord, quello austro-ungarico a sud e quello turco a sud-est. Nessuno di questi Stati aveva però, neppure lontanamente, l'omogeneità etnica delle vecchie nazioni europee, cioè di quelle nazioni di cui ricalcavano i sistemi politici. E cosí ciascuno di questi paesi aveva al suo interno grossi gruppi etnici che erano fieramente ostili al governo, perché le loro aspirazioni nazionali erano state ignorate a favore di altri gruppi non molto piú grandi. Se ci fosse stato bisogno di una prova dell'instabilità politica di questi Stati, questa prova la forní, lampante, la Cecoslovacchia. Quandi Hitler entrò a Praga nel marzo del 1939, ad accoglierlo trionfalmente non furono soltanto i *Sudetendeutsche,* cioè la minoranza tedesca, ma anche gli slovacchi, che egli "liberò" concedendo loro di formare uno Stato "indipendente." Esattamente la stessa cosa avvenne piú tardi in Jugoslavia, dove la maggioranza serba, che governava il paese, fu trattata come nemica mentre la minoranza croata ottenne un governo proprio, nazionale. Inoltre, poiché le popolazioni di queste regioni erano sempre state fluttuanti, non esistevano confini naturali o storici, e quelli fissati dai trattati di Trianon e di S. Germain erano del tutto arbitrari. Perciò, per attirare l'Ungheria, la Romania e la Bulgaria nell'orbita delle potenze dell'Asse bastava concedere loro generosi ingrandimenti territoriali. E nei territori che questi Stati si annetterono, gli ebrei, a cui sempre era stata negata la cittadinanza, divennero automaticamente apolidi e cosí subirono la stessa sorte dei profughi dell'Europa occidentale: furono invariabilmente i primi ad essere deportati e liquidati.

Ma in quegli anni crollò anche il sistema di trattati sulle minoranze con cui gli Alleati avevano sperato di risolvere un problema che, negli Stati nazionali, è insolubile. In tutti gli "Stati successori" gli ebrei erano ufficialmente una minoranza, e questa condizione non era un'imposizione, ma era stata richiesta e negoziata da loro delegati alla conferenza di Versaglia. Questo fatto aveva segnato una svolta importante nella storia ebraica, poiché per la prima volta gli ebrei occidentali, assimilati, non erano stati riconosciuti come i portavoce di tutto quanto il popolo ebraico. I "notabili" ebrei educati in occidente avevano dovuto constatare con stupore, nonché con un certo sgomento, che la grande maggioranza del popolo ebraico desiderava una sorta di autonomia sociale e culturale, anche se non politica. Giuridicamente, la condizione degli ebrei nell'Europa orientale era dunque identica a quella di ogni altra minoranza, ma politicamente (e questo fu un fatto decisivo) essi erano l'unico gruppo etnico che in quell'area non avesse una "patria," cioè un territorio, una regione in cui costituissero la maggioranza della popolazione. Malgrado questo non vivevano dispersi come i loro fratelli dell'Europa centro-occidentale, e mentre qui, già prima di Hitler, era un sintomo di antisemitismo chiamare ebreo un ebreo, nell'Europa orientale gli ebrei erano considerati, da amici e nemici, un popolo a sé. Perciò anche la condizione di quegli ebrei che nei paesi orientali *erano* assimilati, era molto diversa da quella che c'era in occidente, dove pure l'assimilazione, in una forma o nell'altra, era sempre stata la regola. Nei paesi orientali non esisteva la vasta borghesia ebraica tipica dell'Europa centro-occidentale; gli ebrei assimilati erano invece un esiguo numero di famiglie dell'alta borghesia e dell'aristocrazia, che appartenevano addirittura alla classe dominante e il cui grado di assimilazione (grazie al denaro, al battesimo, ai matrimoni misti) era infinitamente maggiore.

Uno dei primi paesi in cui gli esecutori della soluzione finale dovettero tener conto di questa situazione fu lo Stato-fantoccio della Croazia, in Jugoslavia, che aveva come capitale Zagabria. Tre settimane dopo la creazione di questo Stato, il governo croato capeggiato dal dott. Ante Pavelić, quasi in segno di gratitudine emanò leggi antiebraiche, e quando i nazisti gli chiesero che cosa dovessero fare delle poche decine di ebrei croati che si trovavano in Germania, rispose che essi avrebbero "apprezzato" la deportazione in oriente. Il ministro degli interni del Reich invitò quindi la Croazia a divenire *judenrein* entro il febbraio 1942, ed Eichmann mandò lo *Hauptsturmführer* Franz Abromeit a dare una mano all'addetto della polizia tedesca a Zagabria. Le deportazioni furono eseguite dai croati stessi, soprattutto da membri del forte movimento fascista, gli ustascia, e la Croazia pagò ai nazisti trenta marchi per ogni ebreo deportato ricevendo in cambio tutti i beni confiscati. Questo era in armonia col "principio territoriale" ufficialmente professato dai tedeschi, principio che doveva essere applicato in tutta l'Europa e in base al quale ciascuno Stato ereditava i beni di ogni ebreo residente nei suoi confini — di qualunque nazionalità fosse — che venisse ucciso. (Il principio in realtà fu rispettato assai poco, essendoci molti modi di aggirarlo ogni qualvolta sembrava che ne valesse la pena: gli industriali tedeschi, per esempio, potevano comprare i beni direttamente dagli ebrei, prima che venissero deportati, e l'*Einsatzstab Rosenberg,* che in origine era autorizzato a sequestrare oggetti ebraici e giudaici per gli istituti tedeschi di ricerche antisemitiche, ben presto estese la sua attività includendo tra questi oggetti il mobilio prezioso e le opere d'arte.) La scadenza del febbraio 1942 non poté essere rispettata perché gli ebrei riuscirono a fuggire dalla Croazia nel territorio occupato dagli italiani, ma dopo il colpo di Stato di Badoglio, arrivò a Zagabria Hermann Krumey, un altro uomo di Eichmann, ed entro l'autunno del 1943 trentamila ebrei furono deportati ai centri di sterminio.

Soltanto allora i tedeschi si accorsero che il paese non era ancora *judenrein.* Nelle prime leggi antisemite croate essi avevano notato un curioso paragrafo che trasformava in "ariani onorari" tutti gli ebrei che davano un contributo "alla causa croata"; e naturalmente nel giro di poco tempo il numero di questi ebrei era salito enormemente. In altre parole, i piú ricchi avevano rinunziato volontariamente ai loro beni ed erano stati "esentati." Fatto ancor piú interessante, il servizio segreto delle SS (diretto da quello *Sturmbannführer* Wilhelm Höttl che fu chiamato a testimoniare per la difesa di Eichmann, ma la cui dichiarazione giurata fu poi utilizzata dall'accusa) scoprí che quasi tutti i componenti della cricca che dominava in Croazia, dal capo del governo al capo degli ustascia, erano sposati a donne ebree. I millecinquecento ebrei che sopravvissero in quest'area (pari al cinque per cento, secondo un rapporto del governo jugoslavo) dovevano appartenere tutti a questo gruppo di gente assimilata e ricchissima. E poiché il numero degli ebrei assimilati nei paesi orientali è stato valutato per l'appunto al cinque per cento del totale, si è tentati di concludere che in quei paesi l'assimilazione, quando c'era, permettesse di salvarsi assai meglio di quanto non facesse nel resto d'Europa.

Le cose andarono molto diversamente nel contiguo territorio della Serbia, dove fin quasi dal primo giorno le truppe d'occupazione tedesche dovettero fare i conti con una guerra partigiana paragonabile solo a quella che si svolgeva in Russia dietro le linee della Wehrmacht. Già abbiamo accennato al modo in cui Eichmann ebbe a che fare con la liquidazione degli ebrei serbi. La sentenza ammise: "Quali fossero le procedure usuali, nell'occuparsi degli ebrei della Serbia, non è del tutto chiaro," e la ragione è che l'ufficio di Eichmann non c'entrava affatto, perché in quell'area non ci furono deportazioni. Il "problema" fu risolto sempre "sul posto." Col pretesto di giustiziare ostaggi presi nel corso della lotta contro i partigiani, la Wehrmacht fucilò la popolazione ebraica maschile, consegnando le donne e i bambini al comandante della polizia di sicurezza, un certo dott. Emanuel Schäfer, creatura di Heydrich, che li soppresse in furgoni attrezzati a camere a gas. Nell'agosto del 1942 il consigliere di Stato Harald Turner, capo della branca civile del governo militare, dichiarò con orgoglio che la "Serbia era l'unico paese in cui si fosse risolto tanto il problema degli ebrei quanto quello degli zingari," e rispedí i furgoni a Berlino. Circa cinquemila ebrei si unirono ai partigiani, e questo fu l'unico modo in cui qualcuno poté sfuggire allo sterminio.

Schäfer fu poi processato, dopo la guerra, da un tribunale tedesco. Per avere ucciso col gas 6280 donne e bambini fu condannato a sei anni e sei mesi di carcere. Il governatore militare della regione, il generale Franz Böhme, si suicidò, mentre il consigliere di Stato Turner fu consegnato al governo jugoslavo e condannato a morte. Ed è stata sempre la stessa storia: coloro che si salvarono la pelle al processo di Norimberga e non furono riconsegnati ai paesi dove avevano commesso i crimini, o non sono stati mai più tradotti in giudizio, o hanno trovato presso i tribunali tedeschi la massima "comprensione." Il che ricorda spiacevolmente la repubblica di Weimar, la cui specialità era assolvere chi commetteva un omicidio politico, se apparteneva a un gruppo antirepubblicano di destra.

La Bulgaria più d'ogni altro paese balcanico avrebbe dovuto esser grata alla Germania nazista, dati i cospicui ingrandimenti territoriali ottenuti a spese della Romania, della Jugoslavia e della Grecia. E invece non lo fu, perché né il suo governo né il suo popolo si mostrarono abbastanza docili da permettere l'applicazione di una "spietata durezza." Lo si vide non soltanto a proposito della questione ebraica. La monarchia bulgara non aveva ragione di preoccuparsi del movimento fascista locale, quello dei Ratnitzi, trattandosi di un gruppo esiguo e politicamente poco influente, e il parlamento seguitò ad essere un organismo rispettato, che lavorava di concerto col re. Perciò i bulgari si permisero di rifiutarsi di dichiarar guerra alla Russia, e neppure inviarono sul fronte orientale una forza di spedizione simbolica, formata di "volontari." Ma la cosa più sorprendente fu che mentre in tutti quei paesi l'antisemitismo serpeggiava e montava tra i vari gruppi etnici ed era divenuto la politica ufficiale molto prima che Hitler arrivasse, i bulgari non "capivano" il problema ebraico. È vero che l'esercito bulgaro aveva acconsentito alla deportazione di tutti gli ebrei (circa quindicimila) che si trovavano nei territori annessi, territori dove vigeva la legge marziale e dove la popolazione era antisemita; ma probabilmente non sapeva che cosa propriamente significasse il "trasferimento in oriente." Qualche tempo prima, e cioè nel gennaio del 1941, il governo aveva anche accettato d'introdurre alcune leggi antisemitiche, ma queste, agli occhi dei nazisti, erano semplicemente ridicole: circa seimila ebrei di robusta costituzione fisica furono mobilitati per il lavoro; tutti gli ebrei battezzati, qualunque fosse la data della loro conversione, furono esentati (col risultato che ci fu un'ondata di conversioni); altri cinquemila ebrei — su un totale di circa cinquantamila — ottennero dei privilegi; e per gli ebrei che facevano i medici o gli industriali fu introdotto un *numerus clausus* piuttosto alto, dato che si basava sulla percentuale degli ebrei presenti nelle città anziché nel paese nel suo complesso. Entrate in vigore queste misure, esponenti del governo bulgaro dichiararono pubblicamente che ormai il problema era risolto in maniera soddisfacente per tutti. Naturalmente, i nazisti si sarebbero fatti premura non soltanto di spiegare che cosa significava "risolvere" sul serio la questione ebraica, ma anche di insegnare che la stabilità giuridica mal si concilia con un regime totalitario.

Le autorità tedesche dovevano aver fiutato che grosse difficoltà le attendevano. Nel gennaio del 1942 Eichmann scrisse al ministero degli esteri del Reich una lettera in cui affermava che c'erano "discrete probabilità di avere gli ebrei della Bulgaria"; proponeva che si facesse un passo presso il governo bulgaro, e assicurava che l'addetto della polizia a Sofia avrebbe "curato gli aspetti tecnici della deportazione." (Questo "addetto" non doveva però essere molto entusiasta del suo lavoro, visto che di lí a poco Eichmann mandò da Parigi a Sofia, come "consigliere," uno dei propri uomini, Theodor Dannecker.) E qui è interessante notare che questa lettera contraddiceva quanto lo stesso Eichmann aveva notificato alla Serbia pochi mesi prima, e cioè che non c'erano per il momento possibilità di ricevere ebrei e che addirittura non si potevano deportare ebrei del Reich.

La decisione di procedere in fretta a "ripulire" la Bulgaria si può spiegare soltanto col fatto che Berlino doveva avere ricevuto informazioni precise da cui risultava che, se si voleva concludere qualcosa, bisognava far presto. Orbene, ad avvicinare il governo bulgaro provvide l'ambasciata tedesca, ma passarono ancora sei mesi prima che i bulgari si decidessero a imboccare la via delle misure "radicali" — cominciando con l'imporre agli ebrei di portare il distintivo. Per i nazisti, anche questo primo passo fu una gran delusione: in primo luogo, come riferirono diligentemente, il distintivo era soltanto "una stella piccolissima"; in un secondo luogo, la maggioranza degli ebrei non lo portava per niente; e in terzo luogo chi lo portava era fatto segno "a tante manifestazioni di simpatia da parte della traviata popolazione," che ne era addirittura "fiero," come scrisse nel novembre del 1942 Walter Schellenberg, capo del controspionaggio dell'RSHA, in un rapporto trasmesso al ministero degli esteri del Reich. Dopo di che, il governo bulgaro revocò il decreto. Alla fine, cedendo alle pressioni tedesche, esso decise di espellere tutti gli ebrei di Sofia e di relegarli in campagna: ma nemmeno questo provvedimento era conforme ai desideri nazisti, poiché invece di concentrare gli ebrei li disperse.

Questa espulsione segnò poi una svolta importante perché la popolazione di Sofia cercò di fermare gli ebrei diretti alla stazione ferroviaria e inscenò una dimostrazione dinanzi al palazzo reale. I tedeschi erano convinti che il primo responsabile di questo stato di cose fosse proprio re Boris, ed è quasi certo che furono agenti del loro servizio di spionaggio ad assassinarlo. Ma né la morte del sovrano né l'arrivo di Dannecker all'inizio del 1943 modificarono minimamente la situazione: tanto il parlamento quanto il popolo seguitarono ad appoggiare apertamente gli ebrei. Dannecker riuscí ad accordarsi con il commissario bulgaro per gli affari ebraici nel senso che seimila "ebrei importanti" sarebbero stati deportati a Treblinka, senonché nessuno di questi ebrei lasciò mai il paese. L'accordo, in sé, è interessante in quanto che mostra come i nazisti non avessero alcuna speranza di potersi servire dei capi ebraici per i loro scopi. Il capo-rabbino di Sofia era sparito, nascosto da quel metropolita Stephan che in pubblico aveva dichiarato: "Dio ha deciso il destino degli ebrei, e gli uomini non hanno il diritto di torturarli e perseguitarli" (Hilberg) — che era molto di piú di quanto il Vaticano avesse mai fatto. Infine, in Bulgaria avvenne la stessa cosa che pochi mesi dopo accadde in Danimarca: i funzionari tedeschi divennero titubanti e incerti e non furono piú elementi fidati. Ciò vale sia per l'addetto della polizia, che era un membro delle SS e che avrebbe dovuto rastrellare e arrestare gli ebrei, sia per l'ambasciatore tedesco a Sofia, Adolf Beckerle, che nel giugno del 1943 comunicò al ministero degli esteri del Reich che la situazione era disperata perché "i bulgari per troppo tempo avevano vissuto assieme a popoli come gli armeni, i greci e gli zingari, per poter capire il problema ebraico" (il che, naturalmente, era una sciocchezza, perché la stessa cosa si sarebbe potuta dire, *mutatis mutandis,* di tutti i popoli dell'Europa orientale e sud-orientale). E fu sempre Beckerle a informare l'RSHA, con tono stizzoso, che non c'era piú nulla da fare. Il risultato fu che non un solo ebreo bulgaro era stato deportato o era morto di morte non naturale quando, nell'agosto del 1944, avvicinandosi l'Armata Rossa, le leggi antiebraiche furono revocate.

Io non so se qualcuno abbia mai cercato di spiegare la condotta del popolo bulgaro, una condotta che è veramente unica nei paesi di tutta quest'area. Ma voglio ricordare Georgi Dimitrov, un comunista bulgaro che si trovava in Germania quando i nazisti presero il potere e che da questi fu accusato d'essere il responsabile del *Reichstagsbrand,* cioè del misterioso incendio appiccato il 27 febbraio 1933 all'edificio del parlamento, a Berlino. Egli fu processato dalla Corte Suprema tedesca e, messo a confronto con Göring, lo interrogò come se fosse lui a dirigere il dibattimento; e fu grazie a lui che tutti gli imputati, ad eccezione di van der Lubbe, furono assolti. Quella condotta gli meritò l'ammirazione di tutto il mondo, Germania compresa. "In Germania è rimasto un solo uomo, — diceva la gente, — ed è un bulgaro."

La Grecia, le cui regioni settentrionali erano state occupate dai tedeschi mentre quelle meridionali erano nelle mani degli italiani, non presentava problemi particolari e poteva anche aspettare a divenire *judenrein.* Non c'era fretta. Nel febbraio del 1943 due specialisti alle dipendenze di Eichmann, gli *Hauptsturmführer* Dieter Wisliceny e Alois Brunner, arrivarono per preparare la deportazione degli ebrei di Salonicco, circa cinquantamila, pari a quasi i due terzi di tutti gli ebrei greci. Questa deportazione rientrava "nel quadro della soluzione finale del problema ebraico in Europa," come precisava la lettera di nomina inviata loro dal IV-B-4. Lavorando in stretto contatto con un certo dott. Max Merten, un "consigliere dell'amministrazione di guerra" che rappresentava il governo militare della zona, i due crearono subito il solito Consiglio ebraico, mettendo alla testa il capo-rabbino Koretz. Wisliceny, che capeggiava il *Sonderkommando für Judenangelegenheiten* di Salonicco, introdusse il distintivo giallo e subito fece sapere che non si sarebbero tollerate eccezioni. Il dott. Merten trasferí l'intera popolazione ebraica in un ghetto vicino alla stazione ferroviaria, in modo da agevolare le partenze. Le uniche categorie privilegiate erano gli ebrei con passaporto straniero e, come sempre, il personale dello *Judenrat* — non piú di qualche centinaio di persone in tutto, che alla fine furono portate al "campo di scambio" di Bergen-Belsen. E l'unica via di scampo era fuggire a sud, dove gli italiani, come facevano anche altrove, si rifiutavano di consegnare gli ebrei ai tedeschi; ma la sicurezza nella zona italiana fu di breve durata.

La popolazione greca assisté con indifferenza, quando addirittura non "approvò" l'operazione, e lo stesso fecero perfino alcuni gruppi di partigiani. Nel giro di due mesi tutta la comunità fu deportata; treni partivano per Auschwitz quasi ogni giorno, portando ciascuno da duemila a duemilacinquecento ebrei, in vagoni-merci. Nell'autunno dello stesso anno, quando l'esercito italiano si sgretolò, fu condotta rapidamente a termine anche l'evacuazione di circa tredicimila ebrei della Grecia meridionale, inclusa Atene e le isole.

Ad Auschwitz molti ebrei greci furono inquadrati nei cosiddetti "commandos della morte" che facevano funzionare le camere a gas e i crematori. Costoro erano ancora in vita quando, nel 1944, gli ebrei ungheresi furono sterminati e il ghetto di Lódz fu liquidato. Alla fine di quell'estate, allorché si sparse la voce che le stragi sarebbero state presto sospese e gli impianti sarebbero stati smantellati, scoppiò una delle pochissime rivolte che si conoscano in un campo di concentramento: i "commandos della morte" erano certi che ora anche loro sarebbero stati uccisi. La rivolta fu un disastro completo: un uomo solo sopravvisse per poterne raccontare la storia.

Si direbbe che l'indifferenza dei greci per il destino dei loro ebrei non sia del tutto scomparsa neppure dopo la liberazione del paese. Il dott. Merten sostiene oggi, in maniera alquanto incoerente, di non aver mai saputo nulla della sorte riservata agli ebrei, e tuttavia di aver salvato gli ebrei da questa sorte che ignorava. Dopo la guerra il dott. Merten se ne tornò tranquillamente in Grecia per conto di una compagnia di viaggi; fu arrestato, ma ben presto venne rilasciato ottenendo il permesso di rientrare in Germania: caso forse piú unico che raro, poiché nei paesi che non siano la Germania i processi contro i criminali di guerra si sono sempre conclusi con severe condanne. Ma unica è certamente la testimonianza che rese a Berlino, in favore di Eichmann, alla presenza di rappresentanti sia della difesa che dell'accusa: Eichmann favorí in tutti i modi un tentativo di salvare circa ventimila donne e bambini di Salonicco, e tutto il male venne da Wisliceny. Ma alla fine Merten ammise che prima di testimoniare era stato avvicinato dal fratello di Eichmann, avvocato a Linz, e da un'organizzazione di ex-SS. Eichmann, personalmente, negò tutto — non era mai stato a Salonicco e non aveva mai visto il servizievole dott. Merten.

Al processo, a piú riprese Eichmann sostenne che le sue capacità organizzative, la bravura con cui il suo ufficio sapeva coordinare le evacuazioni e le deportazioni, avevano realmente aiutato le vittime; avevano alleviato le loro sofferenze. Se la cosa si doveva fare, disse, era meglio farla bene e con ordine. Nessuno, neppure l'avvocato difensore, dette peso a queste affermazioni, che ovviamente appartenevano alla stessa categoria di quell'altra sua assurda tesi, sostenuta a spada tratta, secondo cui con l'"emigrazione forzata" egli aveva salvato la vita a centinaia di migliaia di ebrei. Eppure, se si pensa a quello che avvenne in Romania vien da chiedersi se per caso non avesse un po' di ragione. Anche qui tutto andò a sorpresa, ma non come in Danimarca, dove anche gli uomini della Gestapo si misero a sabotare gli ordini di Berlino; in Romania perfino le SS rimasero sbalordite e in certi casi spaventate di fronte agli orrori dei colossali *pogrom* spontanei, di tipo tradizionale: spesso intervennero per impedire che gli ebrei fossero letteralmente scannati, in modo che l'uccisione potesse avvenire con sistemi che a loro giudizio erano piú civili.

Non è un'esagerazione dire che già nell'anteguerra la Romania era il paese piú antisemita d'Europa. E anzi, già nell'Ottocento l'antisemitismo rumeno era un fenomeno che nessuno ignorava; nel 1878 le grandi potenze avevano cercato d'intervenire, mediante il trattato di Berlino, e d'indurre il governo rumeno a concedere la cittadinanza ai suoi abitanti ebrei, sia pure lasciandoli al rango di cittadini di seconda classe. Non vi riuscirono, e alla fine della prima guerra mondiale tutti gli ebrei rumeni, ad eccezione di poche famiglie sefardite e di qualche individuo di origine tedesca, erano ancora considerati stranieri. Nei negoziati di pace gli Alleati dovettero far valere tutto il peso della loro autorità per "persuadere" la Romania ad accettare un trattato sulle minoranze e a garantire la cittadinanza alla minoranza ebraica. Ma questa concessione fatta all'opinione pubblica mondiale fu revocata nel 1937-38; i rumeni, forti dell'appoggio della Germania hitleriana, denunziarono gli accordi sulle minoranze come un'imposizione che pregiudicava la loro "sovranità" e privarono di nuovo della cittadinanza varie centinaia di migliaia di ebrei, cioè all'incirca un quarto della popolazione ebraica complessiva. Due anni piú tardi, nell'agosto del 1940, pochi mesi prima che la Romania entrasse in guerra al fianco della Germania, il maresciallo Ion Antonescu, capo della Guardia di Ferro e dittatore del paese, dichiarò apolidi tutti gli ebrei eccettuando soltanto quelle poche centinaia di famiglie che avevano ottenuto la cittadinanza prima dei trattati di pace. In quello stesso mese varò anche leggi antiebraiche che furono le piú severe d'Europa, piú severe perfino di quelle approvate in Germania. Le categorie privilegiate (veterani di guerra ed ebrei che erano cittadini rumeni già prima del 1918) non comprendevano piú di diecimila persone, poco piú dell'uno per cento di tutta la comunità. Lo stesso Hitler intuí che in questo campo la Germania rischiava di farsi battere dalla Romania, e nell'agosto del 1941, poche settimane dopo aver dato l'ordine della soluzione finale, si lamentò con Goebbels perché "un uomo come Antonescú procede in queste cose in maniera molto piú radicale di quanto noi stessi abbiamo fatto finora."

La Romania entrò in guerra nel febbraio del 1941, e la "Legione rumena" si dimostrò una forza militare quanto mai utile quando cominciò l'invasione della Russia: nella sola Odessa massacrò sessantamila persone. A differenza dei governi degli altri paesi balcanici il governo rumeno fu sempre perfettamente informato, fin dall'inizio, delle stragi di ebrei che avvenivano in oriente, e le truppe rumene, anche dopo che la Guardia di Ferro fu spodestata nell'estate del 1941, misero in atto un programma di massacri e di deportazioni di un'atrocità senza precedenti, in confronto al quale impallidiva ciò che era avvenuto a Bucarest nel gennaio di quell'anno. Il metodo rumeno di deportare gli ebrei consisteva nell'ammucchiare cinquemila persone in carri-bestiame e nel lasciarle morire per soffocamento mentre il treno per giorni e giorni viaggiava senza una meta per la campagna. Dopo di che, uno dei divertimenti preferiti consisteva nell'esporre i cadaveri nelle macellerie ebraiche. Anche nei campi di concentramento rumeni (campi che i rumeni stessi provvidero a creare e a controllare quando le deportazioni verso oriente non furono piú possibili) le atrocità erano piú raffinate e spaventose di quelle che si potevano commettere in Germania. Quando Eichmann mandò a Bucarest un suo consigliere per gli affari ebraici, lo *Hauptsturmführer* Gustav Richter, questi riferí che ora Antonescu pensava di trasportare centodiecimila ebrei in "due foreste al di là del fiume Bug," cioè nel territorio russo occupato dai tedeschi, perché venissero liquidati. I tedeschi rimasero sgomenti, e tutti intervennero: i comandanti dell'esercito, il ministero di Rosenberg per i territori orientali occupati, il ministero degli esteri di Berlino, l'ambasciatore a Bucarest barone Manfred von Killinger (quest'ultimo, già alto ufficiale delle SA, intimo amico di Röhm e perciò sospetto alle SS, era probabilmente sorvegliato da Richter, il quale lo "consigliava" in materia ebraica). Una volta tanto, tutti si trovarono d'accordo. Lo stesso Eichmann, in una lettera datata aprile 1942, supplicò il ministero degli esteri di arrestare questi sforzi disorganizzati e prematuri compiuti dai rumeni per "sbarazzarsi degli ebrei"; i rumeni dovevano capire che bisognava dare la precedenza alla "evacuazione degli ebrei tedeschi, che è già in pieno sviluppo"; e la lettera si concludeva con la minaccia di "fare entrare in azione la polizia di sicurezza."

Per quanto restii ad affrontare la soluzione finale in Romania rispetto ai tempi originariamente fissati per i singoli paesi balcanici, i tedeschi tuttavia dovevano intervenire, se non volevano che la situazione degenerasse e sfociasse nel caos completo, e anche se Eichmann doveva essere tutto compiaciuto di aver minacciato di usare la polizia di sicurezza, non era certo a salvare gli ebrei che i nazisti erano stati addestrati. Cosí, verso la metà di agosto, quando già i rumeni avevano sterminato per conto loro e quasi da soli circa trecentomila persone, il ministero degli esteri del Reich concluse con Antonescu un accordo "per l'evacuazione degli ebrei dalla Romania, da effettuarsi ad opera di reparti tedeschi," ed Eichmann intavolò trattative con le ferrovie tedesche onde ottenere i vagoni necessari per trasportare duecentomila ebrei ai campi della morte di Lublino. Ma proprio ora che tutto era pronto e che erano state fatte queste grandi concessioni, i rumeni fecero un improvviso voltafaccia. Come un fulmine a ciel sereno arrivò a Berlino una lettera del fidatissimo signor Richter in cui si diceva che Antonescu aveva cambiato idea; e l'ambasciatore Killinger spiegò in un suo rapporto che il maresciallo voleva ora sbarazzarsi degli ebrei "in maniera meno spiacevole." I tedeschi non avevano tenuto conto del fatto che la Romania non era soltanto un paese con un enorme numero di veri e propri criminali, ma era anche il più corrotto paese dei Balcani. Accanto ai massacri era sorto tutto un fiorente commercio di esenzione in cui era impegnata ogni branca, nazionale o municipale, della burocrazia. La specialità del governo consisteva nell'imporre tasse altissime, a casaccio, a gruppi o a intere comunità di ebrei. Ed ora i rumeni avevano scoperto che gli ebrei si potevano spedire all'estero in cambio di valuta pregiata, e così si trasformarono nei più ferventi sostenitori dell'emigrazione — milletrecento dollari a testa. Fu a questo modo che la Romania divenne una delle poche basi da cui gli ebrei potevano emigrare in Palestina durante la guerra. E quando si avvicinò l'Armata Rossa, Antonescu divenne ancor più "moderato": permise addirittura che gli ebrei lasciassero il paese senza pretendere per questo nessun compenso.

È curioso constatare che, dall'inizio alla fine, Antonescu non fu — come pensava Hitler — più "radicale" dei nazisti, ma semplicemente seppe precorrere gli sviluppi della politica tedesca. Fu il primo a privare della cittadinanza tutti gli ebrei, e intraprese massacri su larga scala, apertamente e spudoratamente, quando ancora i nazisti stavano compiendo i primi esperimenti; scoprí che si potevano "vendere" gli ebrei più d'un anno prima che Himmler ideasse il baratto "sangue contro camion," e alla fine, proprio come più tardi fece Himmler, sospese tutta l'operazione come se si fosse trattato di uno scherzo. Nell'agosto del 1944 la Romania si arrese all'Armata Rossa e Eichmann, specialista in evacuazione, fu mandato alla chetichella in quell'area a cercar di salvare qualche persona di "stirpe tedesca"; ma non vi riuscí. Degli ottocentocinquantamila ebrei rumeni ne sopravvissero circa la metà, e degli scampati un gran numero (alcune centinaia di migliaia) se ne andò poi in Israele. Nessuno sa quanti ebrei siano rimasti oggi in Romania. I responsabili degli stermini furono tutti giustiziati e Killinger si suicidò prima che i russi potessero catturarlo. Soltanto lo *Hauptsturmführer a. D.* Richter, il quale, è vero, non aveva mai avuto occasione di entrare in azione, ha vissuto pacificamente in Germania fino al 1961, anno in cui, sia pure tardivamente, è stato smascherato grazie al processo Eichmann.

Capitolo dodicesimo

Deportazioni dall'Europa centrale - Ungheria e Slovacchia

L'Ungheria, a cui già abbiamo accennato a proposito del grosso problema della coscienza di Eichmann, era costituzionalmente un regno, ma senza un re. Il paese, per quanto non avesse sbocchi sul mare e non possedesse né una marina da guerra né una flotta mercantile, era retto o meglio tenuto in custodia da un ammiraglio, il reggente o *Reichsverweser* Nikolaus von Horthy. L'unica traccia visibile di regime monarchico era la presenza di un gran numero di *Hofräte* — consiglieri di una Corte inesistente. Anticamente, al tempo del Sacro Romano Impero, l'imperatore era stato anche re d'Ungheria, e in epoca più recente, dopo il 1806, la *kaiserlich-königliche Monarchie* era stata faticosamente tenuta unita dagli Asburgo, i quali erano imperatori *(Kaiser)* d'Austria e re *(König)* d'Ungheria. Nel 1918 l'impero asburgico si era sgretolato e l'Austria era diventata una repubblica che auspicava l'*Anschluss,* cioè sperava di unirsi alla Germania. Otto d'Asburgo era in esilio e gli ungheresi, accesi nazionalisti, non l'avrebbero mai accettato come loro re; d'altro canto, una monarchia veramente ungherese non era mai esistita, almeno in epoca storica; e così, cosa fosse propriamente l'Ungheria, cioè quale tipo di Stato tra i vari tipi che si conoscono, lo sapeva soltanto l'ammiraglio Horthy.

Dietro le illusorie apparenze della grandezza regale si celava un'antichissima struttura feudale, e il contrasto tra la miseria delle masse di contadini senza terra e la ricchezza delle poche famiglie aristocratiche che erano padrone del paese nel senso letterale della parola, era ancor maggiore di quello che si notava negli altri poverissimi territori di quest'area, patria dei diseredati d'Europa. Era questo retroscena di problemi sociali non risolti e di generale arretratezza a dare all'alta società di Budapest il suo colorito particolare, quasi che essa fosse costituita da un gruppo di illusionisti cosí avvezzi ad ingannare anche se stessi da aver perduto il senso del paradossale. All'inizio degli anni '30 gli ungheresi, sotto l'influenza del fascismo italiano, avevano prodotto un forte movimento fascista, quello delle "Croci frecciate," e nel 1938, sempre seguendo l'esempio dell'Italia, avevano approvato le prime leggi antisemite. Benché nel paese la Chiesa cattolica fosse molto potente, queste leggi colpivano anche gli ebrei che si erano convertiti dopo il 1919, e tre anni piú tardi furono estese perfino a coloro che si erano convertiti prima di quella data. E tuttavia, anche quando questo rigoroso antisemitismo a sfondo razzista fu divenuto la politica ufficiale del governo, undici ebrei seguitarono a sedere sui banchi del Senato ungherese, e l'Ungheria fu l'unico satellite dell'Asse a mandare sul fronte orientale truppe ebraiche: centotrentamila uomini assegnati ai servizi ausiliari, in uniforme ungherese. La spiegazione di queste incoerenze è che gli ungheresi, malgrado la loro politica ufficiale, erano quelli che piú nettamente distinguevano tra ebrei indigeni e *Ostjuden:* nel caso specifico, tra gli ebrei "magiarizzati" dell'"Ungheria di Trianon" (riorganizzata cioè, al pari di tutti gli altri Stati di quell'area, dal trattato di Trianon) e gli ebrei dei territori annessi di recente. La sovranità dell'Ungheria fu rispettata dai nazisti fino al marzo del 1944, col risultato che per gli ebrei il paese fu per tutto quel tempo "un'isola di sicurezza in un'oceano di distruzioni." Ma se è comprensibile che alla fine il governo tedesco decidesse di occupare l'Ungheria (l'Armata Rossa avanzava attraverso i Carpazi e il governo ungherese cercava disperatamente di seguire l'esempio dell'Italia e di concludere un armistizio separato), è quasi incredibile che ancora fosse all'ordine del giorno la soluzione o meglio la "liquidazione" del problema ebraico, come diceva Veesenmayer, il quale in un rapporto inviato al ministero degli esteri nel dicembre del 1943 la definiva "un presupposto fondamentale per tenere impegnata l'Ungheria nella guerra." La "liquidazione" di questo "problema" significava evacuare ottocentomila ebrei, piú cento o centocinquantamila ebrei convertiti.

Comunque sia, data la mole e l'urgenza del lavoro, nel marzo del 1944 Eichmann, come già abbiamo detto, arrivò a Budapest assieme a tutto il suo stato maggiore: cosa che non gli fu difficile, poiché in tutti gli altri paesi questa gente non aveva ormai più niente da fare. E così egli aveva richiamato Wisliceny e Brunner dalla Slovacchia e dalla Grecia, Abromeit dalla Jugoslavia, Dannecker dalla Bulgaria, Siegfried Seidl da Theresienstadt, e, da Vienna, Hermann Krumey, destinato a divenire suo vice in Ungheria. Da Berlino portò con sé tutti i principali funzionari del suo ufficio: Rolf Günther, che era stato suo sostituto, Franz Novak, addetto alle deportazioni, e Otto Hunsche, suo esperto legale. Il *Sondereinsatzkommando Eichmann* era composto dunque da una decina di persone (a cui erano da aggiungere alcuni assistenti ecclesiastici) quando stabilì a Budapest il suo quartier generale. La sera stessa dall'arrivo, Eichmann e i suoi uomini invitarono i capi ebraici a una conferenza per indurli a formare un Consiglio ebraico tramite il quale emanare gli ordini e a cui concedere, in cambio, la giurisdizione assoluta su tutti gli ebrei presenti nel paese. Non fu un gioco facile, in quel momento e in quel posto. E infatti, per usare le parole del nunzio apostolico, ormai "tutto il mondo sapeva che cosa significasse in pratica la deportazione"; e a Budapest, inoltre, gli ebrei avevano potuto seguire benissimo le vicende dei loro sfortunati fratelli europei. "Sapevamo benissimo quale era il lavoro degli *Einsatzgruppen;* sapevamo su Auschwitz anche più del necessario," come disse il dott. Kastner nella sua deposizione a Norimberga. Naturalmente, i "poteri ipnotici" di Eichmann, da soli, non sarebbero mai bastati per convincere la gente che i nazisti avrebbero rispettato la sacra distinzione tra ebrei "magiarizzati" ed ebrei orientali; la tendenza ad autoingannarsi doveva essersi trasformata in un'arte raffinatissima, se i capi degli ebrei ungheresi, in un momento come quello, poterono convincersi che in Ungheria "non sarebbe successo niente" ("Come potrebbero mandar via dall'Ungheria gli ebrei ungheresi?") e continuare a crederci anche quando i fatti dimostravano ogni giorno il contrario. Come ciò poté avvenire ce lo spiega una delle frasi più paradossali che si siano udite da un testimone al processo Eichmann: i futuri membri del Comitato centrale ebraico (così si chiamò in Ungheria il Consiglio ebraico) avevano sentito dire dai vicini slovacchi che Wisliceny accettava volentieri somme in denaro, e sapevano anche che malgrado i compensi egli "aveva deportato tutti gli ebrei slovacchi." Orbene, a quale conclusione giunse il signor Freudiger? "Capii che bisognava far di tutto per entrare in contatto con Wisliceny."

In questi difficili negoziati la piú abile trovata di Eichmann fu di far finta che lui e i suoi uomini fossero individui venali. Il capo della comunità ebraica, lo *Hofrat* Samuel Stern, membro del Consiglio privato di Horthy, fu trattato con la massima cortesia e accettò di divenire il presidente del Consiglio ebraico. Stern e i suoi colleghi tirarono un respiro di sollievo quando furono invitati a fornire macchine da scrivere e specchi, biancheria femminile e acqua di colonia, Watteau originali e otto pianoforti — anche se di questi strumenti ben sette andarono graziosamente allo *Hauptsturmführer* Novak, il quale esclamò: "Ma, signori, io non ho intenzione di aprire un negozio di pianoforti; voglio soltanto suonare un po'." Eichmann, dal canto suo, visitò la Biblioteca ebraica e il Museo ebraico, e assicurò a tutti che si trattava di provvedimenti provvisori. Ma la corruzione, dapprima simulata, ben presto si dimostrò quanto mai reale, benché non prendesse la forma che gli ebrei speravano. In nessun'altra parte del mondo gli ebrei spesero tanto denaro piú inutilmente. Come disse lo strano signor Kastner: "Un ebreo che trema per la vita sua e della sua famiglia perde completamente il senso del denaro" *(sic!)*. Al processo la cosa fu confermata dalla testimonianza di Philip von Freudiger, già da noi menzionato, come pure dalla deposizione di Joel Brand, che in Ungheria aveva fatto parte di un organismo ebraico rivale, il Comitato sionista di soccorso e riscatto. Nell'aprile del 1944 Krumey ricevette da Freudiger non meno di centocinquantamila dollari, e il Comitato sionista pagò ventimila dollari soltanto per avere il privilegio d'incontrarsi con Wisliceny e con alcuni esponenti del controspionaggio delle SS. In quella riunione, ciascuno dei tedeschi presenti ricevette un compenso supplementare di mille dollari, e Wisliceny ripropose il suo cosiddetto Piano Europa (già avanzato invano nel 1942), stando al quale Himmler sembrava disposto a risparmiare tutti gli ebrei, tranne quelli polacchi, per una somma di due o tre milioni di dollari. Convinti da questa proposta, che tempo addietro era stata invece accantonata, gli ebrei si misero ora a pagare degli acconti a Wisliceny. Perfino l'"idealismo" di Eichmann vacillò in questo paese dell'abbondanza. L'accusa, sebbene non potesse dimostrare che Eichmann si era macchiato di concussione, sottolineò giustamente come a Budapest egli conducesse una vita molto agiata, alloggiando in uno dei migliori alberghi della città, facendosi portare in giro da un autista su un'auto anfibia (dono indimenticabile di quel Kurt Becher che poi sarebbe divenuto suo nemico), praticando la caccia e l'equitazione e insomma permettendosi, sotto la protezione dei suoi nuovi amici ungheresi, tutti i lussi che fino ad allora aveva potuto soltanto sognare.

Tuttavia, in Ungheria esisteva anche un gruppo cospicuo di ebrei i cui capi (almeno loro) non ingannavano se stessi a questo modo. Il movimento sionista ungherese era sempre stato molto forte, ed ora aveva propri rappresentanti nel Comitato di soccorso e riscatto (il *Vaadat Ezra va Hazalah*), quell'organismo, da poco fondato, che tenendosi in stretto contatto con l'Ufficio per la Palestina aveva aiutato profughi polacchi e slovacchi, jugoslavi e rumeni; il comitato era anche in continuo contatto con l'*American Joint Distribution Committee*, che lo finanziava, ed era perfino riuscito a fare arrivare qualche ebreo in Palestina, legalmente o illegalmente. Ora che la catastrofe stava per abbattersi sul loro paese, i sionisti ungheresi si misero a fabbricare "documenti ariani," certificati di battesimo per permettere alla gente di eclissarsi più facilmente. Quali che fossero i loro principî e le loro idee, i capi sionisti sapevano di essere dei fuorilegge e agivano di conseguenza. Joel Brand, lo sfortunato emissario che mentre infuriava la guerra dovette presentare agli Alleati la proposta di Himmler per lo scambio di un milione di ebrei contro diecimila camion, era uno dei principali funzionari del Comitato di soccorso e riscatto, e come il suo vecchio rivale ungherese Philip von Freudiger venne a Gerusalemme, quando Eichmann fu processato, per testimoniare sui rapporti che aveva avuto con l'imputato. Mentre Freudiger (che tra parentesi Eichmann non ricordava affatto) raccontò di essere stato trattato in maniera rude negli incontri con i nazisti, la deposizione di Brand confermò molte cose narrate da Eichmann a proposito dei negoziati tra tedeschi e sionisti. Brand si era sentito dire che lui, "ebreo idealista," stava parlando con un "tedesco idealista" — due nemici onorati che s'incontrano da pari a pari durante una tregua. Eichmann gli aveva detto: "Domani forse saremo di nuovo sul campo di battaglia." Naturalmente era una commedia orribile; ma dimostra come il gusto di Eichmann per le frasi altisonanti e vuote non fosse una posa fittizia, un atteggiamento fabbricato apposta per il processo di Gerusalemme. Ancor più interessante è notare che negli incontri con i sionisti né Eichmann né alcun altro membro del *Sondereinsatz-kommando* ricorreva alla tattica della pura menzogna, tattica usata invece con i signori del Consiglio ebraico. Neppure adoperavano un linguaggio convenzionale, e quasi sempre dicevano pane al pane e vino al vino. Inoltre, quando si trattava di negoziare su cose concrete (prezzo di un permesso d'uscita, Piano Europa, scambio di ebrei con camion), non solo Eichmann, ma anche Wisliceny, Becher, gli uomini del controspionaggio con cui Joel Brand s'incontrava ogni mattina in un caffè, preferivano sempre rivolgersi ai sionisti: e la ragione era che il Comitato di soccorso e riscatto aveva i necessari contatti con l'estero e più facilmente disponeva di valuta straniera, mentre il Consiglio ebraico aveva dietro di sé soltanto la più che dubbia protezione del reggente Horthy. Più tardi si ebbe a constatare che in Ungheria i funzionari sionisti avevano goduto privilegi maggiori che non la solita immunità provvisoria concessa ai membri del Consiglio ebraico. I sionisti erano liberi di andare e venire a piacimento, erano esonerati dal portare la stella gialla, potevano visitare i campi di concentramento ungheresi; e qualche tempo dopo il Dott. Kastner, fondatore del Comitato di soccorso e riscatto, poté addirittura viaggiare per la Germania nazista senza documenti d'identità, da cui sarebbe risultato che era un ebreo.

Con tutta l'esperienza che si era fatta a Vienna, Praga e Berlino, Eichmann riuscí comunque a organizzare un Consiglio ebraico; e non ci mise più di due settimane. Il problema era piuttosto vedere se ora sarebbe riuscito a farsi aiutare dai funzionari ungheresi in un'operazione di tanta mole. Questa era per lui una cosa un po' nuova. A regola, sarebbe toccato al ministero degli esteri e ai suoi rappresentanti provvedervi: e nel caso specifico, al dott. Edmund Veesenmayer, nominato di fresco plenipotenziario del Reich, e Eichmann si sarebbe dovuto limitare ad assegnargli un "consigliere ebraico." Personalmente, Eichmann non aveva nessuna predisposizione per fare il consigliere, e del resto questa carica era sempre rivestita al massimo da uno *Hauptsturmführer* o capitano, mentre lui era un *Obersturmbannführer* ossia tenente-colonnello, cioè era due gradi più in alto. In Ungheria la sua più grande vittoria consisté appunto nel fatto che riuscí a stabilire contatti con personaggi importanti, per proprio conto: soprattutto con tre uomini — László Endre, che grazie a un antisemitismo definito "pazzesco" perfino da Horthy era stato di recente nominato segretario di Stato addetto agli affari politici (ebraici) presso il ministero degli interni; László Baky, sottosegretario anche lui del ministero degli interni, che dirigeva la gendarmeria (polizia) ungherese; e il tenente-colonnello Ferenczy, della polizia, che si occupava direttamente delle deportazioni. Con il loro aiuto Eichmann poteva esser certo che tutto si sarebbe svolto "in un lampo": dall'emanazione dei necessari decreti, all'internamento degli ebrei delle varie province. A Vienna ebbe luogo una conferenza speciale a cui parteciparono anche i dirigenti delle ferrovie di Stato tedesche, dato che si trattava di trasportare quasi un milione di persone. Höss, ad Auschwitz, fu informato dei piani dal suo superiore, il generale Richard Glücks del WVHA, e ordinò la costruzione di un nuovo binario in modo da portare i vagoni a pochi metri dai crematori; il numero degli uomini dei commandos della morte fu aumentato da 224 a 860, sicché tutto era pronto per uccidere dalle seimila alle dodicimila persone al giorno. Quando nel maggio del 1944 i treni cominciarono ad arrivare, soltanto pochissimi "uomini di robusta costituzione fisica" furono selezionati e mandati a lavorare nelle fonderie Krupp di Auschwitz. (La fabbrica che i Krupp si erano da poco costruiti in Germania nei pressi di Breslavia, la Berthawerk, raccoglieva manodopera ebraica dove poteva, tenendola in condizioni ancora peggiori di quelle in cui vivevano le squadre di lavoro nei campi di sterminio.)

L'operazione ungherese durò meno di due mesi; poi, all'inizio di luglio, improvvisamente si arrestò. Grazie soprattutto ai sionisti, questa fase della tragedia ebraica era stata portata piú d'ogni altra a conoscenza del mondo, e dai paesi neutrali e dal Vaticano era piovuta su Horthy una valanga di proteste. Il nunzio apostolico, però, ritenne opportuno precisare che la protesta del Vaticano non scaturiva "da un falso sentimento di compassione" — una precisazione che probabilmente resterà nella storia a testimoniare in eterno quanto le continue trattative e il desiderio di scendere a compromessi con gli uomini che predicavano il vangelo della "spietata durezza" avessero influito sulla mentalità dei massimi dignitari della Chiesa. Ancora una volta la Svezia fu la prima a prendere misure pratiche, distribuendo permessi d'ingresso, e la Svizzera, la Spagna e il Portogallo seguirono il suo esempio tanto che, alla fine, circa trentatremila ebrei furono ospitati a Budapest in edifici speciali protetti da paesi neutrali. Gli Alleati avevano ricevuto e pubblicato una lista di settanta nomi, i nomi dei principali responsabili delle persecuzioni, e Roosevelt aveva mandato un ultimatum in cui diceva: "Il destino dell'Ungheria non sarà uguale a quello di nessun altro paese civile... se non si sospenderanno le deportazioni." Alle minacce seguirono i fatti: il 2 luglio Budapest fu sottoposta a un violentissimo bombardamento aereo. Cosí premuto da tutte le parti, Horthy ordinò che si arrestassero le deportazioni. Eichmann però, anziché obbedire all'ordine del "vecchio pazzo," deportò a metà luglio altri millecinquecento ebrei che si trovavano in un campo di concentramento situato nei pressi della capitale magiara: e piú tardi, al processo di Gerusalemme, questa fu una delle prove piú gravi prodotte contro di lui. Non solo; per impedire che i funzionari ebrei informassero Horthy, egli convocò i membri dei due organismi ebraici nel suo ufficio, e qui il dottor Hunsche li trattenne con vari pretesti finché il treno non ebbe lasciato il territorio ungherese. A Gerusalemme Eichmann disse di non ricordare nulla di questo episodio. I giudici, invece, erano convinti che dovesse ricordare "molto bene" quella sua "vittoria su Horthy"; ma può darsi che si sbagliassero, perché per Eichmann Horthy non era un gran personaggio.

Quello fu a quanto pare l'ultimo treno che lasciò l'Ungheria diretto ad Auschwitz. Nell'agosto del 1944 l'Armata Rossa entrò in Romania ed Eichmann fu mandato là a veder di salvare i tedeschi sbandati. Quando rientrò in Ungheria, il regime di Horthy aveva trovato il coraggio necessario per chiedere il ritiro del *Sondereinsatzkommando,* e lo stesso Eichmann chiese a Berlino il permesso di tornare in patria con i suoi uomini, dato che ormai erano "superflui." Ma Berlino non aderí alla richiesta, e non ebbe torto, perché verso la metà di ottobre ci fu un nuovo capovolgimento della situazione. Mentre i russi erano ad appena centocinquanta chilometri da Budapest, i nazisti riuscirono a rovesciare Horthy e a sostituirlo col capo delle "Croci frecciate," Ferenc Szalasi. Non era piú possibile spedire gente ad Auschwitz, perché ormai si stavano smantellando gli impianti dello sterminio e, inoltre, i tedeschi erano disperatamente a corto di uomini. Cosí fu ora Veesenmayer, il plenipotenziario del Reich, a trattare col ministero degli interni ungherese onde ottenere il permesso di mandare nel Reich cinquantamila ebrei — gli uomini di età compresa tra i sedici e i sessant'anni e le donne al di sotto dei quarant'anni; nel rapporto che fece, Veesenmayer aggiunse che Eichmann sperava di mandarne poi altri cinquantamila. Poiché non esisteva piú materiale rotabile, si ebbero dunque le marce a piedi del novembre 1944, marce che furono sospese soltanto per ordine di Himmler. Gli ebrei costretti a compiere queste marce erano stati arrestati a casaccio dalla polizia ungherese, senza tener conto del fatto che molti avevano diritto ad essere esentati, e senza neppure tener conto dei limiti di età fissati nelle istruzioni originarie. Gli ebrei erano scortati da "Croci frecciate" che li depredavano e li trattavano con brutalità estrema. E questa fu la fine. Degli ottocentomila ebrei che c'erano in Ungheria prima della guerra, circa centosessantamila si trovavano ancora nel ghetto di Budapest (le campagne erano già *judenrein*), e di questi, decine di migliaia rimasero vittime di *pogrom* spontanei. Il 13 febbraio 1945 il paese si arrese all'Armata Rossa.

I principali responsabili ungheresi dei massacri furono tutti processati, condannati a morte e giustiziati. Degli istigatori tedeschi, invece, nessuno tranne Eichmann pagò con piú di dieci anni di carcere.

La Slovacchia, come la Croazia, era stata "inventata" dal ministero degli esteri del Reich. Gli slovacchi si erano recati a Berlino per negoziare la loro "indipendenza" ancor prima che i tedeschi nel marzo del 1939 occupassero la Cecoslovacchia, e a quell'epoca avevano promesso a Göring di seguire fedelmente la Germania nel campo della questione ebraica. Ma questo era successo nell'inverno 1938-39, quando nessuno ancora aveva mai sentito parlare di una cosa che si chiamava "soluzione finale." Il piccolo paese, con una povera popolazione contadina di circa due milioni e mezzo di abitanti e con novantamila ebrei, era primitivo, arretrato e profondamente cattolico. Ora era governato da un sacerdote, Josef Tiso. Anche il movimento fascista locale, la Guardia di Hlinka, era d'ispirazione cattolica, e il violento antisemitismo di questi clerico-fascisti differiva sia per stile che per contenuto dall'ultramoderno razzismo dei padroni tedeschi.

C'era un solo antisemita moderno, nel governo slovacco, ed era il caro amico di Eichmann Sano Mach, ministro degli interni. Tutti gli altri ministri erano cristiani, o credevano di esserlo, mentre i nazisti, in linea di principio, quanto erano antisemiti altrettanto erano anticristiani. Il fatto che gli slovacchi fossero cristiani significava non solo che si sentivano in dovere di restare attaccati a una distinzione che i nazisti consideravano "superata," cioè la distinzione tra ebrei battezzati ed ebrei non battezzati, ma anche che vedevano tutta la questione con una mentalità addirittura medioevale. Per loro una "soluzione" consisteva nell'espellere gli ebrei e nell'appropriarsi dei loro beni, ma non nello "sterminarli" sistematicamente, per quanto di tanto in tanto non aborrissero dall'ucciderne qualcuno. Il grande "peccato" degli ebrei non era di appartenere a una "razza" diversa, ma di essere ricchi. Gli ebrei slovacchi non erano molto ricchi, in confronto a quelli degli altri paesi occidentali, ma quando cinquantaduemila dovettero dichiarare che possedevano beni per un valore superiore ai duecento dollari, e quando si constatò che tutti i loro averi ammontavano complessivamente a cento milioni di dollari, ciascuno di essi apparve agli occhi del popolo come la reincarnazione di Creso.

Nel primo anno e mezzo d'"indipendenza" gli slovacchi cercarono di risolvere il problema ebraico a modo loro. Trasferirono a non ebrei le maggiori aziende ebraiche, vararono alcune leggi antisemitiche (che secondo i tedeschi avevano il "grave difetto" di non colpire chi si era convertito prima del 1918), progettarono d'istituire ghetti "sul modello di quelli del Governatorato generale," e mobilitarono gli ebrei per mandarli ai lavori forzati. Molto presto, nel settembre del 1940, si erano visti assegnare un "consigliere ebraico": lo *Hauptsturmführer* Dieter Wisliceny, aggregato alla legazione tedesca di Bratislava. Costui era già stato, nel Servizio di sicurezza, superiore e amico di Eichmann, il quale aveva nutrito per lui tanta ammirazione da battezzare Dieter il proprio primogenito. Ma ora anche Eichmann era *Hauptsturmführer*, e anzi di lì a un anno superò di grado Wisliceny, dato che questi non era sposato e perciò non poteva avere altre promozioni. Più tardi Eichmann si convinse che doveva essere stato questo fatto a guastare i loro rapporti, e che ciò poteva spiegare come mai al processo di Norimberga Wisliceny avesse deposto contro di lui e addirittura si fosse offerto di scovare il suo nascondiglio. La spiegazione però non soddisfa del tutto. Probabilmente a Norimberga Wisliceny voleva soltanto salvare la propria pelle. Era un individuo completamente diverso da Eichmann; apparteneva alla *élite* delle SS, viveva tra i libri e le memorie del passato, in Ungheria si faceva chiamare "barone" dagli ebrei, e in genere si preoccupava molto piú del denaro che della carriera; di conseguenza, fu anche uno dei primissimi, tra le SS, a manifestare tendenze "moderate."

Nulla di speciale accadde in Slovacchia in quei primi anni, finché nel marzo del 1942 Eichmann non apparve a Bratislava per negoziare l'evacuazione di ventimila "ebrei giovani e idonei al lavoro." Quattro settimane piú tardi, Heydrich in persona andò a visitare il primo ministro Vojtek Tuka e lo persuase a far trasferire verso oriente tutti gli ebrei, compresi quelli convertiti, che fino a quel momento erano esentati. Il governo, capeggiato come abbiamo detto da un sacerdote, quando apprese che "i tedeschi non avanzavano alcuna pretesa riguardo ai beni di questi ebrei, tranne il pagamento di cinquecento marchi per ogni ebreo che veniva loro consegnato," non si curò affatto di correggere il "grave errore" di distinguere tra cristiani ed ebrei per motivi religiosi; anzi, chiese al ministero degli esteri tedesco una garanzia supplementare che "gli ebrei allontanati dalla Slovacchia e ricevuti [dai tedeschi] sarebbero rimasti per sempre nelle regioni orientali e non sarebbero mai piú tornati in Slovacchia." Per seguire da vicino questi negoziati ad altissimo livello Eichmann si recò una seconda volta a Bratislava (e fu questa la visita che coincise con l'assassinio di Heydrich), ed entro il giugno 1942 cinquantaduemila ebrei furono deportati dalla polizia slovacca ai centri di sterminio della Polonia.

Nel paese restavano ancora circa trentacinquemila ebrei, tutti appartenenti alle categorie che in origine si era stabilito di esentare: ebrei convertiti e loro genitori, persone che esercitavano determinate professioni, giovani inquadrati in battaglioni assegnati ai lavori forzati, alcuni industriali. Fu a questo punto, quando già la maggior parte degli ebrei erano stati "trasferiti," che il Comitato ebraico di soccorso e riscatto di Bratislava (un organismo analogo a quello sionista ungherese) riuscí a corrompere Wisliceny, il quale promise di far del suo meglio per rallentare il ritmo delle deportazioni e propose anche il Piano Europa, quel piano che qualche tempo dopo avrebbe riproposto a Budapest. È molto improbabile che Wisliceny facesse mai altro che leggere libri e ascoltare musica — e naturalmente accettare tutto ciò che gli veniva offerto. Ma fu proprio ora che il Vaticano informò il clero cattolico del vero significato della parola "trasferimento." A partire da quel momento, come riferì al ministero degli esteri del Reich l'ambasciatore tedesco Hans Elard Ludin, le deportazioni divennero quanto mai impopolari, e il governo slovacco cominciò a far pressioni per poter visitare i centri di "trasferimento" — cosa che ovviamente né Wisliceny né Eichmann potevano permettere, poiché i "trasferiti" non appartenevano piú al novero dei viventi. Nel dicembre del 1943 il dott. Edmund Veesenmayer andò a Bratislava per parlare con monsignor Tiso in persona; era mandato da Hitler, e nelle sue istruzioni si specificava che doveva dire a Tiso di "parlar chiaro con lui" (*Fraktur mit ihm reden*). Tiso promise di rinchiudere in campi di concentramento sedici-diciottomila ebrei non convertiti, e di creare un campo speciale per circa diecimila ebrei battezzati, ma non accettò le deportazioni. Nel giugno del 1944 Veesenmayer, ora plenipotenziario del Reich in Ungheria, si ripresentò per chiedere che gli ebrei rimasti fossero inclusi nell'operazione ungherese. Ancora una volta Tiso rifiutò.

In agosto, mentre l'Armata Rossa si avvicinava, scoppiò in Slovacchia una violenta rivolta, e i tedeschi risposero occupando il paese. Wisliceny era adesso in Ungheria, e probabilmente non era nemmeno piú una persona fidata. Cosí l'RSHA mandò a Bratislava Alois Brunner, per arrestare e deportare gli ebrei che rimanevano. Brunner cominciò col fermare e deportare i funzionari del Comitato di soccorso e riscatto, e poi — questa volta con l'aiuto di SS tedesche — deportò altre dodici-quattordicimila persone. Il 4 aprile 1945, quando i russi entrarono in Bratislava, al massimo ventimila ebrei erano sopravvissuti alla catastrofe.

Capitolo tredicesimo

I centri di sterminio dell'Europa orientale

Quando parlavano di "oriente," i nazisti intendevano una vastissima area che comprendeva la Polonia, i paesi baltici e i territori russi occupati. Quest'area era suddivisa in quattro settori amministrativi: il Warthegau, costituito dalle regioni occidentali polacche annesse al Reich e controllato dal *Gauleiter* Artur Greiser; l'*Ostland,* formato dalla Lituania, dalla Lettonia, dall'Estonia e da una porzione non ben definita della Bielorussia, con Riga come sede delle autorità d'occupazione; il Governatorato generale, cioè la Polonia centrale, controllato da Hans Frank; e l'Ucraina, retta dal ministero per i territori orientali occupati, ministero di cui era titolare Alfred Rosenberg. Questi paesi furono i primi di cui parlarono i testimoni dell'accusa, e gli ultimi di cui si occupò la sentenza.

Non c'è dubbio che tanto l'accusa quanto i giudici avevano le loro buone ragioni per seguire due vie cosí diverse, anzi opposte. L'oriente era stato il principale teatro delle sofferenze ebraiche, la spaventosa stazione terminale di tutte le deportazioni, la zona da dove non si poteva piú fuggire. Nei vari centri, di rado erano sopravvissuti piú del cinque per cento dei deportati. L'oriente, inoltre, era stato nell'anteguerra la principale sede degli ebrei; piú di tre milioni di ebrei vivevano in Polonia, duecentosessantamila nei paesi baltici, e dei circa tre milioni di ebrei russi, piú della metà erano stanziati in ·Bielorussia, Ucraina e Crimea. Poiché all'accusa interessavano soprattutto le sofferenze del popolo ebraico e "le dimensioni del genocidio," era logico che essa partisse di qui, per vedere poi fino a che punto l'imputato era stato personalmente responsabile di quell'inferno. Senonché le prove relative a un'attività di Eichmann in oriente erano "scarse," e ciò era dovuto al fatto che gli archivi della Gestapo, e in particolare gli archivi della sezione di Eichmann, erano stati distrutti dai nazisti. Questa penuria di documenti fu per l'accusa un buon pretesto per invitare una processione interminabile di testimoni a deporre sulle cose avvenute in oriente, sebbene quasi sicuramente essa lo facesse anche per altre ragioni. E infatti, come già si sospettò durante il processo, ma come è stato spiegato a chiare lettere soltanto piú tardi (precisamente nel "Bollettino" speciale pubblicato nell'aprile 1962 dallo *Yad Vashem*, cioè dall'archivio israeliano per il periodo nazista), l'accusa aveva dovuto subire forti pressioni da parte degli scampati, i quali costituiscono circa il venti per cento dell'attuale popolazione d'Israele. Questi si erano presentati a frotte, spontaneamente, alle autorità giudiziarie e anche allo *Yad Vashem* (che era stato ufficialmente incaricato di rintracciare alcuni documenti) chiedendo di essere uditi come testimoni. Molte persone che raccontavano cose che erano evidentemente "frutto d'immaginazione," che "avevano visto Eichmann in luoghi dove non era mai stato," erano state rimandate indietro; ma alla fine cinquantasei "testimoni delle sofferenze del popolo ebraico," secondo l'espressione usata dai magistrati, furono accettati e chiamati a deporre, in luogo dei quindici o venti previsti in origine. E ventitre udienze, su un totale di centoventuno, furono dedicate esclusivamente allo "sfondo," cioè a cose che avevano poca attinenza col caso in discussione. Benché i testimoni dell'accusa fossero molto raramente controinterrogati dalla difesa o dai giudici, la sentenza accettò, delle testimonianze riguardanti Eichmann, soltanto quelle che erano confortate anche da altre prove. (E cosí i giudici si rifiutarono di imputare ad Eichmann l'assassinio del ragazzo ebreo in Ungheria, né lo riconobbero colpevole di avere istigato la *Kristallnacht* in Germania e in Austria, essendo chiaro che di quell'episodio egli ne sapeva molto meno dello studioso peggio informato; non lo considerarono responsabile dello sterminio di novantatre bambini di Lidice deportati a Lódz dopo la morte di Heydrich, non essendo "dimostrato al di là di ogni ragionevole dubbio" che erano stati assassinati; né dell'orripilante attività dell' "unità 1005," che aveva il compito di disseppellire i cadaveri delle fosse comuni per far sparire ogni traccia e che era comandata da quello *Standartenführer* Paul Blobel che, secondo la deposizione resa da lui stesso a Norimberga, riceveva gli ordini da Müller, cioè dal capo della IV Sezione dell'RSHA; né delle spaventose condizioni in cui negli ultimi mesi di guerra gli ebrei rimasti in vita nei campi di sterminio furono trasportati in campi di concentramento situati in Germania, soprattutto a Bergen-Belsen.) In complesso, le cose dette dai testimoni sulle condizioni di vita nei ghetti polacchi, sui procedimenti usati nei vari campi della morte, sul lavoro forzato e in genere sul tentativo di uccidere con la fatica, erano esatte e fuori discussione, ed anzi in gran parte erano già note da un pezzo. Ma le cose riguardanti Eichmann erano cose "sentite dire," erano "voci" e in quanto tali erano prive di validità giuridica. Tutti i testimoni che lo avevano "visto con i propri occhi" si confondevano quando qualcuno rivolgeva loro una domanda precisa, e la sentenza notò che il "baricentro" dell'attività di Eichmann si era trovato "nel Reich vero e proprio, nel Protettorato, nell'Europa centrale e nei paesi europei a nord, a ovest, a sud e a sud-est" — dappertutto, cioè, tranne che nei paesi orientali. Perché allora la Corte permise queste udienze che si protrassero per settimane, anzi per mesi? Quando toccarono questa questione nella sentenza, i giudici assunsero un tono quasi di scusa, fornendo infine una spiegazione stranamente incoerente: "Poiché l'imputato negava tutte le imputazioni," essi non avevano potuto rinunziare a "deposizioni sullo sfondo concreto." Senonché l'imputato non aveva mai negato i fatti di cui parlava l'atto d'accusa; aveva soltanto negato di esserne responsabile "nel senso dell'atto d'accusa."

In realtà, i giudici si trovavano in una situazione quanto mai imbarazzante. All'inizio del processo il dott. Servatius aveva contestato la loro imparzialità; nessun ebreo, secondo lui, poteva giudicare gli esecutori della soluzione finale. Il presidente aveva risposto: "Noi siamo giudici di professione, avvezzi a soppesare gli elementi che ci vengono sottoposti e a svolgere il nostro lavoro sotto gli occhi del pubblico, esposti alle critiche del pubblico... Quando una Corte siede in giudizio, i giudici che la compongono sono esseri umani, sono persone in carne ed ossa, dotate di sensi e sentimenti, ma dalla legge sono obbligati a reprimere questi sensi e sentimenti. Altrimenti, non si potrebbe mai trovare un giudice per giudicare un crimine che suscita orrore... Non si può negare che il ricordo dell'olocausto turba ogni ebreo, ma finché questa causa sarà dibattuta dinanzi a noi, sarà nostro dovere reprimere questi sentimenti, e noi rispetteremo questo dovere." Frasi belle e leali; senonché il dott. Servatius voleva dire che gli ebrei forse non capivano bene quale grande problema costituisse la loro presenza in mezzo alle nazioni del mondo, e quindi non potevano valutare una "soluzione finale." Il che era piuttosto ridicolo, poiché gli si sarebbe potuto rispondere che l'imputato aveva detto e ripetuto di avere imparato tutto ciò che sapeva sulla questione ebraica da autori che erano ebrei sionisti, dalle "opere fondamentali" di Theodor Herzl e Adolf Böhm. E allora, chi poteva giudicarlo meglio di questi tre uomini, che tutti e tre erano sionisti fin dalla prima giovinezza?

Il fatto dunque che i giudici fossero ebrei e vivessero in un paese dove un cittadino su cinque era uno "scampato" divenne un problema acuto e imbarazzante non rispetto all'imputato, ma rispetto ai testimoni. Il signor Hausner aveva raccolto una "tragica moltitudine" di individui che avevano sofferto, ciascuno dei quali non voleva perdersi quest'occasione unica, ciascuno dei quali era convinto di avere il diritto di parlare in tribunale. I giudici potevano anche — e lo fecero — bisticciare con l'accusa sulla saggezza e addirittura sull'opportunità di "tracciare quadri generali" in quella sede, ma una volta che un testimone aveva preso la parola era difficile interromperlo, troncare la sua deposizione, e questo "per l'onore del testimone e per le cose di cui parla," come diceva il giudice Landau. Chi erano loro, umanamente parlando, per negare a questa gente il diritto di esporre le proprie ragioni in tribunale? E chi avrebbe mai osato, umanamente parlando, soffermarsi a controllare la veracità dei particolari quando le cose che venivano dette, anche se andavano considerate "prodotti accessori del processo," uscivano "dal cuore"?

C'era poi un altro fatto. In Israele, come in quasi tutti i paesi civili, una persona tradotta in giudizio è considerata innocente finché la sua colpevolezza non è dimostrata. Ma nel caso di Eichmann era evidente che si trattava di una finzione. Se egli non fosse stato considerato colpevole in partenza, colpevole "al di là di ogni ragionevole dubbio," gli israeliani non avrebbero mai osato o pensato di rapirlo. Il Primo ministro Ben Gurion, spiegando al presidente dell'Argentina, in una lettera datata 3 giugno 1960, la ragione per cui Israele aveva commesso una "formale violazione delle leggi argentine," aveva scritto che era stato Eichmann a "organizzare lo sterminio, su scala gigantesca e senza precedenti, in tutta l'Europa." Mentre di solito per arrestare un individuo occorre che i sospetti su di lui siano fondati, ma soltanto in sede di processo si accerta che i sospetti siano "al di là di ogni ragionevole dubbio," l'arresto illegale di Eichmann era giustificabile (e cosí fu infatti giustificato agli occhi del mondo) solamente perché già si sapeva come si sarebbe concluso il processo. Qui però si vide che il ruolo a lui attribuito nella soluzione finale era stato grandemente esagerato — un po' per le sue stesse vanterie, un po' perché a Norimberga e in altri processi i criminali di guerra avevano cercato di scaricare su di lui le loro colpe, e molto perché i funzionari ebraici avevano avuto rapporti quasi esclusivamente con lui, essendo egli l'unico funzionario tedesco "esperto in affari ebraici" e in nient'altro. L'accusa, impostando il processo su sofferenze che pure non erano affatto esagerate, accentuò l'esagerazione al di là di ogni limite — o almeno cosí qualcuno credette di poter pensare finché la Corte d'Appello non depositò la sua sentenza, dove si leggeva: "È un fatto che l'appellante non aveva ricevuto alcun 'ordine superiore.' Egli era il superiore di se stesso e dava tutti gli ordini nel campo degli affari ebraici." Orbene, questa era per l'appunto la tesi dell'accusa. I giudici del Tribunale distrettuale non l'accettarono ma la Corte d'Appello, per quanto assurdo possa sembrare, la avallò pienamente. (La tesi era confortata soprattutto dalla deposizione di Michael A. Musmanno, autore di *Ten Days to Die*, 1950, e già giudice al processo di Norimberga. Musmanno, che venne appositamente dall'America per testimoniare per l'accusa, aveva processato gli amministratori dei campi di concentramento e i membri dei reparti mobili addetti allo sterminio in oriente, ma nelle sue sentenze aveva menzionato Eichmann una volta sola, benché ogni tanto quel nome fosse emerso nel corso dei dibattimenti. Tuttavia aveva visitato in carcere i principali imputati, e qui Ribbentrop gli aveva detto che Hitler non si sarebbe rovinato se non fosse caduto sotto l'influsso di Eichmann. Bene, Musmanno non credeva a tutto ciò che gli era stato detto; però si era convinto che Eichmann ricevesse gli ordini da Hitler in persona, e che il suo potere venisse "dal fatto di parlare tramite Himmler e Heydrich." Qualche udienza piú tardi, depose come testimone dell'accusa Gustave M. Gilbert, professore di psicologia alla

Long Island University e autore di *Nuremberg Diary,* 1947. Era stato lui a presentare Musmanno agli imputati di Norimberga, ma fu piú cauto: dichiarò che Eichmann "non era tenuto in gran conto dai criminali nazisti," e disse anche che lui e Musmanno, ritenendolo morto, non ne avevano mai parlato quando avevano discusso tra loro dei crimini di guerra.) Cosí, dunque, i giudici del Tribunale distrettuale, ben vedendo che l'accusa esagerava e non volendo fare di Eichmann il superiore di Himmler e l'ispiratore di Hitler, si trovarono nella posizione di dover difendere l'imputato. Compito quanto mai spiacevole; tuttavia la cosa non influí minimamente sulla sentenza, poiché "la responsabilità giuridica e morale di chi consegna la vittima al carnefice non è a nostro avviso minore e può essere anche maggiore della responsabilità di chi fa morire la vittima."

Per uscire da tutte queste difficoltà i giudici dovettero scendere a un compromesso. La sentenza che stilarono si divideva in due parti, e la piú ampia era una revisione delle tesi dell'accusa. Il loro modo di vedere era completamente diverso, e non per nulla nel riesporre i fatti essi cominciarono dalla Germania e finirono con i paesi orientali, anziché viceversa: ciò significava che intendevano concentrarsi sù quello che era stato commesso, e non su quello che gli ebrei avevano sofferto. In aperta polemica con l'accusa dissero esplicitamente che le sofferenze su scala cosí gigantesca andavano "al di là della comprensione umana," erano una materia "da grandi scrittori e poeti" ed erano fuori posto in un'aula di tribunale, mentre i fatti e le loro cause né andavano al di là della comprensione né erano ingiudicabili. Arrivarono al punto di affermare che nel trarre le conclusioni si sarebbero basati sulla propria esposizione, ed effettivamente, se non avessero avuto il coraggio di procedere a una revisione cosí ampia e faticosa, avrebbero rischiato di smarrirsi. Non persero mai di vista la complicata burocrazia della macchina di distruzione nazista, in modo da fissare con chiarezza la posizione dell'imputato. A differenza del discorso introduttivo del signor Hausner, che è stato ora pubblicato in forma di opuscolo, la sentenza può essere studiata con profitto da chi s'interessa alla storia di quel periodo. E tuttavia, per quanto fortunatamente priva di oratoria a buon mercato, essa avrebbe finito col distruggere completamente le tesi dell'accusa se i giudici non avessero potuto attribuire ad Eichmann un po' di responsabilità per i crimini perpetrati in oriente, oltre a quella per il crimine principale, da lui confessato, di aver cioè mandato a morire la gente ben sapendo che cosa faceva.

A questo proposito si trattava di chiarire soprattutto quattro punti. C'era in primo luogo la questione della parte avuta da Eichmann nelle stragi compiute dagli *Einsatzgruppen,* istituiti da Heydrich in una riunione del marzo del 1941 a cui anche Eichmann aveva assistito. I comandanti degli *Einsatzgruppen* provenivano dall'*élite* intellettuale delle SS, mentre la truppa era formata o da criminali o da soldati semplici assegnati a quei reparti per punizione (non c'erano volontari), ed Eichmann aveva avuto a che fare con questa importante fase della soluzione finale soltanto nel senso che riceveva i rapporti degli sterminatori, rapporti che egli doveva compendiare per i suoi superiori. Questi rapporti, benché "segretissimi," erano ciclostilati e distribuiti ad altri cinquanta-settanta uffici del Reich, in ciascuno dei quali c'era un *Oberregierungsrat* che a sua volta li compendiava ulteriormente per i propri superiori. Il giudice Musmanno sostenne che Walter Schellenberg (colui che aveva stilato il testo di quell'accordo tra Heydrich e il generale Walter von Brauchitsch in base al quale gli *Einsatzgruppen* erano liberi di "eseguire i loro piani riguardo alla popolazione civile," cioè di sterminare anche i civili) gli aveva detto nel corso di un colloquio a Norimberga che era stato Eichmann a "controllare queste operazioni" e anzi a "supervisionarle di persona." I giudici di Gerusalemme, per "cautela," non tennero conto della frase di Schellenberg, non essendo essa confortata da altre prove. Probabilmente, Schellenberg aveva detto quelle cose perché aveva poca stima dei giudici di Norimberga e della loro · capacità di raccapezzarsi nel labirinto della struttura amministrativa del Terzo Reich. Ma cosí tutto quello che restava era che Eichmann sapeva molto bene che cosa accadeva in oriente, fatto di cui nessuno aveva mai dubitato, e stupisce che poi nella sentenza si concludesse che ciò provava a sufficienza una partecipazione concreta.

Il secondo punto riguardava la deportazione degli ebrei dai ghetti polacchi ai vicini centri di sterminio, e qui le prove erano un po' piú solide. Era "logico" infatti pensare che l'esperto di trasporti avesse lavorato nel territorio del Governatorato generale. Tuttavia noi sappiamo da molte altre fonti che a occuparsi dei trasporti in tutta quest'area erano i comandanti superiori delle SS e della polizia — con gran dispiacere del governatore generale Hans Frank, che nel suo diario non faceva che lamentarsi di quelle continue interferenze senza però fare mai il nome di Eichmann. Franz Novak, funzionario di Eichmann addetto al settore trasporti, confermò la versione dell'imputato: naturalmente, di tanto in tanto essi avevano dovuto trattare col direttore dell'*Ostbahn,* cioè delle ferrovie per l'oriente, poiché i trasporti dall'Europa occidentale dovevano essere coordinati con le operazioni militari. (Di queste trattative Wisliceny aveva fatto a Norimberga una buona descrizione: Novak si metteva di solito in contatto col ministero dei trasporti, che a sua volta chiedeva all'esercito se per caso i treni avrebbero attraversato una zona d'operazioni. L'esercito poteva vietare il passaggio dei convogli. Una cosa taciuta da Wisliceny, eppure assai interessante, è che l'esercito si avvalse di questo suo diritto di veto soltanto nei primi anni, quando era all'offensiva; nessun veto ci fu invece nel 1944, quando le deportazioni dall'Ungheria ingorgarono le vie di ritirata alle armate tedesche in rotta.) Ma quando per esempio fu evacuato il ghetto di Varsavia (nel 1942), fu Himmler in persona a trattare con le autorità ferroviarie, mentre Eichmann e il suo ufficio se ne rimasero completamente in disparte. Nella sentenza i giudici finirono col richiamarsi a quanto aveva detto un testimone al processo contro Höss, e cioè che alcuni ebrei del Governatorato generale erano arrivati ad Auschwitz assieme a ebrei di Bjalistok, una città polacca che era stata incorporata nella provincia tedesca della Prussia orientale e che quindi ricadeva sotto la giurisdizione di Eichmann.

Tuttavia anche nel Warthegau, che faceva parte del territorio del Reich, a occuparsi della deportazione e dello sterminio non era l'RSHA, ma il *Gauleiter* Greiser. E benché Eichmann nel gennaio 1944 visitasse il ghetto di Lódz (il più grande ghetto d'oriente e l'ultimo ad essere liquidato), fu ancora una volta Himmler in persona a recarsi il mese dopo da Greiser per ordinargli la liquidazione di quel centro. A meno che non si accettasse l'assurda tesi dell'accusa secondo cui Eichmann era stato capace di ispirare gli ordini di Himmler, il fatto che egli avesse mandato ebrei ad Auschwitz non poteva da solo provare che tutti gli ebrei che arrivavano lí erano mandati da lui. Se si tiene conto delle recise smentite di Eichmann e della mancanza di altre prove, le conclusioni a cui la sentenza giunse su questo punto furono purtroppo un evidente caso di: *in dubio, contra reum*.

Il terzo punto riguardava la responsabilità di Eichmann per ciò che accadeva nei campi di sterminio, dove secondo l'accusa egli godeva .di grande autorità. I giudici dimostrarono di essere molto indipendenti ed equanimi, quando respinsero in blocco le testimonianze che si riferivano a questo problema. Qui la loro argomentazione fu rigorosa e rivelò che essi avevano capito bene tutta la situazione. Cominciarono con lo spiegare che nei campi esistevano due categorie di ebrei, i cosiddetti "ebrei da trasporto" (*Transportjuden*), che costituivano il grosso della popolazione e che non avevano mai commesso un reato, neppure agli occhi dei nazisti, e gli "ebrei in stato di arresto" (*Schutzhaftjuden*), che erano mandati in campi di concentramento tedeschi per qualche trasgressione e che — secondo la vecchia usanza delle dittature di impiegare il terrore soprattutto contro i "buoni" — stavano molto meglio degli altri, anche quando poi vennero mandati in oriente in modo che i campi all'interno del Reich rimanessero *judenrein*. (Come disse quell'ottima testimone che fu la signora Raja Kagan, il "grande paradosso" di Auschwitz era che i criminali "erano trattati meglio degli altri": non erano soggetti alla selezione e di regola sopravvivevano.) Eichmann non si occupava di *Schutzhaftjuden;* ma i *Transportjuden,* sua specialità, erano per definizione condannati a morte, eccetto gli individui particolarmente robusti (all'incirca il venticinque per cento) che potevano essere selezionati e assegnati a lavori pesanti. Nella versione fornita dalla sentenza, tuttavia, tale questione non fu piú discussa. Naturalmente Eichmann sapeva che la stragrande maggioranza delle sue vittime erano condannate a morte; ma poiché la selezione degli idonei al lavoro era fatta sul posto da medici delle SS, e poiché le liste delle persone da deportare erano di solito preparate dai Consigli ebraici dei singoli paesi o dalla "polizia dell'ordine," non da Eichmann o dai suoi uomini, la verità era che egli non aveva alcuna autorità per stabilire chi doveva morire e chi doveva vivere, e neppure sapeva chi sarebbe morto e chi si sarebbe salvato. La questione era invece appurare se Eichmann avesse mentito o no, quando aveva detto: "Io non ho mai ucciso un ebreo, e nemmeno un non ebreo... Io non ho mai ordinato di uccidere un ebreo né un non ebreo." L'accusa, rifiutandosi di credere che uno sterminatore non avesse mai ucciso (e addirittura, come nel caso specifico, non avesse mai avuto il gusto di uccidere), si sforzò continuamente di dimostrare che egli aveva ucciso qualcuno con le proprie mani.

E cosí giungiamo al quarto ed ultimo punto, che riguarda l'autorità di Eichmann in generale nei territori orientali: la questione se egli fosse o meno responsabile delle condizioni di vita indicibilmente miserevoli che regnavano nei ghetti, e della liquidazione di quei centri — cose di cui parlarono quasi tutti i testimoni. Anche qui Eichmann era sempre stato perfettamente informato, ma nessuno di questi fatti aveva a che vedere col suo lavoro. L'accusa si sforzò di dimostrare il contrario, giacché Eichmann aveva liberamente ammesso di aver dovuto di volta in volta decidere, adeguandosi alle direttive che in questo campo cambiavano di continuo, che cosa fare degli ebrei di nazionalità straniera catturati in Polonia. Eichmann aveva anche aggiunto che questa era una questione "d'importanza nazionale," che riguardava anche il ministero degli esteri, una questione che andava "al di là dell'orizzonte" delle autorità locali. Nei confronti di questi ebrei c'erano in tutti gli uffici tedeschi due tendenze diverse: quella "radicale," che voleva abolire ogni distinzione (un ebreo era un ebreo e basta), e quella "moderata," che riteneva piú opportuno mettere questi ebrei "in ghiacciaia" per effettuare degli scambi. (L'idea degli scambi era a quanto pare di Himmler, il quale, dopo che l'America fu entrata in guerra, scrisse a Müller nel dicembre del 1942: "Tutti gli ebrei che hanno parenti influenti negli Stati Uniti dovrebbero essere messi in un campo speciale... e restare in vita," aggiungendo: "Questi ebrei sono per noi ostaggi preziosi; penso a una cifra di diecimila.") Inutile dire che Eichmann apparteneva ai "radicali," era contrario alle eccezioni per ragioni sia amministrative che "idealistiche." Ma quando nell'aprile del 1942 egli scrisse al ministero degli esteri che in futuro nei "provvedimenti presi dalla polizia di sicurezza all'interno del ghetto di Varsavia" sarebbero stati inclusi anche i cittadini stranieri, che prima erano stati scrupolosamente sceverati, difficilmente egli stava prendendo una "decisione per conto dell'RSHA," e sicuramente in oriente non aveva "poteri esecutivi." Ancor meno, simili poteri o simile autorità potevano venirgli dal fatto di essere utilizzato di tanto in tanto da Heydrich o da Himmler per trasmettere personalmente qualche ordine ai comandanti locali.

In un certo senso la verità era ancora peggiore di quanto non ritenesse la Corte di Gerusalemme. Nella sentenza i giudici dissero che Heydrich dirigeva la soluzione finale senza limitazioni territoriali, e che quindi Eichmann, che era suo vice in questo campo, fu dappertutto ugualmente responsabile. Ciò era verissimo dal punto di vista organizzativo, ma sebbene Heydrich avesse convocato alla conferenza di Wannsee, per ragioni di coordinamento, un rappresentante del Governatorato generale nella persona del sottosegretario di Stato Josef Bühler, in realtà la soluzione finale non si applicava ai territori orientali occupati, per il semplice motivo che qui il destino degli ebrei era stato segnato da un pezzo. Il massacro degli ebrei polacchi era stato deciso da Hitler non nel maggio o nel giugno del 1941, ma già nel settembre del 1939, come i giudici sapevano dalla testimonianza resa a Norimberga da Erwin Lahousen, del controspionaggio tedesco. (È per questo che nel Governatorato generale la stella ebraica fu introdotta subito dopo l'occupazione del territorio, nel novembre 1939, mentre nel Reich fu introdotta soltanto nel 1941, al tempo della soluzione finale.) I giudici avevano anche sotto gli occhi i verbali delle due conferenze che avevano avuto luogo all'inizio della guerra: quella del 21 settembre 1939, convocata da Heydrich, a cui avevano partecipato i "capi e comandanti dipartimentali" degli *Einsatzgruppen* e a cui Eichmann (che era ancora *Hauptsturmführer*) aveva rappresentato il Centro di Berlino per l'emigrazione degli ebrei; e quella del 30 gennaio 1940, in cui ci si era occupati di "questioni di evacuazione e trasferimento." A entrambe le riunioni si era discussa la sorte di tutte le popolazioni dei territori occupati, ossia la "soluzione" tanto del problema polacco quanto di quello ebraico. Già allora la soluzione del primo era a buon punto: i "dirigenti politici," secondo i rapporti, erano ridotti ad appena il tre per cento, e al fine di rendere "innocui" anche i pochi restanti, li si sarebbero "mandati in campi di concentramento." Gli strati medi dell'*intellighenzia* polacca dovevano essere registrati e arrestati ("insegnanti, clero, nobiltà, legionari, funzionari, ecc.), mentre gli "strati elementari" dovevano essere evacuati e aggregati alla manodopera tedesca come "lavoratori stagionali." "L'obiettivo è: i polacchi devono essere gli eterni lavoratori stagionali e di passaggio; la loro residenza stabile sarà nella regione di Cracovia." Gli ebrei dovevano invece essere raccolti in centri urbani e "concentrati in ghetti dove possa essere piú facile controllarli e in seguito evacuarli." I territori orientali che erano stati incorporati nel Reich (il cosiddetto Warthegau, la Prussia occidentale, Danzica, la provincia di Poznan, l'Alta Slesia) dovevano essere ripuliti da tutti gli ebrei immediatamente; e infatti gli ebrei furono mandati in carri-bestiame nel Governatorato generale, assieme a trentamila zingari. Himmler, infine, in quanto Commissario del Reich per il potenziamento della razza tedesca, ordinò che da quei territori si evacuassero anche vasti settori della popolazione polacca.

L'esecuzione di questa "migrazione di popoli organizzata," come la chiamò la sentenza, era stata affidata ad Eichmann, in quanto capo della sottosezione IV-D-4 dell'RSHA, che si occupava di "emigrazione, evacuazione." E qui non sarà inutile ricordare che questa "politica demografica negativa" non era affatto un'improvvisazione, un'idea nata in seguito alle vittorie tedesche in oriente, ma era già stata tratteggiata nel novembre del 1937 nel discorso segreto che Hitler aveva tenuto al Comando supremo — vedasi il cosiddetto *protocollo Hössbach*. Hitler aveva detto che respingeva ogni idea tradizionale di conquista; ciò che gli occorreva era uno "spazio disabitato" (*volkloser Raum*) in oriente, per insediarvi tedeschi. I presenti — tra cui Blomberg, Fritsch e Räder — sapevano benissimo che uno spazio simile non esisteva e che perciò le parole del Führer non potevano significare che una cosa sola: a una vittoria tedesca sarebbe automaticamente seguita l'"evacuazione" di tutte le popolazioni indigene. Le misure contro gli ebrei dell'Europa orientale non erano soltanto un prodotto dell'antisemitismo, erano parte integrante di tutta una politica "demografica" che, se la Germania avesse vinto, avrebbe riservato al popolo polacco la stessa sorte degli ebrei — il genocidio. Non è una semplice congettura, poiché in Germania i polacchi erano già obbligati a portare un distintivo dove una "P" sostituiva la stella ebraica: e questo, come abbiamo visto, era il primo provvedimento che la polizia prendeva quando si cominciava ad attuare un programma di sterminio.

Tra i documenti presentati al processo, molto interessante era una lettera spedita per espresso ai comandanti degli *Einsatzgruppen* dopo la riunione di settembre. Questa lettera riguardava soltanto "la questione ebraica nei territori occupati" e distingueva tra l' "obiettivo finale," che doveva restare segreto, e le "misure preliminari" per conseguirlo. Tra queste ultime il documento menzionava esplicitamente il concentramento di ebrei in prossimità di scali ferroviari. Fatto caratteristico, ancora non si adoperava l'espressione "soluzione finale del problema ebraico"; l' "obiettivo finale" era probabilmente la distruzione degli ebrei polacchi, cosa che ovviamente non era una novità per chi aveva partecipato alla riunione; nuova era soltanto l'idea di trasportare in Polonia gli ebrei stanziati nelle province annesse al Reich, e questo era effettivamente un primo passo verso la "ripulitura" della Germania dagli ebrei, cioè verso la soluzione finale.

Per ciò che riguarda Eichmann, i documenti mostrarono chiaramente che anche in questa fase egli non ebbe quasi nulla a che fare con ciò che accadeva nell'Europa orientale. Il suo ruolo fu semplicemente quello di esperto di "trasporti" e di "emigrazione," poiché in oriente non c'era bisogno di "esperti ebraici," non occorrevano "direttive" speciali, non esistevano categorie privilegiate. Anche i membri dei Consigli ebraici venivano invariabilmente sterminati, quando giungeva il momento di liquidare i ghetti. Non c'erano eccezioni perché il destino riservato a chi veniva assegnato ai lavori forzati era soltanto un tipo diverso di morte, una morte lenta. Per questo la burocrazia ebraica, la cui collaborazione era considerata cosí importante per questi massacri amministrativi, non ebbe alcuna parte nella cattura e nel concentramento degli ebrei. E ciò segnò la fine delle sfrenate fucilazioni in massa nelle retrovie, che avevano caratterizzato la prima fase. Pare infatti che i comandanti dell'esercito avessero protestato contro i massacri di civili e che Heydrich si fosse accordato col Comando supremo per un completo *repulisti,* una volta per tutte, degli ebrei, dell'*intellighenzia* polacca, del clero cattolico e della nobiltà, stabilendo però per ragioni pratiche (cioè per la vastità dell'operazione, che avrebbe interessato due milioni di persone) di concentrare prima gli ebrei in ghetti.

Anche se avessero prosciolto completamente Eichmann da queste imputazioni, che spinsero numerosissimi testimoni a raccontare storie raccapriccianti, i giudici sarebbero sempre giunti a un verdetto di colpevolezza ed Eichmann non sarebbe sfuggito alla pena capitale. Il risultato sarebbe stato lo stesso. Ma l'impostazione data al processo dall'accusa ne sarebbe uscita smantellata completamente, senza compromessi.

Capitolo quattordicesimo

Prove e testimonianze

Nelle ultime settimane di guerra la burocrazia delle SS si occupò soprattutto di fabbricare carte d'identità false e di distruggere le montagne di documenti che attestavano sei anni di sistematico sterminio. L'ufficio di Eichmann bruciò i suoi archivi, ma naturalmente la cosa non serví a molto, poiché non poté distruggere la corrispondenza spedita ad altri organismi dello Stato e del partito, i cui archivi caddero nelle mani degli Alleati. Cosí, i documenti rimasti furono piú che sufficienti per ricostruire la storia della soluzione finale, e molti furono portati a conoscenza del pubblico al processo di Norimberga e in processi contro altri criminali di guerra. Al processo Eichmann, le vicende della soluzione finale furono confermate da dichiarazioni giurate e non giurate, rilasciate di solito da persone che già avevano seduto al banco dei testimoni o a quello degli imputati in precedenti processi, e spesso da persone che ora non erano piú in vita. Tutti questi documenti, assieme ad alcune testimonianze indirette, furono accolti come prove in base al paragrafo 15 della legge israeliana contro i nazisti e i collaborazionisti, ove si dice che la Corte "può derogare dalle norme dell'evidenza" purché "metta agli atti i motivi che hanno consigliato" tale deroga. Le prove documentarie furono integrate dalle deposizioni rese all'estero — in tribunali tedeschi, austriaci e italiani — da sedici testimoni che non poterono andare a Gerusalemme perché il Procuratore generale aveva minacciato di "tradurli in giudizio per crimini contro il popolo ebraico." Benché nella prima udienza avesse dichiarato: "E se la difesa ha gente disposta a venir qui per testimoniare, io non sbarrerò la via, non frapporrò ostacoli," piú tardi si era rifiutato di garantire loro l'immunità. (La conces-

sione dell'immunità dipendeva esclusivamente dalla buona volontà
del governo, poiché per la legge sopra menzionata l'incriminazione
non è obbligatoria.) Ora, era molto improbabile che qualcuno di quei
sedici testimoni, anche in circostanze diverse, venisse a Gerusalemme
(sette erano in carcere), e perciò si trattò di una questione tecnica.
Tuttavia fu una questione molto importante: dimostrò che non era
del tutto vero che un tribunale israeliano fosse almeno tecnicamente
"il piú idoneo per processare gli esecutori della soluzione finale," essendo i documenti e i testimoni "piú abbondanti qui che in qualsiasi altro paese"; e quanto ai documenti, poi, quella pretesa era
quanto mai discutibile, poiché l'archivio israeliano *Yad Vashem,* oltre
ad essere stato fondato relativamente tardi, non era affatto superiore
ad altri archivi. Perciò si constatò che Israele era invece l'unico paese
al mondo dove non si potevano ascoltare testimoni della difesa e
dove la difesa non poteva controinterrogare certi testimoni dell'accusa, precisamente quelli che avevano rilasciato dichiarazioni giurate in
precedenti processi: e ciò era tanto piú grave in quanto che veramente l'imputato e il suo patrono non avevano la possibilità di "ottenere documenti propri." (Il dott. Servatius presentò centodieci documenti, contro i millecinquecento presentati dall'accusa, ma di questi
centodieci soltanto una dozzina erano stati rintracciati da lui, e consistevano per la maggior parte in brani dei libri di Poliakov e di
Reitlinger; tutto il resto, ad eccezione dei diciassette fogli scritti da
Eichmann, lo aveva racimolato tra l'imponente materiale raccolto dal-
l'accusa e dalla polizia d'Israele, dovendosi per cosí dire accontentare
delle briciole della mensa del ricco.) La difesa non ebbe "né i mezzi
né il tempo" di organizzarsi bene, non aveva a disposizione "gli
archivi del mondo e l'apparato governativo." Lo stesso rimprovero
era stato già mosso al processo di Norimberga, dove anzi la disparità
tra accusa e difesa era stata ancor piú marcata. Tanto a Norimberga
quanto a Gerusalemme, il piú grave svantaggio della difesa fu di non
avere un gruppo di assistenti che, addestrati alla ricerca, esaminas-
sero da cima a fondo la gigantesca massa di documenti sceverandone
ciò che poteva essere utile. Ancor oggi, a circa vent'anni dalla fine
della guerra, la nostra conoscenza dell'immenso materiale archivi-
stico del regime nazista si fonda soprattutto sulle selezioni effettuate
per conto di autorità giudiziarie inquirenti.

Nessuno piú del dott. Servatius, che già era stato avvocato difensore a Norimberga, avrebbe dovuto aver piú coscienza di questo gravissimo *handicap*. Il che rende naturalmente ancor piú difficile capire come mai egli avesse offerto ad Eichmann i suoi servigi. La risposta di Servatius a questa domanda era che per lui si trattava semplicemente di un "lavoro," e che voleva "far soldi"; eppure dopo l'esperienza di Norimberga avrebbe dovuto sapere che la somma che aveva pattuito col governo israeliano (ventimila dollari) era ridicola e inadeguata, anche se i parenti di Eichmann, che vivevano a Linz, gli avevano dato altri quindicimila marchi. Servatius cominciò a lamentarsi di essere mal pagato fin quasi dal primo giorno del processo, e presto cominciò a dire apertamente che sperava di vendere le "memorie" che Eichmann poteva scrivere in prigione "per le future generazioni." A parte il fatto che un affare del genere non sarebbe stato una bella cosa, le sue speranze andarono però deluse perché il governo d'Israele confiscò in seguito tutti i fogli scritti da Eichmann mentre era in carcere (fogli che sono ora depositati all'Archivio nazionale). Nel periodo compreso tra la data in cui la Corte aggiornò i lavori (in agosto) e quella della lettura della sentenza (in dicembre), Eichmann scrisse infatti un "libro" che la difesa presentò alla Corte d'Appello come complesso di "prove nuove e concrete" — cosa che naturalmente il libro non rappresentava affatto.

Quanto all'imputato, la Corte poté basarsi sulle dettagliate dichiarazioni da lui fatte in istruttoria, integrate da molti appunti autografi, stilati nel corso degli undici mesi che erano occorsi per preparare il processo. Si trattava di dichiarazioni volontarie, e nessuno ne dubitò mai; per lo piú non erano state neppure sollecitate da domande. Ad Eichmann erano stati mostrati milleseicento documenti; alcuni, si constatò, li conosceva già, e difatti ne aveva preso visione in Argentina durante quell'intervista con Sassen, che il signor Hausner, non a torto, chiamò una specie di "prova generale." Tuttavia Eichmann cominciò a lavorarvi sopra sul serio soltanto a Gerusalemme, e quando fu chiamato a dire la sua, si vide che non aveva perso tempo: ora sapeva come bisognava leggere i documenti — cosa che non aveva saputo durante l'istruttoria —, e se la cavò ancor meglio del suo legale. La deposizione di Eichmann in tribunale si rivelò la piú importante di tutto il processo. Il suo avvocato lo chiamò a deporre il 20 giugno, alla settantacinquesima udienza, e lo interrogò quasi ininterrottamente per quattordici udienze, fino al 7 luglio. Quel giorno (era l'ottantottesima udienza) iniziò il controinterrogatorio da parte dell'accusa, che durò per altre diciassette udienze fino al 20 luglio. Ci fu qualche incidente: una volta Eichmann minacciò di "confessare tutto," nello stile di Mosca, e un'altra volta si lamentò di essere stato "rosolato sino a rovinare la braciola," ma in generale si mantenne sempre calmissimo e solo a parole minacciò di non rispondere piú alle domande. Al giudice Halevi disse anzi di essere quanto mai "compiaciuto per questa occasione di sceverare la verità dalle falsità" che per quindici anni si erano raccontate sul suo conto, e di essere fiero del fatto che il suo interrogatorio era stato il piú lungo che mai si fosse visto. Dopo un altro breve interrogatorio da parte del suo patrono, che occupò meno di un'udienza, fu interrogato dai tre giudici, i quali in appena due udienze e mezzo riuscirono a cavare da lui piú di quanto non avesse cavato l'accusa in diciassette.

Eichmann fu dunque interrogato e controinterrogato dal 20 giugno al 24 luglio, in totale per trentatre udienze e mezzo. Altre sessantadue udienze, cioè quasi il doppio, su un totale di centoventuno, erano state dedicate alle deposizioni di un centinaio di testimoni dell'accusa, che paese per paese avevano narrato le loro storie d'orrore. Quelle deposizioni erano durate dal 24 aprile al 12 giugno, dopo di che c'era stata la presentazione dei documenti: di regola, il Procuratore generale li leggeva, li faceva mettere agli atti e li comunicava alla stampa giorno per giorno. Quanto ai testimoni, tutti, tranne una piccola schiera, erano cittadini d'Israele, scelti tra centinaia e centinaia di candidati (novanta erano "scampati," nel vero senso della parola, cioè persone che si erano fortunosamente salvate dalla cattività). Ma quanto sarebbe stato piú saggio resistere alle pressioni completamente (fino a un certo punto lo si fece, poiché nessuno dei potenziali testimoni citati da Quentin Reynolds in *Minister of Death,* 1960, in base al materiale fornitogli da due giornalisti israeliani, fu mai chiamato a deporre) e cercare invece chi non si era presentato volontariamente! L'accusa chiamò per esempio uno scrittore, ben noto sulle due rive dell'Atlantico col nome di "K-Zetnik" (termine gergale per indicare l'ospite di un campo di concentramento), autore di vari libri su Auschwitz in cui si parla di bordelli, di omosessuali e altre "vicende

umane interessanti." Costui, come già aveva fatto in molte conferenze, cominciò con lo spiegare il nome che aveva adottato. Non era
uno "pseudonimo," precisò. "Io devo portare questo nome finché il
mondo non si ridesterà dopo la crocifissione della nazione... come
l'umanità è risorta dopo la crocifissione di un uomo." E quindi fece
una piccola digressione nel campo dell'astrologia: la stella "che influenza il nostro destino allo stesso modo della stella delle ceneri di
Auschwitz, guarda il nostro pianeta, irradia la sua luce verso il
nostro pianeta." Ma quando arrivò al "potere soprannaturale" che lo
aveva sostenuto fino ad allora, e per la prima volta fece una pausa
per riprendere fiato, anche Hausner si rese conto che bisognava porre
un freno a questa "testimonianza," e molto timidamente, molto cortesemente, disse: "Potrei rivolgerLe qualche domanda, se Lei permette?" E il giudice colse subito l'occasione per intervenire: "Signor
Dinoor, La prego, La prego, ascolti il signor Hausner e me." Il testimone, deluso e probabilmente offeso, perse la sua foga e non rispose
ad alcuna domanda.

Questa fu certo un'eccezione; ma anche se era un'eccezione che
confermava una regola, la regola non era davvero la semplicità o la
bravura nel raccontare, e tanto meno la capacità di distinguere tra
le cose che l'interessato aveva vissuto sedici o forse vent'anni prima e
le cose che aveva letto e udito e immaginato nel frattempo. Questo
era piú o meno inevitabile, ma la predilezione dell'accusa per testimoni di una certa importanza, che in molti casi avevano scritto libri
sulle loro esperienze e che ora riesponevano ciò che avevano scritto
o ciò che avevano già detto e ripetuto piú volte, non aiutò certo ad
appianare la difficoltà. In un futile tentativo di seguire l'ordine cronologico, la processione cominciò con otto testimoni della Germania,
tutti abbastanza precisi, senonché non erano "scampati": si trattava
di ebrei che erano stati alti funzionari in Germania e che ora occupavano posti importanti nella vita pubblica israeliana, e tutti avevano
lasciato il Reich prima dello scoppio della guerra. Seguirono cinque
testimoni di Praga e poi l'unico testimone dell'Austria, paese per il
quale l'accusa aveva presentato i preziosi rapporti del defunto dottor
Löwenherz, scritti durante e poco dopo la fine della guerra. Poi fu la
volta di una serie di testimoni (uno per paese) di Francia, Olanda,
Danimarca, Norvegia, Lussemburgo, Italia, Grecia e Unione Sovie-

tica, due della Jugoslavia, tre della Romania e tre della Slovacchia, e tredici dell'Ungheria. Ma il grosso — cinquantatre — veniva dalla Polonia e dalla Lituania, paesi dove l'autorità di Eichmann era stata quasi nulla. (Il Belgio e la Bulgaria furono gli unici paesi su cui nessuno depose.) Tutti questi furono "testimoni di sfondo," al pari di quei sedici — uomini e donne — che parlarono di Auschwitz (dieci), di Treblinka (quattro), di Chelmno e di Majdanek. Non furono invece "testimoni di sfondo" quelli che deposero su Theresienstadt, quel "ghetto per vecchi," situato nel territorio del Reich, che era stato l'unico centro in cui Eichmann aveva effettivamente avuto grandi poteri. Quattro persone parlarono di Theresienstadt, e una parlò del "campo di scambio" di Bergen-Belsen.

Quando terminò questa processione, "il diritto dei testimoni di essere irrilevanti," come si espresse lo *Yad Vashem* nel suo "Bollettino," era una cosa ormai cosí indiscussa, che fu per semplice formalità che il signor Hausner chiese alla Corte il permesso di "completare il quadro." Era la settantatreesima udienza, e il giudice Landau, che una cinquantina di udienze prima aveva violentemente protestato contro l'idea di "tracciare quadri," accettò di buon grado che si presentasse ora un ex-membro della Brigata ebraica, cioè di quella unità palestinese che durante la guerra era stata inquadrata nell'VIII Armata inglese. Quest'ultimo teste dell'accusa, il signor Aharon Hoter-Yishai, oggi avvocato in Israele, era stato incaricato a guerra finita di coordinare tutti gli sforzi per rintracciare gli ebrei scampati in Europa, sotto gli auspici dell'*Aliyah Beth,* l'organizzazione che curava l'immigrazione illegale in Palestina. Gli ebrei scampati andavano ricercati tra circa otto milioni di persone sbandate, disseminate per tutta l'Europa, una massa fluttuante che gli Alleati desideravano rimpatriare al piú presto. Il pericolo era che anche gli ebrei volessero tornare alle loro case d'un tempo. Cosí il signor Hoter-Yishai raccontò ora come lui e i suoi compagni fossero accolti con entusiasmo quando si presentavano come membri della "nazione israeliana in lotta," e come fosse sufficiente "disegnare una stella di David su un panno e fissarla a un manico di scopa" per scuotere quella gente dalla pericolosa apatia in cui l'aveva gettata l'inedia. Raccontò anche come alcuni capi ebrei, "tornati a casa dai campi D.P.," fossero finiti in un altro campo, poiché la "casa" poteva essere, per esempio, quel paesino polacco dove di seimila ebrei ne erano scampati quindici, e dove quattro di questi quindici, al loro ritorno, furono trucidati dai polacchi. Infine descrisse come lui e gli altri avessero cercato di prevenire i tentativi di rimpatrio degli Alleati, ma come spesso fossero arrivati troppo tardi: "A Theresienstadt erano sopravvissute trentaduemila persone. Dopo poche settimane ne trovammo soltanto quattromila. Circa ventottomila erano tornate o erano state fatte tornare a casa. Di quei quattromila che trovammo — bene, naturalmente nessuno tornò al luogo da cui era venuto, perché nel frattempo noi gli avevamo mostrato la strada": la strada, beninteso, che conduceva alla Palestina, il futuro Stato d'Israele. Questa testimonianza sapeva di propaganda piú di qualsiasi altra udita in precedenza, e presentava i fatti in maniera distorta. Nel novembre del 1944, dopo che l'ultimo convoglio ebbe lasciato Theresienstadt diretto ad Auschwitz, gli ospiti rimasti erano appena diecimila. Nel febbraio del 1945 ne arrivarono altri sei o ottomila: si trattava di ebrei che avevano contratto matrimoni misti e che i nazisti spedirono a Theresienstadt quando ormai tutto il sistema di trasporti tedesco era quasi fuori uso. Tutti gli altri (circa quindicimila) affluirono in vagoni-merci aperti, o a piedi, nell'aprile del 1945, dopo che il campo era passato sotto il controllo della Croce Rossa: erano scampati di Auschwitz, membri delle squadre di lavoro, per lo piú polacchi e ungheresi. Quando i russi liberarono Theresienstadt, il 9 maggio 1945, molti ebrei cecoslovacchi, che erano lí fin dall'inizio, partirono immediatamente e se ne tornarono a casa; Theresienstadt si trovava infatti in territorio ceco. Gli altri se ne andarono quasi tutti di propria iniziativa quando finí la quarantena imposta dai russi per evitare epidemie. Cosí i pochi rimasti, trovati dagli emissari palestinesi, erano probabilmente persone che per una ragione o per l'altra non avevano potuto tornare a casa — malati, vecchi, individui rimasti completamente soli che non sapevano dove andare. Eppure il signor Hoter-Yishai diceva semplicemente la verità: coloro che erano sopravvissuti nei ghetti e nei campi, che erano usciti vivi dall'incubo dell'abbandono piú disperato e assoluto (tutto il mondo era una giungla e loro erano la preda), non avevano che un solo desidesio: andare in un posto dove non avrebbero mai piú visto un non ebreo. Avevano bisogno degli emissari degli ebrei palestinesi per sapere che legalmente o illegalmente, per vie diritte o per vie traverse sarebbero arrivati e sarebbero stati accolti a braccia aperte; ma non ne avevano bisogno per convincersi che là dovevano andare.

Cosí, sia pure di rado, ogni tanto c'era un momento in cui ci si poteva rallegrare del fatto che il giudice Landau avesse perduto la sua battaglia. Anzi, un momento del genere ci fu ancor prima che tale battaglia iniziasse. Il primo "testimone di sfondo" del signor Hausner non aveva infatti l'aria di essersi presentato volontariamente. Era un vecchio che portava il classico berretto ebraico, piccolo, fragilissimo, con barba e capelli radi e bianchi, eppure di portamento eretto; il suo nome era piuttosto "famoso," e si capisce bene come mai l'accusa volesse cominciare da lui. Era Zindel Grynszpan, padre di quello Herschel Grynszpan che il 7 novembre 1938, all'età di diciassette anni, era entrato nell'ambasciata tedesca a Parigi e aveva ucciso il terzo segretario, il giovane consigliere Ernst vom Rath. L'assassinio aveva scatenato i *pogrom* in Germania e Austria, la cosiddetta *Kristallnacht* del 9 novembre, che effettivamente fu il preludio della soluzione finale ma alla cui preparazione Eichmann era stato del tutto estraneo. Le ragioni dell'atto di Grynszpan non sono mai state chiarite, e suo fratello, che fu lui pure convocato dall'accusa, fu quanto mai riluttante a parlarne. La Corte dette per scontato che si fosse trattato di una vendetta per l'espulsione dal territorio tedesco di circa diciassettemila ebrei polacchi, tra cui la famiglia Grynszpan, espulsione avvenuta verso la fine dell'ottobre 1938; ma tutti sanno come questa spiegazione sia insoddisfacente. Herschel Grynszpan era uno psicopatico, non era riuscito a finire gli studi, e per anni aveva vagabondato per Parigi e Bruxelles finché non era stato allontanato da entrambe le città. Quando fu processato da una Corte francese, il suo legale raccontò una confusa storia di rapporti omosessuali, e i tedeschi, per quanto piú tardi lo estradassero, non lo processarono mai. (Si dice che Herschel sia ancora vivo: il che confermerebbe il "paradosso di Auschwitz," e cioè che gli ebrei che avevano commesso qualche delitto erano risparmiati dai nazisti.) Vom Rath era una vittima stranamente inadeguata, era spiato dalla Gestapo per le sue idee apertamente antinaziste e per la sua simpatia per gli ebrei; e probabilmente fu proprio la Gestapo a inventare la storia dell'omosessualità. Può anzi darsi che Grynszpan divenisse inconsapevolmente uno strumento della Gestapo, la quale forse voleva prendere due piccioni con una fava (creare un pretesto per i *pogrom* in Germania e sbarazzarsi di un nemico del regime), senza rendersi però conto di quanto fosse incoerente diffamare vom Rath come omosessuale che aveva rapporti illeciti con ragazzi ebrei, e al tempo stesso farne un martire e una vittima dell' "ebraismo internazionale."

Comunque sia, è un fatto che nell'autunno del 1938 il governo polacco aveva decretato che tutti gli ebrei polacchi residenti in Germania avrebbero perduto la cittadinanza alla data del 29 ottobre; probabilmente esso sapeva che il governo tedesco aveva intenzione di espellere questi ebrei e rimandarli in Polonia, e cercava d'impedirlo. È molto difficile che una persona come Zindel Grynszpan fosse mai stato a conoscenza dell'esistenza di un simile decreto. Egli era arrivato in Germania nel 1911, quando aveva appena venticinque anni, aveva aperto una drogheria a Hannover, e qui, col tempo, aveva avuto otto figli. Nel 1938, quando la catastrofe si abbatté su di lui, si trovava in Germania da ormai ventisette anni, e al pari di molti non si era mai preoccupato di chiedere la cittadinanza tedesca. Ora venne dunque a raccontare la sua storia, rispondendo con serietà e precisione alle domande postegli dall'accusa; parlò in termini chiari e fermi, senza ricami, con la massima concisione possibile.

"Il 27 ottobre 1938 era giovedí, e alle otto di sera un poliziotto venne a dirci di andare al Commissariato 11. Disse: 'Tornerete subito; non prendete nulla, solo i passaporti.' " E Grynszpan andò, con un figlio, una figlia e la moglie. Quando arrivarono al commissariato, vide "un gran numero di persone, alcune sedute, alcune in piedi. La gente gridava. Loro [i poliziotti] gridavano: 'Firmate, firmate, firmate'... Firmai anch'io, tutto lo facevano. Uno di noi non lo fece, mi pare si chiamasse Gershon Silber, e dovette restare in piedi in un angolo per ventiquattr'ore. Ci portarono alla sala dei concerti, e... qui c'era gente venuta da tutte le parti della città, circa seicento persone. Vi restammo fino alla notte di venerdí, circa ventiquattr'ore, sí, fino alla notte di venerdí... Allora ci caricarono su furgoni della polizia, su cellulari, circa venti persone per furgone, e ci portarono alla stazione ferroviaria. Le strade erano nere di gente che gridava: *'Juden raus*, in Palestina!'... Col treno arrivammo a Neubenschen, al confine tedesco-polacco. Era sabato mattina, quando giungemmo lí, le sei di mattina. Arrivavano treni da tutti i posti, da Lipsia, Colonia, Düs-

seldorf, Essen, Biederfeld, Brema. In tutto eravamo quasi dodicimila...
Era sabato, il 29 ottobre... Quando fummo in prossimità del confine
ci perquisirono per vedere se qualcuno aveva del denaro, e chi aveva
piú di dieci marchi — i soldi in piú glieli levavano. Questa era la
legge tedesca, non piú di dieci marchi si potevano fare uscire dalla
Germania. I tedeschi dicevano: 'Quando veniste qui non avevate di
piú, e ora non potete portar via di piú.'" Gli ebrei dovettero percorrere a piedi quasi due chilometri, fino alla linea di confine, poiché
i tedeschi intendevano farli passare in territorio polacco. "Le SS ci
frustavano, colpivano chi restava indietro, la strada era macchiata
di sangue. Ci portarono via le valige, ci minacciavano nel modo piú
brutale, fu la prima volta che vidi la selvaggia brutalità dei tedeschi.
Ci gridavano: 'Correte! correte!' Io fui colpito e caddi nella fossa.
Mio figlio mi aiutò e mi disse: 'Corri, papà, corri o ti ammazzano!'
Quando arrivammo al confine... le donne passarono per prime. I
polacchi non sapevano nulla. Chiamarono un generale polacco e alcuni ufficiali che esaminarono i nostri documenti, e videro che eravamo cittadini polacchi, che avevamo passaporti speciali. Decisero di
lasciarci entrare. Ci portarono in un paese di circa seimila abitanti, e
noi eravamo dodicimila. Pioveva a dirotto, la gente sveniva — da
tutte le parti si vedevano vecchi e donne. Soffrivamo molto. Non
c'erano viveri, da giovedí eravamo senza mangiare..." Poi furono portati a un campo militare e sistemati in stalle, "perché non c'erano
stanze... Mi pare che fossimo lí [in Polonia] da due giorni. Il primo
giorno venne da Poznan un camion carico di pane, era domenica. E
allora io scrissi una lettera in Francia... a mio figlio: 'Non mandare
piú lettere in Germania. Noi ora siamo a Zbaszyn.'"

Non occorsero piú di dieci minuti per raccontare questa storia,
e al termine, un pensiero si affacciò imperioso alla mente di chi
aveva ascoltato il racconto di quell'insensata, inutile distruzione di
ventisette anni di vita in meno di ventiquattr'ore: "Tutti, tutti dovrebbero poter venire a deporre." Senonché, nelle interminabili udienze che seguirono, si vide quanto fosse difficile raccontare, si vide che
— almeno fuori del regno trasfigurante della poesia — occorreva una
grande purezza d'animo, un'innocenza cristallina di cuore e di mente,
quale soltanto i giusti possiedono. Nessuno, né prima né dopo, egua-
gliò la luminosa onestà di Zindel Grynszpan.

Non si può davvero dire che la deposizione di Grynszpan fosse un "momento drammatico." Ma un momento drammatico si ebbe qualche settimana piú tardi, inaspettatamente, proprio mentre il giudice Landau stava facendo un disperato tentativo di riportare il processo nei binari della normale procedura penale. Stava deponendo Abba Kovner, un "poeta e scrittore" che piú che testimoniare teneva una conferenza, con la disinvoltura di chi è avvezzo a parlare in pubblico e non gradisce di essere interrotto. Il presidente aveva invitato Kovner ad essere breve (e Kovner naturalmente si era offeso), e quando Hausner aveva cercato di difendere il proprio testimone, aveva detto che l'accusa non doveva "lamentarsi dell'impazienza della Corte" — e anche Hausner, ovviamente, si era impermalito. In quest'atmosfera alquanto tesa il teste fece per caso il nome di Anton Schmidt — un nome che non era del tutto ignoto all'uditorio, poiché lo *Yad Vashem* qualche anno prima aveva pubblicato la storia di Schmidt nel suo "Bollettino" ebraico, e vari documenti in yiddish erano stati rintracciati in America. Anton Schmidt, un *Feldwebel* ossia sergente della Wehrmacht, comandava in Polonia una pattuglia che raccoglieva i soldati tedeschi sbandati, staccati dalle loro unità. Nel corso delle sue peregrinazioni si era imbattuto in partigiani ebrei, tra cui il signor Kovner, che era illustre membro del movimento clandestino ebraico, e li aveva aiutati fornendo loro documenti falsi e camion militari. Cosa piú importante di tutte: "Non lo aveva fatto per denaro." Il traffico era continuato per cinque mesi, dall'ottobre 1941 al marzo 1942; poi Anton Schmidt era stato arrestato e giustiziato. (L'accusa sollecitò il racconto di questa storia perché Kovner aveva sentito nominare Eichmann per la prima volta da Schmidt, il quale gli aveva detto come nella Wehrmacht circolassero voci secondo cui Eichmann era quello che "organizzava tutto.")

Questa non era affatto la prima volta che qualcuno accennava ad aiuti ricevuti dal mondo esterno, cioè da non ebrei. Il giudice Halevi aveva sempre chiesto ai testimoni: "Ricevevate qualche aiuto?" con la stessa regolarità con cui l'accusa chiedeva: "Perché non vi ribellaste?" Le risposte erano state svariate e inconcludenti ("Tutta la popolazione era contro di noi," oppure: gli ebrei nascosti da famiglie cristiane "si contavano sulle dita," potevano essere cinque o sei su un totale di tredicimila), ma in complesso si era visto non senza stupore che la situazione era stata migliore in Polonia che in qualsiasi altro paese dell'Europa orientale. (Come abbiamo detto, nessun testimone parlò della Bulgaria.) E cosí un ebreo, oggi residente in Israele e sposato a una donna polacca, aveva raccontato come sua moglie avesse nascosto lui e altri dodici ebrei per tutta la durata della guerra; e un altro come fosse fuggito da un campo trovando ospitalità presso un ariano che conosceva da prima della guerra, il quale poi era stato giustiziato. Un testimone dichiarò che i partigiani polacchi avevano fornito armi a molti ebrei e avevano salvato migliaia di bambini sistemandoli presso famiglie polacche. I rischi erano enormi; un'intera famiglia polacca, per esempio, era stata sterminata nel modo piú feroce per avere adottato una bambina. Ma Kovner fu il primo e l'ultimo a raccontare di essere stato aiutato da un tedesco. C'era, è vero, anche un altro episodio che riguardava un tedesco; ma di questi si parlava soltanto in un documento: si trattava di un ufficiale che aveva aiutato gli ebrei indirettamente, sabotando gli ordini della polizia; l'aveva fatta franca, ma la cosa era stata abbastanza grave da venir menzionata nella corrispondenza tra Himmler e Bormann.

Nei pochi minuti che occorsero a Kovner per raccontare come fosse stato aiutato da un sergente tedesco, un silenzio di tomba calò nell'aula del tribunale; come se il pubblico avesse spontaneamente deciso di osservare i tradizionali due minuti di silenzio in memoria dell'uomo che si chiamava Anton Schmidt. E in quei due minuti, che furono come un improvviso raggio di luce in mezzo a una fitta, impenetrabile tenebra, un pensiero affiorò alle menti, chiaro, irrefutabile, indiscutibile: come tutto sarebbe stato oggi diverso in quell'aula, in Israele, in Germania, in tutta l'Europa e forse in tutti i paesi del mondo, se ci fossero stati piú episodi del genere da raccontare!

Quella terribile penuria aveva naturalmente le sue ragioni, che sono state ripetute piú e piú volte. Noi le compendieremo rifacendoci a uno dei pochi libri di memorie veramente sinceri e appassionati che siano stati pubblicati in Germania dopo la guerra. Peter Bamm, un medico della Wehrmacht che era stato sul fronte russo, racconta in *Die unsichtbare Flagge* (1952) l'uccisione di un gruppo di ebrei di Sebastopoli. Gli ebrei furono rastrellati dagli "altri," come l'autore chiama gli uomini degli *Einsatzgruppen* per distinguerli dai soldati comuni, di cui invece esalta la rettitudine, e furono rinchiusi in un'ala sigillata dell'ex-prigione della GPU, contigua ai locali dove Bamm era acquartierato. Poi furono caricati su un furgone a gas, dove perirono nel giro di pochi minuti, dopo di che l'autista trasportò i cadaveri fuori città scaricandoli in trincee anticarro. "Noi lo sapevamo. Non facemmo nulla. Chiunque avesse protestato sul serio o avesse fatto qualcosa contro le unità addette allo sterminio sarebbe stato arrestato entro ventiquattr'ore e sarebbe scomparso. Uno dei metodi piú raffinati dei regimi totalitari del nostro secolo consiste appunto nell'impedire agli oppositori di morire per le loro idee di una morte grande, drammatica, da martiri. Molti di noi avrebbero accettato una morte del genere. Ma la dittatura fa scomparire i suoi avversari di nascosto, nell'anonimo. È certo che chi avesse preferito affrontare la morte piuttosto che tollerare in silenzio il crimine, avrebbe sacrificato la vita inutilmente. Ciò non vuol dire che il sacrificio sarebbe stato moralmente privo di senso. Ma sarebbe stato praticamente inutile. Nessuno di noi aveva convinzioni cosí profonde da addossarsi un sacrificio praticamente inutile in nome di un significato morale superiore." È ovvio che qui lo scrittore non si rende conto di quanto sia vuota la "rettitudine" da lui tanto esaltata quando manca quello che egli chiama il "significato morale superiore."

L'esempio del sergente Anton Schmidt sta però a dimostrare non tanto la vuotezza della rispettabilità (poichè in circostanze come quelle la rettitudine si riduce semplicemente a rispettabilità), quanto la vuotezza di tutto il ragionamento, che pure a prima vista sembra ineccepibile. È vero che il regime hitleriano cercava di creare vuoti di oblio ove scomparisse ogni differenza tra il bene e il male, ma come i febbrili tentativi compiuti dai nazisti dal giugno 1942 in poi per cancellare ogni traccia dei massacri (con la cremazione, con l'incendio in pozzi, con gli esplosivi e i lanciafiamme e macchine che frantumavano le ossa) furono condannati al fallimento, cosí anche tutti i loro sforzi di far scomparire gli oppositori "di nascosto, nell'anonimo," furono vani. I vuoti di oblio non esistono. Nessuna cosa umana può essere cancellata completamente e al mondo c'è troppa gente perché certi fatti non si risappiano: qualcuno resterà sempre in vita per raccontare. E perciò nulla può mai essere "praticamente inutile," almeno non a lunga scadenza. Per la Germania odierna, non solo per il suo prestigio all'estero, ma anche per le sue confuse condizioni interne, sarebbe di grande utilità pratica se fossero accaduti piú episodi come quello di Anton Schmidt. Ché la lezione di quegli episodi è semplice e alla portata di tutti. Sul piano politico, essi insegnano che sotto il terrore la maggioranza si sottomette, ma *qualcuno no,* cosí come la soluzione finale insegna che certe cose potevano accadere in quasi tutti i paesi, ma *non accaddero in tutti.* Sul piano umano, insegnano che se una cosa si può ragionevolmente pretendere, questa è che sul nostro pianeta resti un posto ove sia possibile l'umana convivenza.

Capitolo quindicesimo

Condanna, appello ed esecuzione

Eichmann trascorse gli ultimi mesi di guerra a Berlino, con le mani in mano, isolato. Gli altri capi dell'RSHA pranzavano ogni giorno insieme, nell'edificio in cui si trovava anche il suo ufficio, ma neppure una volta lo invitarono a unirsi a loro. Egli si occupò di far costruire delle fortificazioni, in modo da esser pronto all'"ultima battaglia" per Berlino, e — unica sua missione ufficiale — si recò ogni tanto a Theresienstadt per mostrare quel ghetto ai delegati della Croce Rossa. E fu proprio con questi che si sfogò criticando la nuova linea di Himmler verso gli ebrei, la "linea umanitaria," che prevedeva tra l'altro di organizzare i campi di concentramento, "la prossima volta," sul "modello inglese." Nell'aprile del 1945 Eichmann ebbe l'ultimo dei suoi rari colloqui con Himmler, il quale gli ordinò di selezionare "da cento a duecento ebrei illustri di Theresienstadt," trasportarli in Austria e installarli in alberghi, in modo da poterli usare come "ostaggi" nei prossimi negoziati con Eisenhower. Non pare che Eichmann si rendesse conto dell'assurdità di questo incarico; egli andò, "profondamente addolorato" di dover lasciare i suoi "impianti difensivi," ma a Theresienstadt non arrivò mai perché tutte le strade erano già tagliate dalle armate russe. Il suo viaggio finí invece ad Alt-Aussee, dove Kaltenbrunner si era rifugiato. Kaltenbrunner, a cui non importava niente degli "ebrei illustri" di Himmler, gli disse di organizzare un gruppo partigiano per fare la guerriglia sulle montagne austriache. Eichmann accettò con grandissimo entusiasmo: "Questa finalmente era una cosa che valeva la pena, un lavoro che mi piaceva." Ma fece appena a tempo a raccogliere qualche centinaio di uomini piú o meno adatti — o meglio inadatti poiché quasi nessuno aveva mai visto un fucile — e a impadronirsi di un arsenale abbandonato contenente armi d'ogni tipo, che gli giunse l'ultimissimo ordine di Himmler: "Non aprire il fuoco contro inglesi e americani." Era la fine. Rispedí a casa i suoi uomini e consegnò al suo fidato consigliere legale, il *Regierungsrat* Hunsche, un piccolo forziere pieno di banconote e monete d'oro: "Dissi a me stesso: siccome quest'uomo è un alto funzionario civile, sarà corretto nell'amministrare i fondi, registrerà le sue spese... e infatti ero ancora convinto che un giorno o l'altro qualcuno ci avrebbe domandato i conti."

Con queste parole Eichmann chiuse il racconto della sua vita che spontaneamente fece al giudice istruttore. Quel racconto aveva richiesto solo pochi giorni, e non occupava piú di 315 pagine sulle 3564 che furono trascritte dal nastro magnetico. Gli sarebbe piaciuto continuare, e naturalmente alla polizia narrò anche il resto; ma i magistrati, per varie ragioni, avevano deciso di non accettare deposizioni riguardanti fatti avvenuti a guerra finita. Tuttavia noi possiamo integrare la sua storia in base a dichiarazioni giurate presentate a Norimberga e soprattutto in base alle indiscrezioni di un ex-funzionario civile israeliano, Moshe Pearlman, il quale quattro settimane prima dell'apertura del processo pubblicò a Londra un libro, *The Capture of Adolf Eichmann,* che suscitò grande scalpore. Il libro si fondava evidentemente su materiale dell'ufficio 06, quell'ufficio della polizia israeliana che era stato incaricato di preparare il processo. (Pearlman sostenne che, essendosi dimesso tre settimane prima del ratto di Eichmann, il volume era da considerarsi l'opera di un "privato cittadino": spiegazione che non convince molto perché certo la polizia israeliana sapeva già da mesi che si stava macchinando la cattura.) Il libro provocò dunque un certo imbarazzo in Israele, non solo perché divulgava prematuramente notizie su importanti documenti dell'accusa e affermava che i magistrati diffidavano in partenza di ciò che Eichmann avrebbe potuto dire quando sarebbe stato chiamato a deporre, ma anche perché un racconto attendibile del modo in cui Eichmann era stato catturato a Buenos Aires era ovviamente l'ultima cosa che gli israeliani avrebbero voluto veder pubblicata.

La storia narrata da Pearlman era molto meno eccitante delle varie voci che avevano circolato fino ad allora. Eichmann non era mai stato nel Medio Oriente, non aveva mai avuto contatti con paesi arabi, non era mai tornato in Germania dall'Argentina, non era mai stato in nessun altro paese dell'America Latina, non aveva mai avuto alcun ruolo nell'attività delle organizzazioni naziste del dopoguerra. Terminata la guerra, aveva cercato di parlare ancora una volta con Kaltenbrunner, il quale si trovava sempre ad Alt-Aussee a far l'eremita, ma il suo ex-capo non l'aveva voluto ricevere poiché ormai lo considerava un "uomo finito." (Anche per Kaltenbrunner le prospettive erano però piuttosto fosche, tanto è vero che venne impiccato a Norimberga.) Subito dopo Eichmann fu catturato da soldati americani e rinchiuso in un campo per SS, dove malgrado i numerosi interrogatori a cui fu sottoposto nessuno scoprí la sua vera identità, sebbene questa fosse nota ad alcuni compagni di prigionia. Fu molto cauto e si guardò dallo scrivere a casa, lasciando credere di essere morto. Sua moglie cercò di farsi rilasciare un certificato di morte, ma non vi riuscí perché le autorità scoprirono che l'unico "testimone oculare" della morte del marito era un suo cognato. Vera Eichmann era rimasta con tre figli e senza un soldo per mantenerli, ma i parenti di Linz la aiutarono.

Nel novembre del 1945 si aprirono a Norimberga i procedimenti penali contro i grandi criminali di guerra, e il nome di Eichmann cominciò ad emergere con preoccupante regolarità. Nel gennaio del 1946 Wisliceny si presentò come testimone dell'accusa e fece una deposizione quanto mai pericolosa, dopo di che Eichmann ritenne opportuno sparire. Fuggí dal campo, con l'aiuto di altri prigionieri, e si recò in Lüneburger Heide, una boscaglia a circa ottanta chilometri a sud di Amburgo, dove il fratello di un suo compagno di prigionia gli trovò un lavoro come taglialegna. Qui rimase quattro anni, sotto il nome di Otto Heninger, probabilmente annoiandosi a morte. Verso l'inizio del 1950 riuscí a mettersi in contatto con l'ODESSA, un'organizzazione clandestina di veterani delle SS, e nel maggio di quell'anno, attraversando l'Austria, venne in Italia, dove un francescano che sapeva perfettamente chi era gli procurò un passaporto da profugo, intestato a "Richard Klement," e lo mandò a Buenos Aires. Arrivò alla metà di luglio, e senza alcuna difficoltà ottenne documenti d'identità e un permesso di lavoro col falso nome di "Ricardo Klement," scapolo, apolide, età trentasette anni — sette in meno di quelli che aveva in realtà.

Continuò ad essere molto cauto, ma ora scrisse di proprio pugno alla moglie dicendole che "lo zio dei suoi bambini" era vivo. Fece vari strani mestieri (rappresentante, lavandaio, lavoratore presso un allevamento di conigli), sempre mal pagato; ma nell'estate del 1952 la moglie e i figli finalmente lo raggiunsero. (La signora Eichmann, benché residente in Austria, ottenne a Zurigo un passaporto tedesco in cui figurava il suo vero nome e in cui si diceva che era "divorziata" da un certo Eichmann; come vi riuscisse, è un mistero, e l'incartamento contenente la sua domanda è scomparso dal consolato tedesco di Zurigo.) Fu allora che Eichmann trovò il suo primo lavoro stabile, presso la Mercedes-Benz di Suarez, un sobborgo di Buenos Aires, dapprima come meccanico e poi come caporeparto, e quando gli nacque il quarto figlio, "risposò" la moglie, a quanto si dice sempre col falso cognome di Klement. La cosa è però improbabile, perché il bambino fu registrato all'anagrafe come Ricardo Francisco (forse in omaggio al religioso italiano) Klement *Eichmann,* e questo non fu che uno dei tanti indizi rivelatori che, col passare degli anni, Eichmann cominciò a seminare sul suo cammino. Quasi sicuro è invece che dicesse ai figli di essere uno "zio paterno," benché quelli, che conoscevano bene i nonni e gli zii di Linz, dovessero essere piuttosto scettici; per lo meno il figlio maggiore, che quando l'aveva visto l'ultima volta aveva già nove anni (ora ne aveva sedici), avrebbe dovuto riconoscerlo. Inoltre, la carta d'identità che la moglie si fece fare in Argentina non fu mai cambiata (vi si leggeva "Veronika Leibl de Eichmann"), e quando nel 1959 morí la matrigna di Eichmann e un anno dopo anche il padre, nei necrologi pubblicati a Linz comparve tra i nomi dei parenti in lutto anche quello della signora Eichmann: un fatto che contraddice tutte le voci relative a un presunto divorzio e nuovo matrimonio. Al principio del 1960, pochi mesi prima della cattura, Eichmann e i suoi figli piú grandi finirono di costruire una primitiva casetta in mattoni in uno dei miserabili sobborghi di Buenos Aires (niente luce elettrica, niente acqua corrente), e qui la famiglia si stabilí. Dovevano essere poverissimi, e Eichmann doveva essere molto triste, neppure i figli potevano consolarlo, giacché "non mostravano il minimo interese a istruirsi e neppure a sviluppare il loro cosiddetto talento."

L'unica consolazione, per Eichmann, consisteva nel chiacchierare continuamente con membri della grande colonia nazista, a cui non esitò a rivelare la sua vera identità. E cosí nel 1955 ci fu l'intervista col giornalista olandese Willem S. Sassen, un ex-membro delle *Waffen-SS* che durante il conflitto si era procurato un passaporto tedesco e piú tardi era stato condannato a morte in contumacia da un tribunale belga, come criminale di guerra. Eichmann si preparò all'intervista scrivendo molti appunti, poi le sue dichiarazioni furono registrate su nastro magnetico e quindi trascritte da Sassen non senza numerosi abbellimenti. In seguito gli appunti autografi di Eichmann furono scoperti e allegati tra le prove, al processo, benché l'intervista nel suo complesso non fosse accettata. L'intervista fu pubblicata in forma abbreviata dapprima sul periodico illustrato tedesco *Der Stern,* nel luglio del 1960, e poi, a novembre e dicembre, su *Life,* a puntate. Ma già quattro anni prima (cioè nel 1956), Sassen, sicuramente col consenso di Eichmann, l'aveva offerta a un corrispondente di *Time-Life* a Buenos Aires, ed anche se è vero che in tale occasione non fu rivelata la fonte delle informazioni, il materiale non avrebbe dovuto lasciar dubbi in proposito. La verità è che Eichmann si sforzava ormai di uscire dall'anonimo, ed è strano che al servizio segreto israeliano occorressero vari anni (fino all'agosto 1959) per apprendere che egli viveva in Argentina sotto il nome di Ricardo Klement. Israele non ha mai reso noto in che modo riuscí a identificarlo, sicché oggi una buona decina di persone si vantano di averlo scoperto, mentre in circoli europei "bene informati" si sostiene che fu il servizio segreto russo a far sapere in che posto si trovava. Comunque sia, il mistero non è come fu possibile scovare il suo nascondiglio, ma piuttosto come fu possibile non scovarlo prima — ammesso naturalmente che davvero gli israeliani lo stessero cercando da anni: il che, stando ai fatti, è un po' dubbio.

Nessun dubbio esiste invece sull'identità di coloro che lo rapirono. Tutte le dicerie riguardo a "vendicatori" privati furono smentite fin dall'inizio da Ben Gurion in persona, il quale il 23 maggio 1960 annunziò allo Knesset, tra grandi applausi, che Eichmann era stato "trovato dal servizio segreto israeliano." Il dott. Servatius, che disperatamente ma invano cercò sia al processo che in appello di chiamare a deporre Zvi Tohar (primo pilota dell'aereo dell'El-Al che portò via Eichmann dall'Argentina) e Yad Shimoni (funzionario della compagnia aerea in Argentina), si richiamò alla dichiarazione di Ben Gurion. Ma il Procuratore generale rispose che il Primo ministro aveva parlato soltanto di "ritrovamento," e che ciò non significava che Eichmann fosse stato anche rapito da agenti governativi. Orbene, allo stato dei fatti, sembra che la verità sia esattamente l'opposto: non furono gli uomini del servizio segreto a rintracciare Eichmann, ma furono proprio loro a rapirlo, una volta scoperto, dopo qualche controllo preliminare per assicurarsi che fosse lui. E in questi controlli non si rivelarono nemmeno molto esperti, poiché Eichmann si accorse di essere pedinato: "Mi pare di avervelo già detto qualche mese fa, quando mi chiedeste se sapevo di essere stato scoperto, e allora vi fornii anche spiegazioni precise [in quella parte dell'interrogatorio avvenuto in istruttoria che non fu riletta alla stampa]... Venni a sapere che nelle vicinanze di casa mia qualcuno si era informato sui terreni ecc. ecc. per impiantare una fabbrica di macchine da cucire: una cosa completamente assurda, poiché in quella zona non c'era né luce elettrica né acqua. Inoltre seppi che queste persone erano ebrei del Nord-America. Avrei potuto benissimo sparire, ma non lo feci, continuai come al solito e lasciai che le cose andassero come volevano. Non avrei avuto difficoltà a trovare un impiego, con i miei documenti e le mie referenze. Ma non volevo."

Sul fatto che egli non avesse paura di andare in Israele e di essere processato ci sono piú prove di quante non ne siano state rivelate a Gerusalemme. Naturalmente il difensore sottolineò che in fondo l'imputato era stato rapito e "trasportato in Israele in contrasto col diritto internazionale," ma lo fece perché ciò gli permetteva di contestare la competenza della Corte a giudicarlo, e l'accusa e i giudici, benché non ammettessero mai che il ratto era stato un' "azione di Stato," neppure lo negarono. Sostennero che la violazione del diritto internazionale era una cosa che riguardava soltanto la Repubblica argentina e lo Stato d'Israele e non aveva nulla a che vedere con i diritti dell'imputato, e che del resto questa violazione era stata "sanata" mediante la dichiarazione congiunta con cui i due governi, il 3 agosto 1960, avevano deciso di "considerare chiuso l'incidente provocato dall'azione di cittadini d'Israele che hanno violato i fondamentali diritti della Repubblica argentina." Secondo la Corte, che quegli israeliani fossero agenti governativi o privati cittadini non aveva alcun peso.

Una cosa però a cui né la difesa né la Corte accennarono mai, fu che l'Argentina non avrebbe rinunziato con tanta disinvoltura ai suoi diritti se Eichmann fosse stato cittadino argentino. Ma egli era vissuto lí sotto falso nome, e con ciò si era privato da sé del diritto di essere protetto dal governo, almeno come Ricardo Klement (nato il 23 maggio 1913 a Bolzano, come si leggeva sulla sua carta d'identità). Né aveva mai invocato il diritto d'asilo: cosa che però gli sarebbe servita assai poco perché l'Argentina, sebbene abbia offerto praticamente asilo a molti famigerati criminali nazisti, è uno Stato che ha firmato una convenzione internazionale ove si dice che le persone ree di crimini contro l'umanità "non saranno considerate perseguitati politici." Malgrado questo, Eichmann non era un apolide, giuridicamente aveva sempre la nazionalità tedesca; ma la Germania-Ovest ebbe buon gioco a negargli la protezione di solito accordata ai tedeschi all'estero. In altre parole, nonostante le pagine e pagine di ragionamenti giuridici che si sono scritte, nonostante i precedenti invocati (cosí tanti che si ha quasi l'impressione che il ratto sia una delle forme piú comuni di arresto), se la Corte di Gerusalemme poté giudicare Eichmann fu solo perché *di fatto* egli era un apolide, e solo per questo. Ed Eichmann, benché non fosse un giurista, non dovette meravigliarsene: tutta la sua carriera gli insegnava che degli apolidi si poteva fare quello che si voleva, tanto che per sterminare gli ebrei si era dovuto prima provvedere a renderli senza patria. Tuttavia non era nello stato d'animo di pensare a queste finezze e di tirarne le conseguenze per salvarsi. Ché se non è vero che egli andò volontariamente in Israele per farsi processare, è vero però che egli fece molte meno difficoltà di quello che ci si sarebbe potuti aspettare. In pratica non ne fece nessuna.

L'11 maggio 1960, alle diciotto e trenta, mentre come al solito scendeva dall'autobus che lo riportava a casa dal lavoro, Eichmann fu afferrato da tre uomini e in meno di un minuto gettato in un'auto che sostava nei pressi. Fu portato in un remoto sobborgo di Buenos Aires, in una casa che i suoi rapitori avevano preso in affitto da qualche tempo. Nessuna droga, nessuna corda, nessuna manetta fu usata, e Eichmann capí subito che si trattava di un colpo da professionisti, effettuato senza inutile violenza. Non se la prese. Quando gli chiesero chi era, rispose senza esitazioni: *"Ich bin Adolf*

Eichmann," e, frase sorprendente, aggiunse: "So di essere nelle mani d'israeliani." (Piú tardi spiegò di aver letto su qualche giornale che Ben Gurion aveva ordinato di scovarlo e catturarlo.) Per otto giorni, mentre in Israele si attendeva l'arrivo dell'aeroplano dell'El-Al che doveva portare rapitori e prigioniero, Eichmann rimase in quella casa legato a un letto, e questa fu l'unica cosa di cui si lamentò. Al secondo giorno di prigionia fu invitato a dichiarare per iscritto che non aveva nulla in contrario ad essere processato da un tribunale israeliano. Naturalmente il testo della dichiarazione era già pronto, e lui non doveva fare altro che firmarlo. Senonché con sorpresa di tutti egli pretese di scrivere una dichiarazione a modo suo, utilizzando il testo già preparato, a quanto pare, soltanto nella parte introduttiva: "Io sottoscritto, Adolf Eichmann, dichiaro di mia spontanea volontà che, essendo stata ormai scoperta la mia vera identità, mi rendo perfettamente conto che sarebbe inutile cercare di sfuggire ulteriormente alla giustizia. Perciò mi dichiaro disposto a recarmi in Israele e affrontare il giudizio di un tribunale, un tribunale autorizzato. È chiaro e sottinteso che mi sarà concessa assistenza legale [qui finisce probabilmente la parte ricopiata], e io cercherò di scrivere che cosa ho fatto nei miei ultimi anni di attività pubblica in Germania, senza abbellimenti di sorta, in modo da dare un quadro veritiero alle generazioni future. Faccio questa dichiarazione di mia spontanea volontà, non allettato da promesse né costretto con minacce. Voglio finalmente essere in pace con me stesso. Non potendo ovviamente ricordare tutti i particolari, e avendo l'impressione di confondere i fatti, chiedo che si mettano a mia disposizione documenti e dichiarazioni giurate onde aiutarmi nel mio sforzo di ricercare la verità. Firmato: Adolf Eichmann. Buenos Aires, maggio 1960." (Il documento, per quanto sicuramente autentico, presenta un particolare strano: nella data non è indicato il giorno della firma. L'omissione fa nascere il sospetto che la lettera fosse scritta non in Argentina, ma a Gerusalemme, dove Eichmann arrivò il 22 maggio. Ora, la dichiarazione era necessaria non tanto per il processo, dove l'accusa la produsse come prova senza però annettervi troppa importanza, quanto per la prima nota esplicativa del governo d'Israele a quello dell'Argentina, nota a cui fu regolarmente allegata. Servatius, che in tribunale chiese ad Eichmann chiarimenti in merito a quella lettera, non accennò al curioso particolare della data, ed Eichmann dal canto suo non poté parlarne perché, opportunamente interrogato da Servatius, affermò sia pure con una certa riluttanza che la dichiarazione gli era stata estorta mentre era legato al letto nel sobborgo di Buenos Aires. L'accusa pensò bene di non controinterrogarlo su questo punto, e la ragione è chiara: quanto meno Eichmann diceva in proposito, tanto meglio era.) La signora Eichmann denunziò alla polizia argentina la scomparsa del marito, senza tuttavia rivelare chi egli realmente fosse, e cosí non furono istituiti posti di blocco né alle stazioni ferroviarie, né sulle autostrade, né nei campi d'aviazione. È certo che gli israeliani ebbero fortuna: non sarebbero mai riusciti a portar via Eichmann dall'Argentina ben dieci giorni dopo la cattura, se la polizia fosse stata messa in allarme come si doveva.

Ci sono due modi per spiegare la sorprendente disposizione di Eichmann a collaborare con la giustizia. (Anche i giudici, pur considerandolo un "bugiardo," dovettero riconoscere che non era facile capire come mai egli avesse rivelato a Less "tanti particolari che prima della sua confessione non potevano essere provati, soprattutto i viaggi nell'Europa orientale, dove aveva veduto le atrocità con i propri occhi.") In Argentina, vari anni prima di essere catturato, egli già aveva scritto che era stanco di vivere nell'anonimato, e questa stanchezza doveva essere cresciuta in lui quanto piú leggeva le cose che si scrivevano sul suo conto. La seconda spiegazione, da lui fornita in Israele, è assai piú drammatica: "Circa un anno e mezzo fa [cioè nella primavera del 1959] sentii dire da un conoscente appena tornato da un viaggio in Germania che alcuni settori della gioventú tedesca erano tormentati da un senso di colpa... e per me il fatto che ci fosse questo complesso di colpa fu una cosa molto importante, importante come potrebbe essere, per cosí dire, l'atterraggio del primo uomo sulla luna. Divenne un punto essenziale della mia vita interiore, attorno al quale si cristallizzarono molti pensieri. Ecco perché non fuggii... quando mi accorsi che gli investigatori stavano stringendo la rete attorno a me... Dopo quelle conversazioni sul senso di colpa della gioventú tedesca, che mi fecero cosí profonda impressione, sentii che non avevo piú il diritto di sparire. Ed ecco perché all'inizio di questo interrogatorio ho anche proposto, in una dichiarazione scritta, ... d'impiccarmi in pubblico. Volevo fare qualcosa per liberare i giovani tedeschi dal peso della colpa, poiché in fondo questi giovani non sono responsabili di ciò che è accaduto e di ciò che i loro padri hanno fatto durante l'ultima guerra" — guerra che però, in un altro contesto, egli seguitava a chiamare una "guerra imposta al Reich." Naturalmente tutte queste erano chiacchiere vuote. Che cosa gli avrebbe infatti impedito di tornarsene da sé in Germania e di costituirsi? Quando gli rivolsero questa domanda, rispose che a suo avviso i tribunali tedeschi non potevano ancora avere l'"oggettività" necessaria per giudicare individui come lui. Ma se avesse preferito essere giudicato da una Corte israeliana (come piú o meno lasciò intendere e come non è del tutto da escludere), avrebbe potuto risparmiare al governo israeliano tanto spreco di tempo e di fatica. Ma già abbiamo visto come egli si autoesaltasse quando parlava a questo modo, e come ciò gli servisse per tenersi su di morale per tutto il tempo che rimase nel carcere d'Israele. Gli serví anche per guardare alla morte con notevole serenità — "So che mi attende la condanna a morte," disse al principio dell'istruttoria.

Tuttavia dietro queste chiacchiere vuote c'era un po' di vero, e questa verità emerse chiarissima quando dovette decidere come organizzare la propria difesa. Per ovvie ragioni il governo israeliano aveva acconsentito a concedergli un patrono straniero, e il 14 luglio 1960, sei settimane dopo l'inizio dell'istruttoria, Eichmann fu informato che poteva scegliere fra tre avvocati: il dott. Robert Servatius, che godeva la fiducia dei suoi parenti (Servatius aveva offerto i suoi servigi telefonando al fratellastro di Eichmann, che viveva a Linz), un altro avvocato tedesco residente ora in Cile, e un avvocato americano titolare di uno studio legale di New York, che si era in messo in contatto con la magistratura israeliana. (I nomi degli ultimi due non sono mai stati resi noti.) Ovviamente c'erano anche altre possibilità, che egli aveva il diritto di prendere in considerazione; comunque, gli fu detto e ripetuto che decidesse pure con calma. Eichmann invece non aspettò, ma disse subito che sceglieva il dott. Servatius, poiché gli pareva che fosse un conoscente del suo fratellastro e che avesse anche difeso altri criminali di guerra, e insistette per firmare immediatamente i necessari documenti. Mezz'ora piú tardi gli venne a mente che il processo avrebbe potuto assumere "dimensioni globali," divenire cioè un "processo-fiume" dove ci sarebbero stati molti avvocati per l'accusa e dove il dott. Servatius difficilmente avrebbe potuto "esaminare tutto il materiale" da solo. Gli fu allora fatto presente che Servatius, in una lettera in cui chiedeva la procura, aveva detto che avrebbe "capeggiato un gruppo di avvocati" (cosa che poi non fece), e il funzionario di polizia aggiunse: "Si può presumere che il dott. Servatius non sarà solo; sarebbe materialmente impossibile." Poi, invece, Servatius fu solo per quasi tutto il tempo. E il risultato fu che Eichmann divenne il principale assistente del proprio patrono, e — a parte il fatto che scrisse anche un libro "per le future generazioni" — lavorò sodo per tutta la durata del processo.

Il 29 giugno 1961, dieci settimane dopo l'apertura del processo (11 aprile), l'accusa terminò la sua requisitoria e il dott. Servatius cominciò a esporre le tesi della difesa; il 14 agosto, dopo centoquattordici udienze, il dibattimento finí. La Corte si aggiornò allora per quattro mesi, tornando a riunirsi l'11 dicembre per leggere la sentenza. Per due giorni — divisi in cinque sedute — i tre giudici si alternarono nella lettura delle duecentoquarantaquattro sezioni del documento. Lasciando cadere la tesi della "cospirazione," che l'avrebbe trasformato in "grande criminale di guerra," automaticamente responsabile di tutto ciò che aveva a che fare con la soluzione finale, essi riconobbero Eichmann colpevole di tutte le quindici imputazioni contenute nell'atto d'accusa, per quanto lo prosciogliessero da alcuni crimini particolari. "In concorso con altri" egli aveva commesso crimini "contro il popolo ebraico," cioè contro gli ebrei *con l'intenzione di distruggere la stirpe,* in quattro modi: 1) "causando lo sterminio di milioni di ebrei"; 2) facendo vivere "milioni di ebrei in condizioni che verosimilmente avrebbero condotto alla loro distruzione fisica"; 3) "provocando gravi danni fisici e mentali"; e 4) "ordinando che si bandissero le nascite e s'interrompessero le gravidanze tra le donne ebree" di Theresienstadt. Lo prosciolsero però da queste accuse per quel che riguardava il periodo anteriore all'agosto 1941, cioè alla data in cui gli fu comunicato l'ordine del Führer, poiché in quel periodo, a Berlino, a Vienna e a Praga, egli non aveva ancora l'intenzione di "distruggere" il popolo ebraico. Questi erano i primi quattro capi d'accusa. I capi 5-12 riguardavano i "crimini contro l'umanità" — un concetto piuttosto strano nel diritto d'Israele, poiché comprendeva tanto il genocidio praticato contro non ebrei (per esempio zingari e polacchi), quanto tutti gli altri delitti (assassinio incluso) contro ebrei o non ebrei, purché non commessi con l'intenzione di "distruggere" un popolo intero. Perciò tutte le cose che Eichmann aveva fatto prima dell'ordine del Führer e tutte le sue azioni contro non ebrei furono ammassate sotto la voce "crimini contro l'umanità," con l'aggiunta, ancora una volta, di tutti i crimini contro ebrei posteriori all'agosto 1941, dato che questi erano anche delitti ordinari. Il risultato fu che il capo 5 imputava ad Eichmann gli stessi delitti enumerati nei capi 1 e 2, e che il capo 6 lo accusava di avere "perseguitato ebrei per motivi razziali, religiosi e politici"; il capo 7 si occupava del "saccheggio della proprietà... collegato all'omicidio... di questi ebrei," e il capo 8 ricatalogava tutte queste azioni come "crimini di guerra," essendo state commesse per la maggior parte nel periodo bellico. I capi 9-12 riguardavano in particolare i crimini contro non ebrei: il 9 lo accusava dell' "espulsione di... centinaia di migliaia di polacchi dalle loro case," il 10 dell' "espulsione di quattordicimila sloveni" dalla Jugoslavia, l'11 della deportazione di "decine di migliaia di zingari" ad Auschwitz. La sentenza disse però: "Non è stato provato che l'imputato sapesse che gli zingari erano portati via per essere sterminati" — il che significava che nessuna accusa di genocidio poteva essere mossa ad Eichmann tranne il "crimine contro il popolo ebraico." È difficile capire come i giudici potessero arrivare a una simile conclusione, poiché, a parte il fatto che lo sterminio degli zingari era una cosa risaputa da tutti, Eichmann in istruttoria aveva ammesso di esserne al corrente: ricordava vagamente che era stato un ordine di Himmler, che per gli zingari non c'erano "direttive" come c'erano invece per gli ebrei, e che nessuno aveva mai fatto "ricerche sul problema degli zingari" — "origini, costumi, usanze, organizzazione, folklore, economia." Il suo ufficio era stato incaricato di "evacuare" trentamila zingari dal territorio del Reich, e lui non poteva ricordare tutti i particolari, perché c'erano state tante interferenze; ma che gli zingari, al pari degli ebrei, fossero portati via per essere sterminati, era una cosa di cui non aveva mai dubitato. Insomma Eichmann era colpevole del loro sterminio esattamente come lo era dello sterminio degli ebrei. Il capo 12 riguardava la deportazione di novantatre bambini di Lidice, il villaggio cecoslovacco i cui abitanti erano stati massacrati dopo l'uccisione di Heydrich. Eichmann fu però, giustamente, prosciolto dall'accusa di avere ucciso questi bambini. Gli ultimi tre capi lo accusavano di aver fatto parte di tre delle quattro organizzazioni classificate come "criminali" a Norimberga — le SS, il Servizio di sicurezza o SD, la polizia segreta di Stato o Gestapo. (La quarta organizzazione, il corpo dei dirigenti del partito nazista, non era menzionata essendo ovvio che egli non era mai stato uno dei capi del partito.) L'appartenenza a quelle organizzazioni nel periodo anteriore al maggio 1940 era caduta in prescrizione, essendo passati i vent'anni fissati per i reati minori. (La legge del 1950, quella in base alla quale Eichmann fu giudicato, precisa che invece i reati piú gravi non cadono mai in prescrizione, e che in Israele il principio della *res judicata* non vale: una persona può essere tradotta in giudizio "anche se già è stata processata all'estero per il medesimo reato, vuoi da un tribunale internazionale, vuoi da un tribunale di uno Stato straniero.") Tutti i crimini enumerati nei capi 1-12 prevedevano la pena di morte.

Eichmann, come si ricorderà, aveva sempre sostenuto di esser colpevole soltanto di avere "aiutato e favorito" i delitti di cui era accusato, e di non aver mai commesso personalmente un omicidio. La sentenza, con suo gran sollievo, in un certo senso riconobbe che l'accusa non era riuscita a dimostrare il contrario. E questo era un punto importante, poiché toccava l'essenza stessa dei crimini, che non erano crimini comuni, e la natura stessa di questo criminale, che non era un criminale comune. Implacabilmente la sentenza prese anche nota del tragico fatto che nei campi di sterminio erano stati di solito gli ospiti e le vittime a far funzionare "con le proprie mani la macchina fatale." E a questo proposito, le cose dette nella sentenza erano piú che esatte, erano la verità: "Se volessimo descrivere la sua attività con i termini usati nella sezione 23 del nostro codice penale, dovremmo dire che essa fu principalmente quella di una persona che incoraggiava altri con consigli o suggerimenti, e di una persona che permetteva ad altri di agire o li aiutava." Ma "in un crimine cosí enorme e complesso come quello che stiamo considerando, a cui parteciparono molte persone, a vari livelli e in vari modi (i pianificatori, gli organizzatori e gli esecutori, distribuiti in varie gerarchie), non ha molto senso adoperare i concetti tradizionali di consiglio e istigazione.

Ché questi reati furono commessi in massa, non solo per ciò che riguarda il numero delle vittime, ma anche per ciò che riguarda il numero di coloro che li commisero, e il grado in cui ciascuno dei tanti criminali era vicino o lontano dall'uccisore materiale non significa nulla, per quanto concerne la misura della responsabilità. Al contrario, in generale *il grado di responsabilità cresce quanto piú ci si allontana* dall'uomo che usa con le sue mani il fatale strumento."

Dopo la lettura della sentenza ci furono le consuete formalità. Ancora una volta l'accusa si levò a pronunziare un discorso piuttosto lungo in cui chiese la pena di morte, tanto piú che mancava qualsiasi attenuante. E il dott. Servatius rispose in maniera ancor piú breve del solito: l'imputato aveva commesso "azioni di Stato," ciò che era accaduto a lui poteva in futuro succedere a chiunque, tutto il mondo civile si trovava di fronte a questo problema, Eichmann era un "capro espiatorio" che il governo della Germania-Ovest, violando il diritto internazionale, aveva abbandonato alla Corte di Gerusalemme sottraendosi alle proprie responsabilità. E il tribunale, di cui il dottor Servatius non aveva mai riconosciuto la competenza, al massimo poteva giudicare l'imputato "per delega," con i poteri conferitigli da una Corte tedesca — come aveva dichiarato anche un Procuratore della Repubblica di Bonn. Già prima Servatius aveva sostenuto che la Corte doveva rimettere in libertà l'imputato perché, secondo la legge argentina, i suoi reati erano caduti in prescrizione il 5 maggio 1960, "pochissimo tempo prima del rapimento"; ora, nello stesso spirito, affermò che non lo si poteva condannare a morte, perché in Germania la pena capitale era stata abolita.

Poi ci fu l'ultima dichiarazione di Eichmann: le sue speranze nella giustizia erano andate deluse, la Corte non gli aveva creduto benché egli si fosse sempre sforzato di dire la verità. I giudici non l'avevano capito: lui non aveva mai odiato gli ebrei, non aveva mai voluto lo sterminio di esseri umani. La sua colpa veniva dall'obbedienza, che è sempre stata esaltata come una virtú. Di questa sua virtú i capi nazisti avevano abusato, ma lui non aveva mai fatto parte della cricca al potere, era una vittima, e solo i capi meritavano di essere puniti. (Tuttavia egli non fece come tanti altri criminali di basso rango i quali, processati, si erano lagnati perché i capi avevano sempre detto loro di non preoccuparsi delle "responsabilità" e poi li ave-

vano "abbandonati" — suicidandosi o finendo impiccati.) "Io non
sono il mostro che si è voluto fare di me," disse Eichmann. "Io sono
vittima di un equivoco." Non usò la parola "capro espiatorio," ma
confermò ciò che aveva detto Servatius: era "profondamente convinto di dover pagare le colpe di altri." Due giorni dopo, il 15 dicembre 1961, venerdí, alle ore nove di mattina fu pronunziata la condanna a morte.

Tre mesi piú tardi, il 22 marzo 1962, iniziò il processo d'appello
dinanzi alla Corte Suprema d'Israele. I giudici erano cinque, presidente era Itzhak Olshan. Il signor Hausner si ripresentò con i suoi
quattro assistenti come pubblica accusa, il dott. Servatius come avvocato difensore, senza nessun assistente. La difesa ripeté tutti i suoi
vecchi argomenti contro la competenza della Corte israeliana, e poiché
tutti i suoi sforzi per convincere il governo della Germania-Ovest
a chiedere la consegna di Eichmann erano stati vani, ora chiese che
fosse Israele a *offrire* l'estradizione. Servatius aveva portato con sé
una lista di nuovi testimoni, ma tra questi non ce n'era uno solo in
grado di produrre qualcosa che almeno vagamente rassomigliasse a
un "elemento nuovo." Nella lista aveva incluso quel dott. Hans
Globke che Eichmann non aveva mai visto in vita sua e probabilmente aveva sentito nominare per la prima volta soltanto a Gerusalemme, e, cosa ancor piú sorprendente, aveva incluso perfino il dottor
Chaim Weizmann, il quale era morto già da dieci anni. L'arringa
del difensore fu un incredibile "pasticcio," pieno di errori (per esempio, voleva presentare come prova nuova la traduzione francese di
un documento già prodotto dall'accusa, in altri due casi i documenti
erano stati semplicemente fraintesi, e cosí via), e l'incuria con cui era
stata preparata era in netto contrasto con la discreta precisione di alcune osservazioni, destinate però a irritare la Corte: l'uccisione mediante gas era una "questione medica"; nessun tribunale ebraico aveva il diritto di esprimere un giudizio sulla sorte dei bambini di Lidice, poiché quei bambini non erano ebrei; la procedura israeliana
era diversa dalla procedura europea, a cui Eichmann aveva diritto
essendo nato in Germania, nel senso che l'imputato doveva fornire
lui stesso gli elementi per la propria difesa: ma questo non si era
potuto fare, perché in Israele mancavano testimoni e documenti utili

alla difesa. Il processo era stato dunque sleale, la condanna ingiusta.

Il dibattimento dinanzi alla Corte Suprema durò appena una settimana, dopo di che i giudici aggiornarono i lavori per due mesi. Il 29 maggio 1962 ci fu la lettura della seconda sentenza — un po' meno voluminosa della prima, ma sempre ampia abbastanza: cinquantuno pagine protocollo, scritte a macchina con un solo spazio. Confermava il verdetto del Tribunale distrettuale, ma per far questo non sarebbe stato necessario che i giudici impiegassero due mesi di tempo e scrivessero cinquantuno pagine. Il fatto si è che la sentenza della Corte Suprema era una revisione di quella di primo grado, per quanto non lo dicesse. In aperto contrasto con la prima sentenza, si affermò ora che l'appellante "non aveva ricevuto alcun 'ordine superiore.' Egli era il superiore di se stesso e dava tutti gli ordini nel campo degli affari ebraici"; inoltre, aveva "eclissato per importanza tutti i suoi superiori, compreso Müller." E prevenendo l'ovvia obiezione del difensore, che cioè gli ebrei non sarebbero stati meglio se Eichmann non fosse mai esistito, i giudici dissero ora che "l'idea della soluzione finale non avrebbe mai assunto le forme infernali dello scorticamento e della tortura di milioni di ebrei senza lo zelo fanatico e l'insaziabile sete di sangue dell'appellante e dei suoi complici." La Corte Suprema d'Israele non solo accettò insomma gli argomenti dell'accusa, ma ne adottò persino il linguaggio.

Quel giorno stesso, 29 maggio, Itzhak Ben-Zvi, presidente d'Israele, ricevette la domanda di grazia di Eichmann, quattro pagine manoscritte, stilate seguendo le "istruzioni del mio difensore." Ricevette anche una lettera della moglie e una dei parenti di Linz; e inoltre centinaia di lettere e telegrammi, da tutte le parti del mondo, che lo invitavano ad usare clemenza: tra i mittenti facevano spicco il Consiglio centrale dei rabbini americani (l'organismo rappresentativo degli ebrei riformisti d'America) e un gruppo di docenti dell'università ebraica di Gerusalemme, capeggiato da Martin Buber, il quale si era sempre opposto al processo fin dall'inizio ed ora cercò di convincere Ben Gurion a intervenire. Il 31 maggio Ben-Zvi respinse tutte queste istanze di grazia, e qualche ora dopo, sempre in quel giorno (giovedì), poco prima di mezzanotte Eichmann fu impiccato, il suo corpo fu cremato, le ceneri furono disperse nel Mediterraneo al di fuori delle acque territoriali israeliane.

La fretta con cui la condanna a morte venne eseguita fu eccezionale, e non basta a spiegarla il fatto che, se fosse passata la notte
del giovedí, si sarebbe dovuto attendere fino a lunedí, poiché il venerdí, il sabato e la domenica sono in Israele giorni festivi per l'una o
l'altra delle tre religioni del paese. L'esecuzione ebbe luogo nemmeno
due ore dopo che Eichmann era stato informato che la domanda di
grazia era stata respinta. La spiegazione va probabilmente cercata nei
due estremi tentativi che il dott. Servatius stava compiendo per salvare il suo cliente: Servatius si era rivolto a un tribunale della Germania-Ovest per costringere il governo tedesco a chiedere l'estradizione, e aveva minacciato d'invocare l'articolo 25 della Convenzione
per la tutela dei diritti e delle libertà fondamentali dell'uomo.
Quando la domanda di grazia fu respinta, né Servatius né il suo
assistente si trovavano in territorio israeliano, e probabilmente il governo volle chiudere il caso — che si trascinava ormai da due anni —
prima che la difesa potesse chiedere almeno il rinvio dell'esecuzione.

La condanna a morte era prevista fin dall'inizio, e nessuno aveva
mai pensato di polemizzare in proposito. Ma le cose cambiarono
completamente quando si sparse la notizia che era stata eseguita. Le
proteste, è vero, ebbero breve vita, ma furono numerose e vennero
da persone influenti e autorevoli. La tesi piú comune era che le colpe
di Eichmann erano troppo grandi per poter essere punite dagli
uomini, che la pena di morte non era proporzionata a crimini di tali
dimensioni: il che naturalmente in un certo senso era vero, senonché
è assurdo sostenere che chi ha ucciso milioni di esseri umani debba
per ciò stesso sfuggire alla pena. Tra la gente comune, molti dissero che la condanna a morte dimostrava "poca fantasia," e proposero, sia pure tardivamente, alternative ingegnose: Eichmann per
esempio avrebbe dovuto "trascorrere il resto della sua vita nelle aride
distese del Negeb, condannato ai lavori forzati, aiutando col suo su-
dore a colonizzare la patria degli ebrei" — una pena a cui probabilmente non avrebbe resistito piú di un giorno, a prescindere dal fatto
che il deserto del Negeb non è propriamente una colonia penale;
oppure, nello stile di Madison Avenue, Israele avrebbe dovuto innal-
zarsi ad "altezze sublimi," al di sopra delle considerazioni "razionali,
giuridiche, politiche e anche umane," convocando tutti coloro che lo
avevano catturato, processato e condannato e proclamandoli "eroi del

secolo" nel corso di una cerimonia pubblica, con Eichmann presente in catene, facendo riprendere la scena dalla televisione.

Martin Buber definí l'esecuzione un "errore di portata storica," che poteva "liberare dal senso di colpa molti giovani tedeschi" — un argomento che stranamente riecheggiava le idee dello stesso Eichmann, il quale proprio per quella ragione aveva espresso un giorno il desiderio di essere impiccato in pubblico. (Questo, probabilmente, Buber non lo sapeva, ma è strano comunque che un uomo della sua statura morale e della sua intelligenza non si rendesse conto di quanto spurio fosse quel tanto reclamizzato senso di colpa. Sentirsi colpevoli quando non si è fatto nulla di male: quanta nobiltà d'animo! Ma è assai difficile e certamente deprimente ammettere la colpa e pentirsi. La gioventú tedesca, ad ogni passo della sua vita, è circondata da tutte le parti da uomini che oggi rivestono cariche pubbliche importanti e che sono veramente colpevoli, ma non *sentono* nulla. Di fronte a questo stato di cose, la reazione normale dovrebbe essere lo sdegno, ma lo sdegno sarebbe molto pericoloso — non un pericolo fisico, ma sicuramente un ostacolo per la carriera. I giovani tedeschi — uomini e donne — che ogni tanto, come in occasione della pubblicazione del *Diario di Anna Frank* oppure del processo Eichmann, esplodono in manifestazioni isteriche di senso di colpa, non vacillano sotto il peso del passato, sotto il peso delle colpe dei loro padri; cercano piuttosto di sottrarsi alla pressione dei veri problemi attuali rifugiandosi in un sentimentalismo a buon mercato.) Il professor Buber aggiunse che non sentiva "alcuna pietà" per Eichmann perché aveva pietà soltanto per quelli "di cui nel mio cuore capisco le azioni"; e ripeté ciò che aveva detto in Germania molti anni prima, e cioè che "solo formalmente" aveva qualcosa in comune, come uomo, con coloro che avevano partecipato alle gesta del Terzo Reich. Questa alterigia, però, era un lusso che chi doveva giudicare Eichmann non si poteva permettere, perché la legge presuppone appunto che si abbia qualcosa in comune, come uomini, con gli individui che accusiamo, giudichiamo e condanniamo. A quanto ci consta, Buber fu l'unico filosofo a esprimere pubblicamente un giudizio sull'esecuzione di Eichmann (poco prima che iniziasse il processo, Karl Jaspers aveva concesso alla radio di Basilea un'intervista, piú tardi pubblicata su *Der Monat,* in cui aveva detto che Eichmann doveva essere giudicato da un tribunale internazionale); e dispiace constatare che proprio lui, persona cosí autorevole, eludesse il vero problema posto da Eichmann e dalle sue azioni.

Le voci che meno si udirono furono quelle di coloro che per principio erano contrari alla pena di morte; eppure le loro idee sarebbero rimaste valide, poiché non avrebbero avuto bisogno di riadattarle a questo caso particolare. Ma forse si resero conto — giustamente, a nostro avviso — che battersi per Eichmann non avrebbe giovato molto alla loro causa.

Adolf Eichmann andò alla forca con gran dignità. Aveva chiesto una bottiglia di vino rosso e ne aveva bevuto metà. Rifiutò l'assistenza del pastore protestante, reverendo William Hull, che si era offerto di leggergli la Bibbia: ormai gli restavano appena due ore di vita, e perciò non aveva "tempo da perdere." Percorse i cinquanta metri dalla sua cella alla stanza dell'esecuzione calmo e a testa alta, con le mani legate dietro la schiena. Quando le guardie gli legarono le caviglie e le ginocchia, chiese che non stringessero troppo le funi, in modo da poter restare in piedi. "Non ce n'è bisogno," disse quando gli offersero il cappuccio nero. Era completamente padrone di sé, anzi qualcosa di piú: era completamente se stesso. Nulla lo dimostra meglio della grottesca insulsaggine delle sue ultime parole. Cominciò col dire di essere un *Gottgläubiger,* il termine nazista per indicare chi non segue la religione cristiana e non crede nella vita dopo la morte. Ma poi aggiunse: "Tra breve, signori, *ci rivedremo.* Questo è il destino di tutti gli uomini. Viva la Germania, viva l'Argentina, viva l'Austria. *Non le dimenticherò.*" Di fronte alla morte aveva trovato la bella frase da usare per l'orazione funebre. Sotto la forca la memoria gli giocò l'ultimo scherzo: egli si sentí "esaltato" dimenticando che quello era il suo funerale.

Era come se in quegli ultimi minuti egli ricapitolasse la lezione che quel suo lungo viaggio nella malvagità umana ci aveva insegnato — la lezione della spaventosa, indicibile e inimmaginabile *banalità del male.*

Capitolo sedicesimo

Epilogo

Le irregolarità e le anormalità del processo di Gerusalemme furono tali e tante e cosí complesse, da offuscare i problemi centrali, morali, politici e anche giuridici che inevitabilmente si ponevano: e questo non solo nel corso del dibattimento, ma anche in quel poco — veramente molto poco — che è stato scritto a processo finito. Gli stessi israeliani, con le dichiarazioni fatte da Ben Gurion prima del processo e poi col modo in cui l'accusa impostò la causa, confusero ancor di piú le cose prefiggendosi un gran numero di scopi che, tutti, andavano al di là della legge e della normale procedura. Lo scopo di un processo è rendere giustizia e basta; qualunque altro scopo, anche il piú nobile ("fare un quadro del regime hitleriano che resti nella storia," come disse l'avvocato Robert G. Storey illustrando le presunte finalità superiori del processo di Norimberga), non può che pregiudicare quello che è il compito essenziale della legge: soppesare le accuse mosse all'imputato, per render giustizia e comminare la giusta pena.

Le prime due sezioni della sentenza contro Eichmann, che polemizzavano con la teoria delle finalità superiori quale era stata prospettata sia in aula che fuori, non avrebbero potuto essere piú esplicite e adoperare frasi piú opportune: bisognava opporsi a tutti i tentativi di estendere la portata del processo, perché la Corte non poteva lasciarsi "trascinare in campi che sono al di fuori della sua sfera... il processo giudiziario ha metodi suoi, che sono fissati dalla legge e non mutano, qualunque sia il caso in discussione." Inoltre la Corte non poteva oltrepassare questi limiti senza "fallire completamente." Essa non aveva a sua disposizione "gli strumenti necessari per studiare questioni generali", parlava con un'autorità il cui peso dipendeva proprio dai suoi limiti. "Nessuno ci ha fatto giudici" di cose che esulano dal campo della legge e "la nostra opinione in merito a tali cose non ha piú valore di quella di qualunque persona che vi consacri studi e meditazioni." Perciò, alla domanda rivolta da tanti: "A che serve processare Eichmann?", non c'era che una sola risposta possibile: "A far giustizia."

Le critiche mosse al processo Eichmann erano di tre tipi. Innanzitutto c'erano quelle già sollevate contro il processo di Norimberga, e ora ripetute: Eichmann era processato in base a una legge retroattiva, e nel tribunale dei vincitori. Poi c'erano obiezioni che valevano soltanto per la Corte di Gerusalemme, nel senso che ne contestavano la competenza o le rimproveravano di non tener conto del rapimento. E infine, piú importanti, c'erano le critiche all'accusa in sé (Eichmann avrebbe commesso crimini "contro il popolo ebraico" invece che "contro l'umanità") e quindi alla legge in base a cui era giudicato; e queste critiche conducevano logicamente a sostenere che soltanto un tribunale internazionale poteva giudicare quei crimini.

La risposta della Corte alla prima categoria di critiche fu semplice: il processo di Norimberga fu citato come valido precedente, e anche in base al codice nazionale i giudici difficilmente avrebbero potuto agire altrimenti, giacché la legge del 1950 contro i nazisti e i collaborazionisti si fondava appunto su quel precedente. "Questa particolare legge — rilevò la sentenza — è totalmente diversa dalle leggi dei codici penali comuni, "e la ragione di questa differenza è riposta nella natura dei crimini di cui si occupa." La sua retroattività, si può aggiungere, viola solo formalmente, non concretamente, il principio *nullum crimen, nulla poena sine lege,* dato che questo principio ovviamente vale soltanto per azioni note al legislatore; ma quando improvvisamente compare un crimine di tipo nuovo, come il genocidio, la giustizia stessa esige una sentenza conforme a una nuova legge; nel caso di Norimberga questa nuova legge fu la Carta (l'accordo di Londra del 1945), nel caso d'Israele è la legge del 1950. La questione non era dunque la retroattività (che del resto in leggi simili è alquanto logica), ma l'adeguatezza o meno: si trattava cioè di vedere se la legge valeva soltanto per crimini di nuovo tipo. Questo presupposto fondamentale di ogni legislazione retroattiva era stato gravemente calpestato dalla Carta che aveva portato alla creazione del Tribunale militare internazionale di Norimberga, ed è forse per questo che la discussione, in questo campo, è sempre stata piuttosto confusa.

La Carta accordava la giurisdizione su tre generi di reati: i "crimini contro la pace," che il Tribunale di Norimberga definí "il supremo crimine internazionale... nel senso che racchiude in sé tutti gli altri mali"; i "crimini di guerra", e i "crimini contro l'umanità." Di questi, soltanto gli ultimi erano nuovi e senza precedenti. La guerra d'aggressione era sempre esistita, ma benché già in passato fosse stata piú volte denunziata come "criminale," ancora non era mai stata dichiarata tale ufficialmente. (Tutte le motivazioni di solito addotte per giustificare il fatto che al Tribunale di Norimberga fu accordata la giurisdizione su questa materia, sono piuttosto deboli. È vero che dopo la prima guerra mondiale Guglielmo II fu citato dinanzi a un tribunale delle potenze alleate, ma il reato contestato al Kaiser non era la guerra, ma la violazione di trattati — nel caso specifico, la violazione della neutralità del Belgio. È anche vero che il patto Briand-Kellogg dell'agosto 1928 condannò la guerra come strumento di politica nazionale, ma il patto né conteneva un criterio per stabilire che cos'è un'aggressione, né accennava a sanzioni — a prescindere dal fatto che il sistema di sicurezza che il patto doveva rafforzare crollò prima ancora che scoppiasse la guerra.) Inoltre, contro uno dei paesi giudicanti, cioè l'Unione Sovietica, si sarebbe potuto pronunziare il *tu quoque*. I russi non avevano forse impunemente attaccato la Finlandia e diviso la Polonia nel 1939? D'altro canto i "crimini di guerra," che sicuramente non avevano meno precedenti dei "crimini contro la pace," erano già considerati dal diritto internazionale. Le convenzioni dell'Aja e di Ginevra li avevano definiti "violazioni delle leggi o delle usanze di guerra"; consistevano principalmente nel maltrattamento di prigionieri e in azioni di tipo bellico contro popolazioni civili. Qui dunque una nuova legge con valore retroattivo era superflua, e a Norimberga la principale difficoltà fu che anche qui si poteva ben pronunziare il *tu quoque*: la Russia, che non aveva mai firmato la convenzione dell'Aja (e per inciso notiamo che neppure l'Italia aveva ratificato quel documento) era piú che sospettata di avere inflitto maltrattamenti ai prigionieri ed era molto probabilmente responsabile dell'uccisione dei quindicimila ufficiali polacchi di cui si erano rinvenuti i cadaveri nella foresta di Katyn, nei pressi di Smolensk. Come se ciò non bastasse, il bombardamento a tappeto di città aperte e soprattutto le bombe atomiche sganciate su Hiroshima e Nagasaki erano evidenti crimini di guerra nel senso della convenzione dell'Aja, e anche se la distruzione delle città tedesche era stata provocata (dai bombardamenti di Londra, di Coventry, di Rotterdam), ciò non si poteva dire dell'uso delle bombe atomiche, armi nuovissime e potentissime la cui realizzazione avrebbe potuto essere annunziata e dimostrata in molti altri modi. È certo che se le violazioni della convenzione dell'Aja commesse dagli Alleati non furono mai discusse in termini giuridici, fu soprattutto perché il Tribunale militare internazionale era internazionale solo di nome, in realtà era il tribunale dei vincitori, e l'autorità dei suoi verdetti non fu certo accresciuta quando la coalizione che aveva vinto la guerra e organizzato i processi si scisse, per citare Otto Kirchheimer, "prima ancora che l'inchiostro si asciugasse sulle sentenze." Ma questa non fu né l'unica ragione né forse la piú potente, e non è menzogna dire che il Tribunale di Norimberga fu per lo meno molto cauto nel muovere ai criminali tedeschi accuse che potevano essere ritorte. La verità è infatti che alla fine della seconda guerra mondiale tutti sapevano che i progressi tecnici compiuti nella fabbricazione delle armi rendevano ormai "criminale" qualsiasi guerra. Proprio la distinzione tra soldati e civili, tra esercito e popolazione, tra obiettivi militari e città aperte, su cui si fondavano le definizioni che dei crimini di guerra aveva dato la convenzione dell'Aja, proprio quella distinzione era ormai antiquata. Stando cosí le cose, ci si rendeva conto che crimini di guerra potevano essere considerati soltanto quelli non dettati da necessità militari, dove si poteva dimostrare un intento malvagio.

La crudeltà gratuita poteva dunque servire per determinare ciò che, nelle nuove circostanze, costituiva crimine di guerra. Ma questo criterio non era valido, benché purtroppo fosse goffamente adottato, per definire gli unici crimini di tipo veramente nuovo, quelli "contro l'umanità," che secondo la Carta (articolo 6-c) erano "atti disumani" quasi che anche qui si trattasse di eccessi criminosi nella condotta della guerra e nel tripudio della vittoria. Comunque sia, non fu certo questo genere già ben noto di misfatti a indurre gli Alleati a dichiarare, per dirla con Churchill, che la "punizione dei criminali di guerra" era "una delle principali finalità della guerra," ma, al contrario, furono i rapporti sulle inaudite atrocità, sullo sterminio di intere popolazioni, sulla "ripulitura" d'intere regioni; cioè non tanto crimini che "nessuna concezione delle necessità militari" poteva sostenere, quanto crimini che in realtà erano indipendenti dalla guerra e annunziavano una politica di sistematico sterminio da continuare anche in tempo di pace. Questi crimini effettivamente non erano considerati dal diritto internazionale o nazionale, e inoltre erano gli unici che non prestassero il fianco al *tu quoque*. E tuttavia, proprio di fronte ad essi i giudici di Norimberga si sentirono quanto mai a disagio e preferirono rifugiarsi in un'irritante ambiguità. È verissimo che — per usare le parole del giudice francese di Norimberga Donnedieu de Vabres, a cui dobbiamo una delle migliori analisi del processo (*Le Procès de Nuremberg,* 1947) — "la categoria dei crimini contro l'umanità che la Carta aveva fatto entrare da una piccolissima porta evaporò in virtú della sentenza del tribunale"; ma i giudici non furono piú coerenti della Carta. Infatti, sebbene preferissero insistere, come dice Kirchheimer, sui crimini di guerra "in quanto che abbracciavano tutti i crimini tradizionali, sminuendo il piú possibile le accuse di crimini contro l'umanità," quando dovettero pronunziare la sentenza rivelarono i loro veri sentimenti comminando la massima pena, la morte, soltanto a chi aveva commesso atrocità eccezionali, cioè delitti "contro l'umanità," o meglio, come si espresse il Procuratore francese François de Menthon, "contro la condizione umana." L'idea che l'aggressione fosse il "supremo crimine internazionale" fu tacitamente abbandonata quando vennero condannati a morte vari uomini che non erano mai stati riconosciuti colpevoli di aver "cospirato" contro la pace.

Per giustificare il processo Eichmann si è spesso affermato che benché durante la guerra i peggiori crimini fossero stati commessi contro gli ebrei, questi a Norimberga se ne erano rimasti in disparte, e la sentenza del Tribunale di Gerusalemme rilevò che ora, per la prima volta, la catastrofe ebraica era "al centro del dibattimento," e che proprio questo fatto distingueva l'attuale processo da quelli che, a Norimberga o altrove, l'avevano preceduto. Ma nel migliore dei casi ciò era vero solo a metà. Era stata proprio la catastrofe ebraica a indurre gli Alleati a creare il concetto di "crimine contro l'umanità," poiché come ha scritto Julius Stone in *Legal Controls of International Conflict* (1954), "lo sterminio degli ebrei, quando questi erano cittadini tedeschi, poteva essere colpito solo a titolo di crimine contro l'umanità." E se il Tribunale di Norimberga non aveva potuto fare piena giustizia per ciò che riguarda questi crimini, non era stato perché le vittime erano ebrei, ma perché la Carta esigeva che questi delitti (avendo cosí poco a che fare con la guerra da pregiudicarne e ostacolarne la condotta) venissero collegati ad altri. Quanto profondamente i giudici di Norimberga si rendessero conto del male fatto agli ebrei, lo può dimostrare il fatto che l'unico imputato condannato contro l'umanità fu Julius Streicher, la cui specialità era stata quella di infierire contro gli ebrei con osceno sadismo. In questo caso essi trascurarono ogni altra considerazione.

Se perciò il processo di Gerusalemme si distingueva dai precedenti, non era perché il popolo ebraico fosse ora al centro del dibattimento. Sotto questo rispetto, anzi, il processo assomigliava a quelli che c'erano stati dopo la guerra in Polonia e Ungheria, Jugoslavia e Grecia, Unione Sovietica e Francia, insomma in tutti i paesi già occupati dai nazisti. Il Tribunale militare internazionale di Norimberga era stato creato per giudicare criminali la cui attività non poteva essere localizzata; tutti gli altri criminali furono consegnati ai paesi dove avevano commesso i misfatti. Ora, solo i grandi gerarchi avevano agito senza limitazioni territoriali, ma Eichmann non era certo stato uno di loro. (Questa, e non, come spesso si afferma, la sua scomparsa, è la ragione per cui egli non venne accusato a Norimberga; Martin Bormann, per esempio, fu accusato, processato e condannato a morte in contumacia.) Se l'attività di Eichmann aveva interessato tutta l'Europa occupata, non era stato perché egli fosse cosí importante da potere agire dove voleva, ma perché il girovagare per tutto il continente assieme ai suoi uomini rientrava nella natura della sua mansione, che consisteva nel rastrellare e deportare gli ebrei. E se lo sterminio era divenuto una faccenda "internazionale," nel senso limitato, giuridico, della Carta di Norimberga, la ragione era stata la dispersione del popolo ebraico. Ora che invece gli ebrei avevano un proprio territorio, lo Stato d'Israele, ovviamente essi avevano il diritto di giudicare i crimini commessi contro di loro esattamente come i polacchi avevano il diritto di giudicare quelli commessi in Polonia. Perciò tutte le obiezioni sollevate contro il processo di Gerusalemme in base al principio della giurisdizione territoriale erano semplici cavilli, e sebbene la Corte si premurasse di discuterle per varie udienze, erano davvero irrilevanti. Non c'era infatti il minimo dubbio che gli ebrei erano stati massacrati in quanto ebrei, senza tener conto della nazionalità che avevano in quel momento, ed anche se è vero che i nazisti uccisero molti ebrei che avevano rinnegato la propria origine etnica, preferendo morire per esempio come francesi o tedeschi, anche in questi casi non si poteva far giustizia che tenendo conto delle intenzioni e degli scopi degli assassini.

Altrettanto infondata, a nostro avviso, era l'altra tesi, ancor più diffusa, secondo cui un giudice ebreo non poteva essere imparziale, soprattutto se cittadino del nuovo Stato ebraico. Non si vede perché i giudici israeliani dovessero differire sotto questo rispetto dai loro colleghi per esempio polacchi o cecoslovacchi, che nei processi seguiti a quello di Norimberga avevano giudicato crimini contro il popolo polacco o crimini commessi a Praga e Bratislava. (Nel suo ultimo articolo apparso sul *Saturday Evening Post* il signor Hausner ha poi involontariamente appoggiato questa tesi, dicendo che fin dall'inizio l'accusa capí che Eichmann non poteva esser difeso da un avvocato israeliano, perché ci sarebbe stato un conflitto tra il "dovere professionale" e l'"amor patrio." Orbene, proprio questo era il ragionamento di chi contestava l'imparzialità dei giudici israeliani, ma quando poi Hausner osservava, in favore di questi giudici, che un giudice può detestare il crimine e tuttavia essere leale verso il criminale, non si accorgeva che ciò vale anche per gli avvocati difensori: l'avvocato che difende un omicida non difende l'omicidio. La verità è che le pressioni esterne avevano sconsigliato, per usare un termine blando, di affidare la difesa di Eichmann a un cittadino d'Israele.) Infine, la tesi secondo cui al tempo in cui i crimini furono commessi non esisteva ancora uno Stato ebraico, era cosí formalistica, cosí avulsa dalla realtà e lontana dall'esigenza di far giustizia, che noi la possiamo tranquillamente lasciare ai pedanti. Nell'interesse della giustizia (la giustizia distinta dalle norme di procedura, che per quanto importanti non devono mai sopraffarla), la Corte per giustificare la propria competenza non aveva bisogno d'invocare né il principio della "personalità passiva" (le vittime erano ebrei e perciò soltanto Israele era autorizzato a parlare in loro nome), né quello della giurisdizione universale (applicare ad Eichmann, in quanto *hostis generis humani,* le norme valide contro la pirateria). Queste due teorie, discusse a lungo dentro e fuori l'aula del Tribunale di Gerusalemme, non facevano in realtà che confondere le idee e offuscare l'evidente analogia tra questo processo e quelli che l'avevano preceduto. Anche negli altri paesi si erano varate leggi speciali per poter punire i nazisti e i collaborazionisti.

Il principio della personalità passiva, che a Gerusalemme fu confortato dalla dotta opinione di P.N. Drost (*Crime of State,* 1959), dice che in certe circostanze "il *forum patriae victimae* può essere competente a giudicare il caso," ma sfortunatamente implica che la procedura penale sia iniziata dal governo a nome delle vittime, le quali, si presume, hanno il diritto di essere vendicate. E questa fu in effetti la posizione dell'accusa, e il signor Hausner cominciò il suo discorso d'apertura con le seguenti parole: "Se io di fronte a voi, giudici d'Israele, mi levo in quest'aula ad accusare Adolf Eichmann, non mi levo solo. Assieme a me si levano in questo momento sei milioni di accusatori. Ma ahimè, essi non possono puntare il dito contro la gabbia di vetro e gridare *J'accuse* contro l'uomo lí seduto... Il loro sangue grida vendetta al cielo, ma la loro voce non può essere udita. E cosí tocca a me fare il loro portavoce e pronunziare in loro nome la terribile requisitoria." Ma con questa tirata retorica Hausner dette un potente sostegno alla piú grave delle critiche mosse al processo: che cioè il processo si faceva per soddisfare non un'esigenza di giustizia, ma il desiderio o magari il diritto delle vittime di essere vendicate. La procedura penale, essendo automatica e funzionando quindi anche se la vittima preferirebbe perdonare e dimenticare, si fonda su leggi la cui essenza — per citare le parole usate da Telford Taylor sul *New York Times Magazine* — è che "un crimine non è commesso soltanto contro la vittima, ma anche e soprattutto contro la comunità di cui viene violata la legge." Il malfattore è tradotto in giudizio perché la sua azione ha turbato e gravemente danneggiato la comunità nel suo complesso, e non perché, come nelle cause civili, il danno è stato fatto a individui che hanno diritto al risarcimento. Il risarcimento, nelle cause penali, è di natura completamente diversa; è la società che deve essere "risarcita," ed è l'ordine pubblico generale che, essendo stato turbato, dev'essere per cosí dire "riparato." In altre parole, è la legge e non il querelante che deve prevalere.

Ancor meno giustificata del tentativo dell'accusa di ricorrere al principio della personalità passiva fu la tendenza della Corte a dichiararsi competente in nome della giurisdizione universale. Questa pretesa era in aperto contrasto con la condotta stessa del processo, nonchè con la legge in base alla quale Eichmann era processato. Il principio della giurisdizione universale, è stato detto, era applicabile perchè i crimini contro l'umanità sono simili al vecchio crimine della pirateria, e chi li commette diviene, come il pirata nel diritto internazionale tradizionale, "nemico del genere umano." Eichmann, però, era accusato soprattutto di crimini contro il popolo ebraico, e se era stato catturato (con la giuridizione universale si pensava di giustificare anche la cattura) non era certo stato perché aveva commesso crimini contro l'umanità, ma solamente perché aveva avuto un ruolo importante nella soluzione finale del problema ebraico.

Ma anche se Israele avesse rapito Eichmann perché *hostis generis humani* e non perché *hostis judaeorum,* sarebbe stato sempre difficile dimostrare la legalità di quell'atto. Se il pirata è sottratto alla giurisdizione territoriale (e il principio territoriale, finché non ci sarà un codice penale internazionale, rimarrà sempre l'unico giuridicamente valido), non è perché egli sia il nemico di tutti e possa quindi essere giudicato da tutti, ma perché egli commette un crimine in alto mare e l'alto mare non è di nessuno. Il pirata, inoltre, che "sfidando ogni legge non riconosce obbedienza a nessuna bandiera" (H. Zeisel, *Encyclopaedia Britannica Book of the Year,* 1962), lavora per definizione esclusivamente per conto proprio, è un fuorilegge perché ha preferito porsi al di fuori di ogni comunità organizzata, e in questo senso diviene "il nemico di tutti." Ma nessuno poteva certo sostenere che Eichmann avesse lavorato per conto proprio o non avesse obbedito ad alcuna bandiera. E perciò, sotto questo rispetto, la teoria della pirateria serviva soltanto a eludere uno dei problemi fondamentali posti da crimini di questo genere: quei crimini si commettono e si possono commettere solamente sotto un *regime* criminale e in uno *Stato* criminale.

L'analogia tra il genocidio e la pirateria non è una scoperta, e perciò può essere interessante notare che la Convenzione sul genocidio approvata dall'Assemblea generale dell'ONU il 9 dicembre 1948 respinse esplicitamente il ricorso al principio della giurisdizione universale, stabilendo invece che le "persone accusate di genocidio" siano giudicate "da un tribunale competente dello Stato nel cui territorio l'atto è stato commesso, o da una Corte internazionale che abbia giurisdizione." In base a questa convenzione, firmata anche da Israele, il Tribunale di Gerusalemme avrebbe dovuto o chiedere la costituzione di una Corte internazionale, o ridefinire il principio territoriale. Entrambe le alternative rientravano in fondo nelle sue possibilità e nella sfera della sua competenza. L'idea di costituire una Corte internazionale fu sbrigativamente messa da parte per ragioni sui cui torneremo piú avanti. Ma se non si cercò neppure di riformulare il principio territoriale (sicché il Tribunale finí col dichiararsi competente in base a tutti e tre i principî — quello territoriale, quello della personalità passiva e quello della giurisdizione universale —, come se la somma di tre cose cosí diverse potesse dare un principio valido), ciò fu dovuto certamente anche al fatto che tutti gli interessati erano quanto mai riluttanti ad avventurarsi su un terreno vergine e ad agire senza il sostegno di precedenti. Israele avrebbe potuto arrogarsi la giurisdizione territoriale senza difficoltà, sol che avesse spiegato che il "territorio," come lo intende la legge, è un concetto politico e giuridico, e non semplicemente geografico. Quel termine non si riferisce tanto a un pezzo di terra quanto allo spazio che c'è tra individui che formano un gruppo, cioè individui legati uno all'altro (ma al tempo stesso separati e protetti) da molte cose che hanno in comune: lingua, religione, storia, usanze, leggi. Proprio queste cose in comune sono lo spazio in cui i vari membri del gruppo hanno rapporti e contatti tra di loro. Uno Stato d'Israele non sarebbe mai sorto se il popolo ebraico non si fosse creato questo suo spazio e non se lo fosse conservato per tutti i secoli della dispersione, cioè fino al giorno in cui non riprese possesso della sua terra d'origine. Ma la Corte non si azzardò mai ad inoltrarsi in regioni nuove, sebbene anche la nascita dello Stato d'Israele, certamente sempre vicino al suo cuore e presente alla sua mente, fosse senza precedenti. E invece nella prima settimana di udienze (a cui corrispondono le prime cinquantatre sezioni della sentenza) seppellí il processo sotto una valanga di precedenti, molti dei quali, almeno al profano, suonavano come complicati sofismi.

Il processo Eichmann fu insomma né piú né meno che un altro dei numerosi processi seguiti a quello di Norimberga. E molto a proposito la sentenza riportò in appendice l'interpretazione ufficiale che della legge del 1950 aveva dato Pinhas Rosen, allora ministro della giustizia, il quale non avrebbe potuto esprimersi in maniera piú chiara e meno equivoca: "Mentre altri popoli hanno approvato leggi speciali contro i nazisti e i collaborazionisti subito dopo la guerra, e in certi casi ancor prima della fine della guerra, il popolo ebraico... non ha avuto l'autorità politica per tradurre in giudizio i criminali nazisti e i collaborazionisti fino a quando non è stato creato lo Stato." Perciò il processo Eichmann differí dagli altri soltanto per una cosa: l'imputato non era stato regolarmente arrestato e consegnato a Israele, ma, al contrario, per tradurlo in giudizio era stata commessa una palese violazione del diritto internazionale. Già abbiamo spiegato come Israele avesse potuto rapire Eichmann impunemente soltanto perché egli era di fatto un apolide, e malgrado gli innumerevoli precedenti citati a Gerusalemme per giustificare il ratto, nessuno mai accennò all'unico veramente valido: quello di Berthold Jakob, un ebreo tedesco di sinistra, giornalista, catturato in Svizzera nel 1935 da agenti della Gestapo. Gli altri precedenti non contavano perché, invariabilmente, riguardavano latitanti riportati non solo sul luogo del delitto, ma anche dinanzi alla Corte che aveva emanato o avrebbe potuto emanare un legittimo mandato d'arresto — condizioni che nel caso di Eichmann non sussistevano. Israele aveva dunque veramente violato il principio territoriale, il cui grande significato è che la terra è abitata da molti popoli retti da leggi diverse e che ogni estensione della legge di un territorio al di là dei confini geografici e dei limiti della sua validità porta direttamente a un conflitto con la legge di un altro territorio.

Questo, purtroppo, fu quasi l'unico aspetto senza precedenti del caso Eichmann, e certamente anche il meno qualificato a costituire un precedente. (Che cosa direbbero gli americani se oggi o domani uno Stato africano mandasse suoi agenti nel Mississippi a rapire un capo del locale movimento segregazionista? E che cosa risponderebbero se un tribunale del Ghana o del Congo citasse il caso Eichmann come precedente?) Se il ratto poteva essere giustificato, era perché i crimini erano senza precedenti e perché ora esisteva uno Stato d'Israele. Tuttavia c'era un'attenuante importante, nel senso che forse non si poteva fare altrimenti se si voleva tradurre Eichmann in giudizio. L'Argentina aveva sempre dimostrato di non avere alcuna intenzione di estradare i criminali nazisti, e anche se tra Israele e Argentina ci fosse stato un trattato di estradizione, difficilmente la richiesta di consegnare Eichmann sarebbe stata soddisfatta. Né sarebbe servito affidare Eichmann alla polizia argentina perché questa a sua volta lo consegnasse alla Germania-Ovest: il governo di Bonn già aveva chiesto all'Argentina, inutilmente, di espellere famosi criminali nazisti come Karl Klingenfuss e il dott. Josef Mengele (quest'ultimo implicato nei piú spaventosi esperimenti medici compiuti ad Auschwitz, dove si era occupato della "selezione"). Nel caso di Eichmann una richiesta del genere sarebbe poi stata completamente vana perché, secondo la legge argentina, tutti i crimini connessi all'ultima guerra cadevano in prescrizione quindici anni dopo la fine della guerra medesima, sicché a partire dal 7 maggio 1960 Eichmann non poteva piú essere espulso legalmente. In breve, tutte le vie legali erano precluse, e non restava che ricorrere al rapimento.

Coloro che sono convinti che la giustizia e nient'altro sia il fine della legge, saranno portati a perdonare il ratto, per quanto non come un atto basato su precedenti o che costituisca un precedente, ma come un atto disperato, dettato dall'insufficienza del diritto internazionale. Da questo punto di vista, esisteva solo un'alternativa concreta a ciò che Israele aveva fatto: invece di catturare Eichmann e di portarlo in volo a Gerusalemme, gli agenti israeliani avrebbero potuto ucciderlo sul posto, nelle vie di Buenos Aires. E in effetti, nei dibattiti e nelle polemiche provocate dal caso Eichmann si accennò spesso a questa possibilità, e cosa strana, i suoi piú ardenti sostenitori furono proprio quelli che piú erano rimasti turbati dal rapimento. L'idea non era ingiustificata, poiché le colpe di Eichmann erano fuori discussione, ma chi la caldeggiava dimenticava che colui che vuol prendere la legge nelle sue mani può rendere giustizia soltanto se trasforma la situazione in modo che la legge possa di nuovo operare e in modo che la sua azione, magari anche a cose fatte, divenga legittima. E qui vengono subito a mente due precedenti verificatisi in un passato non molto lontano. Uno è quello di Shalom Schwartzbard, che il 25 maggio 1926, a Parigi, uccise a colpi di arma da fuoco Simon Petljura, già comandante delle armate ucraine e responsabile di quei *pogrom* che durante la guerra civile russa, tra il 1917 e il 1920, avevano mietuto circa centomila vittime. L'altro è il caso dell'armeno Tehlirian, che nel 1921, nel centro di Berlino, colpí a morte Talaat Bey, il grande sterminatore responsabile dei *pogrom* del 1915, nel corso dei quali quasi un terzo (seicentomila) degli armeni residenti in Turchia erano stati massacrati. Orbene, entrambi questi attentatori non si accontentarono di uccidere il "loro" criminale, ma subito dopo si costituirono chiedendo di essere processati. Entrambi sfruttarono il proprio processo per mostrare al mondo quali crimini fossero stati impunemente commessi contro intere popolazioni. Soprattutto nel caso Schwartzbard i metodi usati al processo furono molto simili a quelli del processo Eichmann. Anche lí i crimini furono documentati e illustrati nel modo piú ampio possibile, con la differenza, però, che ciò fu fatto non dall'accusa ma dalla difesa (la quale utilizzò il materiale raccolto in un anno e mezzo di lavoro dal *Comité des Délégations Juives,* sotto la direzione del defunto dott. Leo Motzkin, e poi pubblicato come libro: *Les Pogromes en Ukraine sous les gouvernements ukrainiens 1917-1920,* 1927); cosí come furono l'imputato e il suo legale a parlare in nome delle vittime e perfino a sollevare la questione degli ebrei "che non si erano mai difesi." (Vedi la requisitoria di Henri Torrès nel suo libro *Le Procès des Pogromes,* 1928.) Gli attentatori furono tutti e due assolti, e in entrambi i casi il mondo sentí che il loro gesto significava che la loro razza "aveva finalmente deciso di difendersi, di abbandonare l'abdicazione morale e di vincere la rassegnazione di fronte ai soprusi," secondo la splendida frase usata da Georges Suarez a proposito di Shalom Schwartzbard.

I vantaggi del ricorrere a questa soluzione quando non si può far giustizia per via legale sono evidenti. Il processo, è vero, torna ad essere un processo "spettacolare," ma ora il suo "protagonista," quello che sta al centro della recita e su cui si appuntano tutti gli sguardi, è il vero eroe, e al tempo stesso il processo è sempre un processo: non è infatti "uno spettacolo con esito prefissato," ma contiene sempre quell' "irriducibile rischio" che secondo Kirchheimer è elemento indispensabile di ogni dibattimento giudiziario. Anche il *j'accuse,* cosí necessario dal punto di vista della vittima, suona naturalmente molto piú convincente in bocca a colui che è stato costretto a far giustizia da sé che in bocca a un funzionario nominato dal governo, che non rischia nulla. E tuttavia — a prescindere da considerazioni pratiche come quella che ai nostri giorni Buenos Aires non offrirebbe all'eventuale imputato le garanzie o la pubblicità che potevano offrire Parigi o Berlino negli anni '20 — è piú che dubbio che una simile soluzione sarebbe stata giustificabile nel caso di Eichmann, e certamente sarebbe stata del tutto ingiustificabile se messa in atto da agenti governativi. A favore di Schwartzbard e di Tehlirian c'erano due fatti: entrambi erano membri di gruppi etnici che non possedevano un proprio Stato e un proprio sistema giuridico, e al mondo non esisteva un tribunale a cui quei gruppi potessero denunziare i crimini. Schwartzbard, che morí nel 1938 e cioè piú di dieci anni prima della proclamazione dello Stato ebraico, non era un sionista e nemmeno un nazionalista, ma sicuramente avrebbe salutato con entusiasmo l'avvento dello Stato d'Israele, se non altro perché cosí ci sarebbe stato un tribunale per giudicare crimini che tanto spesso rimanevano impuniti. Il suo senso di giustizia sarebbe rimasto soddisfatto. E quando noi leggiamo la lettera che dal carcere di Parigi egli scrisse ai fratelli e alle sorelle, a Odessa — "Fate sapere nelle città e nei villaggi di Balta, Proskurov, Cerkassi, Uman, Zitomir..., portate il consolante messaggio: la collera ebraica si è presa la sua vendetta! Il sangue dell'assassino Petljura, sprizzato nella grande metropoli, Parigi... ricorderà il crimine feroce commesso contro il povero e abbandonato popolo ebraico" — subito noi riconosciamo se non proprio il linguaggio del signor Hausner (quello di Shalom Schwartzbard era infinitamente piú solenne e piú commovente), certamente i sentimenti e lo stato d'animo degli ebrei di tutto il mondo, a cui il processo Eichmann intendeva appellarsi.

Se ci siamo soffermati tanto a lungo sulle analogie tra il processo Schwartzbard celebrato a Parigi nel 1927 e il processo Eichmann celebrato a Gerusalemme nel 1961, è perché esse mostrano quanto poco Israele e il popolo ebraico in generale fossero disposti a rico-

noscere nei crimini contestati ad Eichmann dei delitti senza precedenti, e quanto difficile dovette essere per loro convincersene. Agli
occhi degli ebrei, che vedevano le cose soltanto dal punto di vista
della loro storia, la catastrofe che si era abbattuta su di loro al tempo
di Hitler e in cui un terzo della stirpe aveva trovato la morte non era
un crimine nuovo, il crimine senza precedenti del genocidio, ma al
contrario il piú antico crimine che conoscessero e ricordassero. Proprio
questo fraintendimento, quasi inevitabile se si pensa non solo alla
storia ebraica, ma anche e soprattutto al modo in cui gli ebrei vedono
di solito la loro storia, è alla radice dei difetti e delle manchevolezze
del processo di Gerusalemme. Nessuno degli interessati arrivò a capir
bene che l'orrore di Auschwitz era stato diverso da tutte le atrocità
del passato; perfino l'accusa e i giudici erano portati a considerare
quella vicenda come il piú orribile *pogrom* della storia ebraica. Perciò
essi credevano che esistesse una linea di congiunzione diretta tra
l'antisemitismo dei primi tempi del partito nazista e le leggi di Norimberga, tra l'espulsione degli ebrei dal Reich e le camere a gas.
E invece, politicamente e giuridicamente, questi crimini erano diversi
non solo per gravità, ma anche nella loro essenza.

Le leggi di Norimberga del 1935 avevano legalizzato la discriminazione che di fatto la maggioranza tedesca già praticava contro la
minoranza ebraica. Secondo il diritto internazionale, la Germania,
come Stato sovrano, poteva dichiarare minoranza nazionale qualsiasi
settore della propria popolazione, purché le leggi in proposito fossero
conformi alle garanzie e ai principî sanciti nei trattati e negli accordi internazionali sulle minoranze etniche. Cosí le organizzazioni
ebraiche cercarono subito di far sí che a questa nuovissima minoranza fossero garantiti gli stessi diritti concessi a Ginevra alle minoranze
dell'Europa orientale e sud-orientale. Il tentativo fallí; tuttavia le
leggi di Norimberga furono in genere riconosciute dalle altre nazioni come parte integrante del codice tedesco, sicché un cittadino
tedesco non poteva piú contrarre un "matrimonio misto" per esempio
in Olanda. Le leggi di Norimberga furono un crimine "nazionale";
violavano i diritti e le libertà nazionali, costituzionali, ma non interessavano il consesso delle nazioni. Ma l'"emigrazione forzata" ossia
l'espulsione, che divenne politica ufficiale della Germania dopo il
1938, interessava tutte le nazioni, per la semplice ragione che gli

espulsi si presentavano alle frontiere di altri paesi e questi erano costretti o ad accogliere quegli ospiti non invitati o a spedirli in altri paesi ugualmente poco disposti ad accettarli. In altre parole, quando uno Stato espelle propri cittadini commette già un crimine contro l'umanità, se per "umanità" s'intende semplicemente il consesso delle nazioni. Ora, tanto il crimine nazionale costituito dalla discriminazione legalizzata (che poi si riduce a persecuzione legalizzata), quanto il crimine internazionale costituito dall'espulsione, avevano già dei precedenti, anche nell'età moderna. La prima era stata praticata in tutti i paesi balcanici, e l'espulsione in massa si era verificata molto spesso dopo una rivoluzione. Fu quando il regime nazista dichiarò di voler non soltanto scacciare tutti gli ebrei dalla Germania, ma fare sparire tutto il popolo ebraico dalla faccia della terra, fu allora che prese forma il crimine nuovo, il crimine contro l'umanità, nel senso di delitto commesso contro la condizione umana ovvero contro il complesso degli esseri umani. L'espulsione e il genocidio, sebbene siano entrambi delitti internazionali, devono rimanere distinti; la prima è un crimine contro le altre nazioni, mentre il secondo è un attentato alla diversità umana in quanto tale, cioè a una caratteristica della "condizione umana" senza la quale la stessa parola "umanità" si svuoterebbe di ogni significato.

Se la Corte di Gerusalemme avesse capito che c'è una differenza tra discriminazione, espulsione e genocidio, avrebbe subito visto chiaramente che il crimine supremo che essa doveva giudicare, lo sterminio fisico degli ebrei, era un crimine contro l'umanità, perpetrato sul corpo del popolo ebraico; e avrebbe anche visto che solo la scelta delle vittime, ma non la natura del crimine, poteva ricondursi all'antico odio per gli ebrei e all'antisemitismo. Orbene, se le vittime erano ebrei, la Corte aveva tutto il diritto di giudicare; ma nella misura in cui il crimine era un crimine contro l'umanità, per far giustizia occorreva un tribunale internazionale. (È strano che la Corte non facesse questa distinzione, poiché già nel 1950 l'allora ministro della giustizia, Pinchas Rosen, aveva rilevato la differenza tra la legge per i crimini contro il popolo ebraico e quella "legge per la prevenzione e la punizione del genocidio" che fu discussa ma non approvata dal parlamento israeliano. Evidentemente la Corte non si ritenne in diritto di superare i limiti del codice nazionale, nel senso che il genocidio, non essendo previsto da una legge israeliana, non poteva rientrare nelle sue considerazioni.) Tra le numerose e autorevoli voci che misero in dubbio la competenza del Tribunale di Gerusalemme dicendosi favorevoli a un tribunale internazionale, soltanto quella di Karl Jaspers, nell'intervista alla radio di Basilea, affermò in maniera chiara e inequivocabile che siccome il crimine riguardava tutta l'umanità, tutte le nazioni dovevano essere ammesse a giudicarlo. Jaspers proponeva che il Tribunale di Gerusalemme, dopo avere esaminato le prove concrete, "rinunziasse" al diritto di pronunziare la sentenza dichiarandosi "incompetente": questo perché incerta era ancora la natura del crimine e perché non si sapeva chi fosse competente a giudicare delitti commessi per ordine di un governo. Egli affermava inoltre che una cosa sola era certa: quel crimine era "qualcosa di più e insieme qualcosa di meno di un assassinio ordinario," e, sebbene non fosse neppure un crimine di guerra, "l'umanità perirebbe se si permettesse agli Stati di commettere delitti simili." In Israele nessuno si prese la briga di discutere la proposta, e probabilmente, in questa forma, essa sarebbe stata inattuabile da un punto di vista puramente tecnico: la questione della competenza di un tribunale deve essere infatti risolta prima che cominci il processo, e il tribunale che si sia dichiarato competente deve anche emettere la sentenza. Tuttavia queste obiezioni sarebbero state agevolmente smontate se Jaspers, anziché invitare il tribunale a non emettere la sentenza, avesse invitato lo Stato d'Israele a rinunziare al suo diritto di eseguirla, dato che la procedura adottata non aveva precedenti. In tal caso Israele avrebbe potuto ricorrere all'ONU e dimostrare, prove alla mano, che un tribunale penale internazionale permanente era indispensabile per questi nuovi delitti contro l'umanità nel suo complesso; e se gli altri Stati non gli avessero dato ascolto, avrebbe potuto metterli in imbarazzo chiedendo che cosa dovesse fare del prigioniero e ripetendo la domanda in continuazione, in modo da smuovere l'opinione pubblica mondiale: allora sarebbe veramente riuscito a far sí che l'umanità non "si adagiasse" e a impedire che il massacro degli ebrei potesse divenire un giorno il "modello" di altri crimini, di un genocidio effettuato forse su scala ancor piú vasta. Quando invece è un tribunale di una sola nazione a giudicare, certi fatti, anche se mostruosi, vengono "minimizzati."

Purtroppo questo argomento venne confuso con altre proposte

che si basavano su considerazioni diverse e di gran lunga meno valide. Molti amici d'Israele, ebrei e non ebrei, temettero che il processo potesse nuocere al prestigio del nuovo Stato e suscitare in tutto il mondo un'ondata di sdegno contro gli israeliani. Pensavano che Israele dovesse ergersi ad accusatore ma non a giudice, e che perciò dovesse tenere prigioniero Eichmann finché l'ONU non avesse creato un tribunale speciale per giudicarlo. Ma a parte il fatto che procedendo contro Eichmann Israele non faceva nulla di piú di quanto già avevano fatto tutti gli altri paesi occupati dai nazisti, e a parte il fatto che qui era in ballo la giustizia e non il prestigio dello Stato o del popolo israeliano, tutte queste proposte avevano in comune un difetto: Israele aveva buon gioco a respingerle. Esse non erano realistiche perché l'assemblea generale dell'ONU già "due volte" aveva respinto l'idea di "creare un tribunale penale internazionale permanente" (*A.D.L. Bulletin*). Una proposta piú pratica, di cui di solito nessuno parla proprio perché poteva benissimo essere attuata, era invece quella del dott. Nahum Goldmann, presidente del Congresso ebraico internazionale. Goldmann invitò Ben Gurion a istituire una Corte internazionale a Gerusalemme, con giudici di tutti i paesi che avevano sofferto sotto l'occupazione nazista. È vero che era sempre troppo poco: il processo sarebbe stato soltanto ingrandito, rispetto a quelli comuni contro i criminali di guerra, e non si sarebbe rimediato al grave difetto che la Corte era quella dei vincitori. Tuttavia sarebbe stato un passo avanti nella direzione giusta.

Israele, come si ricorderà, reagí a tutte queste proposte con estrema violenza. E se è vero che, come dice Yosal Rogart in *The Eichmann Trial and the Rule of Law* (1962), Ben Gurion "sembrava sempre che non capisse quando gli si chiedeva: 'Perché non giudicarlo dinanzi a una Corte internazionale?'," è anche vero che coloro che rivolgevano questa domanda non capivano che per Israele una cosa sola era senza precedenti in questo processo: per la prima volta dal 70 d.C., cioè da quando i romani avevano distrutto Gerusalemme, gli ebrei potevano sedere in giudizio per giudicare crimini commessi contro il loro popolo; per la prima volta non avevano bisogno di appellarsi ad altri per ottenere protezione e giustizia, né ricorrere alla svalutata fraseologia dei diritti dell'uomo. Nessuno meglio di loro sapeva che quei diritti erano reclamati soltanto da persone troppo deboli per difendersi e per imporre una propria legge. (Molto prima del processo Eichmann, il signor Rosen, in occasione della prima lettura della legge del 1950, aveva detto al Knesset che il fatto che Israele avesse ora una propria legge segnava una "svolta rivoluzionaria" nella "posizione politica del popolo ebraico.") Fu appunto richiamandosi a questo sfondo di brucianti esperienze e aspirazioni che Ben Gurion disse: "Israele non ha bisogno della protezione di una Corte internazionale."

Inoltre, la tesi secondo cui il crimine contro il popolo ebraico era prima di tutto un crimine contro l'umanità (tesi su cui si fondavano le uniche proposte veramente valide d'istituire un tribunale internazionale) era in flagrante contrasto con la legge in base alla quale Eichmann era giudicato. Perciò chi proponeva che Israele rinunziasse al suo prigioniero avrebbe dovuto andare un passo oltre a dire: la legge del 1950 contro i nazisti e i collaborazionisti è errata, è incoerente, è inadeguata. E sarebbe stata la verità: ché come l'assassino è processato perché ha violato la legge della comunità, e non perché ha privato del marito, padre o sostentatore la famiglia tal dei tali, cosí questi moderni assassini di massa, al servizio dello stato, devono essere processati perché hanno violato l'ordine dell'umanità, non perché hanno ucciso milioni di persone. Nulla è piú nocivo alla comprensione di questi nuovi delitti, e nulla ostacola di piú l'instaurazione di un codice penale internazionale, quanto la comune illusione che il crimine dell'omicidio e il crimine del genocidio siano in sostanza la stessa cosa, e che perciò il secondo non sia propriamente una novità. Il secondo viola un ordine del tutto diverso e lede una comunità del tutto diversa. E in realtà, proprio perché ben sapeva che in fondo tutta la discussione riguardava la validità della legge israeliana, proprio per questo Ben Gurion reagí alla fine con fastidio anziché con violenza: i "cosiddetti esperti" dicessero pure quel che volevano, i loro ragionamenti erano "sofismi" ispirati dall'antisemitismo o, se si trattava di ebrei, da complessi d'inferiorità. "Il mondo deve capire: noi non molleremo il nostro prigioniero."

È giusto riconoscere che il processo di Gerusalemme non fu condotto su questo tono. Tuttavia a noi sembra di poter predire con sufficiente sicurezza che questo processo, in futuro, servirà assai poco da valido precedente: forse ancor meno degli altri processi contro criminali nazisti. Ciò non conterebbe poi molto, visto che lo scopo principale è stato raggiunto (processare, difendere, giudicare e punire Adolf Eichmann), se non ci fosse la spiacevolissima possibilità che un giorno si commettano crimini analoghi. Questa fosca possibilità non è affatto da escludere, per ragioni sia generali che particolari. È nella natura delle cose che ogni azione umana che abbia fatto una volta la sua comparsa nella storia del mondo possa ripetersi anche quando ormai appartiene a un lontano passato. Nessuna pena ha mai avuto il potere d'impedire che si commettano crimini. Al contrario, quale che sia la pena, quando un reato è stato commesso una volta, la sua ripetizione è piú probabile di quanto non fosse la sua prima apparizione. E le ragioni particolari per cui non è da escludere che qualcuno faccia un giorno ciò che hanno fatto i nazisti, sono ancor piú plausibili. L'enorme incremento demografico dell'èra moderna coincide con l'introduzione dell'automazione, che renderà "superflui" anche in termini di lavoro grandi settori della popolazione mondiale; e coincide anche con la scoperta dell'energia nucleare, che potrebbe invogliare qualcuno a rimediare a quei due pericoli con strumenti rispetto ai quali le camere a gas di Hitler sembrerebbero scherzi banali di un bambino cattivo. È una prospettiva che dovrebbe farci tremare.

Proprio per questa possibilità di una ripetizione bisognerebbe che tutti i processi riguardanti "crimini contro l'umanità" venissero condotti con criteri che fossero il piú possibile "ideali." Se il genocidio può ripetersi in futuro, nessun popolo della terra (meno di tutti il popolo ebraico, in Israele o altrove) dovrebbe sentirsi sicuro di poter continuare a vivere, senza l'aiuto e la protezione di una legge internazionale. Quando ci si occupa di un reato senza precedenti, il successo o il fallimento dipendono soltanto dalla misura in cui i criteri che si adottano possono servire da valido precedente per costruire un codice penale internazionale. Naturalmente, non si deve esagerare e pretendere dai giudici piú di ciò che è ragionevole attendersi. Il diritto internazionale, come osservò il giudice Jackson a Norimberga, "nasce da una massa di trattati e accordi tra varie nazioni, e da usanze riconosciute. Ma ogni usanza ha la sua origine in qualche azione singola... La nostra epoca ha il diritto di istituire usanze e di concludere accordi che divengano la fonte di un diritto internazionale piú moderno e piú solido." Quello che Jackson mancò di notare è però che a causa dell'attuale insufficienza del diritto internazionale, i giudici comuni sono oggi costretti a render giustizia senza l'aiuto o al di là dei limiti posti dal diritto positivo vigente. I giudici possono dunque trovarsi in grave imbarazzo, ed avrebbero perfettamente ragione a far presente che non tocca a loro, ma al legislatore, emanare la "legge speciale."

E in effetti, prima di parlare di un successo o di un fallimento del processo di Gerusalemme dobbiamo sottolineare che i giudici israeliani avevano piena coscienza di non avere il diritto di divenire legislatori, sentivano di dover lavorare da un lato entro i limiti della legge israeliana e dall'altro entro i limiti dei concetti giuridici vigenti. E bisogna anche riconoscere che i difetti del processo non furono né diversi né maggiori di quelli del processo di Norimberga o dei processi celebrati contro criminali nazisti in altri paesi d'Europa. Anzi, questi difetti furono in parte dovuti proprio al fatto che i giudici cercarono di attenersi il piú possibile al precedente di Norimberga.

Insomma, se il Tribunale di Gerusalemme in qualcosa fallí, fu perché non si affrontarono e non si risolsero tre questioni fondamentali, tutte e tre già ben note e ampiamente discusse fin dal tempo dell'istituzione del Tribunale militare di Norimberga: evitare di celebrare il processo dinanzi alla Corte dei vincitori; dare una valida definizione dei "crimini contro l'umanità"; capire bene la figura del criminale che commette questo nuovo tipo di crimini.

Quanto alla prima questione, la giustizia fu compromessa a Gerusalemme piú gravemente di quanto non fosse avvenuto a Norimberga, perché la Corte non ammise i testimoni della difesa. Almeno per l'idea tradizionale che si ha della lealtà e correttezza di un processo, questa fu una mancanza gravissima. Inoltre, mentre subito dopo la fine della guerra era forse inevitabile celebrare il processo nel tribunale dei vincitori (l'argomento del giudice Jackson fu: "O noi vincitori giudichiamo i vinti o i vinti si devono giudicare da sé," e gli Alleati che avevano "rischiato tutto" pensavano — cosa comprensibile — che non fosse giusto ammettere giudici "neutrali" [Vabres]), lo stesso non si poteva piú dire sedici anni dopo: ormai le circostanze erano cambiate e rifiutarsi di ammettere giudici neutrali non aveva piú senso.

Per ciò che riguarda la seconda questione, la sentenza della Corte di Gerusalemme fu incomparabilmente migliore delle sentenze emesse a Norimberga. Già abbiamo detto come la Carta di Norimberga avesse sottovalutato enormemente i crimini contro l'umanità (i *Verbrechen gegen die Menschlichkeit*) definendoli "azioni disumane" — quasi che i nazisti avessero semplicemente difettato di bontà. Certo, se tutto fosse dipeso soltanto dall'accusa, quel basilare fraintendimento sarebbe stato ancor peggiore che a Norimberga. Ma la sentenza non permise che la natura del crimine annegasse e si dissolvesse in una fiumana di atrocità, né cadde nella trappola di porre questo crimine sullo stesso piano dei comuni crimini di guerra. Se a Norimberga solo di rado e per cosí dire marginalmente si era accennato al fatto che "gli sterminii e le crudeltà non furono commessi unicamente allo scopo di schiacciare la resistenza," ma facevano parte di "un piano per sbarazzarsi di intere popolazioni indigene" — questa constatazione fu al centro del dibattimento di Gerusalemme, per l'ovvia ragione che Eichmann era lí accusato di un crimine contro il popolo ebraico, un crimine che non si poteva spiegare con scopi utilitari. Gli ebrei erano stati sterminati in tutta l'Europa, non soltanto nei paesi orientali, e il loro annientamento non era affatto dovuto al desiderio di procurarsi territori "da far colonizzare da tedeschi." Il grande merito di imperniare un processo su un crimine contro il popolo ebraico è stato dunque innanzitutto quello di far risaltare con chiarezza la differenza (che ora potrà ben essere inserita in un futuro codice penale internazionale) tra crimini di guerra come la fucilazione di partigiani e l'uccisione di ostaggi, e "azioni disumane" come l'espulsione e l'annientamento di popolazioni al fine di "colonizzare" i loro territori; ma poi anche quello di chiarire la differenza tra "azioni disumane" (compiute per scopi noti, anche se criminosi, come l'espansionismo territoriale) e "crimini contro l'umanità," crimini commessi con intenti e scopi che finora non avevano precedenti. Tuttavia, né nel dibattimento né nella sentenza nessuno accennò mai alla possibilità che lo sterminio di interi gruppi etnici (gli ebrei o i polacchi o gli zingari) fosse qualcosa di piú che un crimine contro ciascuno di quei popoli: e cioè colpisse e danneggiasse gravemente l'ordine internazionale, l'umanità nella sua interezza.

Strettamente connessa a questo fatto fu l'incapacità dei giudici di capire veramente il criminale che avevano dinanzi, sebbene questo fosse il loro primo dovere. Non basta che essi non seguissero l'accusa che, evidentemente errando, aveva presentato l'imputato come un "sadico perverso"; e non basta che andassero un passo avanti e rilevassero l'incoerenza con cui il signor Hausner voleva processare il mostro più anormale che si fosse mai visto al mondo, e al tempo stesso "molti come lui," addirittura "tutto il nazismo e l'antisemitismo." Naturalmente i giudici sapevano che sarebbe stato quanto mai confortante poter credere che Eichmann era un mostro, anche se in tal caso il processo sarebbe crollato o per lo meno avrebbe perduto tutto il suo interesse. Non si può infatti rivolgersi a tutto il mondo e convocare giornalisti dai quattro angoli della terra soltanto per mostrare Barbablú in gabbia. Ma il guaio del caso Eichmann era che di uomini come lui ce n'erano tanti e che questi tanti non erano né perversi né sadici, bensí erano, e sono tuttora, terribilmente normali. Dal punto di vista delle nostre istituzioni giuridiche e dei nostri canoni etici, questa normalità è più spaventosa di tutte le atrocità messe insieme, poiché implica — come già fu detto e ripetuto a Norimberga dagli imputati e dai loro patroni — che questo nuovo tipo di criminale, realmente *hostis generis humani,* commette i suoi crimini in circostanze che quasi gli impediscono di accorgersi o di sentire che agisce male. A Gerusalemme lo si vide più chiaramente che a Norimberga, perché là i grandi criminali di guerra avevano sí sostenuto di avere obbedito a "ordini superiori," ma al tempo stesso si erano anche vantati di avere ogni tanto disobbedito, e perciò era stato più facile non credere alle loro proteste d'innocenza. Ma sebbene la malafede degli imputati fosse manifesta, l'unica prova concreta del fatto che i nazisti non avevano la coscienza a posto era che negli ultimi mesi di guerra essi si erano dati da fare per distruggere ogni traccia dei crimini, soprattutto di quelli commessi dalle organizzazioni a cui apparteneva anche Eichmann. E questa prova non era poi molto solida. Dimostrava soltanto che i nazisti sapevano che la legge dello sterminio, data la sua novità, non era ancora accettata dalle altre nazioni; ovvero, per usare il loro stesso linguaggio, sapevano di aver perduto la battaglia per "liberare" l'umanità dal "dominio degli esseri inferiori," in particolare da quello degli anziani di Sion. In parole povere, dimostrava che essi riconoscevano di essere stati sconfitti. Se avessero vinto, qualcuno di loro si sarebbe sentito colpevole?

Tra i più grandi problemi del processo Eichmann, uno supera per importanza tutti gli altri. Tutti i sistemi giuridici moderni partono dal presupposto che per commettere un crimine occorre l'intenzione di fare del male. Se c'è una cosa di cui la giurisprudenza del mondo civile si vanta, è proprio di tener conto del fattore soggettivo. Quando manca questa intenzione, quando per qualsiasi ragione (anche di alienazione mentale) la capacità di distinguere il bene dal male è compromessa, noi sentiamo che non possiamo parlare di crimine. Noi respingiamo e consideriamo barbariche le tesi "che un delitto grave offende la natura sicché la terra stessa grida vendetta; che il male viola un'armonia naturale che può essere risanata soltanto con la rappresaglia; che una comunità offesa ha il dovere di punire il criminale in nome di un ordine morale" (Yosal Rogat). E tuttavia a noi sembra innegabile che fu proprio in base a questi principî antiquati che Eichmann venne tradotto in giudizio, e che questi principî furono la piú vera ragione della sua condanna a morte. Poiché egli era stato implicato e aveva avuto un ruolo centrale in un'impresa il cui scopo dichiarato era cancellare per sempre certe "razze" dalla faccia della terra, per questo doveva essere eliminato. E se è vero che "la giustizia non solo va fatta, ma si deve anche vedere," tutti avrebbero visto che il processo di Gerusalemme era giusto se i giudici avessero avuto il coraggio di rivolgersi all'imputato piú o meno come segue:

"Tu hai ammesso che il crimine commesso contro il popolo ebraico nell'ultima guerra è stato il piú grande crimine della storia, ed hai ammesso di avervi partecipato. Ma tu hai detto di non aver mai agito per bassi motivi, di non aver mai avuto tendenze omicide, di non aver mai odiato gli ebrei, e tuttavia hai sostenuto che non potevi agire altrimenti e che non ti senti colpevole. A nostro avviso è difficile, anche se non del tutto impossibile, credere alle tue parole; in questo campo di motivi e di coscienza vi sono contro di te alcuni elementi, anche se non molti, che possono essere provati al di là di ogni ragionevole dubbio. Tu hai anche detto che la parte da te avuta nella soluzione finale fu casuale e che, piú o meno, chiunque altro avrebbe potuto prendere il tuo posto: sicché quasi tutti i tedeschi sarebbero ugualmente colpevoli, potenzialmente. Ma il senso del tuo discorso era che dove tutti o quasi tutti sono colpevoli, nessuno lo è. Questa è in verità un'idea molto comune, ma noi non siamo disposti ad accettarla. E se tu non comprendi le nostre obiezioni, vorremmo ricordarti la storia di Sodoma e di Gomorra, di cui parla la Bibbia: due città vicine che furono distrutte da una pioggia di fuoco perché tutti gli abitanti erano ugualmente colpevoli. Tutto questo, sia detto per inciso, non ha nulla a che vedere con la nuova idea della 'colpa collettiva,' secondo la quale gli individui sono o si sentono colpevoli di cose fatte in loro nome ma non da loro, cose a cui non hanno partecipato e da cui non hanno tratto alcun profitto. In altre parole, colpa e innocenza dinanzi alla legge sono due entità oggettive, e quand'anche ottanta milioni di tedeschi avessero fatto come te, non per questo tu potresti essere scusato.

"Fortunatamente non è cosí. Tu stesso hai affermato che solo in potenza i cittadini di uno Stato che aveva eretto i crimini piú inauditi a sua principale finalità politica erano tutti ugualmente colpevoli; non in realtà. E quali che siano stati gli accidenti esterni o interiori che ti spinsero a divenire un criminale, c'è un abisso tra ciò che tu hai fatto realmente e ciò che gli altri potevano fare, tra l'attuale e il potenziale. Noi qui ci occupiamo soltanto di ciò che tu hai fatto, e non dell'eventuale non-criminalità della tua vita interiore e dei tuoi motivi, o della potenziale criminalità di coloro che ti circondavano. Tu ci hai narrato la tua storia presentandocela come la storia di un uomo sfortunato, e noi, conoscendo le circostanze, siamo disposti fino a un certo punto ad ammettere che in circostanze piú favorevoli ben difficilmente tu saresti comparso dinanzi a noi o dinanzi a qualsiasi altro tribunale. Ma anche supponendo che soltanto la sfortuna ti abbia trasformato in un volontario strumento dello sterminio, resta sempre il fatto che tu hai eseguito e perciò attivamente appoggiato una politica di sterminio. La politica non è un'asilo: in politica obbedire e appoggiare sono la stessa cosa. E come tu hai appoggiato e messo in pratica una politica il cui senso era di non coabitare su questo pianeta con il popolo ebraico e con varie altre razze (quasi che tu e i tuoi superiori aveste il diritto di stabilire chi deve e chi non deve abitare la terra), noi riteniamo che nessuno, cioè nessun essere umano desideri coabitare con te. Per questo, e solo per questo, tu devi essere impiccato."

Le polemiche sul caso Eichmann

Questo libro è una "corrispondenza," e le fonti principali sono il materiale che le autorità di Gerusalemme distribuirono alla stampa. All'infuori del discorso d'apertura del rappresentante dell'accusa, e dell'arringa generale della difesa, gli atti del processo non sono stati ancora pubblicati e non sono facilmente accessibili. Il dibattimento si svolse in lingua ebraica, e il materiale consegnato alla stampa — precisarono le autorità — era "una copia inedita e non riveduta della traduzione simultanea," copia da non considerare "stilisticamente perfetta o priva di errori linguistici." Io mi sono sempre avvalsa della versione inglese, tranne che per quelle parti del dibattimento che si svolsero in lingua tedesca; ho ritenuto però di poter tradurre direttamente solo quando la trascrizione tedesca conteneva espressioni originali.

Eccezion fatta per il menzionato discorso introduttivo dell'accusa e per la sentenza finale, la cui traduzione fu eseguita fuori dell'aula del tribunale senza tener conto della versione simultanea, nessuno di quei documenti è pienamente attendibile. L'unico resoconto del tutto degno di fede è quello ufficiale in lingua ebraica, che io non ho potuto utilizzare. Tuttavia, a quanto mi consta, nessuna discordanza di rilievo è stata finora rilevata tra le traduzioni nelle varie lingue e tale resoconto.

Nessun dubbio esiste invece sull'attendibilità dei seguenti documenti che, tranne il n° 4, furono ugualmente consegnati alla stampa dalle autorità di Gerusalemme:

1. Trascrizione, in lingua tedesca dattiloscritta dell'interrogatorio, registrato su nastro magnetico, a cui Eichmann fu sottoposto in istruttoria. Assieme ai verbali del dibattimento, questa trascrizione, riveduta dall'imputato, è il documento piú importante di tutti.

2. I documenti e il "materiale giuridico" presentati dall'accusa.

3. Dichiarazioni giurate di sedici testimoni della difesa, utilizzate poi in parte dall'accusa. I testimoni erano: Erich von dem Bach-Zelewski, Richard Baer, Kurt Becher, Horst Grell, Wilhelm Höttl, Walter Huppenkothen, Hans Jüttner, Herbert Kappler, Hermann Krumey, Franz Novak,

Alfred Josef Slawik, Max Merten, prof. Alfred Six, Eberhard von Thadden, Edmund Veesenmayer, Otto Winkelmann.

4. Infine ho potuto consultare un fascicolo di settanta pagine dattiloscritte, stilate dallo stesso Eichmann. Il fascicolo fu presentato come prova dall'accusa e accettato dalla Corte, ma non fu messo a disposizione della stampa. Il titolo suona: *Mie annotazioni a proposito della "questione ebraica" e delle misure prese dal Governo nazional-socialista del Reich tedesco per risolverla negli anni 1933-1945.* Si tratta di appunti scritti da Eichmann in Argentina in preparazione dell'intervista con Sassen.

Nella Bibliografia si troverà elencato soltanto il materiale che ho utilizzato direttamente, non gli innumerevoli libri, articoli e servizi giornalistici che ho letto e raccolto nei due anni intercorsi tra la cattura di Eichmann e la sua esecuzione. Tengo a precisare che molte corrispondenze apparse su giornali tedeschi, svizzeri, francesi, inglesi e americani erano di un livello di gran lunga superiore a quello delle pretenziose discussioni ed esposizioni contenute in libri o pubblicate su riviste; ma elencarle tutte sarebbe stato fatica improba. Mi sono perciò accontentata, in questa edizione riveduta, di aggiungere nella Bibliografia soltanto quei volumi e articoli che, usciti dopo il mio libro, contengono veramente qualcosa di nuovo. Tra questi ve ne sono due che trattano del processo e che spesso giungono a conclusioni quasi identiche alle mie, piú un terzo che è uno studio sui principali personaggi della Germania nazista e di cui ora mi sono servita per precisare meglio alcuni particolari relativi allo "sfondo." Alludo a Robert Pendorf, *Mörder und Ermordete: Eichmann und die Judenpolitik des Dritten Reiches,* che tien conto della funzione avuta dai Consigli ebraici riguardo alla soluzione finale; a *Strafsache 40/61,* del corrispondente olandese Harry Mulisch (mi sono avvalsa della traduzione tedesca), che è una delle rarissime trattazioni imperniate sulla figura dell'imputato, e dove la valutazione di Eichmann coincide in alcuni punti essenziali con la mia; e infine a T.G. Fest, *Das Gesicht des Dritten Reiches,* che contiene ottimi profili dei capi nazisti e giudizi molto seri e interessanti.

Chi scrive una corrispondenza, un resoconto, si trova di fronte a problemi non dissimili da quelli che si presentano a chi scrive una monografia su un argomento di storia. In entrambi i casi occorre utilizzare in maniera diversa il materiale primario e quello secondario. Le fonti primarie possono essere usate soltanto nel trattare l'argomento specifico (in questo caso il processo), mentre il materiale secondario serve per tutto ciò che riguarda lo sfondo storico. Le citazioni contenute nel presente libro sono state tratte per lo piú da documenti presentati al processo, o da libri autorevoli sul periodo in questione. Come si sarà visto, molto ho attinto a *The Final Solution* di Gerhard Reitlinger, e ancor piú a *The Destruction of the European Jews* di Raul Hilberg, un libro che uscí dopo il processo e che è l'esposizione piú esauriente e meglio documentata della politica ebraica del Terzo Reich.

Il presente libro, ancor prima di essere pubblicato, ha scatenato un'aspra polemica ed è stato attaccato violentemente. Era logico che questa campagna organizzata, condotta con tutti i ben noti mezzi della propaganda e della manipolazione dell'opinione pubblica, fosse molto piú efficace della polemica, sicché quest'ultima ha finito, se cosí si può dire, con l'annegare nel frastuono artificiale della prima. Lo si è visto con chiarezza soprattutto quando uno strano miscuglio dell'una e dell'altra, con argomenti e termini stereotipi — quasi che i "pezzi" scritti contro il libro e piú spesso contro l'autrice uscissero "da un ciclostile" (Mary McCarthy) — ha varcato l'Atlantico dilagando in Inghilterra e quindi in Europa — e questo benché in Europa il libro non fosse ancora reperibile. Se ciò è potuto avvenire, è stato perché il clamore riguardava l'"immagine" di un libro che non era mai stato scritto, e toccava cose che spesso non solo io non avevo detto, ma neppure mi erano passate per la mente.

Il dibattito che ne è seguito — se dibattito si può chiamare — non è stato privo d'interesse. La manipolazione dell'opinione pubblica, essendo ispirata da interessi ben precisi, ha di regola obiettivi limitati; tuttavia, se per caso arriva a toccare questioni profonde, sfugge al controllo e conduce a risultati imprevisti o non voluti. Ora si è visto che l'epoca hitleriana, con i suoi crimini enormi e senza precedenti, costituisce un passato che "sfugge" non solo al popolo tedesco o agli ebrei di tutto il mondo, ma anche al resto dell'umanità che non ha dimenticato la catastrofe e non è riuscito a venire a patti con essa. Inoltre (e questo era forse ancor meno previsto) tra gli interessi del pubblico sono emerse improvvisamente in primo piano le grandi questioni morali, in tutta la loro complessità e con tutte le loro complicazioni — questioni che io non avrei mai sospettato che perseguitassero l'uomo odierno e avessero per lui tanto peso.

La polemica è partita dalla questione della condotta degli ebrei negli anni della soluzione finale, per passare poi a quella — già sollevata dall'accusa a Gerusalemme — se gli ebrei avrebbero potuto o dovuto difendersi. Io dicevo che tale questione era goffa e crudele, poiché dimostrava una fatale ignoranza delle condizioni di quell'epoca. Ora l'argomento è stato sviscerato in tutti i modi, e si è giunti alle conclusioni piú stupefacenti. Il noto fenomeno storico-sociologico della "mentalità del ghetto" (che in Israele ha trovato posto nei libri di testo e che in America è stato illustrato principalmente dallo psicologo Bruno Bettelheim — tra le furiose proteste dell'ebraismo americano ufficiale) è stato ripetutamente invocato per spiegare un comportamento che non era affatto caratteristica esclusiva del popolo ebraico e che perciò non può essere spiegato con fattori specificamente ebraici. La battaglia ha imperversato finché qualcuno, giudicando evidentemente insulsa tutta la discussione, non ha avuto la brillante idea di evocare le teorie freudiane e di attribuire all'intero popolo ebraico un "desiderio della morte" — naturalmente inconscio. Questa è stata la conclusione, certo inaspettata, che taluni critici hanno voluto trarre dall'"immagine" del mio libro creata da alcuni gruppi interessati: "immagine" secondo cui io avrei sostenuto che gli ebrei avevano assassinato se stessi. E perché mai io avrei detto una menzogna cosí assurda e mostruosa? Per "odio di me stessa," naturalmente. Comunque sia, poiché il ruolo dei capi ebraici era emerso al processo e poiché io ne avevo parlato commentandolo, era inevitabile che anche questo ruolo venisse discusso. Questa, a mio avviso, è una questione seria; ma non si può dire che il dibattito abbia contribuito molto a chiarirla. Come si può vedere dal processo celebrato di recente in Israele contro un certo Hirsch Birnblat, già capo della polizia ebraica in una città polacca e oggi direttore d'orchestra all'Opera israeliana, gli ebrei sono a questo proposito profondamente divisi. Birnblat è stato infatti condannato a cinque anni di carcere da un Tribunale distrettuale, ma poi è stato assolto dalla Corte Suprema con un verdetto unanime che indirettamente assolve i Consigli ebraici in generale. Nel dibattito, però, coloro·che piú hanno strepitato sono stati quelli che o identificano il popolo ebraico con i suoi capi (e questo in netto contrasto con la chiara distinzione che si ritrova in tutti i racconti degli scampati e che si può ricapitolare con le parole di un ex internato di Theresienstadt: "Il popolo ebraico nel suo complesso si comportò splendidamente; soltanto i capi sbagliarono"), o giustificano ancora i capi ebraici in nome dei lodevoli servigi che essi resero prima della guerra (e soprattutto prima della soluzione finale), quasi che non ci fosse una differenza tra aiutare gli ebrei a emigrare e aiutare i nazisti a deportarli.

Queste discussioni, per quanto spropositatamente gonfiate, avevano per lo meno qualche rapporto col mio libro; ma altre non ne avevano alcuno. C'è stata per esempio un'accesa polemica sulla resistenza tedesca dall'avvento del regime hitleriano in poi: un tema che naturalmente io non affrontavo perché per il problema della coscienza di Eichmann, e dell'ambiente in cui agí, interessa soltanto il periodo della guerra e della soluzione finale. Ma ci sono state polemiche ben piú assurde e fantastiche. Molti si sono messi a discutere se per caso le vittime delle persecuzioni non fossero sempre piú "cattive" dei loro carnefici; oppure se era giusto che chi non era stato presente si "ergesse a giudice"; o ancora se, in un processo, al centro dell'interesse dovesse essere l'imputato o non piuttosto la vittima. Per quanto concerne quest'ultimo punto, qualcuno è arrivato a dire che non solo io ho fatto male a occuparmi di un individuo come Eichmann, ma che ad Eichmann non andava mai concesso nemmeno il permesso di parlare — intendendo dire, se non erro, che a Eichmann si doveva negare il diritto di difendersi.

Come spesso avviene nelle polemiche violente e appassionate, gli interessi meschini di certi gruppi, la cui eccitazione è esclusivamente dovuta a motivi concreti e che perciò cercano di travisare i fatti, si sono mischiati ben presto, in maniera inestricabile, ai ragionamenti ispirati di intellettuali che, al contrario, non s'interessano minimamente dei fatti e li considerano soltanto un trampolino per lanciare "idee." Tuttavia anche in queste finte battaglie si è spesso notata una certa serietà, un certo grado di sincero interesse, e questo anche da parte di chi si vantava di non aver letto il libro e giurava di non leggerlo mai.

Rispetto a queste polemiche, che tanto hanno divagato, il tema del libro è quanto mai limitato.

Chi si accinge a scrivere il resoconto di un processo sa che deve parlare soltanto delle questioni che sono state affrontate al processo, o che almeno avrebbero dovuto essere affrontate nell'interesse della giustizia. Se per combinazione la situazione generale del paese in cui si svolge un dato processo influisce sulla condotta del processo medesimo, anche di questo fatto si deve tener conto. Il presente libro non è dunque la storia del piú grande disastro che si sia mai abbattuto sul popolo ebraico, né un saggio sulle dittature, né una storia del popolo tedesco al tempo del Terzo Reich, e tanto meno un trattato teorico sulla natura del male. Al centro di ogni processo c'è la figura dell'imputato, il quale è un individuo in carne ed ossa, con una sua storia personale, con un complesso particolare di qualità, di modi di agire e di reagire. Tutte le altre cose, come nel caso specifico la storia del popolo ebraico nella diaspora, l'antisemitismo, il comportamento dei tedeschi e di altri popoli o le ideologie dell'epoca e l'apparato governativo del Terzo Reich, interessano il processo solo nella misura in cui servono a precisare lo sfondo e le circostanze in cui l'imputato ha commesso i reati che gli sono contestati. Tutte le cose con cui l'imputato non è entrato in contatto o che non hanno influito su di lui devono essere escluse dal dibattimento, e di conseguenza dal resoconto del processo.

Qualcuno potrebbe osservare che i problemi generali che involontariamente noi solleviamo non appena parliamo di certi argomenti (perché proprio i tedeschi? perché proprio gli ebrei? che cos'è una dittatura?) sono molto piú importanti del tipo di crimine che vien giudicato e della figura del criminale contro cui si deve pronunziare la sentenza; piú importanti, anche, del problema se il nostro attuale sistema giuridico sia adeguato per giudicare il nuovo genere di criminali comparso nella seconda guerra mondiale. E qualcuno potrebbe sostenere che ciò che interessa non è piú un essere umano particolare, un singolo individuo trascinato sul banco degli imputati, ma il popolo tedesco in generale, o l'antisemitismo in tutte le sue forme, o tutta la storia moderna, o la natura dell'uomo e il peccato originale — sicché in ultima analisi tutta l'umanità siede, invisibile, accanto all'imputato. Tutte queste cose sono state piú volte sostenute, soprattutto da gente che non si darà pace finché non avrà scoperto "un Eichmann in ciascuno di noi." Ma se l'imputato dev'essere preso come simbolo e il processo dev'essere un pretesto per discutere questioni piú interessanti della colpa o dell'innocenza di un dato individuo, allora la coerenza vuole che si riconosca giusta la tesi di Eichmann e del suo patrono: che cioè Eichmann è stato tradotto in giudizio perché occorreva un capro espiatorio, non solo per la Repubblica federale tedesca, ma anche per tutto ciò che è accaduto e tutto ciò che lo ha reso possibile, ossia per l'antisemitismo e la dittatura nonché per la razza umana e per il peccato originale. Inutile dire che io non mi sarei mai recata a Gerusalemme se avessi pensato cose simili. Io pensavo e penso tuttora che quel processo dovesse aver luogo nell'interesse della giustizia e di nient'altro. E ritengo anche che i giudici abbiano avuto perfettamente ragione a sottolineare nella sentenza che lo Stato d'Israele "è stato creato ed è riconosciuto come lo Stato degli ebrei" e perciò ha il diritto di giudicare un crimine commesso contro il popolo ebraico. E vista la confusione che c'è oggi negli ambienti giuridici in merito al significato e all'utilità delle pene, mi ha fatto piacere che essi abbiano citato Grozio, il quale, citando a sua volta un autore piú antico, spiegava che le pene sono necessarie "per difendere l'onore o il prestigio di chi ha subíto un torto, in modo che la mancanza di una punizione non determini la sua degradazione."

Naturalmente, non c'è dubbio che l'imputato e le sue colpe, come pure il processo, sollevano problemi d'ordine generale che vanno molto al di là delle questioni affrontate a Gerusalemme. Io ho cercato di approfondire alcuni di questi problemi nell'Epilogo, dove il mio discorso non è piú un semplice *reportage*. Non mi sarei affatto meravigliata se qualcuno avesse trovato insufficiente la mia trattazione, e sarei stata lieta se si fosse accesa una discussione su tutta la vicenda, discussione tanto piú proficua quanto piú legata ai fatti. Neppure mi sarei stupita se si fosse scatenata una polemica sul titolo del libro: ché quando io parlo della "banalità del male," lo faccio su un piano quanto mai concreto. Eichmann non era uno Iago né un Macbeth, e nulla sarebbe stato piú lontano dalla sua mentalità che "fare il cattivo" — come Riccardo III — per fredda determinazione. Eccezion fatta per la sua eccezionale diligenza nel pensare alla propria carriera, egli non aveva motivi per essere crudele, e anche quella diligenza non era, in sé, criminosa; è certo che non avrebbe mai ucciso un suo superiore per ereditarne il posto. Per dirla in parole povere, egli *non capí mai che cosa stava facendo*. Fu proprio per questa mancanza d'immaginazione che egli poté farsi interrogare per mesi dall'ebreo tedesco che conduceva l'istruttoria, sfogandosi e non stancandosi di raccontare come mai nelle SS non fosse andato oltre il grado di tenente-colonnello e dicendo che non era stata colpa sua se non aveva avuto altre promozioni. In linea di principio sapeva benissimo quale era la questione, e nella sua ultima dichiarazione alla Corte parlò di un "riesame dei valori" imposti dal governo nazista. Non ero uno stupido; era semplicemente senza idee (una cosa molto diversa dalla stupidità), e tale mancanza d'idee ne faceva un individuo predisposto a divenire uno dei piú grandi criminali di quel periodo. E se questo è "banale" e anche grottesco, se con tutta la nostra buona volontà non riusciamo a scoprire in lui una profondità diabolica o demoniaca, ciò non vuol dire che la sua situazione e il suo atteggiamento fossero comuni. Non è certo molto comune che un uomo di fronte alla morte, anzi ai piedi della forca, non sappia pensare ad altro che alle cose che nel corso della sua vita ha sentito dire ai funerali altrui, e che certe "frasi esaltanti" gli facciano dimenticare completamente la realtà della propria morte. Quella lontananza dalla realtà e quella mancanza d'idee possono essere molto piú pericolose di tutti gli istinti malvagi che forse sono innati nell'uomo. Questa fu la lezione di Gerusalemme. Ma era una lezione, non una spiegazione del fenomeno, né una teoria.

Apparentemente piú complessa, ma in realtà molto piú semplice di quella della strana interdipendenza tra mancanza d'idee e male, è la questione del tipo di crimine commesso — un tipo di crimine che per giunta, per unanime riconoscimento, non aveva precedenti. Il nuovo concetto di "genocidio" vale solo fino a un certo punto, perché il massacro d'interi popoli ha in fondo dei precedenti. Le stragi erano all'ordine del giorno nell'antichità, e l'epoca del colonialismo e dell'imperialismo fornisce numerosi esempi di tentativi piú o meno riusciti di sterminio. Piú appropriata sembrerebbe semmai l'espressione "massacri amministrativi," una espressione nata in connessione con l'imperialismo britannico, giacché gli inglesi ripudiarono deliberatamente il ricorso agli stermini tradizionali per mantenere il loro dominio in India. Se l'espressione è piú appropriata, è perché ha il pregio di fugare il pregiudizio che certe mostruosità possano essere commesse soltanto ai danni di una nazione straniera o di una razza diversa. È noto che Hitler cominciò la sua operazione di sterminio col concedere una "morte pietosa" agli "incurabili," ed è noto che egli intendeva estendere il programma di eutanasia ai tedeschi "geneticamente imperfetti" (cardiopatici e tubercolotici). Ma a parte ciò, è evidente che questo tipo di sterminio può essere diretto contro qualsiasi gruppo, e che il principio con cui viene effettuata la selezione dipende esclusivamente dalle circostanze. Non è affatto escluso che nell'economia automatizzata di un futuro non troppo lontano gli uomini siano tentati di sterminare tutti coloro il cui quoziente d'intelligenza sia al di sotto di un certo livello.

A Gerusalemme la questione fu discussa in maniera inadeguata; e in verità si tratta di una questione difficilissima dal punto di vista giuridico. La difesa affermò che in fondo Eichmann non era che una "piccola rotella" del gran macchinario della soluzione finale; l'accusa sostenne invece che Eichmann era stato la rotella principale. Io personalmente non attribuii alle due tesi piú importanza di quella che le attribuisse la Corte di Gerusalemme, poiché tutta la "teoria della rotella" è giuridicamente futile e quindi è indifferente l'ordine di grandezza della "rotella" chiamata Eichmann. Nella sentenza la Corte riconobbe naturalmente che certi crimini possono essere commessi soltanto da una burocrazia gigantesca che gode il pieno appoggio del governo. Ma nella misura in cui si tratta di crimini (e questo è il presupposto di ogni processo) tutte le rotelle del macchinario, anche le piú insignificanti, automaticamente in tribunale si ritrasformano in esecutori, cioè in esseri umani. Ed è inutile che l'imputato cerchi di giustificarsi sostenendo di avere agito non come uomo, ma come semplice funzionario che ha fatto una cosa che chiunque altro avrebbe potuto fare: sarebbe come se egli si appellasse alle statistiche sulla delinquenza (che dicono quanti reati in media vengono commessi ogni giorno in questa o in quella località) e dichiarasse che ciò che ha fatto era statisticamente prevedibile, e che è stato un semplice accidente se a farlo è stato lui e non un altro, ché qualcuno doveva pur farlo.

Certo, per chi s'interessa di politica e di sociologia è importante sapere che per sua natura ogni regime totalitario e forse ogni burocrazia tende a trasformare gli uomini in funzionari e in semplici rotelle dell'apparato amministrativo, e cioè tende a disumanizzarli. E si potrebbe discutere a lungo e proficuamente su quel "governo di nessuno" che è in realtà la forma politica nota col nome di burocrazia. Si deve però aver ben chiaro che l'amministrazione della giustizia può tener conto di questi fattori soltanto come di accessori che completano il quadro del crimine — cosí come, processando un ladro, si tien conto della sua situazione economica senza che ciò scusi il furto e tanto meno lo cancelli. È vero che la psicologia e la sociologia moderna — per non parlare della burocrazia — ci hanno troppo abituati a vedere la responsabilità di chi agisce alla luce di questo o di quel tipo di determinismo, e non è detto che queste spiegazioni delle azioni umane, apparentemente piú profonde, siano sempre giuste. Ma ciò che è indiscutibile è che nessuna procedura giudiziaria si potrebbe basare su di esse, e che, misurata con quelle teorie, l'amministrazione della giustizia è un'istituzione ben poco moderna, per non dire antiquata. Quando Hitler diceva che giorno sarebbe venuto in cui in Germania la professione del giurista sarebbe stata considerata una "disgrazia," parlava con estrema coerenza della burocrazia perfetta da lui vagheggiata.

A quanto mi consta, per affrontare tutta questa serie di questioni la giurisprudenza dispone di due sole categorie, che a mio avviso sono entrambe assolutamente inadeguate. Si tratta del concetto di "azione di Stato" e del concetto di azione commessa "per ordine superiore." Per lo meno, queste due categorie sono state le uniche ad essere adoperate al processo Eichmann, in genere per iniziativa del difensore. La teoria dell' "azione di Stato" dice che uno Stato sovrano non può essere giudicato da un altro. Sul piano pratico essa era già stata respinta a Norimberga, dove in partenza non aveva alcuna probabilità di essere accolta perché altrimenti si sarebbe dovuto dire che anche un individuo come Hitler, il piú vero e il piú grande responsabile, non poteva essere giudicato da nessuno — il che violava il piú elementare senso di giustizia. Tuttavia, il fatto che un argomento non abbia probabilità di essere accettato sul piano pratico non significa che esso non regga sul piano teorico. I soliti ragionamenti di ripiego, come quello che il Terzo Reich era dominato da una cricca di criminali a cui non si poteva riconoscere alcuna sovranità o parità, servono a poco. Da un lato, infatti, tutti sanno che l'analogia con una cricca di criminali è relativa, tanto che in pratica non vale nulla; e dall'altro è innegabile che quei crimini furono commessi nell'ambito di un ordine "legale," e che anzi fu questa la loro principale caratteristica.

Forse ci avvicineremo un po' di piú al nocciolo vero del problema se ci renderemo conto che dietro il concetto dell'"azione di Stato" si cela la teoria della "ragione di Stato." Secondo questa teoria, le azioni compiute dallo Stato — il quale è responsabile della vita del paese e quindi anche delle leggi in esso vigenti — non sono soggette alle stesse regole delle azioni dei cittadini. Come il codice, sebbene ideato per eliminare la violenza e la guerra di tutti contro tutti, ha sempre bisogno di strumenti di violenza per potersi imporre, cosí il governo, per sopravvivere e per salvare la legalità, può esser costretto a compiere azioni che generalmente sono considerate criminose. Le guerre vengono spesso giustificate a questo modo, ma le azioni di stato criminose sono frequenti anche all'interno. La storia delle nazioni civili ne offre molti esempi: dall'assassinio del Duca d'Enghien ordinato da Napoleone, all'assassinio del socialista Matteotti, probabilmente ordinato da Mussolini. La ragion di Stato si appella — a torto o a ragione, secondo i casi — alla *necessità,* e i crimini di Stato commessi in nome della necessità (crimini che sono tali anche secondo le leggi del paese in cui si verificano) sono considerati misure d'emergenza, concessioni fatte alla *Realpolitik* al fine di conservare il potere e assicurare cosí la sopravvivenza dell'ordine legale vigente. In un sistema politico e giuridico normale questi crimini sono eccezioni e non incorrono in sanzioni penali (sono *gerichtsfrei,* come dicono i tedeschi): e questo perché è in gioco l'esistenza stessa dello Stato e nessuna entità politica esterna può negare a uno stato il diritto di sopravvivere o imporgli di difendersi in un dato modo. Ma la storia della politica ebraica del Terzo Reich dovrebbe averci insegnato che in uno stato fondato su principî criminosi la situazione è esattamente inversa. In un simile Stato un'azione non criminosa (come per esempio l'ordine dato da Himmler alla fine dell'estate 1944, di sospendere le deportazioni di ebrei) diventa una concessione fatta alla necessità, una concessione imposta dalla realtà — nel caso specifico l'imminente sconfitta. E qui sorge la questione: che sovranità ha uno stato di questo genere? Non ha esso violato la parità accordatagli dal diritto interhazionale, quella parità di cui si parla nella formula *par in parem non habet jurisdictionem?* Questa parità è soltanto un orpello della sovranità, oppure implica anche un'affinità sostanziale? Possiamo noi applicare a un regime in cui il crimine è legale ed anzi è la regola i principî che valgono per i regimi in cui il crimine e la violenza sono eccezioni e casi-limite?

Quanto certi concetti giuridici siano inadeguati quando si tratta di delitti come quelli che furono al centro dei processi contro i criminali nazisti, lo si vede forse ancor piú chiaramente dalla teoria delle azioni compiute per ordine superiore. Il Tribunale di Gerusalemme respinse questa tesi, avanzata dalla difesa, con una lunga serie di citazioni ricavate dai codici penali e militari di vari paesi civili, compresa la Germania, giacché Hitler non aveva affatto abolito gli articoli in questione. Tutti quei codici concordavano su un punto: agli ordini manifestamente criminali non si deve obbedire. La Corte ricordò anche un caso verificatosi in Israele qualche anno prima: alcuni soldati erano stati tradotti in giudizio per aver massacrato la popolazione civile di un villaggio arabo di confine, Kfar Kassem, poco prima della campagna del Sinai; gli abitanti erano stati sorpresi fuori delle loro case durante il coprifuoco, ma a quanto pareva non sapevano che ci fosse il coprifuoco. Purtroppo, a un esame piú attento si vede che il confronto zoppica, per due ragioni.

Innanzitutto dobbiamo ricordare ancora una volta che nel caso di Eichmann il rapporto tra eccezione e regola — fondamentale per riconoscere la criminalità o meno di un ordine — era l'opposto di quello normale. Sicché da questo punto di vista si può anche comprendere come mai egli si rifiutasse di obbedire a certi ordini di Himmler, o vi obbedisse con esitazione: quegli ordini erano manifeste eccezioni alla regola prevalente. Nella sentenza si notò che questa disobbedienza pregiudicava ulteriormente la posizione dell'imputato: affermazione certamente comprensibile, ma — come io ho cercato di mostrare — non molto coerente: e infatti un ordine, per essere riconosciuto da un soldato come "manifestamente illegale," deve violare con la sua eccezionalità i canoni del sistema giuridico a cui il detto soldato è abituato. E su questo punto la giurisprudenza israeliana concorda completamente con quella di altri paesi. Non c'è dubbio che nel formulare gli articoli a cui sopra accennavamo i legislatori pensavano a casi come quello di un ufficiale che per esempio improvvisamente impazzisce e ordina ai suoi subalterni di uccidere un altro ufficiale. In casi simili, in ogni processo normale sarebbe subito chiaro che il soldato non è stato invitato a consultare la voce della propria coscienza o un "senso di legalità che è riposto nel profondo della coscienza di ognuno, anche di coloro che non hanno familiarità con i libri di diritto... purché l'occhio non sia cieco e il cuore non sia di pietra e corrotto." Il soldato dovrebbe però esser capace di distinguere tra una regola e un'eccezione in netto contrasto con tale regola. Comunque sia, il codice militare tedesco afferma esplicitamente che la coscienza non basta. Il paragrafo 48 dice: "Il fatto che la persona abbia ritenuto di dovere obbedire alla sua coscienza o ai precetti della sua religione non esclude che un'azione o un'omissione possa essere punita." Un aspetto sorprendente del ragionamento della Corte israeliana è che il senso di giustizia che albergherebbe nell'anima di ognuno è presentato unicamente come un surrogato della familiarità con la legge. Quell'idea parte dal presupposto che la legge esprima soltanto ciò che la coscienza direbbe all'uomo anche se non ci fosse la legge. Se dovessimo applicare coerentemente questo ragionamento al caso di Eichmann, dovremmo concludere che Eichmann agí esattamente come doveva: agí in armonia con la regola, eseguí gli ordini a lui impartiti per la loro "manifesta" legalità, cioè regolarità; e non aveva bisogno di ricorrere alla coscienza perché aveva una certa familiarità con le leggi del suo paese. La verità era invece proprio l'opposto.

Il secondo motivo per cui il confronto regge solo fino a un certo punto, è l'usanza dei tribunali di accertare l'"ordine superiore" come importante attenuante, e questa prassi fu esplicitamente menzionata nella sentenza. La sentenza citò il caso del massacro della popolazione araba di Kfar Kassem per dimostrare che secondo la giurisdizione israeliana l'ordine superiore non libera un imputato dalla responsabilità delle sue azioni. Ed è vero che i soldati israeliani furono processati per omicidio; senonché l'ordine superiore si rivelò un'attenuante cosí potente, che essi furono condannati a pene detentive relativamente brevi. Certo, questo caso riguardava un'azione isolata, non un'attività che, come nel caso di Eichmann, si protraeva da anni e dove delitto seguiva a delitto. Tuttavia è innegabile che Eichmann agí sempre per ordine superiore, e se lo si fosse giudicato con la legge israeliana comune difficilmente gli si sarebbe potuto infliggere il massimo della pena. La realtà è che nella teoria come nella prassi il diritto israeliano, al pari di quello di altri paesi, non può negare che gli ordini superiori — anche se manifestamente criminosi — possono turbare gravemente il normale funzionamento della coscienza dell'individuo.

Questo non è che un esempio tra tanti per dimostrare come i sistemi e i concetti giuridici vigenti siano inadeguati di fronte a massacri amministrativi, organizzati da un apparato statale. Se esaminiamo piú da vicino le cose, non è difficile vedere come in tutti i processi di questi tipo i giudici in realtà abbiano giudicato soltanto in base alla mostruosità delle azioni. In altre praole hanno giudicato per cosí dire liberamente, senza dar troppo peso ai criteri e ai precedenti giuridici con cui — in maniera piú o meno convincente — hanno cercato di giustificare le loro sentenze. Già a Norimberga, da un lato si dichiarò che il "crimine contro la pace" era il piú grave di tutti, nel senso che comprendeva in sé tutti gli altri, ma dall'altro la condanna a morte fu pronunziata soltanto contro coloro che avevano partecipato al nuovo crimine del massacro amministrativo — crimine che pure, a quel che si diceva, era meno grave della congiura contro la pace. Sarebbe interessante studiare piú a fondo questa e analoghe incoerenze in un campo cosí ossessionato dall'idea della coerenza come quello del diritto. Ma naturalmente non è questo il luogo.

Resta però un problema, implicito in tutti i processi del dopoguerra contro i criminali nazisti, di cui non possiamo fare a meno di parlare perché interessa una delle piú grandi questioni morali di tutti i tempi: il problema coè della natura e della funzione dei giudizi umani. In quei processi, dove gli imputati erano persone che avevano commesso crimini "autorizzati," noi abbiamo preteso che gli esseri umani siano capaci di distinguere il bene dal male anche quando per guidare se stessi non hanno altro che il proprio raziocinio, il quale inoltre può essere completamente frastornato dal fatto che tutti coloro che li circondano hanno altre idee. E il problema è tanto piú grave, in quanto che noi sappiamo che quei pochi che furono abbastanza "arroganti" da confidare soltanto nel proprio raziocinio non erano affatto persone che si attenevano ai vecchi valori o che si lasciavano guidare da una fede religiosa. Poiché nel Terzo Reich tutta la società "rispettabile" aveva in un modo o nell'altro ceduto a Hitler, virtualmente erano svanite le massime morali che determinano il comportamento sociale, e assieme ad esse erano svaniti i comandamenti religiosi ("non ammazzare") che guidano la coscienza. E quei pochi che sapevano distinguere il bene dal male giudicavano completamente da soli, e lo facevano liberamente; non potevano attenersi a norme e a criteri generali, non essendoci né norme né criteri per fatti che non avevano precedenti. Dovevano decidere di volta in volta.

Quanto l'uomo moderno si preoccupi di questa questione dei giudizi umani, o, come piú spesso si dice, della questione di coloro che "osano ergersi a giudici," l'hanno mostrato le polemiche sorte sul presente libro, come pure quelle, per molti rispetti analoghe, sorte sul dramma di Hochhuth *Il Vicario*. Contrariamente a quanto ci si aspetterebbe, non si tratta né di nihilismo né di cinismo, ma solo di un'enorme confusione in merito alle piú elementari questioni morali — quasi che in questo campo ammettere l'esistenza di una moralità istintiva fosse completamente assurdo, nella nostra epoca. Le molte tesi curiose sostenute nel corso di queste polemiche sono estremamente significative. E cosí alcuni dotti americani hanno affermato, con sconcertante ingenuità, che tentazione e coercizione sono in fondo la stessa cosa e che non si può pretendere che uno resista alla tentazione. (Se uno ti punta una pistola al cuore e ti ordina di uccidere il tuo migliore amico, tu *devi* uccidere l'amico; e — come alcuni hanno sostenuto qualche anno fa a proposito del professore universitario che in un programma di quiz della televisione americana aveva ingannato il pubblico — quando è in palio tanto denaro chi può resistere alla tentazione di barare?) L'idea che un uomo non ha il diritto di giudicare se non è stato presente e non ha vissuto la vicenda in discussione fa presa — a quanto pare — dappertutto e su tutti, sebbene sia anche chiaro che in tal caso non sarebbe piú possibile né amministrare la giustizia né scrivere un libro di storia. L'accusa di presunzione mossa a chi giudica è vecchia quanto il mondo, ma non per questo è valida. Anche il giudice che condanna un assassino può sempre dire, quando se ne torna a casa: "Ed ora, se Dio vuole, me ne vado."

Gli ebrei tedeschi sono stati unanimi nel condannare la mania organizzativa che afferrò la Germania nel 1933 e che da un giorno all'altro li trasformò tutti in paria. È mai pensabile che nessuno di loro si sia chiesto se per caso non si sarebbe irreggimentato anche lui se glielo avessero permesso? Ma forse per questo la condanna del nazismo da parte degli ebrei tedeschi è stata meno corretta?

L'idea che chi giudica deve essersi trovato nelle stesse circostanze e avere sbagliato anche lui può invogliare al perdono, ma quelli che oggi parlano di carità cristiana sembrano avere idee stranamente confuse anche su questo punto. Così la Chiesa evangelica tedesca ha dichiarato nel dopoguerra quanto segue: "Noi affermiamo che dinanzi al Dio di Misericordia siamo corresponsabili del male che il nostro popolo ha fatto agli ebrei, per avere omesso di aiutarli e avere taciuto" (citato da Aurel v. Jüchen in *Summa Iniuria,* antologia di recensioni al dramma di Hochhuth, Rowohlt Verlag, p. 195). A me pare che un cristiano sia colpevole di fronte al *Dio di Misericordia* se ripaga il male col male: in altre parole, le varie Chiese avrebbero peccato contro la misericordia se milioni di ebrei fossero stati uccisi per rappresaglia. Ma se le Chiese furono corresponsabili di un crimine puro e semplice, non provocato, come esse stesse riconoscono, allora sono colpevoli di fronte al *Dio di Giustizia.*

Il nostro non è un giuoco di parole. La giustizia, ma non la misericordia, è una questione di valutazione, e su nulla l'opinione pubblica di tutto il mondo sembra più d'accordo come sul fatto che nessuno ha il diritto di giudicare *un altro individuo.* L'opinione pubblica mondiale permette che si giudichino e magari si condannino soltanto tendenze, o collettività intere (più vaste sono meglio è), insomma soltanto entità così grandi e generiche da escludere che si possano fare distinzioni, che si possano far nomi. Inutile dire che questo tabù è due volte più forte quando si dovrebbero giudicare le azioni o le parole di persone famose o importanti. In tali casi si usa di solito dire, con aria di superiorità, che è "da superficiali" insistere sui particolari e menzionare individui, e che invece è segno d'intelligenza ragionare in termini generali, badare al quadro generale — quel quadro dove tutti i gatti di notte sono bigi e dove tutti siamo ugualmente colpevoli. Così all'accusa mossa da Hochhuth contro un singolo papa, contro un solo uomo facilmente identificabile, si è immediatamente risposto tirando in causa tutta la cristianità. L'accusa contro la cristianità in generale, con i suoi duemila anni di storia, non può essere provata, e se lo potesse, sarebbe una cosa orribile. Ma nessuno sembra preoccuparsene; ci si preoccupa soltanto che sotto accusa non sia una sola persona, un *individuo,* e arrivati a questo punto è facile andare un altro passo oltre e dire: "Certo, le colpe sono gravi, ma l'imputato è l'umanità intera." (Così Robert Weltsch nel libro sopra citato.) Un altro modo di evadere dal campo dei fatti accertabili e della responsabilità personale consiste nel ricorrere a una delle infinite teorie, basate su ipotesi astratte e non verificabili, che vanno da quella dello *Zeitgeist* a quella del complesso di Edipo: teorie cosí generali che ogni avvenimento e ogni azione si può giustificare con esse — tutto ciò che accade, accade perché non c'è altra alternativa, e nessuno può agire in maniera diversa da come agisce. Tra questi schemi che "spiegano" tutto senza spiegare nulla troviamo idee come quella della "mentalità del ghetto" degli ebrei europei, o l'idea di una "colpa collettiva" del popolo tedesco, derivata da un'interpretazione *ad hoc* della storia tedesca, o quella non meno assurda di una specie d'"innocenza collettiva" del popolo ebraico. Tutti questi *clichés* hanno una cosa in comune: rendono superfluo ogni giudizio e possono essere adoperati senza alcun rischio. Noi possiamo anche capire come mai la gente piú direttamente interessata — i tedeschi e gli ebrei — sia riluttante ad esaminare troppo da vicino la condotta di gruppi o individui che sembravano o dovevano non esser toccati dal crollo morale: la condotta delle Chiese cristiane, dei capi ebraici, degli uomini che congiurarono contro Hitler nel luglio 1944; ma questa comprensibile riluttanza non basta a spiegare la generale avversione a giudicare in termini di responsabilità morale individuale.

Oggi, forse, molti riconoscono che non esiste una cosa che si chiama colpa collettiva, e tanto meno una cosa che si chiama innocenza collettiva. In caso contrario nessuno potrebbe mai essere colpevole o innocente. Naturalmente con ciò non si nega che esista la "responsabilità politica." Questa, però, è indipendente da ciò che può fare un individuo che appartiene al gruppo, e quindi non può essere giudicata in termini morali né sottoposta all'esame di un tribunale penale. Ogni governo si assume la responsabilità politica delle azioni, buone o cattive, del governo che l'ha preceduto, e ogni nazione si assume quella delle azioni, buone o cattive, commesse in passato dal suo popolo. Quando Napoleone, prendendo il potere dopo la Rivoluzione, disse: "Io mi assumerò la responsabilità di tutto quello che la Francia ha fatto da San Luigi al Comitato di salute pubblica," non fece che esprimere in tono enfatico uno dei fatti basilari e perenni della vita politica. In complesso, tutto questo significa soltanto che ogni generazione, per il fatto di essere inserita in un tessuto storico continuo, è oppressa dalle colpe dei padri allo stesso modo in cui gode i benefici delle loro buone azioni. Ma non è di questo tipo di responsabilità che qui parliamo; questa responsabilità non è personale e solo per metafora si può dire che uno *si sente* colpevole di ciò che ha fatto suo padre o il suo popolo. (Dal punto di vista morale, sentirsi colpevoli quando non si è fatto nulla di male non è meno errato che sentirsi liberi da ogni colpa quando si è fatto del male.) È comprensibilissimo che certe responsabilità politiche internazionali possano un giorno o l'altro essere giudicate da una Corte internazionale; ma è inconcepibile che questa Corte sia un tribunale penale che si pronunzia sulla colpevolezza o sull'innocenza di un individuo.

E la questione della colpevolezza o innocenza individuale, il problema di pronunziare una sentenza giusta tanto per l'imputato quanto per la vittima, sono le sole cose che contano in un tribunale penale. Il processo Eichmann non è stato un'eccezione, per quanto la Corte si sia trovata di fronte a un crimine non considerato dai codici e ad un criminale d'un tipo sconosciuto — sconosciuto almeno fino al tempo del processo di Norimberga. Il mio libro cerca soltanto di esaminare fino a che punto la Corte di Gerusalemme è riuscita a soddisfare la sete di giustizia dell'umanità.

Bibliografia

Anti-Defamation League, "Bulletin," marzo 1961.

Adler, H. G., *Theresienstadt 1941-1945*, Tübingen 1955.

Adler, H. G., *Die verheimlichte Wahrheit*, Tübingen 1958.

American Jewish Committee, *The Eichmann Case in the American Press*, New York, s.d.

Baade, Hans W., *Some Legal Aspects of the Eichmann Trial*, in "Duke Law Journal," 1961.

Bamm, Peter, *Die unsichtbare Flagge*, Monaco 1952.

Barkai, Meyer, *The Fighting Ghettos*, New York 1962.

Baumann, Jürgen, *Gedanken zum Eichmann-Urteil*, in "Juristenzeitung," 1963, n° 4.

Benton, Wilbourn E. - Grimm Georg, *Nuremberg: German Views of the War Trials*, Dallas 1955.

Bertelsen, Aage, *October '43*, New York 1954 (sulla Danimarca).

Bondy, François, *Karl Jaspers zum Eichmann-Prozess*, in "Der Monat," maggio 1961.

Buchheim, Hans, *Die SS in der Verfassung des Dritten Reichs*, in "Vierteljahrshefte für Zeitgeschichte," aprile 1955.

Centre de Documentation Juive Contemporaine, *Le Dossier Eichmann*, Parigi 1960.

Dicey, Albert Venn, *Introduction to the Study of the Law of the Constitution*, 9 ed., New York 1939.

Drost, Pieter N., *The Crime of State*, 2 voll., Leida 1959.

Eichmann Tells His Own Damning Story, in "Life," 28 novembre e 5 dicembre 1960.

Einstein, Siegfried, Eichmann, *Chefbuchhalter des Todes*, Francoforte 1961.

Fest, T. C., *Das Gesicht des Dritten Reiches*, Monaco 1963.

Finch, George A., *The Nuremberg Trials and International Law*, vol. XLI, 1947.

Flender, Harold, *Rescue in Denmark*, New York 1963.

FRANK, HANS, *Die Technik des Staates*, Monaco 1942.

GLOBKE, HANS, *Kommentare zur deutschen Rassegesetzgebung*, Monaco-Berlino 1936.

GREEN, L. C., *The Eichmann Case*, in "Modern Law Review," vol. XXIII, Londra 1960.

HAUSNER, GIDEON, *Eichmann and His Trial*, in "Saturday Evening Post," 3, 10, 17 novembre 1962.

HEIBER, HELMUT, *Der Fall Grünspan*, in "Vierteljahrshefte für Zeitgeschichte," aprile 1957.

HESSE, FRITZ, *Das Spiel um Deutschland*, Monaco 1953.

HILBERG, RAUL, *The Destruction of the European Jews*, Chicago 1961.

HÖSS, RUDOLF, *Commandant of Auschwitz*, New York 1960.

HOFER, WALTHER, *Der Nationalsozialismus. Dokumente 1933-1945*, Francoforte 1957.

HOLBORN, LOUISE, *War and Peace Aims of the United Nations*, 2 voll., Boston 1943, 1948.

JÄGER, HERBERT, *Betrachtungen zum Eichmann-Prozess*, in "Kriminologie und Strafrechtsreform," fasc. 3-4, 1962.

JONG, LOUIS DE, *Jews and Non-Jews in Nazi-occupied Holland*, in "On the Track of Tyranny," ed. M. Beloff, Wiener Library, Londra.

KALTENBRUNNER, ERNST, *Spiegelbild einer Verschwörung*, Stoccarda 1961.

KASTNER, RUDOLF, *Der Kastner Bericht*, Monaco 1961.

KEMPNER, ROBERT M. W., *Eichmann und Komplizen*, Zurigo 1961 (contiene i verbali completi della conferenza di Wannsee).

KIMCHE, JON e DAVID, *The Secret Roads. The "Illegal" Migration of a People, 1938-48*, Londra 1954.

KIRCHHEIMER, OTTO, *Political Justice*, Princeton 1961.

KIRCHHOFF, HANS, *What saved the Danish Jews?*, in "Peace News," Londra, 8 novembre, 1963.

KNIERIM, AUGUST VON, *The Nuremberg Trials*, Chicago 1959.

KRUG, MARK M., *Young Israelis and Jews abroad - A Study of Selected History Textbooks*, in "Comparative Education Review," ottobre 1963.

LAMM, HANS, *Über die Entwicklung des deutschen Judentums im Dritten Reich*, dissertazione ciclostilata, Erlangen 1951.

LAMM, HANS, *Der Eichmann-Prozess in der deutschen öffentlichen Meinung*, Francoforte 1961.

LANKIN, DORIS, *The Legal System*, serie "Israel Today," n° 19, Gerusalemme 1961.

LEDERER, ZDENEK, *Ghetto Theresienstadt*, Londra 1953.

LEHNSDORFF, HANS VON, *Ostpreussisches Tagebuch*, Monaco 1961.

LÉVAI, EUGENE, *Black Book on the Martyrdom of Hungarian Jews*, Zurigo 1948.

LÖSENER, BERNHARD, *Die Nürnberger Gesetze*, Sammlung Vahlen, volume XXIII, Berlino 1936.

MASCHMANN, MELITTA, *Fazit*, Stoccarda 1963.

MAUNZ, THEODOR, *Gestalt und Recht der Polizei*, Amburgo 1943.

MONNERAY, HENRI, *La persécution des juifs en France*, Parigi 1947.

MOTZKIN, LEO, *Les pogromes en Ukraine sous les gouvernements ukrainiens 1917-1920*, Comité des Délégations Juives, Parigi 1927.

MULISCH, HARRY, *Strafsache 40/61*, Colonia 1963.

Nazi Conspiracy and Aggression, 11 voll., Washington 1946-48.

OPPENHEIM, L. - LAUTERPACHT, HERSCH, *International Law*, 7 ed., 1952.

PEARLMAN, MOSHE, *The Capture of Adolf Eichmann*, Londra 1961.

PENDORF, ROBERT, *Mörder und Ermordete. Eichmann und die Judenpolitik des Dritten Reiches*, Amburgo 1961.

POLIAKOV, LÉON - WULF, JOSEF, *Das Dritte Reich und die Juden*, Berlino 1955.

RECK-MALLECZEWEN, FRIEDRICH P., *Tagebuch eines Verzweifelten*, Stoccarda 1947.

REITLINGER, GERALD, *The Final Solution*, New York 1953 (Perpetua ed., 1961).

REYNOLDS, QUENTIN - KATZ, EPHRAIM - ALDOUBY, ZWY, *Minister of Death*, New York 1960.

RITTER, GERHARD, *Carl Soerdeler und die deutsche widerstandsbewegung*, Stoccarda 1954.

ROBINSON, JACOB, *Eichmann and the Question of Jurisdiction*, in "Commentary," luglio 1960.

ROBINSON, JACOB - FRIEDMANN, PHILIP, *Guide to Jewish History under Nazi Impact*, bibliografia edita congiuntamente dall'Istituto YIVO per le Ricerche ebraiche e dallo Yad Vashem, New York e Gerusalemme.

ROGAT, YOSAL, *The Eichmann Trial and The Rule of Law*, Center for the Study of Democratic Institutions, Santa Barbara, California 1961.

ROMOSER, GEORG K., *The Crisis of Political Direction in the German Resistance to Nazism*, dissertazione, Università di Chicago 1958.

ROTHFELS, HANS, *Die deutsche Opposition gegen Hitler*, 2 ed., 1958.

ROTKIRCHEN, LIVIA, *The Destruction of Slowak Jewry*, Gerusalemme 1961.

ROUSSET, DAVID, *Les jours de notre mort*, Parigi 1947.

SCHNEIDER, HANS, *Gerichtsfreie Hoheitsakte*, Tübingen 1950.

SCHRAMM, PERCY ERNST, *Adolf Hitler Anatomie eines Diktators*, in "Hitlers Tischgespräche," 1964.

SERVATIUS, ROBERT, *Verteidigung Adolf Eichmann, Plädoyer*, Bad Kreuznach, 1961.

SILVING, HELEN, *In Re Eichmann: A Dilemma of Law and Morality*, in "American Journal of International Law," vol. LV, 1961.

STONE, JULIUS, *Legal Controls of International Conflict*, New York 1954.

STRAUSS, WALTER, *Das Reichsministerium des Innern und die Judengesetzgebung. Aufzeichnungen von Bernhard Lösener*, in "Vierteljahrshefte für Zeitgeschichte," luglio 1961.

STRECKER, REINHARD, *Dr. Hans Globke,* Amburgo, s.d.

TAYLOR, TELFORD, *Large Questions in the Eichmann Case,* in "New York Times Magazine," 22 gennaio 1961.

TORRÈS, HENRI, *Le Procès des Pogromes,* Parigi 1928.

The Trial of the Major War Criminals, 42 voll., Norimberga 1947-48.

Trials of War Criminals before the Nuremberg Military Tribunals, 15 voll., Washington 1949-53.

VABRES, DONNEDIEU DE, *Le Procès de Nuremberg,* corso ciclostilato per la Sorbona, Parigi 1947.

WADE, E. C. S., *Act of State in English Law,* in "British Year Book of International Law," 1934.

WECHSLER, HERBERT, *The Issues of the Nuremberg Trials,* in *Principles, Politics, and Fundamental Law,* New York 1961.

WEISENBORN, GÜNTHER, *Der lautlose Aufstand,* Amburgo 1953.

WIGHTON, CHARLES, *Eichmann, His Career and His Crimes,* Londra 1961.

WOETZEL, ROBERT K., *The Nuremberg Trials in International Law,* New York 1960.

WUCHER, ALBERT, *Eichmann gab es Viele,* Monaco-Zurigo 1961.

WULF, JOSEF, *Lodz. Das letzte Ghetto auf polnischem Boden,* in "Schriftenreihe der Bundeszentrale für Heimatsdienst," voll. LIX, Bonn 1962.

WULF, JOSEF, *Vom Leben, Kampf und Tod im Ghetto Warshau,* ibidem, vol. XXXII, Bonn 1960.

YAD VASHEM, "Bulletin," Gerusalemme, aprile 1961 e aprile-maggio 1962.

ZABOROWSKI, JAN, *Dr. Hans Globke, The Good Clerk,* Poznan 1962.

ZEISEL, HANS, *Eichmann, Adolf,* in *Encyclopaedia Britannica Book of the Year,* 1962.

Indice dei nomi

Indice

Indice

Jerome Bruner, *La cultura dell'educazione*. Nuovi orizzonti per la scuola

Giorgio Candeloro, *Storia dell'Italia moderna*

Eva Cantarella, *Itaca*. Eroi, donne, potere tra vendetta e diritto

Eva Cantarella, *Passato prossimo*. Donne romane da Tacita a Sulpicia

Fritjof Capra, *Il punto di svolta*. Scienza, società e cultura emergente

Fritjof Capra, *Verso una nuova saggezza*

Giampiero Carocci, *Storia d'Italia dall'Unità ad oggi*

Rachel Carson, *Primavera silenziosa*. Introduzione di Al Gore

Gino Castaldo, *La Terra Promessa*. Quarant'anni di cultura rock (1954-1994)

Manuel Castells, *Galassia Internet*

Carlo M. Cipolla, *Uomini, tecniche, economie*

Alessandro Dal Lago, *Non-persone*. L'esclusione dei migranti in una società globale. Nuova edizione

Gilles Deleuze, *Logica del senso*

Ernesto de Martino, *Sud e magia*. Introduzione di U. Galimberti

Mario De Micheli, *L'arte sotto le dittature*

Mario De Micheli, *Le avanguardie artistiche del Novecento* (nuova edizione ampliata)

Mario De Micheli, *Le poetiche. David, Delacroix, Courbet, Cézanne, Van Gogh, Picasso*. Antologia degli scritti

Marco d'Eramo, *Il maiale e il grattacielo*. Chicago: una storia del nostro futuro. Prefazione di M. Davis. Nuova edizione

Gillo Dorfles, *Ultime tendenze nell'arte d'oggi*. Dall'Informale al Neo-oggettuale. Nuova edizione aggiornata e ampliata

Barbara Ehrenreich, *Una paga da fame*. Come (non) si arriva a fine mese nel paese più ricco del mondo

Paul K. Feyerabend, *Contro il metodo*. Abbozzo di una teoria anarchica della conoscenza. Prefazione di G. Giorello

Michel Foucault, *Antologia*. L'impazienza della libertà. A cura di V. Sorrentino

Michel Foucault, *Scritti letterari*

Michel Foucault, *La volontà di sapere*. Storia della sessualità 1

Michel Foucault, *L'uso dei piaceri*. Storia della sessualità 2

Michel Foucault, *La cura di sé*. Storia della sessualità 3

Anna Freud, *Normalità e patologia del bambino*. Valutazione dello sviluppo

Umberto Galimberti, *Il corpo*. Nuova edizione. Opere V

Umberto Galimberti, *Gli equivoci dell'anima*. Opere VII

Umberto Galimberti, *Il gioco delle opinioni*. Opere VIII

Umberto Galimberti, *Idee: il catalogo è questo*. Opere IX

Umberto Galimberti, *Parole nomadi*. Opere X

Umberto Galimberti, *Psiche e techne*. L'uomo nell'età della tecnica. Opere XII

Umberto Galimberti, *La terra senza il male*. Jung: dall'inconscio al simbolo. Opere VI

Umberto Galimberti, *Il tramonto dell'Occidente nella lettura di Heidegger e Jaspers*. Opere I-III

Howard Gardner, *Educare al comprendere*. Stereotipi infantili e apprendimento scolastico

Bruno Gentili, *Poesia e pubblico nella Grecia antica*. Da Omero al V secolo. Edizione aggiornata

Francesco Gesualdi, *Manuale per un consumo responsabile*. Dal boicottaggio al commercio equo e solidale. Nuova edizione

Stephen Jay Gould, *Bravo Brontosauro*. Riflessioni di storia naturale

Stephen Jay Gould, *Quando i cavalli avevano le dita*. Misteri e stranezze della natura

Stephen Jay Gould, *La vita meravigliosa*

Gulag. Storia e memoria. A cura di E. Dundovich, F. Gori, E. Guercetti

Marvin Harris, *Cannibali e re*. Le origini delle culture

Pekka Himanen, *L'etica hacker e lo spirito dell'età dell'informazione*. Prologo di L. Torvalds. Epilogo di M. Castells

Luce Irigaray, *Speculum*. L'altra donna

Roman Jakobson, *Saggi di linguistica generale*. Cura e introduzione di L. Heilmann

Furio Jesi, *Germania segreta*. Miti nella cultura tedesca del '900

Wolfgang Köhler, *Psicologia della Gestalt*

Jan Kott, *Shakespeare nostro contemporaneo*. Prefazione di M. Praz

Ronald D. Laing, *La politica dell'esperienza* e *L'uccello del paradiso*

Christopher Lasch, *L'io minimo*. La mentalità della sopravvivenza in un'epoca di turbamenti

Christopher Lasch, *La ribellione delle élite*. Il tradimento della democrazia

Claude Lévi-Strauss, *Le strutture elementari della parentela*. A cura di A.M. Cirese

Claude Lévi-Strauss, *Il totemismo oggi*

Pierre Lévy, *L'intelligenza collettiva*. Per un'antropologia del cyberspazio

Ettore Lo Gatto, *Il mito di Pietroburgo*. Storia, leggenda, poesia

Alexander Lowen, *Amore e orgasmo*

Alexander Lowen, *Bioenergetica*

Alexander Lowen, *Il linguaggio del corpo*

Alexander Lowen, *Il narcisismo*. L'identità rinnegata

Tomás Maldonado, *Reale e virtuale*. Nuova edizione

Carlo Maria Martini, *Verso Gerusalemme*

Richard Middleton, *Studiare la popular music*. Introduzione di F. Fabbri

Kevin D. Mitnick, *L'arte dell'inganno*. I consigli dell'hacker più famoso del mondo. Scritto con W.L. Simon. Introduzione di S. Wozniak

Edgar Morin, *Il paradigma perduto*. Che cos'è la natura umana?

Massimo Mucchetti, *Licenziare i padroni?* Edizione ampliata

Salvatore Natoli, *Dizionario dei vizi e delle virtù*

Salvatore Natoli, *L'esperienza del dolore*. Le forme del patire nella cultura occidentale

Salvatore Natoli, *La felicità*. Saggio di teoria degli affetti

Salvatore Natoli, *La verità in gioco*. Scritti su Foucault

Domenico Novacco, *L'officina della Costituzione italiana*. 1943-1948

Karl R. Popper, *Miseria dello storicismo*. Introduzione di S. Veca

Ahmed Rashid, *Talebani*. Islam, petrolio e il Grande scontro in Asia centrale

Franco Rella, *L'enigma della bellezza*

Franco Rella, *Miti e figure del moderno*. Letteratura, arte e filosofia. Nuova edizione

Franco Rella, *Il silenzio e le parole*. Il pensiero nel tempo della crisi

Paolo Rossi, *I filosofi e le macchine 1400-1700*

Paolo Rossi, *I segni del tempo*. Storia della Terra e delle nazioni da Hooke a Vico

Gianni Rossi Barilli, *Il movimento gay in Italia*

Lucio Russo, *La rivoluzione dimenticata*. Il pensiero scientifico greco e la scienza moderna. Prefazione di M. Cini. Terza edizione

Lucio Russo, *Segmenti e bastoncini*. Dove sta andando la scuola? Nuova edizione

Edward W. Said, *Orientalismo*. L'immagine europea dell'Oriente

Gaetano Salvemini, *La Rivoluzione francese 1788-1792*. Prefazione di F. Venturi

Silvano Sansuini, *Pedagogia della musica*

Enzo Santarelli, *Mezzogiorno 1943-1944*. Uno "sbandato" nel Regno del Sud

Enzo Santarelli, *Storia critica della Repubblica*. L'Italia dal 1945 al 1994

Reinhard Schulze, *Il mondo islamico nel XX secolo*. Politica e società civile

Richard Sennett, *L'uomo flessibile*. Le conseguenze del nuovo capitalismo sulla vita personale

Vandana Shiva, *Le guerre dell'acqua*

Thomas S. Szasz, *Il mito della droga*. La percezione rituale delle droghe, dei drogati e degli spacciatori. Prefazione di U. Galimberti

Vanna Vannuccini, Francesca Predazzi, *Piccolo viaggio nell'anima tedesca*

Salvatore Veca, *Dell'incertezza*. Tre meditazioni filosofiche

Guido Viale, *Un mondo usa e getta*. La civiltà dei rifiuti e i rifiuti della civiltà

Lori Wallach, Michelle Sforza, *WTO*. Tutto quello che non vi hanno mai detto sul commercio globale

Michael Walzer, *Esodo e rivoluzione*

Paul Watzlawick, *America, istruzioni per l'uso*. Nuova edizione

Paul Watzlawick, *Di bene in peggio*. Istruzioni per un successo catastrofico

Paul Watzlawick, *Istruzioni per rendersi infelici*

Paul Watzlawick, *Il linguaggio del cambiamento*. Elementi di comunicazione terapeutica

Paul Watzlawick (a cura di), *La realtà inventata*. Contributi al costruttivismo

Stampa Grafica Sipiel - Milano, maggio 2006